◎ 湘 學 研 究 叢 書 ◎

楊樹達輯

周柳燕 編校

民主与建设出版社

楊樹達（1885——1956）

湘學研究叢書總序

由中央文史研究館與全國各地文史研究館通力合作的文化工程《中國地域文化通覽》，在歷時 6 年之後，終於全部完成，陸續出版，這無疑是一件令人振奮的事情。更讓我欣喜的是，湖南省文史研究館在《中國地域文化通覽 · 湖南卷》編撰完成之後，即着手湘學研究，這是對湖南地域文化研究的拓展和深入。因此當"湘學研究叢書"執行主編、湖南省文史研究館館員陳書良先生囑余爲叢書作序時，余樂見其成，遂欣然應允。

湘學作爲一種極富地域色彩的學術思想，在中國傳統學術思想史上有獨特的地位，並在歷史上對中國的學術思想演變産生了很大的影響。"湘學"的獨特品格是儒學地域化的結果。但這一地域化的過程並不是完全被動的，它既有南北的交流與互動，也有東西的衝突與融合。中國傳統的學術文化不斷對湘學施加影響，湘學也因其自身特質影響了全國的學術發展。其表現最突出的主要是兩個時期，一個是南宋的湖湘學派，一個是晚清湖南的經世派。

南宋時期，以胡安國、胡宏父子和張栻爲代表的湖湘學派，主張"性本論"和"氣本論"，與朱熹的"理本論"和陸象山的"心本論"三足鼎立，朱熹更是深受胡氏父子和張栻的影響。過去我們過多強調張栻接受朱熹的觀點，修正師説，而忽視了朱熹所受湖湘學派的影響。實際上，朱熹正是從湖湘學領悟到踐履功夫的重要性，並糾正了佛老之弊。劉師培在論朱熹學問的進程時曾指出"考亭早年氾濫於佛老之學，及從延平問道，講明性情之德皆由發端處施功，乃漸悟佛老之非……乃從南軒於湘南，而治學之方始易以察識爲先、以涵養爲後，由蹈虚之學加以征實之功。"（《劉申叔遺書》之"南北理學不同論"，江蘇古籍出版社，1997 年，551 頁）這一點隨着對南宋思想和社會發展的深入研究，已經越來越成爲共識。

至於湘學與晚清學術思潮的轉變，最突出的就是湖南理學經世派的强勢復興。陶澍、賀長齡、魏源作爲晚清理學經世派的第一批領袖人物，在道光年間積弊叢生的時局中崛起，他們因此而有機會將湘學的經世傳統付諸實踐，湘學也正是在此時再次興盛。到了咸同年間，中興名臣曾國藩借由湘軍的壯大不斷傳播其"以禮調和漢宋"的主張，將"經濟"一門與"義理、考據、辭章"並舉，將經濟藏於義理之中，在乾嘉考據之外，大大提升了理學的地位。他强調時務致用，兼收並蓄，以撮合、化解漢宋之爭，成爲當時經世學風的主流。但曾國藩的這種努力，基於更多的現實考慮，從學術上來説，並沒有解決漢宋之爭存在的學理問題，事實上影響了清代理學的發展。同時，在對西學的引進上，湘學的思考習慣和學術精神也影響了時人對中體西用關係的理解。對西方器物、制度、文化的次第引進，在湖南本土產生了激進與保守的嚴重分歧，它不僅使中國傳統學術的發展呈現出複雜的局面，也深刻影響了中國社會發展的方向和進程。關於這些，仍有待更多的研究。

作爲傳承近千年的地域學術思想，湘學的學術内涵極爲豐富，一方面隨着歷史變遷而不斷發展，另一方面卻保留着學統上的延續性，形成了一種學術精神傳統，深刻地影響了湖南的民風民俗和政治、經濟、文化的發展。

因此，開展湘學研究，對湖湘地域學術文化和學術羣體深入開掘，具有重要的學術史意義。有關湘學的研究，近年來湖南地區的學者已經取得了不少成果，這種學術自覺充分顯現了湖湘學人的自信，也非常契合湘學的旨趣與獨立精神。但作爲一個學術思想史概念，湘學的歷史研究和學理研究仍然很薄弱，還有許多工作要做。湖南省文史研究館作爲政府機構，牽頭組織部分學有專長的文史研究館館員和一些學術界的朋友共同整理、研究、編寫"湘學研究叢書"，顯示了他們的學術勇氣與社會擔當，昭示着湘學研究進入一個新的階段。最後，我希望這套叢書的出版，能成爲各省地域學術研究的參照。

袁行霈

目録

序跋

論著

書信 回憶録

詩文

前言

楊樹達（1885——1956），字遇夫，取《荀子·大略篇》“積微居箸”之語，題其書齋爲“積微居”，號積微翁；晚年曾於曚昽中得“霜葉從教耐林晚”之句，改書齋名爲“耐林廎”，又號耐林翁，湖南長沙縣人。近代傑出的語言文字學家、史學家、教育家。

楊樹達 1885 年 6 月 1 日出生於湖南長沙縣，其父翰仙公以諸生教授鄉里。五歲起隨父識字、讀經，自云“略識訓詁文義”，對訓詁和史書頗有興趣。十二歲考入湖南時務學堂，從梁啟超研習《孟子》《公羊傳》諸書，受其“革政救亡”思想影響，同班同學有李炳寰、蔡鍔、范源濂等。十五歲入求實書院，除學習經史外，接觸算學、英文等新知識。十八歲治《周易》，輯成《周易古義》一書。十九歲受業於胡元儀（又拜師葉德輝），學問日益精進，遂矢志於訓詁之學。二十一歲考取官費留學生，東渡日本，就讀於京都第三高等學校，系統學習“歐洲語言及諸雜學”。二十七歲回國，入湖南省教育司任職，兼任湖南圖書館編譯，後在長沙各校教授中國文法與外文。三十五歲與陳潤霖、朱劍凡等發起健學會，“以輸入世界新思潮，共同研究，擇要傳播爲宗旨”；湖南驅張運動時，爲教職員代表，毛澤東爲公民代表，控告軍閥張敬堯“十大罪狀”，呈請“撤懲張敬堯”。三十七歲起歷任教育部國語統一籌備會辭典編輯兼北京法政專門學校教授、北京高等師範學校（今北京師範大學）國文系教授和代理主任、教育部主編審員、清華大學國文系和歷史系教授。抗戰爆發後返湘，受聘爲湖南大學教授。翌年，舉家隨校避遷於湘西小縣辰溪。1942 年獲國民政府教育部二等學術獎，與黎錦熙、胡小石、陳寅恪、吳宓、吳有訓、湯用彤等成爲國民政府教育部首批部聘教授，位列二十九名部聘教授首位。抗戰勝利後，隨校遷回長沙，任湖南大學文法學院院長。1947 年獲教育部古文字學研究二等獎。1948 年被國民政府聘爲中央研究院首屆院士，並赴中山大學任教。北平解放後，與吳玉章等組織中國文字改革協會，任理事會副主席。1953 年院系調整，湖南大學撤銷，改任湖南師範學院歷史系教授，兼任湖南文史館首任館長，雖因從事學術研究而將文史館之具體事物交副館長方叔章負責，但方叔章就任不到一月即去世，繼任副館長久拖未決，故推薦館員、發放津貼、爭取館員名額、向政府建言獻策等諸多事宜均親力親爲。1954 年毛澤東主席、劉少奇副主席、周恩來總理自廣東過長沙，受到特別約見；任第二屆全國政協委員。1955 年毛澤東視察湖南，又約見於嶽麓山；當選中國科學院首屆學部委員，以及蘇聯科學院通訊院士；毛澤東設家宴款待，論及文字改革；上天安門參加國慶觀禮。1956 年 2 月 14 日逝世，終年七十一歲，毛澤東致唁電，周恩來送花圈，湖南省黨政領導參加追悼會，護送其靈柩至嶽麓山安葬。

楊樹達畢生沉潛學術，勤於著述，撰寫著作近四十部，正式出版三十二部，在《清華學報》《文史哲學刊》《孔學雜誌》《歷史研究》等著名刊物發表論文百餘篇。尤其擅長漢語語法和修辭、金石、甲骨，以及古文字訓詁、音韻等，學術造詣精深，成就斐然，其撰寫的語法學、修辭學、訓詁學、語源學、文獻學、甲骨金文學、考古學等領域的著作均富有開創性，被公認爲經典之作，獲學術界、教育界公認，影響及於海外。自云："生平無他嗜好，惟喜讀書。心有所會，則筆之於書，以爲至樂。"其學術成果多於内憂外患交迫、社會動盪不安的 20 世紀三、四十年代完成，在南北遷徙、顛沛流離之時，以驚人的毅力筆耕不輟，時常一日寫成一篇或數篇内容豐富的文章，去世前幾天仍抱病校閱僅用兩個月時間完成的《鹽鐵論要釋》書稿。陳寅恪讚賞其"持短筆，照孤燈，先後著書高數尺，傳誦於海内外學術之林，始終未嘗一藉時會毫末之助，自致於立言不朽之域"，而巍然成爲"一代儒宗"；王力嘆服其"致力學問未嘗稍懈"，以爲"昔石臞先生晚年著述尤豐，先生治學精神足以當之"；張爾田敬佩其"治學實事求是，碻而不支，質而不俚，不墜前人家法"；田星六稱揚其"學問固淵邃，文筆又蒼健高華"；章太炎則坦言："湖南前輩於小學多麤觕，遇夫獨精審，智殆過其師矣。"

楊樹達取得如此驕人的學術成就，除其數十年如一日的勤勉好學、惜時如金外，還與其博識精思、求實創新的治學風格有關。他早年受學於樸學大儒，在傳統小學、訓詁學方面有堅實的基礎；青年時代在新文化思潮影響下，接受亦中亦西的新學，"思想爲之一變"；後留學日本多年，對西方文法學和語源學最有會心，自言"我研究文字學的方法，是受了歐洲文字語源學的影響的”。寬厚的國學素養、多維的學歷結構、開闊的學術視野使其學問顯示出鮮明特色，即文法與訓詁緊密結合。嘗言：“治國學者必明訓詁，通文法，蓋明訓詁而不通文法，其訓詁之學必不精；通文法而不明訓詁，則其文法之學亦必不至也。”他治學不墨守陳規，不迷信古人，務實求真，勇於創新。雖欽佩段玉裁、王念孫、王先謙的學術成就，將自已視爲段、王的“私淑弟子”，但大膽採用新材料對他們的標誌性成果進行“刊誤”、“補正”和“續補”，從而詮釋、闡發新穎、獨到之見。曾言其研究是“做批判接受的工作”，於前人之“傳注”功夫外，“儘量利用古韻、甲文和金文”，“凡現代漢語及其他一切皆取之爲材料”，廣擷博采，窮源竟委，絕不在“文字本身兜圈子”，故而有超出先賢的“進步”。其每部著作、每篇論文正是如此苦心孤詣、銖積寸累而成。

楊樹達執教四十餘年，講授課程有國文法、文字學、修辭學、金文、甲骨文、《史記》、《漢書》、英文等，享有盛名。他善於將教學與研究結合起來，每教授一門課，均據多年研究所得，自編精要講義，經過數次講授，最終成爲著作定稿，《高等國文法》、《漢書補注補正》（後增補爲《漢書窺管》）、《積微居甲文説》、《積微居金文説》、《文字形義學》等都是由講義修改而成，尚有《戰國策集解》《史記集注》《漢書釋例》《訓詁學小史》《文法學小史》《甲文蠡測擷要》等講義或已亡佚，或未整理出版。他又將古代國學要籍的題目依筆劃和部首編成《群書檢目》索引，以便學生檢尋。他以兼收並蓄、獨立思考、推陳出新等教學原則訓導學生，培養了楊伯峻、王重民、孫楷第、齊燕銘、董同龢、張清常、郭晉稀、周鐵錚、王顯、廖海廷等一批國學精英，當年毛澤東在長沙也曾聽過他的課。

楊樹達的研究領域廣泛，涵蓋經、史、子各部，其學術貢獻約有以下數端：

語法方面。《中國語法綱要》是我國較早的一部關於現代漢語語法的著作，在語法史上有重要意義。《高等國文法》將文法與訓詁緊密結合起來，形成受西洋文法影響的新訓詁學，建立了以劃分詞類爲中心的獨特語法體系，是繼《馬氏文通》後關於古漢語語法的最重要的著作，向建立符合漢語實際的語法學邁進了一大步，至今仍爲我國乃至國外中學、大學的語法教學所採用。陳承澤以爲該著“如雲霓之於大旱”，廓清了“黑暗已極”的“中國文法界”。《詞詮》是《高等國文法》的姊妹篇，廣泛搜羅古書中的常用虚詞四百七十多個，首别其詞類，次釋其義訓，再舉例説明之，創立了“以字爲頭，以詞爲綱，以義爲目”（湯可敬語）的新體例，是我國首部將現代語法學與傳統訓詁學有機結合、系統詳盡地研究文言虚詞的典範之作。《馬氏文通刊誤》是意在修正語法學開山之作《馬氏文通》以拉丁語法組織規律硬套漢語的著作，雖有用英文語法糾正拉丁語法之嫌，但在漢語語法學發展史上仍有重要意義。20世紀二十年代，劉半農在北京大學授課時説：近來研究中國文法者，當以楊樹達爲第一。

修辭學方面。《古書疑義舉例續補》爲發現並論證古人措辭構句的若干通則而作，論述古人的修辭方法，“精湛透闢，曲園所不逮”（于省吾語），“用心審密”，“足匡高郵王氏之失”（章太炎語），有利於提高讀者閲讀古書的能力。《中國修辭學》（又名《漢文文言修辭學》）是《古書疑義舉例續補》的進一步系統化和科學化，是我國修辭學領域兩大流派之一的民族形式派的代表作（另一派是以陳望道《修辭學發凡》爲代表的借鑒西方派），第一次把修辭和語言三要素（語音、辭滙、語法）結合起來，綜合運用歸納法、比較法進行研究，使修辭擺脱經學的附庸地位，成爲獨立學科，並將古漢語中的特殊修辭現象提升到理論高度，輔以大量修辭事例，加以分類編排，揭示出我國古代修辭的真實面貌。此外，《古書之句讀》《古書句讀釋例》也可歸附此類。

文字學方面。《積微居小學金石論叢》及其姊妹篇《積微居小學述林全編》乃其治語源學、訓詁學、文字學的代表作，在國内外影響深遠。前者爲近代文字訓詁之宏著，“内容精墒”，“自開户牖”，有“創通之美”，“不墮乾嘉大儒之法”（張爾田語），開闢了文字學研究的新境界；後者集中了有關語源學的研究成果，考釋“嚴謹”，論説“精到”（王力語），能辨段、王之“瑕瑜”，别許慎之“誤説”，爲文字研究“辟一新徑”（廖海廷語），“獨出新詮”，“超二王而邁俞、孫”（曾運乾語）。《文字形義學》博采近現代漢字研究的新成果，“越段、王樊籬，補許君之不足”（黄季剛語），概括其幾十年研究文字學、訓詁學、音韻學的創見，形成“《説文》楊氏學”（許嘉璐語），爲現代科學文字學的奠基之作。自云：“此書前後經營十餘年，煞費心思。自信中國文字學之科學基礎或當由此篇奠定。”此外，《積微居文録》《中國文字學概要》亦屬此類。

甲骨金文方面。其治甲文，將字形、字義、史實結合，成就卓著，迄至1949年，所寫甲骨論文篇目超過自甲骨文發現以來任何一位研究者，《積微居甲文説》中的“釋追逐”“釋犬方”“釋滴”等篇至今仍爲不刊之論。陳寅恪序《積微居甲文説》云：“嘗聞當世學者稱先生爲今日赤縣神州訓詁學第一人，今讀是篇，益信其言之不誣也。”于省吾説該書“義證精塙，發揮透闢，並世研契諸公無與抗衡”。其治金文，成就更高，郭沫若言其“金文考釋”“卓識明辨”。《積微居金文説》滙集所認識新字五十個，新發現或印證的史實以百計，成文近四百篇，爲研究青銅器銘文的工具書、治金文者必讀的參考書，“創見累累”（胡厚宣語），“樹義精當愜心，發前人所未發”（徐楨立語），書中總結釋金文的十四條方法，爲治古文字學者所熟知。其甲骨金文著作還有《耐林廎甲文説》《卜辭瑣記》《卜辭求義》等。

史學、文獻學方面。對先秦諸子、兩漢經史做過大量校勘、考釋和闡述，治《漢書》用力至勤。爲補王念孫、王先謙等未盡人意之處，輯成《漢書補注補正》，陳寅恪讀後云：“漢書顓家，公爲第一，可稱漢聖。”他也因此成爲清華大學繼陳寅恪之後第二位國文、歷史兩系合聘的教授。在此基礎上增補而成的《漢書窺管》是其整理古籍的最佳著作，楊伯峻稱《漢書》研究至此，“已無剩疑。縱有地下發掘，只能作爲補充或證明漢代史料和史實，恐難推翻遇老所作考訂”；馬宗霍稱該書“截斷衆流，直探本始，先儒積疑爲之一掃，蓋可視爲定論”。《老子古義》是其出版的第一部書，張爾田“歎爲絕倫”，稱之爲有“創意”的佳作。《古書句讀示例》是關於古書標點的最權威著作，阿理克稱其“猶（尤）可得而增敝見者”。《春秋大義述》是抗戰期間爲弘揚愛國精神的古爲今用之作，“以大義爲主”分門別類，“考訂之況概不録入”，是其少見的論述義理之作。《論語疏證》以疏通孔子學説爲宗旨，被陳寅恪贊爲“自來治釋《論語》者所未有”，“爲治經者辟一新途徑，樹一新楷模”。其他如《周易古義》《論語古義》《淮南子證聞》《説苑新序疏證》《鹽鐵論要釋》《古書疑義舉例續補》《戰國策集解》，皆“以古釋古，功夫深存”。

考古學方面。《漢代婚喪禮俗考》依據舊録，廣事采獲，是關於漢代典章制度、民俗研究的成果，不但因極强的學術性、豐富的資料性而成爲研究漢代文化史的必讀書，也對考古、民俗學、人類學、社會學以及歷史學的研究具有極高的參考價值，故而一再重版。

此外，楊樹達自十六歲起寫讀書日記，直至晚年，除偶有散佚外，大體保存完整。《積微翁回憶録》即依據其日記删定而成，《積微居詩文鈔》中的詩歌也大多從其日記中鈔出。

湖南省文史館近年來極爲重視湖南學術及學人的研究，成立了湘學研究中心，并將推出一系列研究著作和湘籍文人的文集。爲更好地學習、繼承和研究楊樹達豐厚的學術遺產，給讀者提供一個較爲簡略而便於阅讀的版本，應湖南省文史館之約，從已出版的多卷本《楊樹達文集》中輯録其較具代表性的研究成果，編成《楊樹達輯》一書。在輯録過程中，既力求保持楊樹達學術成果的完整性，又刻意彰顯其最具特色和價值的研究内容，儘量做到二者兼顧。只是限於篇幅，有不少遺珠之憾。需説明的是，因楊樹達研究成果的特殊性，本書於改豎排爲横排之後，依歷來訓詁、音韻、文字書籍的通例，仍沿用繁體字；部分論著只選其自序、序例或後序，將之歸於“序跋”一類，以呈現論者主要成果之全貌；選録正文的論著，其自序等則列於該論著之下。

本書參考了諸多學者的研究成果，對上海古籍出版社出版的《楊樹達文集》採用尤多，在此特申謝忱！由於編寫時間匆促、編者學識淺陋，成書難免會存在錯謬之處，敬請學界同仁不吝批評指正。

甲午七月初五周柳燕於長沙棲麓書寓

序跋

詞詮序例

凡讀書者有二事焉：一曰明訓詁，二曰通文法。訓詁治其實，文法求其虚。清儒善説經者，首推高郵王氏。其所著書，如《廣雅疏證》，徵實之事也；《經傳釋詞》，擣虚之事也。其《讀書雜誌》、《經義述聞》，則交會虚實而成者也。嗚乎！虚實交會，此王氏之所以卓絕一時，而獨開百年來治學之風氣者也！訓詁之學，自《爾雅》、《説文》以下，更清儒之疏通證明，美矣，備矣，蔑以加矣！文法之學，篳路藍縷於劉淇，王氏繼之，大備於丹徒馬氏。余生顓魯，少讀王氏書而好之。弱冠遊日，喜治歐西文字；於其文法，頗究心焉。歸國後，乃得讀馬氏書，未能盡慊。既頗刊其誤，復爲《文法》一書以正之。顧文法自有界域，不能盡暢其意，因倣《經傳釋詞》之體，輯爲是書。上采劉王，下及孫經世馬建忠童斐之書。凡諸詞義，䚡理務密，暢言無隱。學者取是及鄙所爲《文法》參互治之，於文法之事，庶過半矣。編纂大例，具於左方，可覽觀焉。

一　是書取古書中恆用之介詞、連詞、助詞、歎詞及一部分之代名詞、内動詞、副詞之用法，加以説明，首别其詞類，次説明其義訓，終舉例以明之。

一　王氏《經傳釋詞》於詞之通常用法略而不説。此編意在便於初學，不問用法爲常爲偶，一一詳説。

一　習用之詞，亦偶及其實義：如則訓法，乃名詞；如訓往，乃動詞。本書以治虚爲主，而復及此類實義者，蓋欲示學者以詞無定義，虚實隨其所用，不可執著耳。此類意之所至，偶示一二；不能求備，自不待言。

一　字以引申而義變，義變而用法歧。本書爲欲便於初學，於詞之用法之異者，固不惜詳爲分析。然江流萬派，同出岷山。學者既知其所以分，又能知其所以合，則可謂心知其意者矣。

一《經傳釋詞》用唐釋守溫三十六字母爲次，今用注音字母爲次，師王氏之意也。慮有不習字母者，别編部首目録，詳載卷數葉數，以便尋檢。

一　本書例句多爲著者讀書時隨手采輯，亦間有展轉迻録者。因出版倉卒，未獲一一檢核原書。如有差失，深冀讀者是正。

一　本書原與著者所編《高等國文法》相輔而行，彼書以文法系統爲主，此編則以詞爲綱。讀者讀此編後，更讀彼書，則於我國古代文法可得會通，於讀古書或有事半功倍之效矣。

一九二八年五月二十日，遇夫記於北京六鋪炕寓之積微居。

周易古義自序

余年十七八，始治《易》，頗不然漢儒象數之説，而獨喜宋程子書，以爲博大精深，切於人事，與孔子繫《易》之義爲近。私謂今所傳漢儒之説，殆一家之學，非其全也。及涉獵《史》、《漢》、諸子，見有説《易》者，大要皆明人事，則大喜；以爲説《易》之道當如此矣。乃竊仿儀徵阮氏集《詩書古訓》之例，輯而録之，凡得百許事。乙巳之歲，年二十一，感於國難，發憤出遊，此書不復在心目。辛亥兵興，困餓於倭之故都，治任歸來，頗理舊業。發篋陳書，曩所比輯，赫然在焉。遂復賡續，置之行篋，時有增益。去歲更徧檢類書，多所補綴。蓋自始事以迄今茲，凡歷二十六七載矣。《漢書·儒林傳》記丁寬已從田何受《易》，至雒陽復從周王孫受古義。然則《易》有古義舊矣；竊取其義，以名茲編。甄采所及，斷自三國。以晉人書有王輔嗣之書具在，其他多以清談爲説，不足復録故也。嗚呼！逮白首而無成，憶青燈之有味，循覽是編，蓋不勝其掩卷太息之情也。

民國十七年十二月蔡將軍雲南起義紀念日，長沙楊樹達書。

老子古義自序

民國六載，南北交閧。余居家園，適爲兩方爭攫之地。一日，南帥宵去。明旦，余出門，則見商肆嚴扃，居民扶老攜幼，婦女攜將筐篋謀避地者絡繹於道。號呼之聲，慘不忍聞。余時痛極，心念老子"天地不仁，以萬物爲芻狗；聖人不仁，以百姓爲芻狗"之語。私謂命世哲人，早知此矣！故曰："兵者不祥之器。"自是學校閉門，絃誦輟響。余感念既深，復多暇晷，乃取《韓非·解老·喻老》《淮南·道應》諸篇，手自迻録，繼復搜檢諸子古史之説老子者，附益之，合爲一帙，凡五十日而録竟。以余舊有《周易古義》，是篇體式不違，遂名曰《老子古義》。去歲，郎園先生北來，將稿請益，猥以合於仲尼述而不作之旨，頗蒙贊許。余亦念刑名源於道德，秦漢時儒者類多服習老氏，則是編雖成於一時之感奮，而於學術源流，庶幾無悖。故取付書坊，印而布之。自知倉卒集事，容有遺脱，補苴罅漏，期諸他日云爾。

民國十一年十一月卅一日，長沙楊樹達遇夫自序於北京都城隍廟街寓廬。

是書印行後，續得漏義九十事。茲四版付印，特增入焉。其他亦略有删移，下卷篇幅尤夥，遂析之爲二，凡爲書上中下三卷。舊著有《漢代老學者考》一篇，亦附於後云。十七年一月十一日，遇夫記于北京六鋪炕寓廬之積微居。

馬氏文通刊誤自序

自馬氏著《文通》而吾國始有文法書，蓋近四十年來應用歐洲科學於吾國之第一部著作也。其功之偉大，不俟論矣。顧天下事創始者難爲功，馬氏之卓絶者在是，其書之不無遺恨者亦在是。余自一九一二年始讀《文通》，頗持異議；一九一九年秋冬之際，家居少事，創述是編；繼是北遊，續有所述，人事卒卒，迄未終篇。今年春間，既以余著《高等國文法》一書付之書坊，念彼書本爲修正馬氏而作，第以限於體制，未得盡言，則就馬書盡爲抉擿，學者容有取焉。暑中無事，因遂發憤續成此書。綜而論之，馬氏之失，約有十端。

一曰不明理論：如古書記所在所經所至之地本當有介字“於”字爲先者也，故記地之詞爲賓次。而馬氏乃云：“無介字爲先，故所記之地列於賓次。”則適得其反矣。又此類例有介字者，正例也；省介字者，變例也。馬氏乃云：“所經之處介以乎字者，非常例也；記所至之處後乎内動無介字者，常也。”則又與理論不合矣。又馬氏云：“比字領讀，則爲連字；若《祭義》云‘比時’，及時也，則爲介字。”不知介字與外動字相似，外動字既可以一讀爲止詞，則介字亦可以一讀爲司詞也。

二曰所見不瑩，致詞類與組織動摇不定：如《孟子》云：“三代之得天下也以仁。”“以”，介字也，而馬氏乃以“以”爲動字。又《孟子》云：“天子不能以天下與人。”“與人”者，與於人之省略。“人”，轉詞也；而馬氏乃以爲止詞。《儒林傳》云：“仲尼既没，七十子之徒散遊諸侯。”“既”，狀字也。而馬氏乃以“既”爲連字。

三曰强以外國文法律中文，失中文固有之神味：如《孟子》云：“以大事小者，樂天者也。”二“者”字，指示代字也。而馬氏定爲接讀代字。《漢書》云：“衛太子爲江充所敗。”“所”字，被動助動字也，馬氏亦定爲接讀代字。《平準書》云：“諸買武功爵官首者，試補吏，先除。”“諸”，表數静字，所以修飾“買武功爵官首者”一頓者也。馬氏乃云：“諸，代字也；者以指之。”《孟子》云：“諸侯多謀伐寡人者”，此猶云諸侯之中謀伐寡人者多也。“多”字乃静字表詞，而馬氏云：“多字，主次；諸侯，偏次；猶分子與分母然。”《論語》云：“冉有季路見於孔子曰。”此冉有季路見於孔子而後有言。“見”，第一動字也；“曰”第二動字也。而馬氏乃以“冉有季路見於孔子”爲一讀，謂所以記述言之時，以“曰”爲坐動，以“冉有季路見於孔子”一讀爲起詞。

四曰不知古人省略：《留侯世家》云：“不愛萬金之資，爲韓報仇强秦。”“報仇强秦”者，報仇於强秦也。而馬氏不明有省文“於”字，乃云:“强秦者,仇之同次。”《孟子》云:“决汝漢排淮泗而注之江。”“注之江”者，“注之於江”之省略也；而馬氏乃云：“之字代之於二字。”

五曰强分無當：“是”“此”二字用法本無别也，而馬氏云：“凡指前文事理，不必歷陳目前，而爲心中可意者，即用是字；前文事物有形可跡，且近而可指者，用此字。”又云：“焉代於是爲指事，代於此爲指地，代於之爲指人。”又云：“身字明其人之與其事，親字表其人之行其事。”皆無據而妄分。“以”字之於司詞，無論司詞長短，或居動字之前，或居動字之後，本無定也。而馬氏乃云：“短者居動字之前，長者居動字之後。”

六曰不識古文有錯綜變化，泥於詞位，誤加解釋：《送孟東野序》云：“漢之時，司馬遷揚雄最其善鳴者也。”“最其善鳴者”，猶云“其最善鳴者也”。而馬氏以“最”字在句首，遂謂“最”字爲静字表詞。《酷吏傳》云：“匈奴至爲偶人象郅都，令騎馳射莫能中。”又云：“天子至自視病，其隆貴如此。”二“至”字皆介詞，此猶云：“匈奴畏都，至爲偶人象都令騎馳射莫能中”，“湯隆貴至天子自視病”也。而馬氏以二“至”字在“匈奴”“天子”之下，遂認爲内動字。《霍光傳》云：“去病大爲仲孺買田宅奴婢而去。”此猶云“爲仲孺大買田宅奴婢也”。大者，言其買之多也。而馬氏見“大”字在“爲仲孺”三字之上，遂云“大字不狀買字而狀爲仲孺三字”矣。

七曰誤認組織：如《項羽紀》之“梁父即楚將項燕”，“項燕”，表詞；“楚將”，加詞也。馬氏乃云：“楚將”爲表詞。《孔子世家》云：“孔子，布衣，傳十餘世。”“孔子”，起詞；“布衣”，表詞也。馬氏乃云：“孔子布衣，起詞。”《匈奴傳》：“其見敵則逐利如鳥之集，其困敗則瓦解雲散矣。”“其見敵”，“其困敗”，皆表假設之讀也。而馬氏乃云：“其見敵一讀爲逐利之起詞，其困敗一讀爲瓦解之起詞。”《刺客傳》云：“得趙人徐夫人匕首。”按“趙人”乃“徐夫人”之加詞，馬氏乃云：“趙人，偏次。”《馮唐傳》云：“雲中守魏尚坐上功首虜差六級。”“魏尚”，主次；“雲中守”，加詞也。而馬氏云：“魏尚，同次，以名雲中守”，則輕重失其倫矣。《趙充國傳》云：“今先零羌楊玉，此羌之首帥名王。”“首帥名王”，表詞也。而馬氏乃認爲加詞。《莊子・大宗師》云：“墮枝體，黜聰明，離形去知，同於大道，此謂坐忘。”“墮枝體”以下四句，起詞也；“此”，複指上文四句也。而馬氏乃認“此”爲起詞，以“墮枝體”四句爲加詞，則又輕重倒置矣。又“在”字言人物所處之境者，内動字也。而馬氏乃定爲同動，而以位“在”字下之詞爲止詞。《高祖紀》云：“今天下賢者智能，豈特古之人乎！”此謂今天下賢者之智能不僅止於古人之智能。“智能”，起詞也。而馬氏乃以“賢者”爲起詞，以“智能”爲静字表詞，且謂“此猶云今日天下所有賢者皆是智能之人，喝起二句，猶云今之賢者亦有智能之人，豈惟古人爲然”，則糾結不可通矣。《貨殖傳》云：“桀黠奴，人之所患也，惟刁閒收取，使之逐魚鹽商賈之利。”“之”者，“使”之止詞也。而馬氏以“之逐魚鹽商賈之利”爲一讀，云是使字後之承讀。《孟子》云：“民望之，若大旱之望雲霓也。”大旱者，謂大旱時也；而馬氏乃云：“大旱，起詞。”

八曰誤定詞類：如“天子穆穆，諸侯皇皇”，“穆穆”，“皇皇”，皆静字也，而馬氏定爲狀字。《孟子》云：“今燕虐其民。”“今”，狀字也，馬氏乃以爲連字。《孔子世家》云：“余低徊留之不能去云。”“云”，助字也；而馬氏乃以爲外動字。《孟子》云：“比其反也，則凍餒其妻子。”“比”，介字也，而馬氏乃以爲連字。《孟嘗君傳》云：“今君又尚厚積餘藏，欲以遺所不知之何人。”“何”，虛指指示代字也，而馬氏乃以爲詢問代字。《孟子》云：“人皆可以爲堯舜。”“皆”，狀字也。馬氏乃以爲代字。《孟子》又云：“二王吾將有所遇焉。”“有”，動字也。馬氏乃誤以爲代字。《詩》云：“凡今之人，莫如兄弟。”此“凡”字，静字也。《荀子》云：“薄薄之地，不得履之，非地不安也，危足無所履者。凡在言也。”此“凡”字乃狀字也。而馬氏皆誤認爲代字。《淮陰侯傳》云：“誠能聽臣之計，莫若兩利而俱存之。”《韓上鄭相公書》云：“安敢閉蓄以爲私恨，不一二陳道。”“兩”，“俱”，“一二”，皆狀字也，而馬氏乃以爲約指代字。《樊噲傳》云：“漢王起巴蜀，鞭笞天下。”“鞭笞”者，假名字爲外動字也。而馬氏乃以爲狀字。《禮書》

云："至于高祖，光有四海。"《儒林傳》云："至於威宣之際，孟子孫卿之列咸遵夫子之業而潤色之。""至于"，"至於"，複合介字也；而馬氏乃以爲連字。《左傳》云："韓子亦無幾求。""幾"，"表"數静字也。而馬氏乃以爲狀字。《樂記》云："治世之音安以樂"，此"以"字，連字也，而馬氏乃以爲介字。

九曰不明音韻故訓：如《書》云："爾知寧王若勤哉。""若"字古訓有"此"字之義，故用爲若此之義。而馬氏云："若此但云若者，省文也。"則失其義矣。《孟子》云："惻隱之心，仁之端也。"端猶今言"端緒"；馬氏乃云仁德中之一端。《李廣傳》云："未到匈奴陳二里所止。""二里所"，二里之譜也。馬氏乃云二里餘。《左》襄十二年云："請爲靈若厲。"若，或也，而馬氏釋爲"與"。《論語》云："君而知禮，孰不知禮？"又云："富而可求也，雖執鞭之士，吾亦爲之。"古"而"字與"如"同，假設連字也。馬氏不知，遂定爲承接連字。《齊策》云："子孰而與我赴諸侯乎？"古"而""能"通用，故《國策》以"而"为"能"者至夥，馬氏不之知，亦以爲承接連字。

十曰誤讀古書：《孟子》云："己頻顣曰。""頻顣"當連讀，己在主次；而馬氏云："己頻者，仲子之頻也，己在偏次。"《陸賈傳》云："爲社稷計，在兩君掌握耳。""爲社稷計"，猶今人云"給國家打算"耳。"爲"，介字；"社稷"，司詞；"計"，動字也。而馬氏乃以"爲"爲動字，"計"爲名字，謂"社稷"在偏次。《陸賈傳》云："足下，中國人，親戚昆弟墳墓在真定。"此謂"親戚與昆弟及墳墓皆在真定。"馬氏乃云："親戚昆弟之墳墓在真定。"《汲黯傳》云："黯褊，心不能無少望。"此當以"褊"字爲讀，而馬氏乃以褊心連讀。《楚策》云："遂生子男，立爲太子。""子男"者，猶古人云"子男子"也。馬氏乃析子男爲二，謂子爲賓次，而"男"則表其所生之子爲男。《汲鄭列傳》云："大將軍青侍中，上踞厠而視之。"侍中，謂侍於宫中；"視之"者，視衛青也。而馬氏乃云："之，指侍中。"《左傳》襄三十一年云："且年未盈五十，而諄諄焉如八九十者。""者"字表擬似之助字也，而馬氏云："八九十，静字；者所以指有是年之人。"《韓》文《王君墓誌銘》云："我得一卷書，粗若告身者。""粗"者，今言大略，狀字也。而馬氏乃以"粗"爲静字，以"粗若"爲"書"與"告身"之平比。《爲人求薦書》云："如某等比。""等比"與"等輩"同，《漢書》屢見。而馬氏云："如某等比，即比如某等。"哀六年《左傳》云："請就之位。""請就之位"者，請使己就位也。而馬氏云："就商之於位。"則文不可通矣。《秦策》云："蘇秦始將連横，説秦惠王。"將，助動字也，連横當略讀斷。而馬氏乃以十字作一句讀，訓"將"爲"以"。《賈誼傳》云："先王執此之政，堅如金石。"按執此當連讀；之，連字也。而馬氏乃以"此之"連讀。又云："夫習與正人居之不能毋正，猶生長於齊不能不齊言也；習與不正人居之不能毋不正，猶生長於楚之地不能不楚言也。""習與正人居之不能毋正"當作一句讀，"習與不正人居之不能毋不正"亦當作一句讀。二"之"字，連字，所謂言之間也。而馬氏乃於"之"字爲讀，謂"之"當解如"者"字。

凡若此類，遽數之蓋不能終其物也。雖然，馬書博大，又事屬創爲，其或有差違，殆無足異。余竊怪其書出後，於今三十餘年，顧未有起而修正之者：豈虚浮之習，國人中之已深，與科學之爲術嚴整密栗者終不相入乎？余不敏，雖有志焉，而又未敢自必其能也。世有達者，相與講習而共明之，是則區區之心所禱祀以求者矣。

一九二九年十二月十日，長沙楊樹達遇夫書於北京舊刑部街寓廬之貴希齋。

耐林廎甲文説自序

此編收集余説甲骨之文字凡六篇，本《積微居甲文説》中之文字也。初余於一九五二年三月取《積微居甲文説》送中國科學院請審查出版，不知何故，審查人擱置一年不報，余無已，通書陶孟和先生詢之，遂由院別請一人審查，久之得復，從原稿七十篇中選定十篇，謂可刊行。余意卷中頗多會心之作，可存者決不止十篇，例如《竹書紀年所見殷王名疏證》一文，乃余前後費時數年，辛勤采獲，在甲文中證驗明確，毫無可疑者，亦竟在屏棄之列，以是余頗憒憒，心不能平。繼思審查人不知誰氏，度亦治學之人，宜不至故與余立異，特學力未到，不能認識耳。因此余不復與之辯論，而以書達科學院院長郭鼎堂先生請其審定。旋得復，爲余選定文字五十餘篇，即近日科學院出版之《積微居甲文説》是也。此六篇爲郭先生汰去十餘篇之少半，余意以爲可存者，以荊山之和，一再刖足，經郭先生審定，屈已大伸，不欲復有言也。頃者上海羣聯出版社向余徵稿，余因取此六篇名曰《耐林廎甲文説》付之。耐林廎者，數年前夢中得句有曰“霜枝耐晚林”者，余喜其語吉，因取以自名其室者也。慮讀者疑篇牒甚少，何以別行，因記其始末云爾。

一九五四年六月二十七日耐林翁楊樹達書於嶽麓山，時年七十。

漢代婚喪禮俗考自序

往歲余治《漢書》，頗留意於當世之風俗，私以小册迻録其文，未遑纂輯也。會余以班書授清華大學諸生，諸生中有以漢俗爲問者，乃依據舊録，廣事采獲，成此婚喪二篇；見者頗喜其翔實，而予友曾君星笠乃見譽以爲爲史學闢一新徑途。余知其阿好，未敢以自任也。惟余時時聞今之治史者頗以國史史料不足爲言，夫云史料不足者，必先盡取現存之史料一一搜討而類聚之，至於無可復搜無可復聚，而後知其果不足也。余今敢問：今之言者曾爲此搜討類聚之一段工夫否乎？如其未也，則吾人今日處地大物博富有鑛藏之中國，固日日仰屋嗟貧矣，然吾中國果貧乎？抑由於國人之怠緩乎？今之持史料不足之説者，得毋類此乎？余區區此册，豈足與於述作之林，特欲令世之治史者知古人一言半語，皆吾史料之所存，必搜羅剔抉至於物無棄材而後始可斷言其爲豐爲歉。然則今之持史料不足之論者姑俟十年二十年之後發言，殆未晚也。

民國廿二年九月二十一日，長沙楊樹達序於北平回回營寓之積微居。

淮南子證聞自序

余曩寓北京，友歙縣吳承仕檢齋，淳安邵瑞彭次公。檢齋創建思辨社，余與次公皆籍社中，社初名思誤，取北齊邢子才語也，後乃易思辨云。檢齋喜治音韻校勘之學，嘗輯《經籍舊音》一書，草稿爲冊者數十。又嘗校淮南王書，爲《舊注校理》三卷，説多精到，而次公亦治《淮南》。余時雖亦頗讀淮南王書，顧以他有所務，未暇專治，故檢齋書所列余説未能審核也。一九三六年冬，余讀《淮南》數周，始成此書，頗自喜。高郵王氏校《淮南》最精，而余於王氏多所糾駁。時檢齋已改治他業，不復留意校勘，故余書成未嘗以示檢齋，而次公遠在大梁，亦未遑與之討論也。倭寇難作，余以侍父病先歸長沙，因留鄉里，設教於湖南大學，以淮南書授諸生者三，且教且治，復時時有所增益。自謂精博不逮高郵王君，而意猶欲勝俞蔭甫；其於檢齋，殆欲與抗手矣。大難五年，海宇分裂，南北睽隔，檢齋死於憂憤，次公累於外物，既隳其令名，旋亦怫鬱以死。檢齋長余一歲，一九三九年卒，年五十六，次公視余猶少也。社中舊侶，霸縣高步瀛閬仙，新會陳垣援庵，鹽城孫人和蜀丞並陷賊中，不屈，猶日治舊聞，不改其操，而閬仙去歲亦以老病死。余季豫與余通書言：檢齋歿後，其家人盡斥賣其遺業，所著書散失垂盡。他社友存者各避兵四方，不復相聞。余竄身窮荒，孑焉寡儔，日迫貧病。偶攬此卷，念疇昔之勝游，閱亂離死生如隔世，曾不知哀涕之何從也。

一九四二年三月三日樹達病中書於辰谿龍頭腦山巔。

余此書寫定後，得見劉君叔雅《三餘劄記》，內有《淮南子校補》若干則，乃劉君補訂其所著《集解》者，中有與余説相同者凡十一事。余初擬盡刊余説，繼加勘對，頗有結論相同而論證詳略殊異者，因遂存之，不加刊剟。今將付印，于諸條下記《校補》説同以備參考云。一九四六年八月二十二日記于嶽麓山。

淮南子證聞後序

許叔重生於東漢，值平帝元始五年未央廷中説字之後，上采李斯之《倉頡》、趙高之《爰歷》、胡毋敬之《博學》，近取楊雄之《訓纂》，爲《説文解字》一書，明造字之始，稽形義之合，信可謂美矣。二千年來，學者羣奉許君爲訓詁學大師，非無故也。以其説字之美如彼，宜其訓釋故書，下義審確，能令人犂然有當矣。然今讀其《淮南鴻烈閒詁》殘存者八篇，其中雖多勝義，而其顯然違失者固數數見也。以余所見，如：《繆稱篇》制其剟材，剟者，短也，而訓爲疏殺。《齊俗篇》稱行齊於俗可隨也，名篇之意昭然可曉，而訓齊爲一，説爲混其俗令爲一道。庖丁用刀十九年而刃如新剖硎，硎者，型也，新剖硎謂新自模型中剖出也，而訓硎爲磨刀石，新剖爲始製。《詮言篇》厭文搔法，厭文搔法者，按文操法也，而訓厭爲持，搔爲劳。治未固於不亂，謂不亂爲最固之治也，而説爲治不亂之道尚未牢固。瓶甌有堤，堤者，提也，人所以提挈也，古器卣有提梁，正其制也，而訓爲瓶甌下安。《人閒篇》有寑之丘地確而名醜，寑與《史記・魏其武安侯傳》武安貌侵之侵同，謂醜惡也，而説爲前有垢谷，後有戾丘，則與寑丘名無涉矣。掘藏之家必有殃，藏者，葬也，而説爲發冢得伏藏，云發冢是也，云得伏藏，非也。凡此云云，以之與《説文》《解字》校量，其美惡之相去，蓋不可以道里計也。豈《閒詁》爲少年時書，而《説文》成於晚歲歟？抑説字與立訓異術，一人固不得兼工歟！抑或《説文》前有所因，取精而用弘，《閒詁》成於一手，故不能粹美歟！又試取《閒詁》與清代高郵王氏説經校子史之書相校，王氏立訓之精，又迥非許君所可及也。然則王氏之業優於許君乎？曰：非也，此時代爲之也。天地閒萬事萬物，莫不向前發展而日進，學術何獨不然！向令王氏生於東漢，亦必無由過於許君也。余嘗謂訓詁之學，明義詁爲首要矣，而尤貴乎審辭氣。大抵漢代儒生精於義詁，而疏於審辭氣，趙宋學者善於審辭氣，而疏於義詁。王氏生當漢宋之後，挈取兩者之所長以成其術業，此其所以爲豪傑之士，而絶特秀出於前古也。今日文法修辭之學大明，志學之士又不當以王氏之兼審辭氣爲已足，而以之自囿也。世有獨見之士，不爲賤近貴遠之成見所蔽者乎？或當知吾説之不誣矣。

一九五三年四月十五日，樹達草於嶽麓山齋。

李雁晴史記訂補序

一九二五年十月二十二日

太史公生炎漢之初，其時挾書之律乍除，古文傳記日以益出，於是網羅舊聞，撰次《史記》，精心卓識，前古無儔。學者傳習既二千年，尚未能盡通其讀。如《黥布傳》云："及壯，坐法黥，布欣然笑曰：人相我當刑而王，幾是乎？""坐法黥"三字，句也。讀者往往以"黥布"連讀，於是坐法句義不了，且與他傳傳首兼舉姓名下文但稱名者不合矣。黥布車千秋黥車本非姓，以習稱故與姓同耳。《張釋之傳》云："虎圈嗇夫從旁代尉對上所問禽獸薄甚悉，欲以觀其能口對響應無窮者。""虎圈"至"對甚悉"十七字，句也。"欲以"至"無窮者"十二字，句也。此"觀"字義與《國語》"先王耀德不觀兵"之"觀"同。意謂嗇夫對上問甚悉者，欲以誇示其口辨也。讀者往往析二句爲四句，於第一句之中代尉對句絕，又於第二句之中觀其能句絶，則文氣乖戾不屬矣。《倉公傳》云："臣意家貧，欲爲人治病，誠恐吏以除拘臣意也，故移名數，左右不修家生，出行游國中。"故移名數，句也，左右猶今言始終横豎，當屬下讀。左右不修家生猶言始終不治家産也。上文云，"爲人治病，決死生多驗，然左右游行諸侯，不以家爲家。""左右游行諸侯不以家爲家，"即此文所謂"左右不修家生出游行國中"也。彼文"左右"正屬下讀，是其明證。張守節《正義》乃云"以名籍屬左右"，是以"左右"屬上讀，而二字爲贅文矣。文士如吳汝綸輩誦《史記》終身，顧不能正舊讀之誤，吁可詫也。往者杭縣友人馬君夷初語余，瑞安有績學士李君雁晴，盡讀其鄉先輩孫氏仲容玉海樓藏書，專治《太史公》百三十篇，卓有心得，余心識之。頃者李君刊其所著《史記訂補》成，郵以示余，以余頗喜治史籍，嗜好比近，屬爲弁言。余讀其書，引證賅博，思理縝密，馬君所言信不誣也。往讀班書，觀"田假與國之王窮來歸我不忍殺"數語，《田儋傳》作懷王語，《項籍傳》則作項梁語。又濟北王安之見殺，《田儋傳》以爲田榮殺之，《項籍傳》則以爲彭越殺之。彼此互異，宋祁劉奉世何焯紛然議之。余則謂懷王爲當時共主，彭越時屬田榮，作項梁與彭越者，紀其實也；作懷王與甲榮者，據其名也。又《高后紀》記“立孝惠後宫子强爲淮陽王，不疑爲恆山王。弘爲襄城侯，朝爲軹侯，武爲壺關侯。”檢諸表，則强不疑列於異姓諸侯王，弘朝武列於外戚恩澤侯，亦若自相牴牾。不悟《高紀》書孝惠子者，據當時詔令之文，而諸表列於異姓諸侯王及恩澤侯者，以諸人本非孝惠子，所以紀其實也。周壽昌不曉，乃妄謂强不疑早死故不列《諸侯王表》矣。昔史公稱《春秋》約其文辭而指博，馬班良史，猶有其遺意，自非通識，鮮不怪之。今觀君書卷首所爲敍例十二事，於後人所詆譏排擊史公者，一一理董而求其所以然之故，蓋庶幾乎史公所謂好學深思心知其意者。余既服君之通識，而又竊幸余治史之法之有同志也，遂承君命書此以序君書。若余於君説頗欲有所獻疑者，他日當詳求教於君，今姑不及也。

李悉伯先生讀漢書札記序

一九二九年一月十九日

往歲讀《越縵堂日記》，竊佩越縵先生深於史學。繼聞人言，有嘗見先生所讀兩漢書者，書眉間手書殆遍，尤想望欲得一讀之。頃者北海圖書館盡購得先生藏書，門下士高陽王君重民適司整理之役，余因幸得見兩漢及其他諸書。既以整比之法指示王君，王君首成《漢書札記》一種，以校閱爲請。余乃取王氏《補注》本再三校讀，復令王君以《日記》中說《漢書》諸事參校附益之。其中如揭班氏敍圖象麒麟閣事於《蘇武傳》之旨，謂武惟此事足以伸眉於身後，故班氏特以此系《武傳》後以慰千載讀史者之心，可謂深明良史之用心，發千載未發之覆。他如《食貨志》以"開田官斥塞"爲句，正裴駰師古之誤讀；《藝文志》"鉤鉱析亂"，訂毛本"鉱"作"釽"之誤；《蕭望之傳》以"軍以夏發"爲句，訂王念孫之誤讀；《外戚傳》"妾誇布服糲食"，以許后姊名謁證誇爲許后之名，訂孟康之誤解；飾室中若舍，以增成舍昭陽舍爲例證，定若舍爲舍名，糾師古之謬說：皆立義精湛，鑿然不可移。其他精義紛陳，殆未可一一僂指。而王氏《補注》顧未能盡録其説者，蓋王氏寓京以《補注》諸卷與先生商榷，在光緒辛巳壬午間。《越縵堂日記》三十六册三十四葉下九十八葉下記王以《補注》屬閱，八十四葉下記王氏借去《漢書》手校，三十七册八葉下《荀學齋日記》丙丁辛巳十一月三十日記王以《司馬遷傳補注》屬校閱，附識七條，九十八葉壬午四月二十七日下記王以《終王嚴賈傳·補注》屬校，附識二條。其後王氏出任江蘇學政，事畢歸田，遂終老於湘。而先生以後終始居京，末由會合從容商榷。又先生於《漢書》先後用力至勤，王氏殆未能盡覩其説也。館中既以是書付印，不日成書，王君請序其首，因書此以志景仰之誠云。

梁季雄君荀子約注序

一九二九年五月二十三日

一九二六年九月，余始教學於清華大學。於時先師新會梁先生方任清華研究院教授，余因得日侍先生有所請益，又以是得識介弟季雄君。一日君出所爲《荀子約注》示余，命余校正。余既校竟，以歸之君。又三年，君命爲之序，乃作而言曰：善哉君之爲書也！其引誘後學之意可謂至哉！蓋余嘗謂：吾國先哲所留遺之書，吾輩後學者有闡明之之責。其嘗爲先儒所整理者，則當循是而益求其精；其尚未經先儒整理者，則當起而整理之以求其有，令後人循是而求精焉，此深造之事也。深造之外，又當有普及之事焉。蓋今日學課日繁，讀先哲之書者不必皆求深造於此者也。先儒所未及整理者，無論矣。即其已整理者，大都諸説紛陳，辨訟齗齗，初學者非專門之士，乍睹焉則望洋而歎，中卷而廢，終不得卒讀，以一窺先哲之精神，是豈非吾輩治學者之責乎！《荀子》一書，固嘗經吾邑先輩王葵園先生所整理者也。君取其書，加之句讀；前儒之解釋，善者存之，不當者去之；又頗益以近儒及先師之説，簡明易觀。吾知初學者得此必欣然卒讀，必不至望洋而歎，中卷而廢也，其於普及之益，不亦大哉！且今世之需此類書也甚急，而顧未有創爲之者，然則君先導之功又不可没矣。先是君嘗請序於先師，先師諾之，以病遷延未及爲，而竟不得序君書。君以先師在日，於樹達時有過譽之詞，乃以命余。既自愧不足任，又不得終辭，爰取平日所懷僭列於簡端。追念清華侍坐先師暢聞明論之時，又不禁掩卷而長吁也。

皮鹿門先生師伏堂筆記序

一九三〇年一月

鄉先輩善化皮鹿門先生博聞强記，經術湛深，爲吾湘二百年來所僅見。光緒戊戌，余嘗於南學會獲聞先生演講，先生稱引傳記，暗誦如流，聽者莫不驚倒。又嘗得見先生於郎園師坐上，時余年在童稚，師爲介於先生，先生則驚起以禮相接，謙光盛德，至今令人想慕焉。民國元二年間，偶於平江蘇厚庵師所見葵園先生與師手簡，有云：近讀皮先生《經學通論》，愧汗無地。蓋葵園傾服先生之誠如此。先生著述，今日海内外既爭相寶貴，獨《春秋講義》及《筆記》二種，往時僅以排版印行，世罕得見。先生女孫茭從余遊，余既得其書於其家，恐其久而散佚，因節脩脯之所入，先取《筆記》付諸剞氏。先生生於道光二十九年己酉，卒於光緒三十四年戊申，年六十。近者《清史稿》出，既不爲先生列傳，而先生門下士余友李君肖聃所撰先生《年譜》亦迄未殺青，因附記於此，俾服膺先生者有所考云。

郭秐桂先生讀騷大例跋

一九三一年一月十二日

湘陰郭秐桂先生，爲玉池老人之仲子。少承家學，博通百氏，於兩漢契向歆父子，於宋契朱晦翁。中年以後，感於時世之變，跅弛不覊，日日出入酒家，與蕩子歌伶爲偶。一方口肆談謔，一方手握筆草所著書，嘗規模七略，著《栖流略》一書，取長沙歌伶女妓析爲九流，與以題品，文字奥博，世以爲中壘復作也。嘗注《墨子》，繼見長沙曹耀湘所爲《墨子箋》，説多闇合，遂輟不爲。二十年來，自以身丁家國之變，發憤注《騷》，精思力索，凡三易草乃成，多前人所未發也。先生既以兵亂盡喪其資業，晚乃寄頓於某歌伶之家，署其門曰郭秐桂先生寄頓處，世俗或駭之，先生不顧也。余於十七年夏南歸省親，屢訪先生，日相游處。先生既示余《騷注》，余亦以所業《漢書説》呈先生。先生過譽余，既爲手評，復允爲余序之。别後不一月，而先生以疾逝，年五十有七。日本友人橋川子雍嘗聞先生之學於吾同門友松崎柔甫，又喜究屈原書，讀先生是篇，服其精詣，將爲印行，既命余校字，又乞弁言於余。余聞去歲長沙兵事，先生所爲《騷注》稿不幸燬於火，果爾，則先生既困於生前，天又阨之於死後，先生信可謂奇窮，而此編乃尤可寶貴矣！先生初焯瑩，字子燮，號炎生，晚乃改名大癡，自號秐桂先生云。

頃聞稿燬之説不實，乃大幸也。

李悉伯先生諸史札記序

一九三一年一月十四日

往者我國學者之治史籍也，有二派焉：其一曰批評，其二曰考證。而二派中又各有二枝，批評之第一枝曰批評史籍，如劉子玄鄭漁仲章實齋之流是也。第二枝曰批評史實，如胡致堂張天如王船山之流是也。考證之第一枝曰考證史實，如錢竹汀洪筠軒之所爲是也。其第二枝曰鉤稽史實，如趙甌北王西莊之所爲是也。西莊書至駁雜，玆據其一部分言之。批評史籍，其途差狹，自劉鄭章外殆不數見。自宋至清初，則批評史實最盛之時期也。清儒治學，惡蹈空，喜徵實。彼懲於批評史實之虛而無當也，故變其道而趨於考證，於是考證派之兩枝於乾嘉之際同時並起，而繼其後者第一枝爲盛。越縵先生者，乃承錢洪之流，而爲有清一代考證派之後殿者也。綜而論之，考證史實，爲事較難，而所得反小；鉤稽史實，爲之者較易，而收獲反豐。要之非心思縝密用力勤至者不能，二者固無異也。近者瀛海交通，國人有見於西儒史籍之精密正確，回顧吾國之正史，意以爲不足，是固然矣。抑知彼精密正確之史籍果何自而得之乎？非從彼繁富之史料簡練精求而得之者乎？然則吾亦欲得精密正確之史籍如彼者，非從至繁富之史料簡練而精求之，其不可得亦明矣。若吾國所謂正史者，雖不足以盡史料之全，而爲吾國最重要之史料，無可疑也。乃從事於此者第以畏其繁重，束之不觀，顧徒裨販他國人所爲之吾國史以自足，其偷不已甚乎！嗚呼！以最繁重難治之業，而以最苟簡之法應之，其無當也宜矣。吾意士生今日，不欲治史，則亦已矣，苟欲治史也，則必先取吾最豐富之史料之正史審別之，鉤稽之；又取前哲之所辛勤積貯如考證派之所爲者，利用之，整比之；又益以金石考古之所得，而以他國儒者之所治者助之，然後精密正確之史漸可冀也。若舍先哲遺留之田土置之不耕，徒鹵莽滅裂，乞靈於外人，於學固無所得，而其有愧於錢洪王趙及越縵諸先生亦已甚矣。余讀越縵先生《諸史札記》，感而書此。世有達者，或不河漢余言乎！

羅庶丹諸子學述序

一九三五年一月二十五日

嗚呼！此余亡友羅君庶丹之遺著也！余識君由李君肖聃。肖聃博涉書史，能爲文章，而君則自音韻訓詁校勘以至儒墨眇義，無不窮極奥要，得其指歸。有所言，皆如人人意中所欲出。家故貧，又世變多故，衣食奔走於四方者三十許年，迄不得寧居優游從事於所學，故所譔著皆屬草略半，未能竟其業。晚乃主講湖南大學，稍得從容理其所治矣，而年不逮中壽，遂以疾死。嗚呼！豈非其命也與！往者余讀《漢書》，妄有所論述，輒以一帙遺君，君復書累數千言，則言某説甚諦，某説宜削，某條宜併，皆洞中竅要，余於是始服君之精能。十七年秋，余與君偕寓武昌，一日訪君於旅舍，君手杯酒，與余縱談别後事。嗣是南北睽隔，不得合併，及二十一年之冬，余省覲南歸，而君則既前卒，不可復得見矣。君與人和而介，於並世士少所許可，顧獨阿好余，嘗私爲肖聃言之。嗚呼！君死而余欲求一博學通識如君者，殆不可復得，余他日雖有所論著，誰則糾其失而奬其善，俾余有所奮厲者？嗚呼！此余撫君書而太息不能自已者也！至是編大旨，已見肖聃序中，玆不具論。而獨論君生平遭遇之不偶及余與君交誼始末，以誌余之私痛云。

曾星笠尚書正讀序

一九三六年四月四日

余生平持論，謂讀古書當通訓詁，審詞氣，二者如車之兩輪，不可或缺。通訓詁者，昔人所謂小學也。審詞氣者，今人所謂文法之學也。漢儒精於訓詁而疏於審詞氣，宋儒頗用心於詞氣矣，而忽於訓詁，讀者兩慊焉。有清中葉，阮芸臺王懷祖伯申諸公出，兼能二者，而王氏尤爲卓絶。其所爲《廣雅疏證》，通訓詁之事也；《經傳釋詞》，審詞氣之事也；合二者而爲《讀書雜誌》《經義述聞》。宋元以來儒者説經校史之作數盈千萬，未有能與二書頡頏者，可謂偉矣。《尚書》一經，以詰詘聱牙爲病者二千年矣。王氏書説雖善，顧未能及全經也。自如江艮庭王西莊孫淵如諸家，能説全經矣，訓釋之精不逮王氏遠甚。往往讀一篇竟，有如聞異邦人語，但見其脣動，聞其聲響，不知其意旨終何在也。吾友益陽曾君星笠精通小學，於音韻既有所闡發矣，比設教於廣州中山大學，以《尚書》課多士，爲《尚書正讀》一書，於訓詁詞氣二者，既極其精能矣。而又能以此通解全書，直不欲令其有一言之隔，讀者依其訓釋以讀經文，有如吾人讀漢唐人之詔令奏議。嗚呼！何其盛也！蓋駸駸乎欲駕王氏而上之矣。前歲之冬，余以省覲歸長沙，適星笠自廣州北返，握手相見，爲余説《大誥》一篇，爲之愉快者屢日。近者以二十八篇將就，書來屬序於余。嗚呼！余言豈足以重君書哉！特余於訓詁詞氣二事夙頗究心，二十年來時時温故誦經，間有一隙之得，然極其所詣不過王氏之百一，以視君今日之所成就欲突過王氏者，瞠乎後矣！執筆以序君書，雖欲無愧，安可得也！

張彦超馬氏文通刊誤補序

一九三六年七月六日

文法者，至淺之事也。然淺則淺矣，以其淺也而忽之，則蔽也。余嘗學幾何學矣。其公理曰：平行之線永不相交。又曰：兩線交午後永不相遇。此何等粗淺語也！而幾何學之至繁賾者不能外也。一加一爲二，一加二爲三，小學之童所熟知也。而極玄眇之數學亦不能外是也。文法猶是矣。詞有名代動靜之分，位有主賓之别，誠粗淺矣。然學者苟欲進而讀古書，精訓詁，莫能外也。安於淺而不求其深者，非也。以其淺而以爲不必從事者，猶謂習幾何者不必治公理，業數學者不必肄加減也。

自馬眉叔倣歐洲文法著《文通》，而吾國始有科學條理之文法。今之持論者則曰：歐洲語族與吾華異，是殆未足據，必也取語族昵近如緬甸安南諸民族之文法對勘之，而後始有真正之中國文法。是説也，未嘗不動人聽也。然余竊疑其徒爲高論而未必衷於事實也。夫文法之必取資於歐洲，非偶然之事也。何者？文法學者，科學也；科學者，歐洲之特産也。一也。且文法導源於希臘，而流衍於今日之歐洲，其治之也久，故其業精。二也。夫語言緣種族而不同，固也。然其不同者，語音也，語詞也，語次也，此節目之事也。若其組織分子之爲名代動靜介連助嘆，大綱不能異也。吾之於歐洲文法也，借鏡也，非因襲也。其同者同之，其異者不必强而同之也。語族雖殊，夫何傷哉！

夫朝鮮日本與吾國種族尤近，文化相接者也。余嘗習日本之語言文字，通其文法矣。而余之治中國文法也，資於歐洲文法者多，以日本文法參證而説明之者，殆絶無有也。此何故也？日本向無科學律令也，向無文法學之歷史也。其文法借鏡於人，猶之我也。安南緬甸之語言文字，誠愚所不知，然諸族向無科學與文法歷史，猶之日本也。然則誠通彼之語言文法，其能爲益於中國文法也，果有以遠過於日本乎？愚不能無疑也。

今之治物質科學者，無論矣。即治精神科學如哲學歷史者，猶必取資於歐洲，何也？彼治之者精也，質雖異而無害其爲借鏡也。夫地理種族相近，則其思想亦必近，治哲學者或亦當有取於安南緬甸人之思想哲學矣。然今之評哲學者，未嘗曰，必取於種族昵近如安南緬甸者，以其思想哲學相參稽，而後始有真正之中國哲學，何也？諸族不必皆有科學的哲學如歐洲諸國，能參稽固大佳，雖未嘗參稽，而無害於中國哲學之成立也。然則文法亦何以異是！

聊城張君彦超學於清華大學，從余習中國文法，以余昔日所著《文通刊誤》爲未足，復有所述，得二三萬言，頗有能自見其意者，可謂勤矣。余既懼其安於已知而不深求其所未知，又慮其惑於時論而自沮也，故聊書所感以應其弁言之請焉。

鹽鐵論校注自序

一九二四年一月三十日

漢自武帝用兵四夷，財用匱乏，興鹽鐵酒榷之利，民頗病之。及昭帝之始元六年，詔丞相車千秋御史大夫桑弘羊與所舉賢良文學語，問以民所疾苦。於是賢良文學請罷鹽鐵酒榷，昭帝從之，所謂鹽鐵之議是也。宣帝之世，汝南桓寬次公推衍其議文，增廣條目，著書六十篇，是爲《鹽鐵論》焉。余嘗謂漢廷此事，令一二大臣與數十儒生侃侃論政，實啓今日民獻議政之先聲。而其究也，朝廷竟俯從衆議，罷止病民之政。此在大君專制之朝，誠僅見之事也。又古兩造論事之書不可多見，如《漢書》載王恢韓安國爭論馬邑之事，讀史者且詫爲奇文。桓書所述丞相御史大夫與賢良文學對答之詞，乃至數十反，是又古書中僅有之作也。至若桑大夫稱述管商，賢良文學服習周孔，儒法二家之徒各以其所學對壘抗辯，而法竟絀於儒，不尤足以觀兩家學術消長之故乎！桓氏書之有注蓋舊矣。觀《太平御覽》卷九百十二獸部引《輕重篇》注文可證也。然則其注北宋時猶存，而今則不可見矣。明嘉靖間，雲間張氏之象嘗爲之注，頗以宂蔓見譏。（其書有張氏猗蘭堂原刻本，今通行張氏注本，注至簡略，非張氏原書也。）張氏於桓寬書篇第字句妄爲割裂增易，識者病之。清乾隆時盧抱經學士嘗取《永樂大典》所載桓書及明弘治涂禎刻本以校張書，多所是正。嘉慶中，蕭山汪因可嘗爲桓書箋釋而未成書，（見陳春《湖海樓叢書序》及王紹蘭《潛夫論箋序》。）前汪氏數年，顧千里嘗爲陽城張氏敦仁重刻明涂禎十卷本，並爲之考證。（張氏序文即千里代撰，今見顧氏《思適齋集》卷九，故周氏《紛欣閣叢書》逕題顧千里考證。）涂刻出自宋刊，卷數與《隋志》相合，既遠非張本可比，而顧氏以校勘名世，其所考證尤能疏抉疑滯，令人解頤。張盧誤校亦多糾正，信可謂有功於桓氏書者也。距今三十餘年，吾邑先輩王葵園先生重刊陽城張氏本，以盧顧二氏所校皆別自爲書，不便誦習，因取以散入正文，又附以湘潭王胡二君之説，而王氏又詳校唐宋類書，別爲《校語小識》

一卷，於是桓氏之書漸可讀矣。然桓書采掇豐夥，義旨閎深，又多存古言，傳寫日久，頗多脱誤。王氏嘗致喟於義藴閎富未易推尋者，良有以也。余少好是書，輒喜瀏覽；弱冠出遊，遂爾荒棄。歸國以後，重理舊文，每讀是書，私謂自盧顧王諸君及近日俞樾孫詒讓二家所校外，仍多賸義；而諸家立説亦時有疏違，未可盡據。遂自忘其譾陋，隨手箋記，或疏證出處，或校正誤文，又平日讀近代諸儒之書有涉及桓書者亦加甄采。去夏南歸，從郎園師假得景寫元麻沙坊本九行涂本及胡維新兩京遺編諸本，詳加讎校，丹黄幾滿。而歙縣吳君檢齋鹽城孫君蜀丞同客京師，具有同好，往復商榷，時獲新知。近者端居多暇，略加排比，以付寫官，顔曰《校注》。固知微文奥義，遺缺尚多，惟以義存蓋闕，未敢鑿空强説。如獲當世通人加之訓誨，俾得於他日改訂，則著者之幸事也。

漢書補注補正自序

一九二四年三月十四日

家大人喜讀史，少時侍坐，竊見治司馬氏《通鑑》，日有定程。余兄弟幼承訓誨，故亦皆好史籍，而余尤嗜班書。每讀一篇，三復不忍釋手。同邑先輩王葵園先生著《漢書補注》，薈萃成説，卓有翦裁，《地理》一志尤爲卓絶，信可謂美矣。余年來籀讀一過，輒復拾遺補闕，疏記簡端，卒業檢覽，亦頗有可存者。因令人鈔寫成帙，顔曰《漢書補注補正》。余讀本爲吾師平江蘇厚盦先生舊藏，書眉時有先生遺墨，且頗有自訂其誤説者，亦並録之。凡稱蘇先生云者是也。天文余所未習，《律曆志》業有湘陰周正權君所爲《補注訂誤》，故並不及云。憶民國三年，葵園先生避地於長沙東鄉之涼塘，余以蘇先生身後事與同學劉君廉生偕訪先生。時先生居方丈陋室，榻前設案，滿堆故書，前窗糊紙，中安小玻璃一方，先生日坐其中，著述不輟。蓋先生時年七十餘矣。老輩好學之風，至今追憶，每懷悚敬。先生虚懷若谷，其所著書，於後生末學毫毛之善必加節取，惜余此卷晚成，不獲於先生之前執簡請益也。

古聲韻討論集序

一九三三年十二月五日

讀書必求其義，而古義寓於古音，以今音求古義，猶適燕代而南其轅也。往者兄子伯峻北來就學，余首語以古今音變定當分曉，因令手録錢曉徵及近日章曾汪諸君子之文，時時省覽。峻既遵余教，益以師授，遂於古音頗有省悟，今既訖業歸去矣。余念錢章著書布於海内，人人可求而得。若汪曾二君之文，散在校誌，遐陬慮不易見。重以遼瀋失陷，曾君原刊益不可得。吾家子弟既有獲於諸文，亦欲用此溥益多士，因請於汪曾二君，爲彙録流布，而以余近著之《之部古韻證》附焉。娘日歸泥之説，發自吾鄉鄒氏叔績，而余杭章君證成之。余於之部古讀證成黄章二君之義，亦猶章君之志也。

論語古義自序

一九三三年十二月十七日

當勝清光緒壬寅癸卯間，余得見阮氏《詩書古訓》而好之。時方讀《周易》，遂以其法集《易古義》。民國六載，南北交訌，余家居讀《老》，復依例治《老子》。兩書先後印行，幸不爲當世通人所議。北遊以來，頗復輯《論語》《春秋》。《春秋》訖今未就，而《論語》則三年前輯訖，業付書坊，印將成矣。而倭人寇滬，板毁于火，頻思重撰，録録未遑。今夏南歸，頗多暇日；又久居北地，殊苦南方蒸鬱，長晝無事，奉親之餘，輒假寫書，驅除溽暑，汗流蠅擾，不之顧也。費時二月，差得觀成，此編是矣。夫《論語》一書，先儒疏釋備矣，以古義論，惠氏亦既有成書，此編殆不免於贅。惟惠書重在異義異文，於臚舉大義者顧弗録。又今所采掇，十九出自漢儒，而漢人八歲入小學，即誦《論語》《孝經》，然則二千年前吾先民成童鼓篋日日諷籀之書，其説義爲何，讀余書猶可恍惚其一二，其於研經之士，或者將不無小補也。

胡厚宣戰後京津新獲甲骨集序

一九五四年二月十一日

殷虛甲骨出土，到今五十餘年矣。其文字之記載，皆史實也。而甲學諸家能以故書雅記稽合甲文以證明古史者，寥寥不過數人，胡君厚宣其一也。廬江劉氏藏一片，所記爲四方風名，君以《尚書·堯典》及《山海經》諸故書證合之，是其事也。昔王靜安以《楚辭》《山海經》證王恆王亥，舉世莫不驚其創獲。及君此文出，學者又莫不驚歎，謂君能繼王君之業也。君所著又有《商史論叢》諸編，治甲者莫不人手一編矣。顧君不以此自足，念甲骨之爲物，質脆易破，未能久存，不亟搜討，容可散失，於倭寇戰敗請降後，奔走南北，遍搜甲片，御風乘傳，席不暇温。私家之藏，婉辭以請；市肆所列，重金以求。亦既成《寧滬南北兩集》印行問世矣。兹復成《京津集》，將付書坊，公之於世。憶甲骨初出，羅叔言編印《殷虛書契前後續編》及《菁華》，其傳布之勤，士類莫不稱之。今君既擅靜安考釋之美，又兼叔言播布之勤，以一人之身，殆欲併兩家之盛業，何其偉也！抑羅氏諸書，編次凌雜，散無友紀，而君則分時代，别門類，條理井然，於學者爲尤便，此又突過羅君，後來居上者也。余粗治甲學，苦無心得，顧辱君引爲同志，命序君書，因述君盛美，聊志欽慕之忱云爾。

跋沈兼士藏費玉衡窺園圖記卷子

一九三七年四月六日

吾友沈兼士先生藏此記，命余題識。展卷一閱，題識者自太炎先生以下，皆余所嘗接席者也。顧自太炎釋不窺園爲不治生産，援庵糾之，晦聞復申太炎之説。余謂以史文論，援庵之説良不可易。《史記》云：“三年不觀舍園。”《漢書》云：“三年不窺園。”如太炎之説，則是謂董生三年不治生産，然則終董生之身，治生産之日亦多矣。馬班行文，宜不至乖戾若此。昔汪容甫釋《論語》三年無改於父之道曰：“父道而善，雖終身無改可也。”顧施之彼則可通，如此文亦曰雖終身不窺園可也，豈不滑稽可笑乎！晦聞引《周禮·太宰》園圃毓草木爲證，謂園圃非遊息之園林，立訓甚碻。然則董生家有園圃，正其治生之證，不足以證其不治生也。要之董生不問家事，《史》《漢》已别言之，不假不窺園以明其事。其立文之意，重在不觀不窺，故下文皆承之曰：“其精如此。”而《太平御覽》引《鄒子》，亦以乘馬三年不知牝牡與不窺園圃並敍，皆謂其神有塼務，用志不紛耳。援庵長於史籍，故其立説獨得真諦如此。第太炎深明故訓，晦聞亦非昧昧者，而持論云爾者，蓋别有所見也。自清末葉，歐洲功利之説輸入中土，雖士大夫不免爲其所惑。近來竟有效魯君之故智，鑄贋鼎以欺人者，小者如此，大者無論矣。兩君目擊時變，心存矯世，殆《戴記》所謂有爲言之，非其本意也。余意不欲佐鬥，而竊思解紛，愧無談言微中之才，不知此紛果可解否。又恨章黄二君徂逝，不得質證余説，是則可爲累欷者耳。

題王湘綺先生手書詩册後

一九四零年一月一日

右湘綺先生手書歌行五首，爲一九一四年先生寓北京時録畀其家人者。詩辭之妙，字跡之美，固不待贊。自注多遜清咸同間軼事，尤足資談助。先生文學蓋天下，近世通人余杭章氏通小學，能文章，論文獨推先生，謂能盡雅，而曾國藩爲盡俗。章氏本論衡近代文章，所舉適皆湘人。其弟子有嫉之者，遂謂其師語第就湘人士發，抑思兩君並時之士，亦有能文可與兩家抗手者乎！妾婦娼妒之辭，竟出於士大夫之口，殊可怪詫！乃知班孟堅書譏楚士，良有以也。遜清光緒壬寅癸卯間，先伯兄肄業長沙思賢講舍，主講者蔡君與循，先生妻弟也。一日，先兄文卷下，蔡君書卷首云："生有志窮經，壬秋近至長沙，可往事之，枚功不足師也。"遂介先兄往執贄於先生門下。未幾；先生以將往南昌講學來會垣，余隨先兄進謁。先生神采弈弈，泛論經藝，兼及時事，並出手著《毛詩補箋》示余兄弟，云：此寫授第八女課讀之本也。書皆楷字，無一筆忽苟。先生精力之富，風韻之卓，至今有餘思焉。忽忽三十餘年，先生墓木已拱，而先兄辭世亦已五載矣。國難嚴急，余遯此荒鄉，展覽此册，追憶侍坐時情景，恍如隔世，不自知其感喟之何從也！

説文古韻二十八部聲系序

一九三六年十二月二十九日

古韻之學，於趙宋之世始萌芽，而大備於晚近。鄭庠肇立東支魚真豪侵六部，雖頗粗觕，而爲部分之權輿，其績在乎剏。自爾崐山顧氏承之，析鄭氏之東爲東陽耕蒸，析鄭氏之魚爲魚歌，遂得十部。婺源江氏復劃寒於真，劃幽於豪，劃添於侵，得部十三。金壇段氏作，由鄭氏之支得咍微，由江氏之真得文，由江氏之幽得侯，得部十七。曲阜孔氏復析冬於東，得部十八。自餘如休寧戴氏之别立入聲，高郵王氏之立至泰，皆各有剏獲，説益密矣。近者余杭章太炎先生得二十二部於先民，而益以没，爲部二十有三。其弟子黄君季剛本戴氏及劉逢禄之説，益入聲之錫德鐸沃屋五部爲二十八部，並時學者翕然宗之。吳興錢君玄同復於黄説有所損益，併沃於豪，析覺於幽，仍爲二十八部，然後古韻之分部幾於盡善焉。自段氏著《六書音均表》，據聲類以爲識别，獨爲能握其要。然祖孫骰列，繁而不殺，是其病也。江氏有誥獨列祖聲，簡而能賅，賢於段氏矣。然於音未遑理，則散無友紀。獨季剛以古十九聲譜二十八部，雜而不越，得其統矣。比年以來，余研治聲訓，勘校《説文》，於江子蘭之《十七部均表》未嘗一日去手。然部居既簡，音又不次，時用病焉。嘗取二十八部譜之，以校課碌碌，得數部而止，未暇竟也。武威權少文曩嘗問業於季剛，及轉業於清華，復從余治文字之學。會將卒業，當撰論文，余因囑少文爲二十八部聲系。少文孳孳不懈，期年而成。昔段氏欲譜十七部而未果，因以委之江子蘭。余之學不敢望茂堂，而少文之於子蘭，殆無愧焉。書既成，喜其便於承學之士也，因爲述古韻發明之次第敘其耑云。

王葵園先生管子集解序

一九三七年八月二十二日

管子書《漢書·藝文志》列之道家。余謂道家薄禮義，管子則謂禮義廉恥國之四維，四維不張，國乃滅亡，純乎儒家之言，與道家適相反。列之道家，非其類也。余讀《論語》，孔子於其弟子如子路冉有公西華諸人，皆不以仁相許，而於管仲獨亟稱其仁，孔子之推尊仲至矣。而後世乃以雜霸少之，信迂儒之談，非篤論也。其書今存七十餘篇，頗多後人附益，要爲治管子之學者爲之。其時代不出晚周，故文多奥衍，不易屬讀。唐人有尹知章注，以不通古文字，爲説多可笑者。明劉績略有是正，未爲備也。清代樸學盛興，治此書者輩出，而高郵王氏所業最精。餘如盧召弓洪筠軒戴子高俞蔭甫之倫，以逮近日陶鴻慶，皆各有所校正，惜無薈萃爲一編以便承學之士者。余恆謂：吾輩治古書者當以薈集前人成説爲始事，未有其書，宜求其有，既有者宜求其精。而管子一書，則所謂宜求其有者。然海内學士未有起而治之者，豈非以其爲之不易，故不欲率爾從事歟。今歲五月，余以父病省視南歸，一日遇曹猛庵先生，先生告余：王葵園先生未刻稿中有《管子集解》一書。余聞之，大喜過望，亟思求讀。越數日，先生哲嗣石庵延祺將其稿來，余讀之，則前人成説采掇咸備，而同時商榷之説亦多見焉。信乎其爲治管子學者必不可少之書，可與先生《荀莊集解》並傳於世者也。夫集解之爲書，學者或以爲易易，然自先生爲《荀子集解》，繼之而起者，惟孫仲容之於《墨子》，足與先生抗行。自餘擬則之士，往往體例乖互，略無裁斷，甚或紕繆百出，貽譏通士。而余集解《戰國策》一書，初稿之就已幾十年，亦逡巡未敢以公諸世，乃始歎今人學識之不逮前賢，而先生精力過人，尤未易幾及也。

淩虛島小説序

一九四零年六月十日

吾友同縣曹君孟其，天下振奇人也。自其少時以才名噪於里中，長老時時以龔魏相擬。爲人尚意氣，工文章，嘗以其少時所著書號曰《逸辭》者就正於同縣大師王葵園先生，先生則激賞之，譽之不容口，而孟其跌宕自喜，不肯俯首帖耳從事章句之業。自年十八九時以教授餬其口，亦間爲人掌書記。入民國後，湖湘多事，君又時時從人走兵間，與之共艱苦，及其人後爲顯宦，能進退天下士，不復念君，君亦竟不往投也。晚歲長湖南孤兒院，以院中無常費，乃捐其平生拮据手置之田數十畝以育孤童。蓋君爲人廉介，慷慨好義，其天性然也。曩者君以其所著《淩虛島》小説百篇示余，則不慊於今日人間世生活之方，設爲無何有之邦以寄其遐想者也。客有見者曰：此孟其之幻夢耳！世上烏能有是哉！余謂古來哲人不得志於天下，往往託諸文章以見其志。莊生著書，寓言十九，豈必皆有其事哉！抑吾聞世人之造境，往往有吾人涉思所不到者。昔鄒衍著書，謂九州外復有九州，計衍之時未嘗有人能涉足於大地如今日也，而其言今乃益信。且如人乘一器，翱翔雲表，瞬息千里，百年前寧有能信之者哉！然則以真與幻論君書者固淺之乎視君，即謂必無其事者，尤拘墟之見也。遜清光緒甲辰，錢塘吳子修先生來督學湖南，鋭意搜求文學之士，余與君同受先生之知，列籍爲學官弟子。余名列第一，君以偶誤書《水經注》字抑置第四。其明年，余出游海外，與君迄不相見。辛亥軍興，余歸里中，時君已與余兄爲摯友，自是余漸與君稔。余旅居北方者殆二十年，君書問不絕也。時縣人同受知於吳先生者有姜濟寰詠洪陳朝爵慎登，皆長於文學，斐然有所造述。詠洪學優而仕，晚遭蹭蹬，乃復折節讀書，欲講述《論語》而未就。乙亥之秋，吾兄以哀毁卒，詠洪旋亦病逝於南京。倭寇難作，慎登自安慶歸，余再得相見，睹其所著《易傳》者裒然成帙矣。旋避兵桂陽，去年亦以老病死。干戈滿天，長沙欻成焦土，胡騎蹂踐及郊外，僅而得存。同門之健在者不知尚餘幾人，余與君則轉徙流離，偷活艸間，未嘗一日得寧居。近者得君札，速余序君書，謂有人願以萬金刊布其所著書，而重慶某雜誌者亦願得君生平日記爲之印布。此固君文章之工見重於世人，故當此萬方多難之日，猶爲人所寶愛如此。余雖感喟百端，惡能不爲君破涕爲笑也！

史記會注考證駁議序

一九四零年八月十四日

太史公以整齊百家之旨著《史記》一書，雖不免時有牴牾，而體大思精，固百世不刊之作也。清代學術郅隆，諸儒鋭意理董古籍，羣經率有新疏，周秦諸子亦多校注，獨於史公書未有網羅衆説爲之整比者。豈以其書博大精深未易致力耶！抑以偏重經籍，遂未暇及此耶！往者余設教於清華大學，嘗以此書授諸生，聞日本國人有爲《會注考證》者，亟購讀之，則紕繆簡陋，不足一觀。既病前人成説散在各書，不易尋覽，乃令諸生取清儒及近人專著數十種，逐條製爲總目，蓋欲先成長編，以爲他日整比之資也。人事卒卒，人力日力皆苦不給，所謂總目者，第置之篋衍中，未暇續爲，心頗以爲憾也。一九三五年春，余旅居北京，寧鄉魯君實先以其所撰《史記會注考證駁議》一文貽余，余讀之，歎其精博，乃大喜，謂整理史公書者今有其人，余長編雖不就，可以無憾矣。既復書於君，贊其盛業，未幾，余以父病南歸，歸不二月而盧溝橋之難作。兵氛漫天，胡塵匝地，余流離轉徙，不遑寧居。既久不得君息耗，不知君飄泊何所，著書之進復何如，心未嘗不時時念之也。頃者得君寧鄉道林山中書，道國難後歸里，嘗再訪余於長沙，而駁議一文，則已擴充爲書一巨帙，以印本郵之余，殷殷屬序其端，余亟發而讀之，知君獨得固至多，而尤邃於律厤，語其至者，得三事焉。古今治厤者大都以當時之厤法逆推古先朔蝕，然歲實既有消長，氣朔復有參差，第據一時厤法以推前古，更時綿遠，恆多鑿枘。蓋以蝕分多寡，見蝕加時，緣里差有不同，致九域而各異。又《時憲厤》以前，大都立法粗疏，不易推尋。君則於《春秋》魯昭公十七年日食一事，以古代厤法五十餘種詳事推核，於蝕分加時之數，又據《時憲厤》細爲按覆，遍用古今厤法考核一事，左右逢源，信可謂超越前儒，古今獨步者矣。此一事也。宋《會天厤》術數闕佚無存，清儒元和李尚之推補二數，既乏説明，又不詳推算之術，遂令天水一朝成法，坐致闕如，學者以爲憾事。君則詳爲捃摭，今一代典制晦而復章，又可謂善於索隱探賾，拾遺補闕者矣。此二事也。庚辰元厤，先儒未及，君博綜往籍，定其即爲《春秋魯厤》，覃精沈思，創爲新解，以釋賈生《鵩鳥賦》單閼之歲，昭若發蒙，前説紛紜，頓成辭費，又所謂閉門造車，出而合轍者也。此三事也。自餘紗義夥頤，未能殫述。大抵君之立説，乍視若至可驚，有如雲中天馬，破空而來，不可逼視。及其廣徵博引，枝葉扶疏，又如錢塘江湖，萬頭俱至，究其歸極，則夷然涣然，皆人人意中所欲出也。蓋君朝夕讀書於文瀾閣者數年，既又歷幽薊，涉汴洛，於公私書藏瀏覽殆遍，所涉既博洽無類矣，而又益之以精思眇慮，故其所得突過前人，遠出儕輩，有如此也。抑聞君年未及壯，精力過絶於人，涉覽之暇，將取史公全書杷梳而剔抉之，蓋欲令後之治遷書者，不能不以君書爲始事。嗚乎！何其偉也！若日本國人之書者，有如秋風槁葉，分歸隕落，君知之固甚明。而君之爲此者，以偶觸其書，姑以爲述作之發端而已，非屑屑與彼爭短長也。余學無心得，於律厤之術尤茫無所解，自愧不足以序君書。顧惟年事漸老，以得及見君之偉業爲幸，又竊喜列名簡端，得藉以有傳也，因摭君書之大者挈要言之，其於君書之美，固未能盡其百一也。

説文引經考序

一九四八年二月九日

余耳馬君宗霍名久矣，未得相見也。去歲十月，君來長沙，任教於湖南大學，寒齋見訪，一見如舊相識。自是商榷文藝，過從無虚日，至相得也。頃者君出其所著《説文引經考》示余，以余嗜讀《説文》，又頗喜説經，辱引爲同好，命爲之序。余發卷讀之，則勝義紛綸，纍纍如貫珠，皆自吐心得，不肯作一依傍他人語，信乎其爲有功洨長之書也。前此吴玉搢陳瑑高翔麟承培元柳榮宗雷浚諸家嘗從事於此矣。顧或第舉諸經篇名，略無闡發；或僅臚異字，而於字同説異者則置之不言；又或繁稱博引，漫無經界，違失許旨。今以君書視之，倜乎遠矣。蓋君資質卓越，又奉手於余杭章先生者久，故於經學小學皆能深造自得如此，非偶然也。世儒頗疑杜林《漆書》不本於孔安國，因謂馬鄭所傳非孔氏之學。君謂林傳《古文尚書》爲一事，得漆書又爲一事。《尚書》《古文經》四十六卷，而《漆書》止一卷，非古文之全。向令不爾，則竹簡繁重，林焉能握持不離身也！蓋林既得殘經，足以證平生之所學，故視同拱璧，猶今人偶得唐人寫書，珍貴逾恆耳。此君之妙悟，足解世人之惑者也。許君《自序》舉《禮》《周官》，段茂堂桂未谷王西莊皆謂禮指《儀禮》，君謂許引《周禮》者九十五字，泛稱《禮》者二十六字，二十六字之中，十字仍屬《周禮》，引《儀禮》者五字而已。然則許云《禮》《周官》者，《禮》舉大名，《周官》其屬名，猶其稱《易》《書》《詩》《春秋》爲大名，孟氏孔氏毛氏左氏爲屬名也。《詩》偶舉三家，《春秋》閒引《公》《穀》二傳，禮亦偶引《儀禮》，其專主者在《毛詩》《左氏》《周官》，故自序於偶舉者皆不記也。此又君獨到之見，清儒所不及知者也。君既深通漢儒家法，故凡足以敷佐許引經文者，必博采廣證以明許君引經之意，此又非尋常儉腹者所能辦矣。許君《自序》舉《易》孟氏爲古文，前儒皆以《孟氏易》不出壁中，頗以爲疑。段君惝怳其辭，殊無碻見。近日王静安乃謂牽率書之，君則謂孟喜別學説陰陽災異者爲古文。以余考之，五經中《書》《詩》《禮》《春秋》皆兼有今古文，而《易》則止有古文，無今文也。何以言之？蓋所謂古文者，經文之以古文字書之者也；今文則隸定之本，猶宋以來治鐘鼎款識者之有釋文也。秦人焚書，至漢文景間，老師宿儒凋零殆盡，諸經乍出，文字訓故皆失其傳，故其時儒者必以識其字通其讀爲先務。孔氏有古文《尚書》，孔安國以今文字讀之，是其一例也。以今文字讀之者，以隸字釋而寫之也，此今文經之所由起也。至如《易》者，不在秦焚之列。《藝文志》云："秦燔書，《易》爲卜筮之事，傳者不絕。"是其説也。其時《易》本經具在，文字訓故諸師皆能言之，不必待如孔安國之於《尚書》者爲之隸定，故《易》無今文，既無今文，則皆古文也。此據當時情事推論，知其當爾者也。聞者疑吾言乎？請以《漢書》證之。《藝文志》於《書》家記《尚書古文經》四十六卷，又記大小夏侯二家經二十九卷；於《詩》家記齊魯韓三家詩二十八卷，又記《毛詩》二十九卷；於《禮》家記《禮古經》五十六卷，又記后氏戴氏《經》七十篇；於《春秋》家記《春秋》十二篇，又記公羊穀梁二家《經》十一卷。此四經者，皆古文經今文經並載，而《易》家只記施孟梁丘三家《易經》十二篇，別無對立之今文經。其標目第云《易經》，不復如《書》《禮》之明著古經者，古經之名緣今文經而起，《易》既無今文經，自不必特記爲古文也。此一説也。志又云："劉向以《中古文易經》校施孟梁丘經，或脱去無咎悔亡，惟費氏經與古文同。"然則施孟梁丘經異於中古文者，無咎悔亡偶脱耳，其他與中古文無異也，與費氏經亦無異也。且惟施孟梁丘經同是古文，故劉向得取中古文以相讎校。假令一爲古文，一爲今文，向何從得而校之哉！此又一説也。尋施孟梁丘之《易》，向來皆認爲今文，不以爲古文者，蓋有三因。不出於壁中，一也。號稱《古文易》者衹費直，二也。西漢時立於學官，三也。今請一一辨之。夫秦人所以藏書屋壁者，以其書當燒也，若書爲法令所不燒而亦藏之，秦人不若是之愚也。壁中所藏者固是古文，未經壁藏者不得謂非古文也。必壁藏者乃得爲古文，而於周秦以來師師相傳完好之本，則以爲非古文，天下豈有是理乎！《漢書·儒林傳》敍費直治《易》，長於卦筮，亡章句，徒以《彖》《象》《繫辭》十篇《文言》解説上下經，於其爲古文，未嘗有一字及之也。何以不記？以傳《易》者皆古文，不止費氏一家，不必記也。至《後漢書·儒林傳》始記費直傳《易》本以古字，號《古文易》，《隋書經籍志》亦云，即本《後書》。此范蔚宗之辭，非《前書》所有。推蔚宗之意，似謂惟《費氏易》爲古文，無今文，其他則否。不知《費氏易》固是古文，古文不止費氏也。然自蔚宗爲此説，後世儒者乃以古文專屬之費氏，實大謬也。西漢自平帝以前，《書》《詩》《禮》《春秋》四經今文學皆列於學官，而古文學則不得立。《藝文志》云：“訖於宣元，有施孟梁丘列于學官，而民間有費高二家之説。”《後書·儒林傳》亦云：“施孟梁丘京氏四家皆立博士，費高二家未得立。”費氏既誤認爲古文專學，乃不列於學官，然則得立學官之施孟梁丘《易》必與他經之立於學官者同屬今文，此又在人意識中至易發生之聯想也。而其實不然者，諸經焚而《易》則否，故有異也。三因相結，頓成誤解。然三因者，皆起於名學者之所謂默證，乃錯眩之見，非核實之談也。然則施孟梁丘三家《易》之爲古文，考之於事理，證之於傳記，毫無可疑。許君稱《易孟氏》爲古文，信而有徵，決非妄語也。余因序君書而申證許君之説如此，質之宗霍，或者不以余説爲無稽乎！

尚書易解序

一九五零年八月二十七日

一九四六年秋，周君秉鈞來任教於湖南大學，既相見，未幾，以所著《尚書札記》示余。余亟展讀，中多勝義，間有與余曩日所說書義不謀而合者，余甚多之，以是識君之善讀古書也。今年夏，君將以暑休歸里，來余齋告別，手《尚書易解》一册見示，則君數年來日讀商周古文，取前所爲《札記》拓而大之，兼采前人成説，益以己意，薈萃而成者也。君以余嗜讀古文，與君有同好，請以一言弁君書首。余念近數十年吾湘學人治《尚書》者尤夥，自善化皮先生長沙湘潭兩王先生外，常德楊筠如撰《覈詁》，爲王静安所稱，而亡友益陽曾星笠著《正讀》，於經文糾結難明之義，剖肌析理，能道其所以，勝義繽紛，獨爲卓絶。君既廣覽儒先之述作，復擷曾楊之善説，其前此未及明者，便下己意，綜合爲此編，於是先儒所稱詰詘聱牙號爲不易讀者，得君爬梳而整比之，庶幾乎人人可讀矣。余既端誦君書一過，復妄有觸發，爲嚮所未及知者凡數事，因徇君弁言之請，並書之以質於君焉。一事：《盤庚》三篇，上篇告衆戚在位，中篇戒殷民，皆將遷而尚未遷之事也。中篇再云：今予將試以女遷，其爲未遷時之辭甚明。下篇首云："盤庚既遷，奠厥攸居，乃正厥位，綏爰有衆，"此則既遷以後之辭也。上篇首云"盤庚遷於殷"者，乃計謀決遷後之辭，非已遷之辭也。自"我王來"至"底綏四方，"皆殷民籲戚矢言之語，而前人皆誤以爲盤庚告民之辭者，以文有"天其永我命于兹新邑"之云，謂新邑必指將遷之殷言也。考古本《竹書紀年》云："南庚更自庇遷于奄。陽甲即位，居奄。盤庚自奄遷于北蒙，曰殷。"文於南庚盤庚之遷皆不記其年歲。今本《紀年》記南庚三年遷奄，六年陟，陽甲四年陟，盤庚即位，居奄，十四年，自奄遷于北蒙。按今本《紀年》出自後人綴輯，世多疑之。余以其記殷王太甲名至，甲骨屢見"册至"之語，祖丁名新，甲骨有"且丁脅䢅宗"之文，䢅字新與新同又記陽甲名和，而和甲之名見於《山海經·大荒北經》郭璞《注》引《竹書》，與河亶甲名整，《吕氏春秋·音初篇》稱整甲者相同，以此證知其書雖屬後起，要爲有據。今據其所載南庚遷奄及盤庚遷殷之年計算，知殷此三王居奄之時日，不過二十一二年，殷民稱之爲新邑，良非無故。新邑斥奄，非斥殷，則“天其永我命于兹新邑”之語爲殷民之語，非盤庚之語明矣。中篇云：“予若籲懷兹新邑，”予若籲乃若籲予之倒文，懷兹新邑正謂殷民懷戀奄都也。必知此義而後知三篇之次序井然不紊，無可移易，俞樾謂中下二篇當爲上中二篇，上篇當爲下篇者，非也。二事:《康誥篇》曰：“殪戎殷，誕受厥命越厥邦厥民，惟時敍，乃寡兄勖。”按《周語》云：“吾聞之《太誓故》曰：朕夢協朕卜，襲於休祥，戎商必克。”韋《注》云：“戎，兵也。以兵伐商，必克之也。”今謂戎殷即《太誓》之戎商，殪當從《禮記·中庸篇》作壹，文謂：周一伐殷，遂受其命與國土人民，天下皆承順者，此乃寡兄武王勖勉之所致也。《太誓》云戎商，此文云戎殷，《文侯之命》亦云侵戎我國家純，知古文恆用戎爲動字矣。三事：《召誥篇》曰：“嗚呼！皇天上帝改厥元子，兹大國殷之命。”按兹字無義，當讀爲在。《爾雅·釋詁》云：“在，終也。”下文云：“天既遐終大邦殷之命，”彼文云終，此文云在，其義一也。《説文》𠂹从才聲，或作鎡，从兹聲，此才聲兹聲相通之證也。四事：《吕刑篇》曰：“兩造具備，師聽五辭。”舊説皆訓師爲士師。余謂：師者，衆也，師聽謂與衆共聽之也。《説苑·至公篇》記孔子聽獄必師斷，是其證也。今人民政府有公審之制，正所謂師聽也。昔余既爲曾君序《正讀》，今復序君書，以諸説質之君，惜不得起曾君於地下，相與共論也。

論著

古書句讀釋例

再版序

余往任教於清華大學，曾以古書句讀授中國文學系諸生，北京某書店取余講義印爲《古書之句讀》一書。一九三五年，已故蘇聯漢學家阿力克院士貽書於余，謂彼於余尤表傾慕者，實以讀此書故。先是一九三四年，余嘗取此書增益例句，付商務印書館印行，易其名爲《古書句讀釋例》，迄今整二十年矣。今者中華書局爲適應讀者需要，以重印此書爲請，余乃取近年手校本付之。此書原本例句百六十九條，今删去《左傳》成公十六年一條。《禮記·哀公問篇》“公曰寡人固”一條，應屬當讀而失讀例，舊誤隸之當屬下讀而誤屬上。《詩·周頌·天作篇》“彼徂矣岐”一條，當以“岐”字屬上，而原本誤以屬下，今皆改正。又原書十五章未及分類，今類别爲類型、貽害、原因、特例四類以統括十五章云。書印既成，特記其緣起於此。是爲序。

一九五四年七月二十七日楊樹達記於嶽麓山至善村之耐林廎

敘論

《禮記·學記篇》曰：“比年入學，中年考校。一年，視離經辨志。”鄭玄注云：“離經，斷句絶也。”孔穎達疏云：“學者初入學一年，鄉遂大夫于年終之時考視其業。離經，謂離析經理，使章句斷絶也。”武億云：“古者十五入大學，今間年考校，以《疏》計之，爲二年，是學者十七時先辨經讀也。”

《周禮·天官·宫正》曰：“春秋以木鐸修火禁，凡邦之事蹕。”鄭玄注云：“鄭司農讀火絶之，云：禁凡邦之事蹕。”按絕句猶今言斷句，斷絶義訓本同。又按《宫正釋文》云："讀，徐音豆。"

《説文·五篇》上丶部云："丶，有所絶止而識之也。"按丶即今所用之讀點。又按丶今音之庾切，古音則讀如豆。蓋古人用丶以爲絶句之記號，後人因假籒書之讀爲句讀之讀。然則丶爲本字，讀乃假字，以音近通假耳。（丶字古音在侯部，讀字從賣聲，古音在屋部。侯屋二部古音爲平入，相通轉。）

《説文·十二篇》下乚部云："乚，鉤識也。從反亅。讀若窡。"《玉篇》引《説文》："居月切"，大徐同。褚少孫補《史記·滑稽傳》云："東方朔上書，凡用三千奏牘。人主從上方讀之，止，輒乙其處。二月乃盡。"段玉裁《説文注》云："此非甲乙字，乃正亅字也。今人讀書有所鉤勒即此。"按段説甚確。亅亦古人讀書時用以爲標識之符號，與丶相類者，故並記之。（《流沙墜簡》内《屯戍叢殘》有一簡云："隧長常賢充世綰褐等候虜稾郡界中門戍卒王韋等十八人皆相從。"王静安先生云："隧長四人前三人名下皆書乚以乙之，如後世之施句讀。蓋以四人名相屬，慮人誤讀故也。"樹達按：乚即《説文》之乚也。）

《韓非子·外儲説左下》云：哀公問於孔子曰："吾聞夔一足，信乎？"曰："夔，人也；何故一足？彼其無他異而獨通於聲，堯曰：夔一而足矣。使爲樂正。故君子曰：夔有一足，非一足也。"樹達按如孔子所言，則"夔有一足"四字本當作二句讀。"夔有一"爲一讀，足字一字爲一讀也。而魯哀公之所問，則直讀四字爲一句，故疑爲"夔只有一隻足"之意。句讀關係於文義者如此。

句讀之事，視之若甚淺，而實則頗難。《後漢書·班昭傳》云："《漢書》始出，多未能通者；馬融伏于閣下，從昭受讀。"何休《公羊傳序》云："講誦師言，至於百萬。猶有不解，時加釀嘲辭，援引他經，失其句讀，以無爲有，甚可閔笑者不可勝記也。"觀此二事，句讀之不易，可以推知矣。（句讀人多視以爲淺近，故清儒刻書恆不施句讀。惟高郵王氏自刻之書，如《廣雅疏證》《經傳釋詞》等，皆自加句讀。）

句讀不易，故前人往往誤讀。今采掇諸書，分條比輯，管窺所得，亦附一二，非敢自矜達識，亦聊以符往哲實事求是之心云爾。

甲 誤讀的類型

一 當讀而失讀

例一

女則從龜從筮從卿士從庶民從是之謂大同身其康彊子孫其逢吉 《書·洪範篇》

《僞孔傳》以“逢吉”連讀，解爲遇吉。李惇云：“此當讀至‘逢’字句絶，與上文五‘從’字一‘同’字音韻正協。‘吉’字别爲一句，與下文五‘吉’字二‘凶’字體例正合。據《傳》以此爲大吉，下文三從二逆爲中吉，二從三逆爲小吉。中吉小吉且言吉，況大吉乎！”王念孫云：“李説是也。《漢書·王莽傳》曰：‘康彊之占，逢吉之符。’則西漢時已誤以‘逢吉’連讀；蓋亦解爲遇吉故也。不知逢者，大也。‘子孫’對‘身’言之，‘逢’對‘康彊’言之，故馬融注曰：‘逢，大也。’子孫其逢，猶言‘其後必大’耳。《儒行篇》鄭《注》曰：‘逢猶大也。’《荀子·非十二子篇注》曰：‘逢，大也。’體例訓詁音韻三者皆合，理無可疑。”（見《經義述聞》卷三）樹達按：李王讀是也。

例二

緇衣之宜兮敝予又改爲兮適子之館兮還予授子之粲兮 《詩·鄭風·緇衣》

舊讀敝予六字爲句，還予七字爲句，下二章同。故舊題云：“《緇衣》三章，章四句。”顧炎武《詩本音》云：“舊作三章章四句。今詳敝字當作一句，還字當作一句，難屬下文。當作三章章六句。”樹達按：顧説是也。

例三

夫唯禽獸無禮故父子聚麀是故聖人作爲禮以教人使人以有禮知自别於禽獸 《禮記·曲禮上篇》

舊以“作”字連下“爲”讀。朱子云：“陸農師點‘聖人作’是一句，‘爲禮以教人’是一句。”武億云：“《淮南子·氾論訓》：‘古者民澤處復穴，冬日則不勝霜雪霧露，夏日則不勝暑熱蟁宝，聖人乃作，爲之築土構木以爲宫室，上棟下宇以蔽風雨，以避寒暑，而百姓安之。’‘聖人乃作’爲一句，‘爲之’亦連下讀。與此文勢正合。”樹達按：陸武讀是也。《易·繫辭下傳》云：“神農氏没，黄帝堯舜氏作，通其變使民不倦。”與此文聖人作句例亦同。

例四

人生十年曰幼學二十曰弱冠三十曰壯有室四十曰强而仕五十曰艾服官政六十曰耆指使七十曰老而傳八十九十曰耄七年曰悼悼與耄雖有罪不加刑焉百年曰期頤　《禮記·曲禮上篇》

鄭《注》云:“期猶要也;頤,養也。不知衣服食味,孝子要盡養道而已。”此以“期頤”二字連讀。王念孫《廣雅疏證》卷一上云:“《古辭·滿歌行》:‘百年保此期頤’,亦以‘期頤’二字連讀。案期之言極也。《詩》言‘思無期’,‘萬壽無期’,《左傳》言‘貪惏無厭,忿纇無期’,皆是究極之義。百年爲年數之極,故曰百年曰期。當此之時,事事皆待於養,故曰頤。‘期頤’二字不連讀。《射義》云:‘旄期稱道不亂’,是其證。朱子云:‘十年曰幼’爲句,‘學’字自爲句,下至‘百年曰期’皆然,此説是也。”樹達按:鄭君誤讀,朱王讀是也。

例五

將軍文氏之子其庶幾乎亡於禮者之禮也其動也中　《禮記·檀弓上篇》

孔《疏》云:“言文氏之子庶幾堪行乎無於禮文之禮也。”是以“其庶幾乎”連下文爲句。陳澔《集説》云:“文氏之子,其近于禮乎!雖無此禮而爲之禮,其舉動皆中節矣。”樹達按:《易·繫辭下傳》云:“子曰:顏氏之子,其殆庶幾乎!有不善,未嘗不知;知之,未嘗復行也。”以“庶幾乎”爲句。《禮記》句例與《易》正同。陳讀是,孔讀非也。

例六

孔子之喪有自燕來觀者舍於子夏氏子夏曰聖人之葬人與人之葬聖人也子何觀焉　《禮記·檀弓上篇》

鄭《注》云:“與,及也。”是以“聖人之葬人”以下十二字爲一句,孔《疏》引王肅云:“聖人葬人與屬上句。以言若聖人葬人與,則人庶有異聞,得來觀者。若人之葬聖人,與凡人何異,而子何觀之?”是以“聖人”以下分作二句讀。今按王讀是,鄭讀非也。

例七

公曰寡人固不固焉得聞此言也　《禮記·哀公問篇》

鄭《注》云:“固不固,言吾由鄙固故也。”是以“寡人固不固”爲一句。孔《疏》云:“上固是鄙固,下固故也。言寡人由鄙固之故,所以得聞此言。由其固陋,殷重問之,故得聞此言。”樹達按:鄭説既於文義難通,故《疏》申鄭强説亦令人不解。《疏》又云："皇氏用王肅之義，二固皆爲固陋。上固言己之固陋，下固言若不鄙固則不問，不問，焉得聞此言哉？"今按王皇以"寡人固"三字爲一句，"不固"别爲一讀，是也。鄭失其讀，故説不可通。

例八

初公築臺臨黨氏見孟任從之閟而以夫人言許之割臂盟公生子般焉 《左傳》莊公三十二年

杜《注》云："許以爲夫人"，是以"夫人言許之"連文爲句。顧炎武《左傳杜解補正》云："此當以夫人言爲句，公許以立之爲夫人也。許之，孟任許公也。"今按顧讀是也。

例九

雨雪王皮冠秦復陶翠被豹舄執鞭以出僕析父從右尹子革夕王見之與之語曰……今吾使人於周求鼎以爲分王其與我乎對曰與君王哉……王曰昔我皇祖伯父昆吾舊許是宅今鄭人貪賴其田而不我與我若求之其與我乎對曰與君王哉……王曰昔諸侯遠我而畏晉今我大城陳蔡不羹賦皆千乘子與有勞焉諸侯其畏我乎對曰畏君王哉……王入……析父謂子革吾子楚國之望也今與王言如響國其若之何 《左傳》昭公十二年

杜《注》以"僕析父從"爲句。劉炫以爲僕析父從右尹子革夕見於王，爲下與革語張本，以規杜，則以從字連下讀爲一句。孔《疏》云："若僕析父共子革二人同時見，王與之語，則二人並在，子革獨對，《傳》應云'子革對曰'，不得直云對。故杜以爲右尹子革獨夕，故下即云對，事理分明。劉妄規杜，非也。"武億《經讀考異》云："愚謂下文析父謂子革：'吾子楚國之望也'云云，據此析父必同時在旁，見其對王之詞，聲應俱現，故與王言如響，始盡其狀，則實從子革同見，而子革獨屬對也。劉氏讀似可依。"樹達按：若二人同見，則文當直云右尹子革僕析父夕，或當云右尹子革與僕析父夕，不當云僕析父從右尹子革夕也。武氏謂必同見而後僕析父始得聞王與子革問答之詞，不知僕析父從者，僕析父從王也，僕析父既從王而出，身在王之左右，則自得聞其言也。杜孔説是，劉讀武説非也。

例十

衛侯占夢嬖人求酒於太叔僖子不得與卜人比而告公曰君有大臣在西南隅弗去懼害乃逐太叔遺遺奔晉 《左傳》哀公十六年

杜《注》云："以能占夢見愛。"以"占夢嬖人"連文。武億云："'衛侯占夢'直絶句。'嬖人'下屬'求酒於太叔僖子'爲一句，'不得'爲一句。與卜人比而告公云云，情事自見。杜曲解，不可從。"樹達按：武説是也。

例十一

楚王大説宣言之於朝廷曰不穀得商於之地方六百里羣臣聞見者畢賀陳軫後見獨不賀 《國策·秦策二》

金正煒《戰國策補釋》釋羣臣聞見者畢賀云："《淮南·修務篇》注：'見猶知也'，又或涉下文'陳軫後見'而衍。"樹達按：金以"羣臣聞見者畢賀"七字連讀，故釋"見"爲"知"，又疑"見"字涉下而衍，二説皆非也。此當於"聞"字爲讀，聞者，聞王之宣言也；見者，謂羣臣中之見王者也。文義甚明。蓋聞王宣言羣臣之中，有見王者，亦有未見王者，故特云見者畢賀也。

例十二

是故無其實而喜其名者削無德而望其福者約無功而受其禄者辱禍必握 《國策·齊策四》

鮑彪注云："言禍辱隨之不捨也"，以"無功而受其禄者辱禍必握"十一字連作一句讀。孫詒讓《札迻》卷三云："此當讀'無功而受其禄者辱'句，'禍必握'三字句，（"削""約""辱"文相對。）言其得禍必重也。《易·鼎九四爻辭》云：'其形渥'，《周禮》鄭《注》引作'其刑剭。'《潛夫論·三式篇》釋《易》義云：'此言三公不勝任則有渥刑也。'《漢書·敘傳》顔《注》云：'剭者，厚刑，謂重誅也，音握。'握渥剭並聲同字通。"樹達按：孫説是也。

例十三

月五星順入軌道司其出所守天子所誅也其逆入若不軌道以所犯命之 《史記》卷二十七《天官書》

《索隱》曰：韋昭云："謂循軌道，不邪逆也。順入，從西入也。"《正義》曰："謂月五星順軌道入太微庭也。"王念孫云："順入，一事也；軌道，又一事也。順入者，韋氏以爲從西入，是也。軌道者，軌猶循也。謂月五星皆循道而行，不旁出也。《賈子·道術篇》曰：'緣法循理謂之軌'，是軌與循同義。《漢書·賈誼傳》：'諸侯軌道'，謂循道也。《後漢書·襄楷傳》：'熒惑入太微，出端門，不軌常道'，謂不循常道也。下文曰：'其逆入若不軌道。'《索隱》引宋均云：‘逆入，從東入；不軌道，不由康衢而入也’。逆入爲一事，不軌道又爲一事，此尤其明證矣。”樹達按：王讀是也。

例十四

楚熊通怒曰吾先鬻熊文王之師也蚤終成王舉我先公乃以子男田令居楚蠻夷皆率服而王不加位我自尊耳乃自立爲武王 《史記》卷四十《楚世家》

劉炫云：“號爲武王，非謚也。”此以“乃自立爲武王”六字作一句讀，故爲此説。顧炎武云：“此當以‘乃自立’爲一句，‘爲武王’自爲一句。蓋言自立爲王，後謚爲武王耳。古文簡，故連屬言之。如《管蔡世家》：‘楚公子圍弒其王郟敖而自立，爲靈王。’《衛世家》《鄭世家》皆云：‘楚公子棄疾弒靈王自立，爲平王。’《司馬穰苴傳》：‘至常曾孫和，因自立，爲齊威王。’又如《韓世家》：‘晉作六卿，而韓厥在一卿之位，號爲獻子。’與此文勢正同。劉説鑿矣。項梁立楚懷王孫心爲楚懷王，尉佗自立爲南越武帝，此後世事耳。”今按顧説是也。此文本當云：“乃自立，是爲武王。”則顯然爲二句，不至誤讀。原文省去一是字，劉光伯乃遂誤斷耳。今吳汝綸讀本仍誤斷。

二 不當讀而誤讀

例二十六

梁嘗有櫟陽逮請蘄獄掾曹咎書抵櫟陽獄史司馬欣以故事皆已 《漢書》卷三十一《項籍傳》

應劭云：“項梁曾坐事傳繫櫟陽獄，從蘄獄掾曹咎取書與司馬欣。抵，相歸抵也。”樹達按此言：梁請曹咎作書與司馬欣耳。書是動字，應與“抵”字連讀，“書抵”猶言“書與”也。應云“取書”，以“書”爲名字，又訓“抵”爲歸抵，乃於“書”字句絶。王先謙《補注》從之，於“書”字下置注，非也。此乃不當讀而誤讀耳。

例二十七

高祖爲沛公也參以中涓從擊胡陵方與 《漢書》卷三十九《曹參傳》

顔《注》於“參以中涓從”注斷。樹達按《高帝紀》云：“秦二年十月，沛公攻胡陵方與”，時參從沛公，故云“從擊”也。《夏侯嬰傳》云：“高祖爲沛公，賜爵七大夫，以嬰爲大僕，常奉車，從攻胡陵”，是其證矣。

例二十八

卿大夫以下吏及賓客見參不事事來者皆欲有言至者參輒飲以醇酒度之欲有言復飲酒醉而後去 《漢書》卷三十九《曹參傳》

王先謙云:“度之謂揣度之。”樹達按:王以“度之”爲讀,非也。此“之”字用與“其”字同。《禮記·檀弓》云:“聞之死。”與此句例正同。“度之欲有言”,即度其欲有言也。五字當爲一句。

例二十九

王恐陰事泄謂被曰事至吾欲遂發天下勞苦有閒矣 《漢書》卷四十五《伍被傳》

如淳云:“言天下勞苦,人心有閒隙,易動亂。”王先謙云:“有閒即謂有隙可乘。”樹達按:如王二家皆以“天下勞苦”爲句,“有閒矣”别爲一句,非也。此七字當連讀。“天下勞苦有閒”,猶言天下勞苦已久也。《史記·五帝紀》云:“書缺有閒矣”,《索隱》云:“言古典殘缺有年載,故曰有閒。”足以爲證。

例三十

國已屈矣盜賊直須時耳然而獻計者曰毋動爲大耳 《漢書》卷四十八《賈誼傳》

顔師古註“毋動”云:“言天下安,不可動摇。”又註“爲大耳”引如淳云:“好爲大語者。”以“毋動爲大耳”作二句讀。周壽昌云:“漢文時,尚黄老,以清静爲治,故曰‘毋動爲大’,不必截讀。”樹達按:周讀是也。

例三十一

上登虎圈問上林尉禽獸簿十餘問尉左右視盡不能對虎圈嗇夫從旁代尉對上所問禽獸簿甚悉欲以觀其能口對響應無窮者 《漢書》卷五十《張釋之傳》

按:此文“觀”字當讀如“觀兵”之“觀”,乃表襮之意。“虎圈嗇夫從旁”以下凡十七字當作一句讀。代對甚悉以表襮其辨才,文乃一貫。今讀皆於“對”字絶句(王先謙於“對”字下補注),則“甚悉”屬文帝問爲言,與下文“欲以觀其能口對”云云意不相銜接矣。

例三十二

遂下詔曰其爲故掖廷令張賀置守冢三十家上自處置其里居冢西鬭雞翁舍南上少時所嘗遊處也 《漢書》卷五十九《張安世傳》

顔《注》於“處置其里”爲句。王先謙云:“此六字與下‘居冢西鬭雞翁舍南’八字爲一句,謂處置三十家於此地也,顔誤讀斷。”樹達按:王讀是也。

例三十三

太皇太后懲艾悼懼逆天之咎非聖誣法大亂之殃誠欲奉承天心遵明聖制專壹爲後之誼以安天下之命　《漢書》卷六十八《金安上傳》

顔於“懲艾悼懼”爲讀。樹達按：當連下十二字爲一句。

例三十四

今國家素無文帝累年節儉富饒之畜又無武帝薦延梟俊禽敵之臣獨有一陳湯耳　《漢書》卷七十《陳湯傳》

顔師古以“薦延”爲句。劉攽云：“‘梟俊禽敵之臣’宜與‘薦延’通爲一句，則與上文相配；而下言‘獨有一陳湯耳’自不妨。”樹達按：劉説是也。

例三十五

上幸鼎湖病久已而卒起幸甘泉道不治上怒曰縱以我爲不行此道乎　《漢書》卷九十《酷吏義縱傳》

師古曰：“已，謂病愈也。言帝久病，既得愈，而忽然即幸甘泉。”是以“已”字爲句。樹達按：“已而”當連讀，“已而”猶“既而”也。顔誤斷。

例三十六

人有告通盜出徼外鑄錢下吏驗問頗有遂竟按盡没入之　《漢書》卷九十三《佞幸鄧通傳》

師古云：“遂，成也；成其罪狀。”是顔以“遂”字一字爲一句。劉攽云：“遂字屬下句。”武億説同。今按：劉武説是也。

三　當屬上讀而誤屬下

例五十四

荀息曰請以屈產之乘與垂棘之白璧往必可得也　《公羊傳》僖公二年

武億云：“舊讀從‘璧’字絶句。考此當以‘往’字上屬爲句，‘必可得也’又爲一讀。據傳下文請終以往，又於是終以往，從往字屬句，知此亦當依往字讀爲正。”樹達按：“往”字下屬，則句無動字，武以“往”字屬上讀，是也。

例五十五

季康子問使民敬忠以勸如之何子曰臨之以莊則敬孝慈則忠舉善而教不能則勸 《論語·爲政篇》

《三國志·徐邈傳》云："舉善而教，仲尼所美。"錢氏大昕《考異》云："魏晉人引《論語》，多於'教'字斷句。如《倉慈傳注》'舉善而教，恕以待人'；《顧邵傳》'舉善以教，風化大行'；《陸績傳》'臣聞唐虞之政，舉善而教'；《晉書·衛瓘傳》'聖主崇賢，舉善而教'；皆是也。考應劭《風俗通》載汝南太守歐陽歙下教云：'蓋舉善以教，則不能者勸'，則漢時經師句讀已然矣。"樹達按：康子問使民勸，非限於不能者也。今讀以"不能"上屬者是，古讀以"教"字斷句者非。

例五十六

唐棣之華偏其反而豈不爾思室是遠而子曰未之思也夫何遠之有 《論語·子罕篇》

近讀以"未之思也"絶句。《釋文》云："一讀以夫字屬上句。"武億云："此以'夫'字屬上句者爲勝。古人釋《詩》之詞，多以'夫'字屬句末。《左傳》僖二十四年：'《詩》曰：彼己之子，不稱其服。子臧之服，稱也夫。'宣十二年：'《詩》曰：亂離瘼矣，爰其適歸，歸于怙亂者也夫！'成八年：'《詩》曰：愷悌君子，遐不作人，求善也夫！'襄二十四年：'《詩》云：樂只君子，邦家之基，有德也夫！上帝臨女，無貳爾心，有令名也夫！'《中庸》：'《詩》曰：神之格思，不可度思，矧可射思！夫微之顯，誠之不可揜如此夫！'"今按：武説是也。

例五十七

且以文王之德百年而後崩猶未洽於天下武王周公繼之然後大行今言王若易然則文王不足法與 《孟子·公孫丑上篇》

武億云："舊讀從'然'字絶句。考此讀以'易'字絶句，'然'字屬下句，如'今曰性善，然則彼皆非與'之文，義亦得通。"樹達按：武説非也。凡表擬似之詞，"若"字下必有"然"字。即以《孟子》本書爲證，則"無若宋人然！""木若以美然！""予豈若是小丈夫然哉！"皆其例也。《禮記·雜記篇》云："其待之也，若待諸侯然。"《漢書·賈誼傳》云："其視殺人，若艾草菅然。"並是。知此文當於然字斷句也。

例五十八

且許子何不爲陶冶舍皆取諸其宮中而用之何爲紛紛然與百工交易何許子之不憚煩　《孟子·滕文公上篇》

舊皆以“舍皆”連讀。趙岐注云：“舍，止也。止不肯皆自取之其宮宅中而用之，何爲反與百工交易，紛紛而爲之煩也？”樹達按：趙釋“舍”爲“舍我其誰”之“舍”，與上下文文氣皆不貫。今案“舍”當屬上讀。《説文》二篇上《八部》云：“余，語之舒也。從八，舍省聲。”《左傳》云：“小白余！敢貪天子之命無下拜！”《孟子》以“舍”爲語之舒，猶之《左傳》以“余”爲語之舒也。

例五十九

湯始征自葛載十一征而無敵於天下　《孟子·滕公文下篇》

近讀“自葛載”爲句。趙岐注云：“載，一説當作再字。再十一征，凡征二十二國也。”是以載字屬下讀。《文選》謝元暉《辭隨王牋》注引《孟子》曰：“湯始征自葛”，亦以“葛”字絶句。武億云：“以《孟子》證之，《齊人伐燕章》引《書》作‘自葛始’，則此‘載’字屬句，不可易也。”按：武説是也。

例六十

山徑之蹊閒介然用之而成路　《孟子·盡心下篇》

趙《注》云：“山徑，山之嶺。有微蹊介然，人遂用之不止，則蹊成爲路。”是以“介然”屬上爲句。朱子《集注》云：“介然，倏然之頃也。”以“閒”字絶句，“介然”連下讀。樹達按：介然訓倏然，古無此訓。據文義，趙讀是。《四書辨疑》云：經文當以“山徑之蹊閒介然”爲句，是也。又按《漢書》卷六十《杜欽傳》云：“心不介然有閒”，用《孟子》文，亦以“介然”屬上讀。

例八十四

地大則有常祥不庭岐母羣抵天翟不周山大則有虎豹熊螇蛆　《吕氏春秋》卷十三《有始覽諭大篇》

高誘《注》云：“常祥，不庭，羣抵，岐母，天翟，皆獸名也。”以“不周”下屬。孫詒讓云：“常祥以下六者皆山名。高唯以不周爲山，又以‘不周’屬下‘山大’爲句，竝非也。《山海經·大荒西經》云：‘有山名常陽之山。’又云：‘有偏句常羊之山’，即此常祥也。《大荒南經》云：‘大荒之中，有不庭之山。'《大荒東經》云：'大荒東南隅有山名皮母地丘'；又云：'有山曰孽摇頵羝'，即此岐母羣抵也。不周亦見《大荒西經》。是吕書悉本彼經。惟天翟未見，疑即《大荒西經》所云天穆之野高二千仞者。穆與繆通，故或作天繆，右半從翏，與翟相似，因而致誤耳。"樹達按：孫説是也。

四 當屬下讀而誤屬上

例百〇八

大爲人長美言多方略而敢爲大言處之不疑 《漢書》卷二十五上《郊祀志》

師古於"美言"下置注云："善爲甘美之言也。"以"言"字上屬。武億云："此當以'大爲人長美'爲句。'言'連下'多方略'，於義自明。'而敢爲大言，處之不疑'，又就其言之無忌憚者實之也。"樹達按：武説是也。

例百〇九

濟南郡户十四萬七百六十一口六十四萬二千八百八十四縣十四東平陵鄒平臺梁鄒 《漢書》卷二十八上《地理志》

顧炎武《日知録》云："《漢書》濟南郡之縣十四：一曰東平陵，二曰鄒平，三曰臺，四曰梁鄒。《功臣表》則有臺定侯戴野，梁鄒孝侯武虎。是二縣並爲侯國。《後漢書》：濟南郡十城：其一曰東平陵，其四曰臺，其七曰梁鄒，其八曰鄒平。而《安帝紀》云：'延光三年二月戊子，濟南上言：鳳皇集臺縣丞霍收舍樹上。'章懷太子注云：臺縣屬濟南郡，故城在今齊州平陵縣北。《晏子春秋》：景公爲晏子封邑，使田無宇致臺與無鹽。《水經注》亦云：濟水又東北過臺縣北。尋其上下，文句本自了然。後人讀《漢書》，誤從'鄒'字絶句，因以'鄒'爲一縣，'平臺'爲一縣。《齊乘》遂謂漢濟南郡有鄒縣，《後漢》改爲'鄒平'，又以'臺''平臺'爲二縣。此不得其句讀而妄爲之説也。"齊召南云："宋本監本及别本俱以'鄒'爲一縣，'平臺'爲一縣，此大誤也。鄒平故城在今鄒平縣北，與騶縣屬魯國者不同。臺縣即高祖功臣戴野侯國，與常山郡屬之平臺宣帝封史玄爲侯者又不同也。"樹達按：顧齊説是也。

例百一十

自是之後滎陽下引河東南爲鴻溝以通宋鄭陳蔡曹衛與濟汝淮泗會於楚西方則通渠漢川雲夢之際東方則通溝江淮之閒於吴則通渠三江五湖於齊則通淄濟之閒於蜀則蜀守李冰鑿離堆避沫水之害穿二江成都中 《漢書》卷二十九《溝洫志》

劉奉世云："一鴻溝固不能旁通六國，又濟自從千乘入海，安得會於楚也。"《困學紀聞》引朱子云："'於楚'字本屬下文。下有'於齊''於蜀'字，皆是句首；而劉誤讀，屬之上句。"周壽昌云："此本《史記》原文。文穎注《漢書》時已誤讀'會於楚'，見《高帝本紀》'鴻溝'注。厥後程大昌論《禹貢》，亦引《河渠書》作'會於楚'，是誤讀者不止一劉仲馮也。"

例百十一

召黯拜爲淮陽太守黯曰臣常有狗馬之心今病力不能任郡事 《漢書》卷五十《汲黯傳》

師古於"力"字斷句，云："力，謂甚也。"周壽昌云："'今病'二字爲句，'力'字屬下句讀。"王先謙云："周説是也，《史記》本作'臣常有狗馬病，力不能任郡事'。狗馬病猶言犬馬之疾也，是'力'字應屬下讀。"樹達按：周王讀是也。

例百十二

是時廣軍幾没罷歸 《漢書》卷五十四《李廣傳》

顔於"罷"字斷句。王先謙云："此師古誤讀。'罷'字連'歸'爲文，謂罷兵歸也。"按：王説是也。

例百十三

昌邑王宜嗣後遣宗正大鴻臚光禄大夫奉節使徵昌邑王典喪服斬縗亡悲哀之心 《漢書》卷六十八《霍光傳》

師古曰："典喪服，言爲喪主也。"是顔以"服"字上屬。錢大昭曰："典喪，爲喪主也。下言賀服斬縗無悲哀之心。顔以'典喪服'爲句，失其指矣。"樹達按：錢説是也。《昌邑王傳》云："霍光徵王賀典喪"，其明證也。

例百十四

案故圖樂安鄉南以平陵陌爲界不足故而以閩陌爲界解何 《漢書》卷八十一《匡衡傳》

師古云："不足故者，不依故圖而滿足也。解何者，以分解此時，意猶今言分疏也。"王先謙云："詰問郡不依故圖而以此爲解是何意也。本書'何'字爲句，如《周亞夫傳》：'君侯欲反，何？'《伍被傳》：'公獨以爲無福，何？'《汲黯傳》：'不早言之，何？'皆其例也。顔説非。"

樹達按：顔以"解何"二字爲句，王以"解"屬上，以"何"一字爲句。顔讀是也。《外戚傳》云："太后獨有帝，今哭而不悲，君知其解未？陳平曰：何解？""解何"猶言何解。解今言理由，解何謂理由如何也。顔讀雖是而訓説非是。王欲改讀，則誤矣。

例百十五

莽白大后帝幼少宜置師傅徙光爲帝太傅位四輔給事中領宿衛供養行内署門户省服御食物 《漢書》卷八十一《孔光傳》

師古云："行内，行在所之内中，猶言禁中也。"是以"行内"二字上屬。胡三省《通鑑注》云："'行内署門户'當爲一句，此宿衛事也。'省服御食物'，則供養事也。文理甚明，師古誤斷其句，因曲爲之説耳。"沈欽韓云："《王莽傳》：更始將史諶行諸署，與此同義。"今按：胡沈説是也。

例百十六

會日有食之太中大夫蜀郡張匡其人佞巧上書願對近臣陳日蝕咎下朝者左將軍丹等問匡對曰 《漢書》卷八十二《王商傳》

顔以"陳日食咎下朝者"爲一句，"左將軍丹等問匡"爲一句。劉攽云："'下朝者左將軍丹等'都是一句。上以匡章下丹等令問匡也。《王嘉傳》亦有一'下朝者'。"劉奉世云："當云'下朝者左將軍丹等問'，而後云'匡對曰'。"齊召南云："攽及奉世説是，師古誤斷。上文張匡願對近臣陳日食咎，所謂近臣，即指中朝將軍侍中等官也。"周壽昌云："《匡衡傳》：'事下太子太傅蕭望之少府梁邱賀問'，《朱博傳》：'有詔左將軍彭宣與中朝者雜問'，與此句例同。"樹達按：劉齊周説是也。

例百十七

商不盡忠納善以輔至德知聖主崇孝遠别不親後庭之事皆受命皇太后 同上

師古云："遠離女色而分别之，故云不親也。"劉攽云："當斷'不親後庭之事'爲句。"樹達按：劉讀是也。

例百十八

義縱自河内遷爲南陽太守聞甯成家居南陽及至關甯成側行送迎然縱氣盛弗爲禮至郡遂按甯氏破碎其家成坐有罪及孔暴之屬皆奔亡南陽吏民重足一迹 《漢書》卷九十《義縱傳》

顔《注》於“奔亡南陽”注斷。劉攽云：“南陽屬下句。”樹達按：劉讀是也。

例百十九

吳楚反時條侯爲太尉乘傳東將至河南得劇孟喜曰吳楚舉大事而不求劇孟吾知其無能爲已　《漢書》卷九十二《游俠劇孟傳》

師古云：“乘傳車而東出爲大將也。”以“乘傳東將”四字爲句。武億云：“此顔氏斷句之誤。宜以‘東’字屬讀，‘將’字連下，於義自明。”王先謙説同。樹達按：武王説是也。

例百二十

諸左王將居東方直上谷以東接穢貉朝鮮　《漢書》卷九十四上《匈奴傳》

顔《注》於“以東”爲句。劉攽云：“‘以東’屬下句。”樹達按：劉説是也。

例百二十一

副使季都別將醫養視狂王　《漢書》卷九十六下《西域傳》

徐松云：“醫養謂知醫者及廝養。”按徐以“醫養”連讀，非是。此文“養視”當連讀。《霍光傳》云：“孝武皇帝曾孫病已，武帝時，有詔掖庭養視。”《丙吉傳》云：“胡組養視皇孫。”《外戚傳》云：“孝王薨，有一男嗣爲王，時未滿歲，有眚病，太后自養視。”《東觀記》云：“曹貢迎馬嚴歸，自養視之。”皆以養視連文。《外戚傳》又云：“哀帝即位，遣中郎謁者張由將醫治中山小王。”又云：“今孫建世子禄飾將醫往問疾。”亦皆只云“將醫”也。

乙　誤讀的貽害

八　原文不倒因誤讀而誤乙

例百三十九

丁未京師相驚言大水至渭水虒上小女陳持弓年九歲走入横城門入未央宫尚方掖門殿門衛户者莫見至句盾禁中而覺得　《漢書》卷二十七下之上《五行志》

顔師古云：“‘覺得’，事覺而見執得也。”王念孫云：“此文當作‘至句盾禁中，覺而得’，即師古所謂事覺而見執也。今作‘而覺得’，亦文不成義。《漢紀·孝成紀》正作'覺而得'。"樹達按：顔王皆誤讀耳。此當以"至句盾禁中而覺"爲一句，"得"一字爲句。《溝洫志》云："中作而覺"，與此句例同。《張釋之傳》云："其後人有盗高廟座前玉環，得。文帝怒，下廷尉治。"《霍光傳》云："賴祖宗神靈，先發，得，咸伏其辜。"《何武傳》云："聖子賓客爲羣盗，得，繫廬江。"此皆《漢書》以"得"字一字爲句之證。顔釋"得"爲"見執"，是也；而以"覺得"連讀，則非。王不能訂顔之誤讀，乃欲易置本文，大謬。荀悦《漢紀》多不解本文而妄改，豈可據邪！

例百四十

杜欽字子夏茂陵杜鄴與欽同姓字俱以材能稱京師故衣冠謂欽爲盲杜子夏以相别　《漢書》卷六十《杜周傳》

王念孫云："'俱以材能稱'絶句，'故'字當在'京師'上，而以'故京師衣冠'五字連讀。京師衣冠謂京師士大夫也。《白帖》十二引此作'京師衣冠謂欽爲盲杜子夏'，《御覽·疾病部》三同，則'京師衣冠'四字連讀明矣。《漢紀》作'俱好學以材能稱'，故京師謂欽爲盲子夏，則'故京師'三字連讀又明矣。"樹達按："稱京師"謂見稱於京師也。班文簡，省去"於"字耳。原文可通，不當如王讀倒字。《漢紀》《白帖》皆誤斷句，豈可信從！王氏於此爲誤信矣。

例百四十一

隰斯彌見田成子田成子與登臺四望三面皆暢南望隰子家之樹蔽之　《韓非子·説林上篇》

王先謙云："'家之'二字誤倒。"樹達按：王氏誤斷。此當以"南望"二字爲一句，"隰子家之樹蔽之"爲一句。"南望"與上文"四望"句法同。"家之"二字不誤，王氏誤斷，故欲乙其文耳。

丙　誤讀的原因

十三　因字衍而誤讀

例百五十四

古之王者知命之不長是以並建聖哲樹之風聲分之采物著之話言爲之律度陳之藝極引之表儀予之法制告之訓典教之防利委之常秩道之以禮則使毋

失其土宜衆隸賴之而後即命　《左傳》文公六年

惠棟《左傳補注》云："'道之以禮則'，《唐石經》無'以'字，俗儒所加，後人遂以'則'字屬下句。"樹達按：惠説是也。"道之禮則"與上"樹之風聲"以下十句句例並同。若作"道之以禮"，則與上文句法參差矣。"使毋失其土宜"上不當有"則"字，若有"則"字，於文義爲不順矣。

例百五十五

故君子之行仁也無厭志好之行安之樂言之故言君子必辯　《荀子·非相篇》

楊倞於"故言"下注云："所以好言説，由此三者也。"王念孫云："楊説非也。'故君子必辯'爲一句，'故'下本無'言'字。此言君子志好之，行安之，樂言之，是以必辯也。上文云：'故君子之於言也，志好之，行安之，樂言之，故君子必辯'，是其證。今作'故言君子必辯'，'言'字乃涉上文而衍。楊斷'故言'爲一句以結上文，則'君子必辯'四字竟成贅語矣。"樹達按：王説是也。

高等國文法

序例

我國曩無文法，非無文法也，無文法書也。自丹徒馬氏遊學歐洲，歸而取西文律令以馭中文，於是有《文通》之作。蓋於荆榛薈蔚之中，芟夷剔抉，闢一康莊，其功偉矣。顧自《文通》書出，於今三十餘年，篤舊者薄視文法，不欲一觀，不待論矣。其知文法爲重要而續有所纂述者，大都陳陳相因。蓋自同縣友人章君行嚴外，未見有能爲馬氏之諍友，於其書有所助益者也。夫國以尚文著於世界，整理之事，亦既有人創爲其難；而獨無人焉賡續治之，寧非恨歟！余元二之際，以文法教於長沙，於時始讀馬書，心多弗慊。八年秋間，家居少事，草創糾馬之書。嗣遊北方，任授文法於北平師範大學，遂述此編。繼是以來，歲有補益。蓋自造述以迄今兹，歷時九載，教授亦不下十餘次矣。書中改正馬氏之説者，自采章君説外，如馬氏定“者”“其”“所”爲接續代字，余則分“者”之一部爲指示代詞，取其複指者爲複牒代詞，定“其”爲指示代詞之重指法，定所爲被動助動詞。馬氏認“咸”“皆”等爲約指代字，余則定爲表數副詞。馬氏述介字止九字，余則爲補五十餘。又馬氏不明省略，但據類例之多少，以關係内動字與轉語之間無介字者爲常，有介字者爲變，不合於理論；余則反其説，而於名代介動之省略者，則詳述之。凡斯之類，不可一一縷指。讀者試取馬書與余著《文通刊誤》及此篇合觀之，當知其異同之所在矣。亡友閩侯陳君慎侯，博學多聞，尤精力於文法之學。十年北遊，聞聲見訪，相與析疑論字，各極歡欣。嗣君别去，余即創爲是編。貽書與君，續相商榷，並請撰序文，君復書，欣然諾許。越一歲，君竟以疾逝世。今吾書粗成，君所創關係内動字及外動字有致動、意動二法之説，歷歷在吾卷中；而君墓生宿草，曩日許撰之序文，竟不可得矣。嗚乎！惠子云徂，鍾期難再，序兹編已，蓋不勝其泫然之情云。

一　是書上采劉淇王引之俞樾所著書之説，同時人著作，於總論中頗采胡君以魯及友人胡君適之之説；詞類各篇中頗采陳君慎侯章君行嚴之説。特述明於此，示毋掠美爾。

一　是篇采輯例句，始自諸經諸子，迄於《後漢書》《三國志》。六朝唐人間或甄采，然已稀矣。晚出《古文尚書》，不失爲魏晉人書，故加采録；仍題《尚書》之名，不復分别。

一　此編既多修正馬書之處，以限於教本體例，未能盡述理由。讀者可取拙著《馬氏文通刊誤》參合觀之，始知區區改正之心，良非得已。

一　余往授是編於北平師範大學時，諸生頗有以編索引爲請者。余即取此編所録諸詞，又頗增益材料，以詞爲綱，撰爲《詞詮》一書，别行於世。惟彼書先出，見者或以其臚列井然，頗加忽視。不知彼書出自此編；而此編則八九年積累之所成，正非易易也。至兩書内容雖多相同之處，然以彼此體例不同之故，有此篇具有而彼書無之者，亦有彼書有而此篇缺者。學者参互合觀，乃爲得之。

一　自民國八年，余創爲《馬氏文通刊誤》，陸續在《湖南教育月刊》及上海《時事新報學燈欄》發表，當時得見者頗多。近見他人著述，頗有采用余説，不名所自者，而其書出版顧在余書之前。特聲明於此，以示余非盜襲他人爾。

一　此編最適用於高中及大學預料文科，學者讀此，既可得我國文字文法之系統，又可作爲研讀古籍之階梯。如教者用之講授，發生疑義時，即請直接通緘商榷，敬當一一詳答。

民國十八年十一月十八日，長沙楊樹達遇夫自序於北平舊刑部街寓廬之貴希齋。

第四章　動詞

甲　動詞之種類

一　内動詞
- （一）普通内動詞
- （二）不完全内動詞……是義，非義，若義，猶義諸字，帶補足語。
- （三）關係内動詞……在義，往義，過義諸字，帶轉詞。

二 外動詞
- （一）普通外動詞
- （二）不完全外動詞……謂義，奈義等字，帶補足語。
- （三）雙賓外動詞……與義，授義等字，帶雙賓語。

三 同動詞

四 助動詞

一 普通内動詞

大多數之内動詞，都屬此類。以太多，不記述。

二 不完全内動詞

不完全内動詞，有是義，非義等字。凡此等動詞之下，必有補足語以説明主語。此類動詞爲數有限，故今取古書中所有此類之動詞記述之。

A “是”義“爲”義諸字

是

知之爲知之，不知爲不知，是知也。（《論語·爲政》）

長沮曰：夫執輿者爲誰？子路曰：爲孔丘。曰：是魯孔丘歟？曰：是也。（又《微子》）

桀溺曰：子爲誰？曰：爲仲由。曰：是魯孔丘之徒與？對曰：然。（又）

王之不王，是折枝之類也。（《孟子·梁惠王》）

我今破齊還報，是益吕氏資也。（《史記·齊悼惠王世家》）

今又立齊王，是欲復爲吕氏也。（又）

陳平曰：我多陰謀，是道家之所禁。（又《陳平世家》）

爲

有子曰：禮之用，和爲貴；先王之道，斯爲美。（《論語·學而》）

桀溺曰：子爲誰？曰：爲仲由。（又《微子》）

子路問曰：子見夫子乎？丈人曰：四體不勤，五穀不分。孰爲夫子？（又）

萬取千焉，千取百焉，不爲不多矣。（《孟子》）

故事半古之人，功必倍之，惟此時爲然。（又）

獨以德爲可以除之。（《史記·越世家》）

B “非”義諸字

非 《玉篇》云：非，不是也。

此莫非王事，我獨賢勞也。（《孟子·萬章上》）

莊子與惠子遊於濠梁之上。莊子曰：鯈魚出遊從容，是魚之樂也！惠子曰：子非魚，安知魚之樂？莊子曰：子非我，安知我不知魚之樂？惠子曰：我非子，固不知子矣。子固非魚也，子之不知魚之樂全矣。（《莊子·秋水》）

且夫天下非小弱也，陳涉之位，非尊於齊楚燕趙韓魏宋衛中山之君；鉏耰棘矜，非銛於句戟長鎩也。適戍之衆，非抗於九國之師；深謀遠慮行軍用兵之道，非及鄉時之士也。（《賈生過秦論》）

爲畔逆以憂太后，非長策也。（《史記·吴王濞傳》）

匪 《廣韻》云：匪，非也。

匪寇婚媾。（《易·屯六二》）

匪來貿絲，來即我謀。（《詩·衛風·氓》）

匪適株林。（又《陳風·株林》）

蓼蓼者莪，匪莪伊蒿。（又《小雅·蓼莪》）

三 關係内動詞

按此種内動詞，説文法者皆視與普通内動詞同。今因其用法必帶轉詞，故依亡友陳君承澤《國文法草創》之説，別立爲一種焉。

大抵此類動詞，静表其“所在”“所居”“所止”，動表其“所過”“所往”“所至”，而其轉詞必爲表示方所之名詞。兹但舉若干字爲例，不能盡也。

A 帶介詞“於”字者。 按此爲正例。

在 魚在於藻。（《詩·小雅·魚藻》）

在於王所者，長幼卑尊，皆薛居州也，王誰與爲不善？（《孟子·滕文公》）

入 鼓方叔入於河；播鼗武入於漢；少師陽擊磬襄入於海。（《論語·微子》）

出 仲尼適楚，出於林中。（《莊子·達生》）

造 今病小愈，趨造於朝。（《孟子·公孫丑》）

由 臨南騋馬而由乎孟氏。（《公羊傳·定八年》）

次　楚師伐鄭，次於魚陵。（《左傳・襄十八年》）

宿　孟子去齊，宿於晝。（《孟子・公孫丑》）

坐　坐於沙中。（《國策・齊策》）

至　齊太子光宋向戌先至於鄭。（《左傳・襄十一年》）

臣始至於境，問國之大禁。（《孟子・梁惠王》）

順流而東行，至於北海。（《莊子・秋水》）

至乎王堤而死。（《公羊傳・三十二年》）

放　放於琅邪。（又《梁惠王》）

歸　鄭世子忽復歸於鄭。（《左傳・桓十五年》）

反　孟子自齊，葬於魯，反於齊，止於嬴。（《孟子・公孫丑下》）

浮　乘桴浮於海。（《論語・公冶長》）

遊　孔子遊於匡。（《莊子・秋水》）

行　莊子行於山中。（又《山木》）

涉　君其涉于江而浮于海。（又）

止　止于蕩陰。（《國策・齊策》）

居　春，公至自乾侯，居於鄆。（《左傳・昭二十九年》）

之　无幾何而使梱之於燕，盜得之於道。（《莊子・徐无鬼》）

B　省略介詞"於"字者。　按此爲變例。

在　公在□乾侯。（《春秋・昭三十年》）

在□王所者，長幼卑尊，皆非薛居州也，王誰與爲善？（《孟子・滕文公》）

入　子入□太廟，每事問。（《論語・八佾》）

出　叔孫通已出□宮，反□舍。（《史記・叔孫通傳》）

造　昔者有王命，有采薪之憂，不能造□朝。（又《公孫丑》）

居　孟子去齊，居□休。（又）

適　太師摯適□齊，亞飯干適□楚。（《論語・微子》）

之　有爲神農之言者許行，自楚之□滕。（《孟子・滕文公》）

過　滕文公將之楚，過□宋而見孟子。（又）

詣　代王乘傳詣□長安。（《史記・文帝紀》）

反　吾自衛反□魯，然後樂正。（《論語・子罕》）

至　吾嘗西至□崆峒，北過□大陸。東漸於海，南浮□江淮矣。（《史記・五帝紀贊》）

涉　右師城上棘，遂涉□潁。（《左傳·襄十八年》）

如　公子翬如□齊逆女。（《左傳·桓二年》）

按古書中，變例多於正例。《馬氏文通》以省“於”字者爲常，但從例句之多寡爲言，不從文法之理論爲説，非是。

四　普通外動詞

大多數外動詞，都屬此類。字數無限，不能一一列舉。惟其用法，於普通用法外，有“致動用”與“意動用”之二法，不可不知。故今略舉例言之。

A　外動詞之致動用法

凡外動詞對於其賓語有“使然”或“致然”之意者，謂之外動詞之致動用法。此種用法之外動詞，或由名詞轉來，或由形容詞轉來，或由内動詞轉來，或本是外動詞，由普通用法轉而爲致動用法。今逐一舉例説明之。

壹　名詞轉爲外動詞致動用

其圉人曰：吾以劍過朝，公若必曰：誰之劍？吾稱子以告，必觀之。吾僞固而授之末，則可殺也。使如之。公若曰爾欲吳王我乎？遂殺公若。（《左傳·定十年》）“吳王我”者，謂使我爲吳王。

吾見申叔，夫子，所謂生死而肉骨也。（又《襄廿二年》）“肉骨”者，謂使骨爲肉。

齊桓公合諸侯而國異姓。（《史記·晉世家》）封異姓使爲國，故云“國異姓”。

今我在也，而人皆藉吾弟。令我百歲後，皆魚肉之矣！（又《竇嬰田蚡傳》）

貳　形容詞轉爲外動詞致動用

a　狀態形容詞轉爲外動致動用

人潔已以進。（《論語·述而》）潔已者，謂使已潔。

欲潔其身而亂大倫。（又《微子》）潔身者，謂使其身潔。

正其衣冠。（又《堯曰》）正其衣冠，謂使其衣冠正。

既庶矣，又何加焉？曰：富之。（又《子路》）富之者，謂使之富。

厚其垣牆。（《左傳·襄三十一年》）厚其垣牆謂使其垣牆厚。

冬，浚洙。浚洙者，深洙也。（《穀梁傳》）深洙，謂使洙水深。

夫固國者在親仁而善鄰。（《國語·晉語》）“固國”謂使國固。

夫民勞而實費，又無尺寸之功，破宋肥讎而世負其禍矣。（《國策·二十九》）肥讐謂使讐肥。

乃召莊而貴之。（又《趙策》）“貴之”者，謂使之貴。

古之爲治者，將以愚民。（老子）“愚民”者，謂使民愚。

君子之於禽獸也，見其生不忍見其死，聞其聲不忍食其肉；是以君子遠庖廚也。（《孟子·梁惠王上》）“遠庖廚”謂使其庖廚遠隔。

工師得大木，則王喜；匠人斲而小之，則王怒。（又《梁惠王下》）“小之”者，謂使之小。

故天將降大任於是人也，必先苦其心志，勞其筋骨。（又《告子下》）苦其心志，謂使其心志勞苦；勞其筋骨，謂使其筋骨勞苦。

足以合大衆，美國家。（《荀子》）“美國家”謂使其國家美。

静耳而不聽。（《列子》）“静耳”，謂使其耳静。

虚囹圄而免刑戮。（《賈誼過秦論》）“虚囹圄”，謂使囹圄空虚。

上求魚，臣乾谷。（《淮南子·説山》）乾谷，謂使谷乾。

彊本弱支幹之勢也。（《史記》）“彊本弱支幹”，謂使本彊，使支幹弱。

上素驕淮南王，弗爲置嚴傅相，以故至此。（《史記·淮南王傳》）

吾寧不能言而富貴子？子不足收也！（又《張儀傳》）

衣以温膚。（《論衡道虚》）“温膚”謂使膚温。

b　數量形容詞轉爲外動致動用

士也罔極，二三其德。（《詩·衛風·氓》）

六先景之乘。（《漢書·揚雄傳》）

六素虯。（又）

叁　内動詞轉爲外動致動用

龍蛇之蟄，以存身也。（《易·繫辭》）按謂使身存。

夫子，所謂生死而肉骨也。（《左傳·襄二十二年》）“生死”，謂使死人生。

沈其二子於河。（《左傳》）譯爲今語，當云將二子弄沈在河裏。

我落其實而取其材。（又《宣十五年》）譯文當云將實落下。

華元登子反之牀，起之。（又）起之者，謂使之起。

小子鳴鼓而攻之。（《論語·先進》）鳴鼓者，謂使鼓鳴。

吾欲輔重耳而入之晉，何如？（《韓非子·十過》）入之晉謂使之入於晉。

靈王於是獨徬徨山中，野人莫敢入王。（《史記·楚世家》）入王者，謂使之入。

反周公。（又《魯世家》）反周公，謂使周公反。

齊女乃與趙衰等謀醉重耳，載以行。（又《晉世家》）“醉重耳”謂使重耳醉。

蘇秦乃激怒張儀，入之於秦。（又《蘇秦傳》）

進不滿千錢，坐之堂下。（又《高帝紀》）使之坐堂下。

走白羊樓煩王。（又《衛青傳》）走者謂使之走。

建陰結交，欲告敗太子，以其父代之。（又《淮南王傳》）告敗太子，謂告太子使敗也。

買臣深怨，常欲死之。（《漢書·朱買臣傳》）“死之”者，謂致之死。

匈奴使其貴人居漢，病，服藥，欲愈之。（又《匈奴傳》）欲愈之，謂欲使之愈。

蔡澤以噤吟而笑唐舉。（《揚雄解嘲》）笑唐舉謂使唐舉笑。

故爲風雨以還吾師。（《吳越春秋》）還吾師，謂使吾師還。

徒屈指心計，盡發疑謬。（《三國志》）屈指謂使指屈。

寢其女於帳中。（《北史》）寢其女於帳中，謂使其女寢於帳中。

肆　普通外動詞轉作致動用

負｛普通用　世負其禍矣。（《國策》）
　　致動用　負之不義之名。（《漢書·黥布傳》）

按“負之不義之名。”謂使之負不義之名。

禽｛普通用　越王勾踐戰敝卒三千人，禽夫差於干遂。（《史記·蘇秦傳》）
　　致動用　夫割地包利，五伯之所以覆軍禽將而求也。（同）

按禽將，謂使其將見禽。

嘗｛普通用　君賜食，必先嘗之。（《論語·鄉黨》）
　　致動用　嘗人，人死；食狗，狗死。（《吕氏春秋》）

按嘗人者，使人嘗之。

疑｛普通用　三人疑之，其母懼焉。（《史記·甘茂傳》）
　　致動用　今尊立其子，將疑衆心。（《後漢書·張步傳》）

按疑衆心者，謂使衆心疑。

從｛普通用　吾從衆。（《論語》）
　　致動用　吳王反，欲從閩越，閩越未肯行。（《史記·東越傳》）

按從閩越者，謂使閩越從已。

按此種既同是外動詞，形式又無可區別，最易生誤解。學者宜詳之。

B 外動詞之意動用法

凡外動詞，對於其賓語有“認爲”“以爲”之意者，爲外動詞之意動用法。此種用法之外動字，或由名詞轉來，或由形容詞轉來。

壹 名詞轉爲外動詞意動用

言夫人必以其氏姓。言夫人而不以氏姓，非夫人也，立妾之辭也；非正也。夫人之，我可以不夫人之乎？（《穀梁傳·僖八年》）

諸侯用夷禮，則夷之。（《韓文》）

以之爲夷。

人其人。（又）

以其人爲人。

貳 形容詞轉爲外動詞意動用

此其言國，何也？久之也。（《穀梁傳》）

按久之，謂以爲太久。

登東山而小魯，登太山而小天下。（《孟子·盡心上》）

按謂認魯與天下爲小。

孔子賢之。（《孟子》）

按謂認之爲賢。

彼長而我長之，非有長於我也；猶彼白而我白之，從其白於外也。（又《告子上》）

按長之白之，謂認之爲長，認之爲白。

人主自智而愚人，自巧而拙人。（《吕氏春秋·審分覽知度》）

按愚人拙人，謂以人爲愚，以人爲拙。

細萬物，則心不惑矣。（《淮南子·精神》）

按細萬物，謂以萬物爲細。

上壯而許之。（《漢書·趙充國傳》）

時充國年七十餘，上老之。（又）

按老之。以爲年太老。

乃勇子胥也。（《越絶書》）

按勇子胥，謂認子胥爲勇。

少年壯其意，又素受恩，皆許諾。（《後漢書·劉盆子傳》）

按壯其意，謂認其意爲壯。

復使將其部曲至鄴，武叩頭辭以不願。世祖愈美其意。（又《馬武傳》）

按美其意，謂以其意爲美。

人狂我，我焉得不狂也？（《邯鄲人士小傳》）

按狂我，謂以我爲狂。

天下不多管仲之賢，而多鮑叔能知人也。（《史記·管仲傳》）

管仲，世所稱賢臣，然孔子小之。（又）

顯王左右素習知蘇秦皆少之，弗信。（又《蘇秦傳》）

注意　形容詞既可作外動致動用，又可作外動意動用，故有同一詞而兼致動意動兩用法者如前舉例中：

小 { 致動用　匠人斲而小之。
意動用　管仲，世所稱賢臣，然孔子小之。

愚 { 致動用　古之爲治者，將以愚民。
意動用　人主自智而愚人。

美 { 致動用　足以合大衆，美國家。
意動用　世祖愈美其意。

五　不完全外動詞

A　"謂"義諸字

謂

婦人謂嫁曰歸。（《爾雅》）

楚人謂乳穀，謂虎於菟。（《左傳·宣四年》）

文王以民力爲臺爲沼，而民歡樂之，謂其臺曰靈臺，謂其沼曰靈沼。（《孟子·梁惠王上》）

爲

趙盾曰：天乎！天乎！予無罪！孰爲盾而忍弑其君者乎？（《穀梁傳·宣二年》）

管仲，曾西之所不爲也，而子爲我願之乎？（《孟子·公孫丑上》）

華如誣，巧言令色足恭一也；皆以無爲有者也。此之爲考志也。（《大戴禮·文王官人》）

按上文"此之謂觀誠也。"下文"此之謂視中也。"字皆作謂。

宋，所爲無雉兔鮒魚者也。（《墨子·公輸》）

按"所爲"即"所謂"，此被動用法。

動而爲之生，死而謂之窮。（《淮南子·詮言訓》）

按此例"爲""謂"互用。

《書》曰：享多儀，儀不及物。曰：不享。惟不役志於享，爲其不成享也。（《孟子·告子下》）王云：此言書之所言，謂其不成享也。

從命利君爲之順，從命病君爲之諫，逆命利君謂之忠，逆命病君謂之亂。（《説苑·臣術》）

按此例亦爲謂互用，爲亦謂也。

B “使”義諸字

使

上使御史簿責魏其。（《史記·魏其侯傳》）

其春，武安侯病，專呼服謝罪。使巫視鬼者視之，見魏其灌夫共守笞，欲殺之。竟死。（又）

大將軍亦欲使敖與俱當單于。（又《李將軍傳》）

以秦攻之，譬如使豺狼逐羣羊。（又《張儀傳》）

惠王用張儀之計，遂散六國之從，使之西面事秦。（又《李斯傳》）

向使四君卻客而不内，疏士而不用，是使國無富利之實而秦無彊大之名也。（又）

令

令者，所以令人知罪也。（《管子·七臣七主》）

太子早死。臨死，謂其父昆莫曰：必以岑娶爲太子，無令他人代之。（《史記·大宛傳》）

平明，令門下候伺，至日中，丞相不來。（又《魏其侯傳》）

武安遂怒，乃令騎留灌夫。灌夫欲出，不得。籍福起爲謝，案灌夫項令謝。夫愈怒，不肯謝。（又）

君第重射！臣能令君勝。（又《孫武傳》）

燕王昏亂，其太子丹乃陰令荆軻爲賊。（又《秦始皇紀》）

C “奈”義諸字

按此類外動字必有何字伴之，“奈……何”，即今言“怎樣對之”之意，故爲不完全外動詞。

奈

吾君老矣，國家多難。伯氏不出，奈吾君何？（《晉語二》）

於是項羽乃悲歌慷慨自爲《詩》曰：“力拔山兮氣蓋世，時不利兮騅不逝！騅不逝兮可奈何？虞兮！虞兮！奈若何？”（《史記·項羽紀》）

按“奈若何”謂“奈汝何”。

邊人奴婢愁苦，欲亡者多，曰：聞匈奴中樂，無奈候望急何。（又《匈奴傳》）

夫唐堯有丹朱，周文王有管蔡：此皆上聖，無奈下愚子何。（《漢書・王莽傳》）

按"無奈候望急何"者，言"無法怎樣對付候望急"；"無奈下愚子何"者，言"無法怎樣對付下愚子"也。故此種"無"字實爲無指指示代名詞。宜注意！

若

寇深矣！若之何？（《左傳・僖十五年》）

隨會在秦，賈季在狄，難日至矣！若之何？（又《文十三年》）

敝邑以政刑之不修，寇盜充斥，無若諸侯之屬辱在寡君者何，是以令吏人完客所館。（又《襄三十一年》）

叔父其茂昭明德，物將自至，余敢以私勞變前之大章！其若先王與百姓何？（《周語》）

内之，無若羣臣何！（《魏策》）

六 雙賓語外動詞

雙賓語者，一表人，爲間接賓語；一表物，爲直接賓語。此類動詞爲數亦有限，故今取古書中此類字略述之。

賚 《爾雅・釋詁》云：賚，賜也。

夢帝賚予良弼。（《書・説命上》）

賚爾秬鬯。（《説文》引《周書》）

釐 《玉篇》引《蒼頡篇》云：釐，賜也。

釐爾圭瓚。（《詩・江漢》）

賜

余賜汝孟諸之麋。（《左傳・僖二十八年》）

賜卿大夫爵，則儐。（《周禮・小宗伯》）

賜趙夙耿，賜畢萬魏。（《史記・晉世家》）

七 同動詞

A "無"義諸字

無 亡 毋

大車無輗，小車無軏，其何以行之哉？（《論語・爲政》）

且司馬，令尹之偏，而王之四體也。絶民之主，去身之偏，艾王之

體以禍其國，無不祥大焉。（《左傳·襄三十年》）

夫無所發怒，乃罵臨汝侯。（《史記·竇嬰田蚡傳》）

魏其良久乃聞，聞即恚，病痱，不食，欲死。或聞上無意殺魏其，魏其復食，治病。（又）

上以爲廉忠實無他腸，乃拜綰爲河間王太傅。（又《萬石君傳》）

使其中有可欲者，雖錮南山猶有郄；使其中無可欲者，雖無石槨，又何戚焉？（又《張釋之傳》）

無德厚以安之，無度數以治之，則國非其國，而氏無其民。（《管子·形勢解》）

按此例以“無”與“非”爲對文。

今入趙，北地入燕，東地入齊，南地入韓魏，則君之所得民，亡幾何人。（《史記·白起傳》）

軍亡導，或失道，後大將軍。（又《李將軍傳》）

亡是公者，無是人也。（《漢書·司馬相如傳》）

有如兩宮螫將軍，則妻子毋類矣。（又《魏其侯傳》）

盡十二月，郡中毋聲。（又《酷吏傳》）

漢廷臣毋能出其右者。（又《田叔傳》）

毋城郭常處耕田之業，然亦各有分地。（又《匈奴傳》）

B “猶”義諸字

猶

文莫吾猶人也；躬行君子，則吾未之有得。（《論語·述而》）

聽訟吾猶人也；必也，使無訟乎！（又《顏淵》）

以若所爲，求若所欲，猶緣木而求魚也。（《孟子》）

周公之不有天下，猶益之於夏，伊尹之於殷也。（又）

秦，形勢之國，地勢便利，其以下兵於諸侯，譬猶居高屋之上建瓴水也。（《史記·高祖紀》）

吾今日見老子，其猶龍邪！（又《老子傳》）

今吳之有越，猶人之有腹心之疾也。（又《伍子胥傳》）

夫秦卒與山東之卒，猶孟賁之與怯夫。（又《張儀傳》）

斯其猶人哉！安足與謀？（又《李斯傳》）

人役而恥爲役，由弓人而恥爲弓，矢人而恥爲矢也。（《孟子·公孫丑上》）

八 助動詞

可

天下國家可均也，爵禄可辭也，白刃可蹈也，中庸不可能也。（《禮記·中庸》）

天之高也，星辰之遠也，苟求其故，千歲之日至可坐而致也。（《孟子·離婁下》）

騎士曰：沛公不好儒，與人言，常大駡，未可以儒生説也。（《史記·酈食其傳》）

事未可知，何早自殺爲？（又《陸賈傳》）

使者十輩來，皆言匈奴可擊。（又《劉敬傳》）

冒頓殺父代立，妻羣母，以力爲威，未可以仁義説也。（又）

吕后與陛下攻苦食啖，其可背哉？（又《叔孫通傳》）

君雖恨於臣，亦無可奈何。（又《范雎傳》）

《詩》《書》雖缺，然虞夏之文可知也。（又《伯夷傳》）

求人可使報秦者，未得。（又《藺相如傳》）

秦王以十五城請易寡人之璧，可予不？（又）

諸侯大驕，必生患，可適削地。（又《袁盎傳》）

司馬夜引袁盎起，曰：君可以去矣！（又）

但可敕會取艾，不足自往。（《魏志·鍾會傳》）

軍中士大夫詣原者數百人：太祖怪而問之。時荀文若在坐，對曰：獨可省問邴原耳。（又《邴原傳》）

能　而

今之事君者皆曰：我能爲君辟土地，充府庫。（《孟子·告子下》）

持方枘欲内圜鑿，其能入乎？（《史記·孟子荀卿傳》）

當是時，諸公皆多季布能摧剛爲柔。（又《季布傳》）

上欲廢太子，大臣多諫争，未能得堅决者也。（又《留侯世家》）

富貴不能快意，非賢也。（又《季布傳》）

天子曰：非此母不能生此子。（又《酷吏傳》）

且帝寧能爲石人邪？（又《魏其侯傳》）

布之初反，謂其將曰：上老矣，厭兵；必不能來。（又《黥布傳》）

今大臣雖欲爲變，百姓弗爲使，其黨寧能專一邪？（又《孝文紀》）

寡人已知將軍能用兵矣。（又《孫子吳起傳》）

夫習與正人居之，不能毋正，猶生長于齊，不能不齊言也。（《漢

書・賈誼傳》）

故古者聖王唯而審以尚同以爲正長，是故上下情通。（《墨子·尚同》）

天下之所以治者，何也？唯而以尚同一義爲政故也。（又）

不而矯其耳目之欲。（又《非命》）

君以此思哀，則哀將焉而不至矣！（《荀子·哀公》）

不逢湯武與桓繆兮，世孰云而知之？（《楚辭·九章》）

管燕謂其左右曰：子孰而與我赴諸侯乎？（《齊策》）

秦始皇使遺君王后玉連環，曰：齊多知，而解此環不？（又）

按《莊子·逍遥遊篇》云："知效一官，行比一鄉，德合一君，而徵一國。"亦假"而"爲"能"，作名詞用。

乙　動詞之倒置

末之也已！何必公山氏之之也？（《論語》）

吾以子爲異之問，曾由與求之問！（又）

古者民有三疾，今也或是之亡也。（又）

吾斯之未能信。（又）

雖天地之大，萬物之多而唯蜩翼之知。（《莊子·達生》）

虢多涼德，其何土之能得？（《左傳·莊三十二年》）

寡君其罪之恐，敢與知魯國之難！（又《昭三十一年》）

非子之求而蒲之愛。（又《宣十二年》）

僑聞君子長國家者非無賄之患而無令名之難。（又《襄二十四年》）

愎諫違卜，固敗是求。（又《僖十五年》）

除君之惡，唯力是視。（又《僖二十三年》）

率師以來，唯敵是求。（又《宣十二年》）

唯吾子戎車是利，顧土宜。（又《成二年》）

余唯利是視。（又《成十三年》）

雞鳴而駕，塞井夷竈，唯余馬首是瞻。（又《襄十四年》）

釋君而臣是助，無乃不可乎！（又《昭二十一年》）

今吳是懼而城於郢，守已小矣。（又《昭二十五年》）

將虢是滅，何愛於虞！（又《僖四年》）

皇天無親，惟德是輔。（《書·蔡仲之命》）

我周之東遷，晉鄭焉依。（《左傳·隱六年》）

安定國家，必大焉先。（又《襄三十年》）

如松柏之茂，無不爾或承。（《詩·小雅·天禄》）

不念昔者，伊予來塈。（又《邶風·谷風》）

于京斯依。（又《大雅·公劉》）

四國于蕃，四方于宣。（又《崧高》）

鬼神非人實親，惟德是依。（《左傳·僖五年》）

求而無之實難，過求何害！（又《文六年》）

按動詞倒置時，必有語中助詞"之""是""焉""或""來""斯""于""實"等詞助之。

丙　古書中動詞之用法

一　二動詞或三動詞連用

季友母，陳女，故亡在陳，陳故佐送季友及子申。（《史記·魯世家》）

齊伐取我隆。（又）

昭公朝晉，至河，晉平公謝還之。（又）

秦虜滅韓王。（又《燕世家》）

惠公怨周之容舍黔牟。（又《衛世家》）

遂攻出獻公。（又）

魏囚殺懷君。（又）

故宋皇敗得囚華元。（又《宋世家》）

驪姬詳譽太子，而陰使人譖惡太子。（又《晉世家》）

太子何忍也！其父而欲弑代之，況他人乎！（又）

周使召公過禮晉惠公。（又）

秦繆公乃發兵送内重耳。（又）

公令胥童以兵八百人襲攻殺三郤。（又）

楚王至盂，遂執辱宋公。（又《楚世家》）

齊襄公使彭生醉拉殺魯桓公。（又《鄭世家》）

激怒張儀。（又《蘇秦傳》）

二　以外動詞帶賓語之頓爲動詞

魏其武安俱好儒術，推轂趙綰爲御史大夫，王臧爲郎中令。（《史記·魏其侯傳》）

其推轂士及官屬丞史，誠有味其言之也！（又《鄭當時傳》）

《顏漢書注》云：推轂，謂升薦之，若轉車轂之爲也。

巴蜀棧道千里，無所不通，唯褒斜綰轂其口。（又《貨殖傳》）

願君慎勿出於口，請別白黑所以異，陰陽而已矣。（又《蘇秦傳》）

三 絶對散動詞

猶之，與人也，出納之吝，謂之有司。（《論語・堯曰》）

民者，譬之，馬也；堯舜御之，則天下端正；桀紂御之，則天下奔於歷山。（《御覽七百四十六引尸子》）

彼，觀其意，且欲得其當而報漢。（《太史公報任少卿書》）

總之，不離古文者近是。（《史記・五帝紀》）

且先王昔言：事天子期無失禮，要之，不可以說好語入見，入見則不得復歸，亡國之勢也。（又《尉佗傳》）

夫張儀之行事，甚於蘇秦。然世惡蘇秦者，以其先死而儀振暴其短，以扶其說成其衡道。要之，此兩人真傾危之士哉！（又《張儀傳》）

臣遷謹記高祖以來至太初諸侯，其下益損之時，令後世得覽：形勢雖强，要之，以仁義爲本。（又《漢興以來諸侯表序》）

然要其歸，必止乎仁義節儉君臣上下六親之施。（又《孟荀列傳》）

夫紆於物則非已，直於志則犯俗，辭其艱則乖義，徇其節則失身。統之，方軌易因，險塗難御。（《後漢書・胡廣傳》）

丁 動詞之省略 省略之字，以□表之。

一 省略内動詞

則其無淫於觀，□於逸，□於遊，□於田，以萬民惟正之供。（《書・無逸》）

先君以是舞也，習戎備也。令尹不尋諸仇讎，而□於未亡人之側，不亦異乎！（《左傳・莊二十八年》）

凡諸侯之喪，異姓，臨於外；同姓，□於宗廟；同宗，□於祖廟；同族，□於禰廟。（又《襄十二年》）

躬自厚□而薄責於人，則遠怨矣。（《論語・衛靈公》）

王不待大。湯以七十里□，文王以百里□。（《孟子・公孫丑上》）

號泣于旻天，□□于父母。（又《萬章上》）

善不善，本於義，不□於愛。（《呂氏春秋・聽言》）

《詩》言契生卵，后稷□人迹者，欲見其有天命精誠之意耳。（《史記·三代世表序》）

此例省動詞生字，並省介詞於字。

扜彌南與渠勒□，東北與龜茲□，西北與姑墨接。（《漢書·西域傳》）

按于闐下云：南與羌接，北與姑墨接。即不省。

具以《春秋》對，毋以蘇秦縱横□。（又《嚴助傳》）

二　省略外動詞

君子是以知秦穆公之爲君也，舉人之周也；孟明之□臣也，其不解也，能懼思也。（《左傳·文三年》）

醫和曰：上醫醫國，其次□疾，固醫官也。（《晉語》）

視天下悦而歸已，猶□草芥也。（《孟子·離婁上》）此類例有不省者：如《國策·蘇秦之楚章》"楚王曰：寡人聞先生若聞古人"，下一"聞"字不省。

人傷堯以不慈之名，□舜以卑父之號，□禹以貪位之意，□湯武以放弑之謀，□五伯以侵奪之事。（《吕氏春秋·舉難》）

爲客治飯而自□藜藋。（《淮南子·説林》）

周封伯禽康叔於魯衛，地各四百里；□太公於齊，兼五侯地。（《史記·漢興以來年表》）

祠參山八神於曲城，□蓬山石社石鼓於臨朐，□之罘山於腄，□成山於不夜，□萊山於黄。（《漢書·郊祀志下》）

咸最先進，年十八，爲左曹；二十餘，□御史中丞。（又《蕭育傳》）

霸爲博士，堪□譯官令。（又《儒林傳》）

三　省略外動詞與其賓語

故有得神以興，亦有□□以亡。（《左傳·莊王十二年》）

予，天民之先覺者也，予將以斯道覺斯民也，非予覺之而誰□□也？（《孟子·萬章上》）

吾聞其以堯舜之道要湯，未聞以割烹□□也。（又）

衛嗣君時，胥靡逃之魏。衛贖之百金，不與；乃請以左氏□□。（《國策·衛策》）

楊子之鄰人亡羊，既率其黨□□，又請楊子之豎追之。（《列子》）

窺面於盤水則圓，□□於杯則隋。（《淮南子·齊俗》）

於是梁亭乃每暮夜灌楚亭之瓜，楚亭旦而行瓜，則又皆以灌矣，瓜日以美。楚亭怪而察之，則乃梁亭□□也。（《説苑·復恩》）

時上初即位，思進賢良，多上書言便宜，輒下望之問狀。高者請丞相御史□□，次者中二千石試事，滿歲，以狀聞。（《漢書·蕭望之傳》）

按省試事二字。

前將軍出塞千二百餘里，至烏員，斬首捕虜；至侯山，□□□□百餘級。（《漢書·匈奴傳》）

按省“斬首捕虜”四字。

四　省略被動式外動詞

北宫伯子以愛人長者□，而趙同以星氣幸。（《史記·佞幸傳》）

五　省略外動詞“曰”字

子曰：由也！女聞六言六蔽矣乎？對曰：未也。□居！吾語女。（《論語·陽貨》）

按居吾語女乃孔子語，上省“曰”字。

子曰：食夫稻，衣夫錦，於女安乎？曰：安。□女安則爲之！（又）

按女安則爲之，孔子語。上省曰字。

曰：與少樂樂，與衆樂樂，孰樂？曰：不若與衆。□臣請爲王言樂。（《孟子·梁惠王下》）

按臣請爲王言樂，乃孟子語，上省曰字。

敢問：夫子惡乎長？曰：我知言，我善養吾浩然之氣。□：敢問：何謂浩然之氣？（《孟子·公孫丑上》）

公孫丑問，上省曰字。下文“何謂知言”？“然則夫子既聖矣乎”？“敢問所安”？三句同，上亦無曰字。

孟子之平陸，謂其大夫曰：子之持戟之士一日而三失伍，則去之否乎？曰：不待三。□然則子之失伍也亦多矣！（又《公孫丑下》）

然則以下，孟子語，上省曰字。

曰：百工之事，固不可耕且爲也。□然則治天下獨可耕且爲與？（又《滕文公上》）

孟子曰：生之謂性也，猶白之謂白與？曰：然。□白羽之白也，猶白雪之白；白雪之白，猶白玉之白與？曰：然。□然則犬之性猶牛之性，牛之性猶人之性與？（《孟子·告子上》）

左師公曰：今三世以前，至於趙之爲趙，趙王之子孫侯者，其繼有在者乎？曰：無有。曰：微獨趙，諸侯有在者乎？曰：老婦不聞也。□此，其近者禍及身，遠者及其子孫，豈人主之子孫則必不善哉？位尊而無功，奉厚而無勞，而挾重器多也。（《國策·趙策》）

此其近者以下，觸龍語，上省曰字。

悼公之喪，季昭子問於孟敬子曰：爲君何食？敬子曰：食粥，天下之達禮也。□吾三臣者之不能居於公室也，四方莫不聞矣。勉而爲瘠則吾能，毋乃使人疑夫不以情居瘠者乎！我則食食。（《禮記·檀弓》）

吾三臣者以下，乃季昭子語。上省曰字。

六　省略助動詞

《春秋》伐者爲客，□伐者爲主。（《公羊傳·莊二十八年》）

按《何休注》云：伐人者爲客，長言之；伐者爲主，短言之。此文無《何注》説明，竟不知其區别。此古書不明晰之處，不足爲法，不可不知。

故大國以下小國，則取小國；小國以下大國，則□取□大國。故或下以取，或下而□取。大國不過欲兼畜人，小國不過欲入事人。夫兩者各得其所欲，大者宜爲下。（《老子·六十一章》）

“取大國”言見取於大國，或下而取，言或下而見取。皆省去見字。

大國之攻小國，□攻者農夫不得耕，婦人不得織，以守爲事。攻人者亦農夫不得耕，婦人不得織，以攻爲事。（《墨子·耕柱》）

“攻者”當云“見攻者”，見字省去。

人固不易□知，知人亦未易也。（《史記·范雎蔡澤列傳》）

此文上一知字，乃見知之義；見字省去，初學者乃不知與下一知字如何區别矣。

中國修辭學

中國修辭學自序

往余續補俞氏《古書疑義舉例》，以餘杭章太炎先生親奉手於俞君，因介吾友歙縣吳承仕檢齋就正於先生，先生復書頗稱余用心審密。余因念俞君書本兼説修辭校勘二事，欲便擴充，令各成專科之學，其涉校勘者，起草才及半，未能卒業；修辭一篇，則卒卒未暇爲也。會余任教於清華大學，校課有修辭一科，當事者以屬余。余乃略事搜討，迄今數載，乃有此篇，蓋已四易稾矣。余恆謂：語言之構造，無中外大都一致，故其詞品不能盡與他族殊異，治文法者乃不能不因。若夫修辭之事，乃欲冀文辭之美，與治文法惟求達者殊科。族姓不同，則其所以求美之術自異。況在華夏，歷古以尚文爲治，而謂其修辭之術與歐洲爲一源，不亦誣乎？味者顧取彼族之所爲一一襲之，彼之所有，則我必具，彼之所缺，則我不能獨有，其貶己媚人，不已甚乎！吾今不欲謂吾書足以盡吾國修辭之全，第欲令世之治此學者，知此事爲一族文化之彰表，義當沈浸於舊聞而以鈎稽之法出之，無爲削已足而適人屨，庶足令後生之士有自尊其族姓之心，而他媚之狂或以少戢云爾。

一九三三年一月十三日，楊樹達撰於長沙清香留寓。

增訂本中國修辭學自序

二十餘年前，余草《中國修辭學》一書，在京教授數通後，棄置不顧者久矣。今年夏間，老友徐特立君返湘，從湖南大學書庫借讀此書，謬以爲有合於辯證法，亟稱其美，客座漫談，公會宣講，譽之不容口，余方詫爲不虞之譽也。頃來無事，取而審視，似亦有頗見用心者，計國中尚少佳書，此編或足爲篳路藍縷之資，未可知也，因取向日所脫漏若干事補入卷中，付中國科學院請審查焉。是書行將重印，因記其緣起於此。

一九五三年十月二十二日樹達記於嶽麓山之耐林廎。

重版更名漢文文言修辭學序言

前得科學出版社書，謂余此書最近可以重印，淺薄之作，承國人愛護，踊躍購讀，至可幸也。近日溫尋故書，有雙關例二事，不易排入，特補記之。《漢書》卷四十五《蒯通傳》記通説信曰："相君之面，不過封侯，又危而不安。相君之背，貴而不可言。"《張晏注》曰："言背者，云背畔則大貴。"此以背脊之背用同音雙關爲背畔之背也。又記通對高帝曰："且秦失其鹿，天下共逐之，高材者先得。"《張晏注》曰："以鹿喻帝位。"今按張説是矣，然喻帝位何以必用鹿字，此必有其故，而張氏未及，是知其然而未知其所以然也。余謂鹿祿同音，此以鹿雙關爲祿也。《論語・爲政篇》曰："子張學干祿。"《集解》曰："祿，祿位也。"然則秦失其鹿即秦失其祿，正謂秦失其位耳。以上文用鹿字，故下文用逐字承之也。大抵《漢書》此傳雙關語例最多，如云："臣請乞火於曹相國"，又云："東郭先生梁石君隱居不嫁"，皆語義的雙關，已録於卷中矣。此二事爲語音的雙關，卷中偶失載。且背字之爲雙關，張晏雖已明之，而鹿祿音同字異，其爲雙關，雖張晏亦未之及，前人亦更無言之者。又卷中所舉語音雙關之例，皆《樂府詩集》之例，讀者或當疑韻文有其例而散文無之，故特補記之云爾。

此書重印既有日矣，余復得科學出版社書，述及中國科學院院長郭沫若先生建議此書似可改名《漢文文言修辭學》。蓋我國包含各民族，且各有其語言，而余此書僅及漢文文言，以《中國修辭學》爲名，頗嫌名大而實小。先生建議改名，較爲名實相副，故今依其議，更名爲《漢文文言修辭學》，而記其由如此云。

公元一九五五年八月四日楊樹達記。

第二章　修辭之重要

一　修辭之益

（一）

《左傳》莊公十一年云：秋，宋大水，公使弔焉。曰："天作淫雨，害於粢盛，若之何不弔！”對曰：“孤實不敬，天降之災，又以爲君憂，拜命之辱。”臧文仲曰：“宋其興乎！禹湯罪己，其興也悖焉；桀紂罪人，其亡也忽焉。且列國有凶稱孤，禮也。言懼而名禮，其庶乎！”既而聞之曰：“公子禦説之辭也。”臧孫達曰：“是宜爲君！有恤民之心。”

（二）

又襄公二十三年云：孟氏閉門，告於季孫曰：“臧氏將爲亂，不使我葬。”季孫不信。臧孫聞之，戒。冬十月，孟氏將辟，藉除於臧氏，臧孫使正夫助之，除於東門，甲從己而視之。孟氏又告季孫，季孫怒，命攻臧氏。乙亥，臧紇斬鹿門之關以出，奔邾。臧紇致防而奔齊。其人曰：“其盟我乎？”臧孫曰：“無辭。”將盟臧氏，季孫召外史掌惡臣而問盟首焉。對曰：“盟東門氏也，曰：‘毋或如東門遂不聽公命，殺適立庶！’盟叔孫氏也，曰：‘毋或如叔孫僑如欲廢國常，蕩覆公室！’”季孫曰：“臧孫之罪皆不及此。”孟椒曰：“盍以其犯門斬關？”季孫用之。乃盟臧氏，曰：“無或如臧孫紇干國之紀，犯門斬關！”臧孫聞之，曰：“國有人焉！誰居？其孟椒乎！”

（三）

又襄公二十五年云：鄭子產獻捷于晉，戎服將事。晉人問陳之罪。對曰：“昔虞閼父爲周陶正，以服事我先王，我先王賴其利器用也，與其神明之後也，庸以元女大姬配胡公而封諸陳，以備三恪，則我周之自出，至于今是賴。桓公之亂，蔡人欲立其出，我先君莊公奉五父而立之，蔡人殺之。我又與蔡人奉戴厲公，至於莊宣皆我之自立。夏氏之亂，成公播蕩，又我之自入：君所知也。今陳忘周之大德，蔑我大惠，棄我姻親，介恃楚衆以憑陵我敝邑，不可億逞，我是以有往年之告。未獲成命，則有我東門之役，當陳隧者，井堙木刊。敝邑大懼不競而恥大姬，天誘其衷，啓敝邑之心，陳知其罪，授手于我，用敢獻功。”晉人曰：“何故侵小？”對曰：“先王之命，唯罪所在，各致其辟。且昔天子之地一圻，列國一同，自是以衰。今大國多數圻矣，若無侵小，何以至焉？”晉人曰：“何故戎服？”對曰：“我先君武莊爲平桓卿士，城濮之役，文公布命曰：‘各復舊職！’命我文公戎服輔王以授楚捷，不敢廢王命故也。”士莊伯不能詰，復於趙文子。文子曰：“其辭順，犯順，不祥。”乃受之。冬十月，子展相鄭伯如晉，拜陳之功。子西復伐陳，陳及鄭平。仲尼曰：“《志》有之：言以足志，文以足言。不言，誰知其志？言之無文，行而不遠。晉爲伯，鄭入陳，非文辭不爲功，慎辭哉！”

（四）

又襄公二十六年云：初楚伍參與蔡大師子朝友，其子伍舉與聲子相善也。伍舉娶於王子牟，王子牟爲申公而亡。楚人曰："伍舉實送之。"伍舉奔鄭，將遂奔晉。聲子將如晉，遇之於鄭郊，班荆相與食而言復故。聲子曰："子行也！吾必復子。"及宋，向戌將平晉楚，聲子通使於晉，還，如楚。令尹子木與之語，問晉故焉。且曰："晉大夫與楚孰賢？"對曰："晉卿不如楚，其大夫則賢，皆卿材也。如杞梓皮革，自楚往也。雖楚有材，晉實用之。"子木曰："夫獨無族姻乎？"對曰："雖有而用，楚材實多。歸生聞之：'善爲國者賞不僭而刑不濫。'賞僭則懼及淫人，刑濫則懼及善人。若不幸而過，寧僭無濫；與其失善，寧其利淫。無善人則國從之。《詩》曰：'人之云亡，邦國殄瘁。'無善人之謂也。故《夏書》曰：'與其殺不辜，寧失不經。'懼失善也。《商頌》有之曰：'不僭不濫，不敢怠皇，命于下國，封建厥福。'此湯所以獲天福也。古之治民者，勸賞而畏刑，恤民不倦，賞以春夏，刑以秋冬，是以將賞，爲之加膳，加膳則飫賜，此以知其勸賞也。將刑，爲之不舉，不舉則徹樂，此以知其畏刑也。夙興夜寐，朝夕臨政，此以知其恤民也。三者，禮之大節也。有禮無敗。今楚多淫刑，其大夫逃死於四方，而爲之謀主以害楚國，不可救療，所謂不能也。子儀之亂，析公奔晉，晉人賞諸戎車之殿以爲謀主。繞角之役，晉將遁矣，析公曰：'楚師輕窕，易震蕩也，若多鼓鈞聲以夜軍之，楚師必遁。'晉人從之，楚師宵潰，晉遂侵蔡，襲沈，獲其君，敗申息之師於桑隧，獲申麗而還，鄭於是不敢南面。楚失華夏，則析公之爲也。雍子之父兄譖雍子，君與大夫不善是也，雍子奔晉，晉人與之鄐以爲謀主。彭城之役，晉楚遇於靡角之谷，晉將遁矣。雍子發命於軍曰：'歸老幼，反孤疾，二人役，歸一人，簡兵蒐乘，秣馬蓐食，師陳焚次。'明日將戰，行歸者而逸楚囚，楚師宵潰，晉降彭城而歸諸宋，以魚石歸。楚失東夷，子辛死之，則雍子之爲也。子反與子靈爭夏姬而雍害其事，子靈奔晉，晉人與之邢，以爲謀主，扞禦北狄，通吳於晉，教吳叛楚，教之乘車射御驅侵，使其子狐庸爲吳行人焉。吳於是伐巢，取駕，克棘，入州來，楚罷於奔命，至今爲患，則子靈之爲也。若敖之亂，伯賁之子賁皇奔晉，晉人與之苗，以爲謀主。鄢陵之役，楚晨壓晉軍而陳，晉將遁矣，苗賁皇曰：'楚師之良，在其中軍，王族而已。若塞井夷竈，成陳以當之，欒范易行以誘之，中行二郤必克二穆，吾乃四萃於其王族，必大敗之。'晉人從之，楚師大敗，王夷師熸，子反死之，鄭叛吳興，楚失諸侯，則苗賁皇之爲也。”子木曰：“是皆然矣。”聲子曰：“今又有甚於此。椒舉娶於申公子牟，子牟得戾而亡，君大夫謂椒舉：‘女實遣之。’懼而奔鄭。引領南望曰：‘庶幾赦余！’亦弗圖也。今在晉矣，晉人將與之縣，以比叔向，彼若謀害楚國，豈不爲患！”子木懼，言諸王，益其禄爵而復之，聲子使椒鳴逆之。

樹達按：《杜注》云：《傳》言：聲子有辭，伍舉所以得反，子孫復仕於楚。

（五）

又襄公三十一年云：公薨之月，子產相鄭伯以如晉，晉侯以我喪故，未之見也。子產使盡壞其館之垣而納車馬焉。士文伯讓之，曰：“敝邑以政刑之不修，寇盜充斥，無若諸侯之屬辱在寡君者何，是以令吏人完客所館，高其閈閎，厚其牆垣，以無憂客使。今吾子壞之，雖從者能戒，其若異客何？以敝邑之爲盟主，繕完葺牆以待賓客。若皆毁之，其何以供命？寡君使匄請命。”對曰：“以敝邑褊小，介於大國，誅求無時，是以不敢寧居，悉索敝賦以來會時事。逢執事之不閒而未得見，又不獲聞命，未知見時，不敢輸幣，亦不敢暴露。其輸之，則君之府實也；非薦陳之，不敢輸也。其暴露之，則恐燥濕之不時而朽蠹，以重敝邑之罪。僑聞：文公之爲盟主也，宫室卑庳，無觀臺榭，以崇大諸侯之館，館如公寢，庫廄繕修，司空以時平易道路，圬人以時塓館宫室。諸侯賓至，甸設庭燎，僕人巡宫，車馬有所，賓從有代，巾車脂轄，隸人牧圉各瞻其事，百官之屬各展其物，公不留賓，而亦無廢事。憂樂同之，事則巡之，教其不知而恤其不足，賓至如歸，無寧菑患，不畏寇盜，而亦不患燥濕。今銅鞮之宫數里，而諸侯舍於隸人，門不容車而不可踰越，盜賊公行而夭厲不戒，賓見無時，命不可知。若又勿壞，是無所藏幣以重罪也。敢請執事將何以命之？雖君之有魯喪，亦敝邑之憂也。若獲薦幣，修垣而行，君之惠也，敢憚勤勞！”文伯復命。趙文子曰：“信。我實不德，而以隸人之垣以贏諸侯，是吾罪也。”使士文伯謝不敏焉。晉侯見鄭伯，有加禮，厚其宴好而歸之。乃築諸侯之館。叔向曰：“辭之不可以已也如是夫！子產有辭，諸侯賴之，若之何其釋辭也！《詩》曰：‘辭之輯矣，民之協矣；辭之繹矣，民之莫矣。’其知之矣。”

（六）

又昭公九年云：周甘人與晉閻嘉爭閻田，晉梁丙張趯率陰戎伐潁。王使詹桓伯辭於晉曰：“我自夏以后稷，魏駘芮岐畢，吾西土也；及武王克商，蒲姑商奄，吾東土也；巴濮楚鄧，吾南土也；肅慎燕亳，吾北土也。吾何邇封之有！文武成康之建母弟以蕃屏周，亦其廢隊是爲，豈如弁髦而因以敝之！先王居檮杌于四裔以禦螭魅，故允姓之姦居于瓜州。伯父惠公歸自秦而誘以來，使偪我諸姬，入我郊甸，則戎焉取之。戎有中國，誰之咎也？后稷封殖天下，今戎制之，不亦難乎！伯父圖之！我在伯父，猶衣服之有冠冕，木水之有本原，民人之有謀主也。伯父若裂冠毀冕，拔本塞原，專棄謀主，雖戎狄其何有余一人？”叔向謂宣子曰：“文之伯也，豈能改物！翼戴天子而加之以共，自文以來，世有衰德，而暴滅宗周以宣示其侈，諸侯之貳，不亦宜乎！且王辭直，子其圖之！”宣子說。王有姻喪，使趙成如周弔，且致閻田與禭，反潁俘。王亦使賓滑執甘大夫襄以說於晉，晉人禮而歸之。

（七）

又昭公十年云：戊子，晉平公卒，鄭伯如晉，及河，晉人辭之，游吉遂如晉。九月，叔孫婼齊國弱宋華定衛北宮喜鄭罕虎許人曹人莒人邾人滕人薛人杞人小邾人如晉，葬平公也。鄭子皮將以幣行，子產曰：“喪焉用幣！用幣，必百兩，百兩必千人，千人至，將不行，不行，必盡用之，幾千人而國不亡？”子皮固請以行。既葬，諸侯之大夫欲因見新君。叔孫昭子曰：“非禮也。”弗聽。叔向辭之曰：“大夫之事畢矣，而又命孤。孤斬焉在衰絰之中，其以嘉服見，則喪禮未畢；其以喪服見，是重受弔也。大夫將若之何？”皆無辭以見。

（八）

《説苑》卷十一《善説篇》云：子貢曰：“出言陳辭，身之得失，國之安危也。《詩》云：‘辭之繹矣，民之莫矣，’夫辭者，人之所以自通也。”主父偃曰：“人而無辭，安所用之？昔子產修其辭而趙武致其敬，王孫滿明其言而楚莊以慚，蘇秦行其説而六國以安，蒯通陳説而身得以全。夫辭者，乃所以尊君、重身、安國、全性者也。故辭不可不修，而説不可不善。”

樹達按：王孫滿答楚王問鼎輕重，事見《左傳》宣公三年。

（九）

《新序》卷三《雜事篇》云：昔者，秦魏爲與國，齊楚約而欲攻魏，魏使人求救於秦，冠蓋相望，秦救不出。魏人有唐且者，年九十餘，謂魏王曰：“老臣請西説秦，令兵先臣出，可乎？”魏王曰：“敬諾。”遂約車而遣之。且見秦王，秦王曰：“丈人罔然乃遂至此，甚苦矣！魏來求救數矣！寡人知魏之急矣。”唐且答曰：“大王已知魏之急，而救不至，是大王籌策之臣失之也。且夫魏，一萬乘之國也，稱東藩，受冠帶，祠春秋者，爲秦之强足以爲與也。今齊楚之兵已在魏郊矣，大王之救不至。魏急，則且割地而約齊楚。王雖欲救之，豈有及哉！是亡一萬乘之魏，而强二敵之齊楚也。竊以爲大王籌策之臣失之矣。”秦王懼然而悟，遽發兵救之，馳騖而往。齊楚聞之，引兵而去，魏氏復故。唐且一説，定彊秦之策，解魏國之患，散齊楚之兵，一舉而折衝消難，辭之功也。……唐且有辭，魏國賴之，故不可以已。

二　不修辭之害

甲　事不明

（一）

《漢書》卷六十八《霍光傳》云：光與左將軍桀結婚相親，光長女爲桀子安妻，有女，年與帝相配。桀因帝姊鄂邑蓋主内安女後宫，爲倢伃。數月，立爲皇后。父安爲驃騎將軍，封桑樂侯。光時休沐出，桀輒入代光決事。桀父子既尊盛，而德長公主。公主内行不修，近幸河間丁外人，桀安欲爲外人求封，幸依國家故事以列侯尚公主者，光不許。又爲外人求光禄大夫，欲令得召見，又不許。長主大以是怨光。而桀安數爲外人求官爵，弗能得，亦慚。自先帝時，桀已爲九卿，位在光右，及父子並爲將軍，有椒房中宫之重，皇后親安女，光乃其外祖，而顧專制朝事，由是與光爭權。燕王旦自以昭帝兄，常懷怨望，及御史大夫桑弘羊建造酒榷鹽鐵，爲國興利，伐其功，欲爲子弟得官，亦怨恨光。於是蓋主上官桀安及弘羊皆與燕王旦通謀，詐令人爲燕王上書，言：“光出都肄郎羽林，道上稱蹕，太官先置。又引蘇武前使匈奴，拘留二十年，不降，還乃爲典屬國；而大將軍長史敞亡功，爲搜粟都尉，又擅調益莫府校尉。光專權自恣，疑有非常。臣旦願歸符璽入宿衛，察姦臣變。”候司光出沐日奏之，桀欲從中下其事，桑弘羊當與諸大臣共執退光。書奏，帝不肯下。明旦，光聞之，止畫室中，不入。上問：“大將軍安在？”左將軍桀對曰：“以燕王告其罪，故不敢入。”有詔召大將軍。光入，免冠頓首謝。上曰：“將軍冠！朕知是書詐也！將軍亡罪。”光曰：“陛下何以知之？”上曰：“將軍之廣明都郎，屬耳。調校尉以來，未能十日，燕王何以得知之？且將軍爲非，不須校尉。”是時帝年十四，尚書左右皆驚。而上書者果亡，捕之甚急。桀等懼，白上：“小事不足遂。”

上不聽。後桀黨與有譖光者，上輒怒曰："大將軍，忠臣，先帝所屬以輔朕身，敢有毁者，坐之。"自是桀等不敢復言。

《後漢書》卷二十三《竇憲傳》云：竇氏父子兄弟並居列位，充滿朝廷。叔父霸爲城門校尉；霸弟襃，將作大匠；襃弟嘉，少府。其爲侍中將大夫郎吏十餘人。憲既負重勞，陵肆滋甚。四年，封鄧疊爲穰侯，疊與其弟步兵校尉磊及母元，又憲女婿射聲校尉郭舉，舉父長樂少府璜，皆相交結。元舉並出入禁中，舉得幸太后，遂共圖爲殺害。帝陰知其謀，乃與近幸中常侍鄭衆定議誅之。以憲在外，慮其懼禍爲亂，忍而未發。會憲及鄧疊班師還京師，詔使大鴻臚持節郊迎，賜軍吏各有差。憲等既至，帝乃幸北宫，詔執金吾五校尉勒兵屯衛南北宫，閉城門，收捕疊磊璜舉，皆下獄誅，家屬徙合浦。遣謁者僕射收憲大將軍印綬，更封爲冠軍侯，憲及篤景瓌皆遣就國。帝以太后故，不欲名誅憲，爲選嚴能相督察之。憲篤景到國，皆迫令自殺；宗族賓客以憲爲官者，皆免歸本郡，瓌以素自修，不被逼迫。明年，徙封羅侯，不得臣吏人。

樹達按：宋洪邁《容齋隨筆》卷三云：漢昭帝年十四，能察霍光之忠，知燕王上書之詐，誅桑弘羊上官桀，後世稱其明。然和帝時，竇憲兄弟專權，太后臨朝，共圖殺害。帝陰知其謀，而與内外臣僚莫由親接，獨知中常侍鄭衆不事豪黨，遂與定義誅憲。時亦年十四，其剛决不下昭帝，但《范史》發明不出，故後世無稱焉。

樹達又按：《後漢書·劉隆傳》有記漢明帝事一條，附録於此，以供參證。

《後漢書》卷二十二《劉隆傳》云：是時天下墾田多不以實，又户口年紀互有增減。十五年，詔下州郡檢覈其事，而刺史太守多不平均，或優饒豪右，侵刻羸弱，百姓嗟怨，遮道號呼。時諸郡各遣使奏事，帝見陳留吏牘上有書，視之，云："潁川弘農可問，河南南陽不可問。"帝詰吏由趣，吏不肯服，抵言於長壽街上得之，帝怒。時顯宗爲東海公，年十二，在幄後，言曰："吏受郡勑，當欲以墾田相方耳。"帝曰："即如此，何故言河南南陽不可問？"對曰："河南，帝城，多近臣；南陽，帝鄉，多近親。田宅踰制，不可爲準。"帝令虎賁將詰問吏，吏乃實首服，如顯宗對。

（二）

《漢書》卷七十四《丙吉傳》云：武帝末，巫蠱事起，吉以故廷尉監徵，詔治巫蠱郡邸獄。時宣帝生數月，以皇曾孫坐衛太子事繫，吉見而憐之，又心知太子無事實，重哀曾孫無辜，吉擇謹厚女徒令保養曾孫，置閒燥處。吉治巫蠱事連歲不決。後元二年，武帝疾，往來長楊、五柞宫。望氣者言："長安獄中有天子氣。"於是上遣使者分條中都官詔獄繫者，亡輕重，一切皆殺之。内謁者令郭穰夜到郡邸獄，吉閉門，拒使者不納，曰："皇曾孫在。他人無辜死者猶不可，況親曾孫乎！"相守至天明，不得入。穰還，以聞，因劾奏吉，武帝亦寤。曰："天使之也！"因赦天下郡邸獄繫者。曾孫病，幾不全者數焉。吉數敕保養乳母加致醫藥，視遇甚有恩惠，以私財物給其衣食。昭帝崩，亡嗣，大將軍光遣吉迎昌邑王賀。賀即位，以行淫亂廢，光與車騎將軍張安世諸大臣議所立，未定。吉奏記光，光覽其議，遂尊立皇曾孫，遣宗正劉德與吉迎曾孫於掖庭。吉爲人深厚，不伐善，自曾孫遭遇，吉絶口不道前恩，故朝廷莫能明其功也。……是時掖庭宫婢則令民夫上書自陳，嘗有阿保之功。章下掖庭令考問，則辭引使者丙吉知狀，掖庭令將則詣御史府，以視吉，吉識，謂則曰："汝嘗坐養皇曾孫不謹督笞，汝安得有功？獨渭城胡組、淮陽郭徵卿有恩耳！"分别奏組等共養勞苦狀，詔吉求組、徵卿，已死，有子孫，皆受厚賞，詔免則爲庶人，賜錢十萬，上親見問，然後知吉有舊恩而終不言，上大賢之。

《三國志·魏志》卷十一《管寧傳》注引《高士傳》云：初，晉宣帝爲布衣時，與昭有舊。同郡周生等謀害帝，昭聞而步陟險，邀生於崤澠之間，止生，生不肯。昭泣與結誠，生感其義，乃止。昭因與斫棗樹共盟而别。昭雖有陰德於帝，口終不言，人莫知之。

《晉書》卷百廿八《載記·慕容超傳》云：慕容超，字祖明，德兄北海王納之子。苻堅破鄴，以納爲廣武太守，數歲去官，家于張掖。德之南征，留金刀而去。及垂起兵山東，苻昌收納及德諸子，皆誅之，納母公孫氏以耄獲免。納妻段氏方娠未決，囚之於郡獄。獄掾呼延平，德之故吏也，嘗有死罪，德免之，至是將公孫及段氏逃於羌中而生超焉。……平又將超母子奔于吕光。及吕隆降於姚興，超又隨涼州人徙于長安。超母謂超曰："吾母子全濟，呼延氏之力。平今雖死，吾欲爲汝納其女以答厚恩。"於是娶之。

樹達按：宋孔平仲《珩璜新論》云：吾觀《魏志·管寧傳》注，記明胡昭脱晉宣帝於死而口終不言，以爲賢於丙吉也。又觀《晉·載記·慕容超傳》呼延平之活超也，與丙吉事正相類，而史氏文不足以起之，故奄奄如此，可爲長太息也。

乙　物不顯

（一）

《南史》卷四十三《齊高帝諸子傳》云：廣漢什邡人段祖以錞于獻始興王鑑，其器高三尺六寸六分，圍三尺四寸，圓如筩，銅色黑如漆，甚薄，上有銅馬。以繩縣馬，令去地尺餘，灌之以水，又以器盛水於下，以芒莖當心，跪注錞于，以手振芒，則聲如雷，清響良久乃絕。

樹達按：宋洪邁《容齋續筆》卷十一云：《東坡志林》記始興王鑑一節云："記者能道其尺寸之詳如此，而拙於遣詞，使古器形制不可復得其髣髴，甚可恨也。"樹達按：今涵芬樓印《東坡志林》無此條。

丙　犯人忌

（一）

宋張耒《明道雜誌》云：文潞公（彥博）以太尉鎮洛，遇生日，僚吏皆獻詩，多云五福全者，潞公不悦，曰："遽使我考終命耶？"

樹達按：五福見《尚書·洪範篇》，考終命爲五福之一，謂善終也。時代愈後，忌諱愈多，古人以爲福者，後人不免以爲忌，此可知修辭之不易矣。

第四章　變化

古人綴文，最忌複沓。劉勰之論練字也，戒同字相犯，是其事也。欲逃斯病，恒務變文。《左氏傳》於同一篇中稱舉同一人者，名字號謚，錯雜不恒，幾於令人迷惑，斯爲極變化之能事者矣。

一　能動的變化

甲　名詞

子　私名

天　人名

（一）

《左傳》僖公元年云：冬，莒人來求賂，公子友敗諸酈，獲莒子之弟挐。非卿也，嘉獲之也。公賜季友汶陽之田及費。

樹達按：季友即公子友也。

（二）

又僖公十年云：丕鄭之如秦也，言於秦伯曰："吕甥郤稱冀芮實爲不從。若重問以召之，臣出晉君，君納重耳，蔑不濟矣。"冬，秦伯使泠至報問，且召三子。郤芮曰："幣重而言甘，誘我也。"

樹達按：郤芮即上文之冀芮也。

（三）

又僖公十五年云：晉侯使郤乞告瑕吕飴甥，且召之。子金教之言曰："朝國人，而以君命賞。"且告之曰："孤雖歸，辱社稷矣。其卜貳圉也！"衆皆哭。晉於是乎作爰田。吕甥曰："君亡之不恤而羣臣是憂，惠之至也。將若君何？"

樹達按：子金即瑕吕飴甥，其字也。又稱吕甥。

（四）

又僖公十七年云：齊侯之夫人三，王姬徐嬴蔡姬皆無子。齊侯好内，多内寵，内嬖如夫人者六人：長衛姬生武孟，少衛姬生惠公，鄭姬生孝公，葛嬴生昭公，密姬生懿公，宋華子生公子雍。公與管仲屬孝公於宋襄公，以爲太子。雍巫有寵於衛共姬，因寺人貂以薦羞於公，亦有寵，公許之立武孟。管仲卒，五公子皆求立。冬十月乙亥，齊桓公卒。易牙入，與寺人貂因内寵以殺羣吏，而立公子無虧，孝公奔宋。

樹達按：衛共姬即長衛姬，公子無虧即武孟，易牙即雍巫，皆一人二稱。

二　被動的變化

己　諧音

子　協韻

（一）

《易·同人·爻辭》云：九五，同人先號咷而後笑，大師克相遇。《象傳》曰：同人之先，以中直也，大師相遇，言相克也。王引之《經義述聞》卷二云：同人之先，謂同人之先號咷而後笑也。直者，正也。《説文》："直，正見也。"《文言》曰："直其正也。"《曲禮》："直而勿有。"《郊特牲》："直祭祝於主。"《鄭注》並曰："直，正也。"以中直也者，以中正也。《訟·象傳》曰："訟元吉，以中正也。"《豫·象傳》曰："不終日貞吉，以中正也。"《艮·象傳》曰："艮其輔，以中正也。"是也。

同人九五位居中正，故曰中直。變正言直，以與克爲韻耳，其實一也。

（二）

《詩·鄘風·柏舟篇》云：母也天只，不諒人只。

樹達按：《毛傳》云：天謂父也。俞樾《古書疑義舉例》卷一云：母則直曰母，而父則稱之爲天，此變文協韻之例也。

（三）

《詩·小雅·蓼蕭篇》云：蓼彼蕭斯，零露瀼瀼，既見君子，爲龍爲光，其德不爽，壽考不忘。

樹達按：俞樾《古書疑義舉例》卷一云：《周易·説卦傳》："離爲日"，而虞注於《未濟》六五及《夬·彖傳》並云"離爲光"，於《需·彖辭》則曰"離日爲光"，是日與光義得相通。此言遠國之君朝見於天子，故曰"既見君子，爲龍爲光"，並以天子言。不言爲龍爲日，而曰爲龍爲光，亦變文以協韻耳。傳訓龍爲寵，則已不得其義矣。

（四）

《詩·大雅·公劉篇》云：京師之野，于時處處，于時廬旅，于時言言，于時語語。

樹達按：廬旅與處處義同，語語與言言義同，詩人自有複語耳。以上下文處處言言語語文例推之，正當言廬廬，而言廬旅者，以廬是平音，故改用上聲"旅"字，以與"野""處""語"協韻耳。音韻學家有疑古無上聲者，觀此詩知古人確有平上之分矣。

（五）

《左傳》哀公九年云：宋公伐鄭。晉趙鞅卜救鄭，遇水適火，占諸史趙史墨史龜。史龜曰："是謂沈陽，可以興兵，利以伐姜，不利子商。伐齊則可，敵宋不吉。"

樹達按：《日知録集釋》卷二引閻若璩云：不曰伐齊與宋而變文言姜言商者，取與上文陽兵協韻也。下文言伐齊則可，敵宋不吉，不用協韻，便直稱齊宋本號，則可見矣。

丑　調聲

（一）

《晉書》卷九十二《趙至傳》至《與嵇茂齊書》云：昔李叟入秦，及關而歎；梁生適越，登嶽長謠。

樹達按：《日知録》卷二十一云：梁鴻本適吴，而以爲越者，吴爲越所滅也。今按：顧説是也。此因吴爲平音，不諧，故改之耳。

（二）

李白《行路難》詩云：華亭鶴唳詎可聞，上蔡蒼鷹安足道。

樹達按：《史記·李斯傳》記：斯受刑時，顧謂其中子曰："此時欲出上蔡東門牽黄犬，豈可得哉！"此改黄犬爲蒼鷹，蓋亦以諧音耳。顧氏《日知録》云：此及杜詩之金盌病與謝詩同。

（三）

王維《老將行》云：今日垂楊生左肘。

樹達按：《莊子·至樂篇》云："俄而柳生其左肘。"變柳爲楊，以叶音也。

（四）

《五代史》卷二十八《李襲吉傳》載襲吉《爲晉王爲書論梁》云：毒手尊拳，交相於暮夜；金戈鐵馬，蹂踐於明時。

樹達按：此用石勒語。《晉書·載記·石勒傳》記勒語云："往日厭卿老拳，卿亦飽孤毒手。"此改老拳爲尊拳，亦調平仄耳。

第七章　參互

一　互備

（一）

《易·説卦》云：雷以動之，風以散之，雨以潤之，日以烜之。艮以止之，兑以説之，乾以君之，坤以藏之。

樹達按：顧炎武《日知録》卷一云：上四舉象，下四舉卦，各以其切於用者言之也。樹達按：此參互言之以相備耳，顧説非是。

（二）

又云：神也者，妙萬物而爲言者也。動萬物者莫疾乎雷，撓萬物者莫疾乎風，燥萬物者莫熯乎火，説萬物者莫説乎澤，潤萬物者莫潤乎水，終萬物始萬物者莫盛乎艮。故水火相逮，雷風不相悖，山澤通氣，然後能變化既成萬物也。

樹達按：崔憬云：艮不言山，獨舉卦名者，以動撓燥潤功是風雷水火；至於終始萬物於山，義則不然，故舍象而言卦，各取便而論也。樹達按：此亦崔强説，實則互文耳。

（三）

《易·雜卦傳》云：晉，晝也；明夷，誅也。

樹達按：俞樾《古書疑義舉例》卷一云：《雜卦傳》："乾剛坤柔，

比樂師憂”，皆兩兩相對。他卦雖未必然，而語意必相稱。獨“晉，晝也；明夷，誅也”，其義不倫。愚謂此參互以見義也。知晉之爲晝，則明夷之爲晦可知矣。“明入地中”（《明夷彖傳》），非晦而何？知明夷之爲誅，則晉之爲賞可知矣。“康侯用錫馬蕃庶”（《晉卦彖辭》），非賞而何？自來言易者未見及此。樹達按：俞氏此説精碻。

（四）

《左傳》成公二年云：公會晉師於上鄍，賜三帥先路三命之服，司馬，司空，輿帥，候正，亞旅皆受一命之服。

樹達按：孔穎達《正義》云。於卿言賜，於大夫言受，互相足也。

（五）

《禮記》八《文王世子篇》云：諸父守貴宮貴室，諸子諸孫守下宮下室。又云：諸父諸兄守貴室，子弟守下室而讓道達矣。

樹達按：鄭《注》云：上言父子孫；此言兄弟，互相備也。

（六）

《左傳》襄公四年云：穆叔如晉，晉侯享之，金奏《肆夏》之三，不拜；工歌《文王》之三，又不拜；歌《鹿鳴》之三，三拜。

樹達按：《正義》云：奏謂作樂也，作樂先擊鐘，鐘是金也，故稱金奏。晉人作樂，先歌《肆夏》，《肆夏》是作樂之初，故於《肆夏》先言金奏也。次工歌《文王》，樂已先作，非復以金爲始，故言工歌也。其實金奏《肆夏》，亦是工人歌之；工歌《文王》，擊金仍亦不息：互見以從省耳。

（七）

《禮記》十三《玉藻篇》云：天子……皮弁以日視朝，遂以食，日中而餕。諸侯……朝服以食，特牲三俎祭肺，夕深衣祭牢肉。

樹達按：鄭《注》云：天子言日中，諸侯言夕；天子言餕，諸侯言祭牢肉，互相挾。樹達按：天子諸侯皆日三食。天子雖止言日中，亦有夕食；諸侯雖第言夕，日中亦有食。天子言餕，知諸侯亦餕；諸侯言祭牢肉，知天子亦祭牢肉，故云互相挾也。

（八）

《左傳》隱公元年云：公入而賦：“大隧之中，其樂也融融。”姜出而賦：“大隧之外，其樂也洩洩。”

樹達按：《孔疏》引服虔云：入言公，出言姜，明俱出入，互相見。

（九）

《左傳》昭公六年云：夏，季孫宿如晉，拜莒田也。晉侯享之，有加籩。武子退，使行人告曰：“小國之事大國也，苟免於討，不敢求貺。

得貺不過三獻，今豆有加，下臣弗堪，無乃戾也？”

樹達按：《孔疏》云：上言加籩，此言豆者，籩豆並加，互舉其一也。

二 舉隅

（一）

《易·説卦》云：帝出乎震，齊乎巽，相見乎離，致役乎坤，説言乎兑，戰乎乾，勞乎坎，成言乎艮。萬物出乎震；震，東方也。齊乎巽；巽，東南也。齊也者，言萬物之絜齊也。離也者，明也，萬物皆相見，南方之卦也；聖人南面而聽天下，嚮明而治，蓋取諸此也。坤也者，地也，萬物皆致養焉，故曰致役乎坤。兑，正秋也，萬物之所説也，故曰説言乎兑。戰乎乾；乾，西北之卦也，言陰陽相薄也。坎也者，水也，正北方之卦也；勞卦也，萬物之所歸也，故曰勞乎坎。艮，東北之卦也，萬物之所成終而成始也，故曰成言乎艮。

樹達按：顧炎武《日知録》卷一云：坤不言西南之卦，兑不言西方之卦，舉六方之卦而見之也。虞仲翔以爲坤道廣布，不主一方，及兑象不見西者，妄也。

（二）

《詩·魯頌·閟宫》云：春秋匪解，享祀不忒。

樹達按：《鄭箋》云：春秋猶言四時也。孔穎達《正義》云：作者錯舉春秋以明冬夏，故云：春秋猶言四時也。又《左傳正義》卷一《春秋序疏》云：春先於夏，秋先於冬，舉先可以及後，言春足以兼夏，言秋足以見冬，故舉二字以包四時也。

（三）

《禮記》五《王制篇》云：大國之卿不過三命；下卿再命；小國之卿與下大夫一命。

樹達按：《鄭注》云：不著次國之卿者，以大國之下互明之。《孔疏》云：以大國之卿不過三命，則知次國之卿不過再命；大國下卿再命，則知次國下卿一命；故云互明之。

（四）

《禮記》二十二《喪大記篇》云：復者朝服；君以卷，夫人以屈狄。

樹達按：《鄭注》云：君以卷，謂上公也；夫人以屈狄，互言耳。上公以衮，則夫人用禕衣；而侯伯以鷩，其夫人用揄狄；子男以毳，其夫人乃用屈狄矣。《孔疏》云：男子舉上公，婦人舉子男之妻。男子舉上以見下，婦人舉下以見上，是互言也。

（五）

《左傳》昭公四年云：左師獻公合諸侯之禮六，子產獻伯子男會公之禮六。

樹達按：俞樾《古書疑義舉例》卷二云：其曰公者，蓋兼侯而言。公合諸侯，謂公侯合伯子男也；伯子男會公，謂伯子男會公侯也。

三　舉隅反例

（一）

《後漢書》卷十四《馬援傳》云：馬援字文淵，扶風茂陵人也。

又卷五十《馬融傳》云：馬融字季長，扶風茂陵人也，將作大匠嚴之子。

樹達按：章學誠《乙卯劄記》云：馬融爲馬援兄余之孫，兄子嚴之子。《後漢書》列《馬援傳》十四，《馬融傳》五十，融籍里已詳《援傳》，則《融傳》但著嚴子可也。范氏復敘扶風茂陵，不相顧也。

第八章　雙關

一　義的雙關

（一）

《國策》卷四《秦策》云：楚絶齊，齊舉兵伐楚。陳軫謂楚王曰：“王不如以地東解於齊，西講於秦。”楚王使陳軫之秦。秦王謂軫曰：“子，秦人也，寡人與子故也。寡人不佞，不能親國事也，故子棄寡人事楚王。今齊楚相伐，或謂救之便，或謂救之不便。子獨不可以忠爲子主計，以其餘爲寡人乎？”陳軫曰：“王獨不聞吳人之遊楚者乎？楚王甚愛之。病，故使人問之曰：‘誠病乎？意亦思乎？’左右曰：‘臣不知其思與不思，誠思則將吳吟。’今軫將爲王吳吟。”

樹達按：吳吟言軫爲秦人，當爲秦謀也。

（二）

又云：昔者曾子處費，費人有與曾子同名族者而殺人。人告曾子母曰：“曾參殺人。”曾子之母曰：“吾子不殺人！”織自若。有頃焉，人又曰：“曾參殺人。”其母尚織自若也。頃之，一人又告之曰：“曾參殺人。”其母懼，投杼踰牆而走。夫以曾參之賢與母之信也，而三人疑之，則慈母不能信也。今臣之賢不及曾子，而王之信臣，又未若曾子之母也，疑臣者不適三人，臣恐王爲臣之投杼也。

（三）

又云甘茂亡秦，且之齊。出關，遇蘇子。曰："君聞夫江上之處女乎？"蘇子曰："不聞。"曰："夫江上之處女有家貧而無燭者，處女相與語，欲去之。家貧無燭者將去矣，謂處女曰：'妾以無燭故，常先至，掃室布席，何愛餘明之照四壁者，幸以賜妾，何妨於處女？妾自以有益於處女，何爲去我？'處女相語，以爲然，而留之。今臣不肖，棄逐於秦而出關。願爲足下掃室布席，幸無我逐也！"蘇子曰："善，請重公於齊。"

（四）

又卷十《齊策》三云：齊欲伐魏，淳子髡謂齊王曰："韓子盧者，天下之疾犬也；東郭逡者，海内之狡兔也。韓子盧逐東郭逡，環山者三，騰山者五，兔極於前，犬廢於後，犬兔俱罷，各死其處。田父見之，無勞勧之苦而擅其功。今齊魏久相持以頓其兵，弊其衆，臣恐强秦大楚承其後，有田父之功。"齊王懼，謝將休士也。

（五）

又卷三十《燕策》云：蘇代爲燕説齊，未見齊王，先説淳于髡曰："人有賣駿馬者，比三旦立市，人莫之知。往見伯樂曰：'臣有駿馬，欲賣之。比三旦立於市，人莫與言。願子還而視之，去而顧之！臣請獻一朝之賈。'伯樂乃還而視之，去而顧之，一旦而馬價十倍。今臣欲以駿馬見於王，莫爲臣先後者，足下有意爲臣伯樂乎？臣請獻白璧一雙黄金千鎰以爲馬食。"淳于髡曰："謹聞命矣。"人言之王而見之，齊王大説蘇子。

（六）

《莊子》二十《山木篇》云：市南宜僚見魯侯，魯侯有憂色。市南子曰："君有憂色，何也？"魯侯曰："吾學先王之道，修先君之業，吾敬鬼尊賢，親而行之，無須臾離，居然不免於患，吾是以憂。"市南子曰："君之除患之術淺矣！夫豐狐文豹，棲於山林，伏於巖穴，靜也；夜行晝居，戒也。雖飢渴隱約，猶且胥疏於江湖之上而求食焉，定也。然且不免於罔羅機辟之患。是何罪之有哉？其皮爲之災也。今魯國獨非君之皮邪？吾願君刳形去皮，洒心去欲，而遊於無人之野。"

二　音的雙關

（一）

宋郭茂倩《樂府詩集》卷四十六《懊儂歌》云：我有一所歡，安在深閤裏。桐樹不結花，何由得梧子。

樹達按：梧子雙關吾子。

（二）

又《華山畿》云：別後常相思，頓書千丈闕，題碑無罷時。

又《讀曲歌》云：打壞木棲床，誰能坐相思？三更書石闕，憶子夜題碑。

樹達按：題碑謂啼悲也。《讀曲歌》崇文局刻本作啼碑，義不可通，誤。今正作題，始與書石闕相應。

（三）

又《讀曲歌》云：千葉紅芙蓉，照灼綠水邊，餘花任郎摘，慎莫罷儂蓮。

又云：罷去四五年，相見論故情，殺荷不斷藕，蓮心已復生。

樹達按：蓮雙關憐。

（四）

又云：奈何不可言，朝看莫牛跡，知是宿蹄痕。

樹達按：蹄雙關啼，謂哭也。

（五）

又云：奈何許？石闕生口中，銜碑不得語。

樹達按：銜碑謂銜悲也。

（六）

又云：非歡獨慊慊，儂意亦驅驅，雙燈俱時盡，奈許兩無油。

又云：下帷掩燈燭，明月照帳中，無油何所苦，但使天明儂。

又云：十期九不果，常抱懷恨生，然燈不下炷，有油那得明。

樹達按：油謂由也。

（七）

又云：執手與歡別，合會在何時？明燈照空局，悠然未有棋。

又云：坐倚無精魂，使我生百慮，方局十七道，棋會是何處？

樹達按：期棋雙關。

（八）

又云：執手與歡別，欲去情不忍，餘光照已藩，坐見籬日盡。

樹達按：籬謂離。

第十七章 顛倒

一 詞的顛倒

甲 趁韻

子 句末韻

（一）

《詩·唐風·鴇羽篇》云：肅肅鴇羽，集於苞栩，王事靡盬，不能蓺稷黍。

樹達按：恆言黍稷，此倒云稷黍，以與上文羽栩爲韻。

（二）

又《豳風·東山篇》云：我東曰歸，我心西悲。製彼裳衣，勿士行枚。

樹達按：衣裳倒云裳衣，以與上文歸悲下文枚爲韻。

（三）

又《小雅·常棣篇》云：妻子好合，如鼓瑟琴，兄弟既翕，和樂且湛。

樹達按：通言琴瑟，此倒言瑟琴，以與下文湛字爲韻。

（四）

又《小雅·頍弁篇》云：有頍者弁，實維在首，爾酒既旨，爾殽既阜，豈伊異人，兄弟甥舅。

（五）

又《大雅·思齊篇》云：惠于宗公，神罔時怨，神罔時恫，刑于寡妻，至于兄弟，以御于家邦。

（六）

又《大雅·靈臺篇》云：於論鼓鐘，於樂辟廱。

（七）

又《大雅·生民篇》云：實穎實栗，即有邰家室。

（八）

又《大雅·既醉篇》云：其僕維何？釐爾女士；釐爾女士，從以孫子。

（九）

《齊叔夷鐘》云：夷用作鑄其寶鐘，用亯于其皇祖、皇妣、皇母、皇考，用祈眉壽，靈命難老。

樹達按：以皇祖皇妣例之，文當云皇考皇母，而云皇母皇考者，取考字與下二句壽老爲韻也。

（十）

賈誼《鵩鳥賦》云：怵迫之徒兮，或趨西東，大人不曲兮，意變齊同。

（十一）

《淮南子·原道篇》云：無所左而無所右，蟠委錯紾，與萬物終始。

（十二）

漢《溧陽長潘乾校官碑》云：翼翼聖慈，惠我黎蒸，貽我潘君，平茲溧陽。

樹達按：吴玉搢《金石存》卷九云：此倒用蒸黎字以押韻。樹達按：蒸陽古韵不叶，漢人用韻粗也。

丑　句中韻

（一）

《詩·王風·君子于役篇》云：君子于役，不日不月，曷其有佸！雞棲于桀，日之夕矣，羊牛下括。君子于役，苟無飢渴！

樹達按：子其之牛四字，古韻皆在咍部。

乙　非趁韻

（一）

《詩·邶風·雄雉篇》云：雄雉于飛，下上其音，展矣君子，實勞我心。

（二）

又《齊風·南山篇》云：蓺麻如之何？衡從其畝；取妻如之何？必告父母。

（三）

《易林·訟之困》云：菡萏未華。

樹達按：《説文》一篇下《艸部》云："扶渠華未發爲菡藺。"此倒言之。

二　句的顛倒

甲　主語與述語

（一）

《禮記》一《檀弓篇》云：伯魚之母死，期而猶哭。夫子聞之，曰："誰歟，哭者？"

（二）

《孟子》七《盡心下篇》云：盆成括仕於齊。孟子曰：“死矣，盆成括！”

（三）

《吕氏春秋》十八《重言篇》云：少頃，東郭牙至。管子曰：“子耶，言伐莒者？”

（四）

《淮南子·齊俗篇》云：韓子聞之，曰：“羣臣失禮而弗誅，是縱過也。有以也夫，平公之不霸也！”

（五）

《史記》卷八十三《魯仲連傳》云：亦太甚矣！先生之言也。

（六）

《漢書》卷七十二《王吉傳》云：是非古之風也，發發者；是非古之車也，揭揭者。

乙 因句與果句

（一）

《禮記》一《檀弓篇》云：蓋殯也，問於聊曼父之母。

（二）

《管子·戒篇》云：中婦諸子謂宫人：盍不出從乎？君將有行。

丙 雜例

（一）

《左傳》閔公元年云：士蔿曰：“太子不得立矣。分之都城而位以卿，先爲之極，又焉得立？不如逃之，無使罪至，爲吴太伯，不亦可乎！猶有令名，與其及也。”

春秋大義述

自序

余自民國八年北遊，居舊京將二十年，教士於清華大學者十載。二十六年夏，以親病乞假南歸，歸二月而倭夷憑恃武力，挑釁盧溝。先是倭夷强據我東三省及熱河，國人已中心憤怒，羣思起與相抗。至是益憤寇難之逼，不能復忍。秉政因國人之怒，起率南北健兒以與夷虜周旋，伸其撻伐。蓋自始戰迄今，歷時三十餘月矣。自去歲我師大捷於鄂北，繼之以湘北粵北之役，連戰連勝，殲除醜虜，無慮二十萬人。比者桂南之役，彼又以覆師見告矣。蓋夷虜不知禮義，忘吾先民卵翼教誨之恩，尋干戈於上國。重以綱紀廢墜，民生凋瘵，無以自存，暴徒專政，乃欲求逞於我以威其民。以故作戰三年，民怨沸騰，士氣沮喪。彼卒之俘於我者，乃至回首易面，頌我中華之盛德，詛彼暴閥之速亡。天聽自民，古有明訓。土崩瓦解，期在旦夕。而我則教訓明於上，敵愾深於下。人懷怒心，如報私讎。視死若歸，前仆後繼。蓋侵暴之衆，不足以抗哀兵；無名之師，不足以敵義戰。固天道必至之符，人事自然之理也。余時既移席於湖南大學，每念二十年都講之所，東南財賦之區，淪爲羊豕窟宅，不可卒拔。又自念荏染書生，迫於衰暮，不能執戈衛國，深用震悼於厥心。一日獨居深念，忽悟先聖之述《春秋》，以復讎、攘夷爲大義，爰取往業，再三紬復，粗有所明。二十八年秋，乃以是經設教，意欲令諸生嚴夷夏之防，切復讎之志，明義利之辨，知治己之方。又以是經大義散在諸篇，學者始習，艱於通貫。乃取諸大義之比近者，類聚而羣分之。立文爲綱，而以經傳附著其下。欲令學者力省時約，易於通解。每習一章，即明一義。《春秋》之學，本分今古文二家。《左氏》古文，詳事略義。今文重大義，亦有《公羊》、《穀梁》二家之傳。雖時有乖異，而大體從同。今以《公羊傳》義爲主，而以《穀梁》義副之。西漢儒生董仲舒、桓寬皆通《公羊》，而《春秋繁露》、《鹽鐵論》多稱《穀梁》説。蓋兩傳義近，故得相通。余先民是程，非敢妄作也。其一傳闗涉數義者，各見於當篇。漢人言事涉及經義者，頗附著之。自知學識闇陋，不足明先聖之志於萬一。顧念經術之就衰，痛島夷之猾夏，寧敢以固陋自廢，而不誦其所聞！於是紹述大義，凡得二十九篇。當世賢人君子儻能嘉其用心，匡所不逮。使聖學明而民志定，正義立而夷禍平。將國族實嘉賴之，寧獨余一人之私幸也！

民國二十九年二月二十五日長沙楊樹達遇夫書於辰谿下馬溪寓齋。

凡例

一、《孟子》曰："晉之《乘》，楚之《檮杌》，魯之《春秋》，一也。其事則齊桓晉文，其文則史。孔子曰：其義則丘竊取之矣。"是《春秋》之所重在義，聖人固早已明示後人。此書編述一以大義爲主，考證之説概不録入，遵聖意也。

二、據《漢書·藝文志》，《春秋》本有五家之傳。鄒氏無師，夾氏無書，二家之學遂絶。今存者惟左氏、公羊、穀梁三家。左氏詳於事，公羊、穀梁詳於義。二家之中，公羊立義尤精。故本編述義，以《公羊傳》爲主，以《穀梁傳》輔之。董生《繁露》、桓寬《鹽鐵》兼涉兩傳，先有典型。玆特遵循，非余妄作。其左氏言義與二傳合者，亦附著之。

三、《公》《穀》二傳義同者十居七八，亦間有彼此乖違者。今於其義同者盡録之，其有兩義不同，可以並存不廢者，仍分别録之。如紀侯大去其國，《公羊》大齊襄公之復讎，《穀梁》賢紀侯之得衆。本書録《公羊傳》於《榮復讎篇》，録《穀梁傳》於《貴得衆篇》，並爲説明，以袪疑惑。

四、《春秋》經傳，文約而義博。一傳之中，往往包含數義。如吳子使札來聘，《傳》賢季札讓國，則貴讓也。又美其不殺闔廬，則賢其親親也。又因季札之賢而謂吳宜有君，則褒進夷狄也。又謂札稱名，爲許夷狄不壹而足，則又外夷狄也。故本書於此《傳》，既録入《貴讓》，又録入《親親》，而《攘夷篇》且再見之。以其義博，不可但録一義，致成疎漏。文詞複見，義各有歸。達者會心，諒知其旨。

五、《春秋》始隱訖哀，凡二百四十二年。一經大義散在傳中諸篇。學者非徧讀全書，再三孰復，不易得其條貫。此書意既主述大義，故將各傳之屬於某一義者類聚之，即取其大義爲篇名，挈各傳文中要旨立文爲綱，而以經傳附列於其下。意欲期讀者，每讀一篇，得明一義，聊收節省日力之效云爾。

六、漢代大儒，首推董子。《春秋繁露》一書，今雖殘缺不完，而義據精深，得未曾有。本書於董書説明經義者録之特詳，以其爲《春秋》先師之緒論也。此外如《荀子》陸賈《新語》《韓詩外傳》《鹽鐵論》《新序》《説苑》《列女傳》《白虎通》《法言》及其他漢儒著述，亦加采録。而前、後兩《漢書》君臣論事稱引本經大義者，尤備載不遺。蓋漢代尤重《春秋》之學，董仲舒以之折獄，書傳《漢志》；雋不疑以之處事，名重漢廷。知通經本所以致用，經義大可以治事。世人目經術爲迂疏無用者，固大謬也。

七、倭奴狂狡，陵我中華，五十年於此矣。著者年方十歲，即有中倭甲午之戰。於時親覩父兄憤慨之誠，即切同仇之志。年既冠，出遊倭京，益知倭奴之凶狡。晚遭大難，自恨書生，不能執戈衛國，乃編述聖文，詔示後進。故本編以《復讎》《攘夷》二篇爲首，惡倭寇，明素志也。

八、《荀子》曰："人苟利之爲見，若者必害；苟生之爲見，若者必死。"蓋人有必死之志，然後可以得生。華倭國力，本不相當。而三年以來，我方將士前仆後繼，視死如歸，馴致愈戰愈强，而倭寇乃陷入深淵，不能自拔。環顧歐陸，最强大之國不一二月遽即淪亡。以彼例此，我國潛力强盛，頓使世界震驚。此固由國人涵濡聖教，人有忠義之心，故爾士心激厲也。本編次述《貴死義》《念國殤》，厲將士也。

九、人臣之罪，莫大於叛國。宋魚石、齊慶封以中原之人，受夷狄之封，憑藉異族之勢，以脅父母之邦，固天地所不容，神人所共憤也。故楚靈雖不道，其討慶封也，《春秋》予之伯討。而董子亦著封罪之宜死，誠深惡而痛絶之也。倭寇鴟張，不謂今日炎黄之胄，尚有爲魚石、慶封之續，藉外援以叛國者，真人類之梟獍也。故次述《誅叛盜》，明衆怒，張天討也。

十、國於天地，必有與立。與立者何？道德是已。次述《貴仁義》《貴正己》《貴誠信》《貴讓》《貴豫》《貴變改》《譏慢》諸篇，皆修身養德之事也。蓋根本不立，萬事皆隳，雖有智能，適增罪惡爾。

十一、士必以良友自輔，國必求與國自助，故折衝樽俎者尚矣。次述《貴有辭》，明外交之重要也。

十二、孔子曰："可與共學，未可與適道。可與適道，未可與立。

可與立，未可與權。”權者，儒家之最上義也。聖人秉權以應物，要非折衷至當，未易輕言。《公羊》於祭仲之事，丁寧誥誡，謂不害人以行權。殺人自生，亡人自存，君子不爲。又謂權之所設，舍死亡無所設。蓋早慮權之易滋流弊也。次述《明權篇》，既明權爲勝義，亦示用權之當慎爾。

十三、涓涓不絶，將成江河；萌蘖不剪，將尋斧柯。履霜而知冰至，熛火可毀雲臺。次述《謹始篇》，明始之不可不慎也。

十四、修身齊家治國平天下，其端在於誠意。未有意不誠而能成事者也。《春秋》折獄，端視乎意。志邪者不必其惡成，首惡者論其罪特重，此也。次述《重意》，明正心誠意爲入德之始事也。

十五、古之設君，所以爲民也。無民則君不用。次序《重民》，明古今哲人無異訓也。

十六、吾國族以和平著於世界。戰爭慘酷，聖人惡之。以其違天地好生之德也。然兵可百年不用，不可一日無備。故次述《惡戰伐》、《重守備》二篇。

十七、水所以載舟，亦所以覆舟。天視自我民視，天聽自我民聽。言國家貴得衆也。故次述《貴得衆篇》。

十八、封建之世，上有天子，下有諸侯大夫，等級較然，不可或紊。或謂今日治爲民主，《春秋》尊尊之義不適於今日者，此謬説也。抑知政體雖殊，治道無改。今之中樞，猶古之天子也；各省政府猶古之諸侯也；縣政府猶古之大夫也。其異者，世爵與否耳。《春秋》譏世卿，今制固勝於古，而其道則未變也。試使省政府不受制於中樞，縣府不受成於省府，國事尚可爲乎！昧者泥於跡象之異，達者知其事理之同。此古人所以貴好學深思心知其意也。此本書述《尊尊》《大受命》二篇之微意也。

十九、我國臺諫一官，爲最良之制度。古來君主政制之弊，賴此少減；民生之困，賴此少紓。故次述《録正諫》。

二十、治國始於齊家，親親之義尚矣。歷觀《春秋》所記，家與國較，則輕家而重國；天倫與大義較，則伸大義而詘天倫。曼姑許其圍戚，魯莊不與念母，季子善乎誅兄，齊桓善乎誅女弟，其明證也。故次述《親親》。

二十一、婚姻之道，昔苦其拘，今患其縱。拘者非也，縱者亦非也。法蘭西民志存逸樂，妊婦習於殺胎，丁口因之不殖，又男女無別，舉國荒淫，猝遭强敵，有同齏粉。殷鑒不遠，可爲悚惕。此《重妃匹》《尚别》二篇之所爲述也。

二十二、古人世爵，聖人欲杜覬覦，故傳國貴居正。此自爲當時設制云爾。今斯制不存，其防微杜漸之心固可師也。次述《正繼嗣》。

二十三、《春秋》爲尊者諱，爲賢者諱，爲親者諱。或疑《春秋》以褒貶明義，何以有諱辭以掩人之惡，此誤説也。夫諱有二端：恥自外至者，尊者賢者親者之所不欲受，故爲之諱，以滅其恥。此聖人忠厚之意，所以尊尊賢賢親親也。惡自己出者，聖人欲直貶尊者賢者親者而有所不能，欲竟隱其事而又有所不得，故宛辭微文以見之，此亦聖人忠厚之意也。諱也，所以見惡也。後之人觀於聖人之辭，而事之美惡可知矣。掩惡云乎哉！

二十四、孔子，魯人，假魯史修《春秋》以明王制，故於魯事獨詳。此猶今之某一國人述世界史，於其本國較詳爾。此《録内篇》之旨也。

二十五、孔子之學，大窮天地，小極名物。讀《言序》一篇，聖人用心之周，設辭之慎，可以見矣。次述《言序》一篇，以終吾業。

二十六、勝清光緒丁酉，余年十三，學於時務學堂，從新會梁先生受《公羊春秋》，爲余生平治今文《春秋》之始。年在童稚，大義粗明，嗣是以來，服膺未釋。吾鄉當道咸之際，邵陽魏先生默深學通羣籍，廣涉九流。先朝故實，海國珍聞，靡不綜貫。雅懷治國之志，遂著經世之書，尤篤嗜《春秋》一經，嘗欲爲《董氏春秋發微》一書而未就，學者者憾焉。業師平江蘇厚庵先生奉手大師，斐然有作，值清末葉，專業《春秋》，尤精董義。疏證《繁露》，發明大義。溝通漢宋，精闢無倫。亦嘗欲爲《公羊董義述》一書，病肺奄逝，大業未成。元二之間，先生歸隱長沙，余時侍坐隅，獲聞緒論。日月不淹，忽焉卅載。晚丁喪亂，重理舊文。眷念前徽，心懷慚懼。紹述先哲，有志未能。粗誦昔聞，敬俟來學。

卷一

榮復讎第一

《春秋》榮復讎。

《春秋繁露·竹林篇》曰：“《春秋》之書戰伐也，有惡有善也。惡詐擊而善偏戰，〔註一〕恥伐喪而榮復讎。〔註二〕”

復國讎者賢之。

莊四年：“紀侯大去其國。”《公羊傳》曰：“大去者，何？滅也。孰滅之？

齊滅之。曷爲不言齊滅之？爲襄公諱也。《春秋》爲賢者諱。何賢乎襄公？復讎也。何讎爾？遠祖也。哀公亨乎周，〔註三〕紀侯譖之。以襄公之爲於此焉者，事祖禰之心盡矣。盡者何？襄公將復讎乎紀，卜之，曰：'師喪分焉。'〔註四〕'寡人死之，不爲不吉也。'〔註五〕"

國讎不可並立於天下，雖百世可復也。

莊四年《公羊傳》續曰："遠祖者，幾世乎？九世矣。九世猶可以復讎乎？雖百世可也。家亦可乎？曰：不可。國何以可？國君一體也。先君之恥猶今君之恥也，今君之恥猶先君之恥也。國君何以爲一體？國君以國爲體，諸侯世，故國君爲一體也。〔註六〕今紀無罪，此非怒與？〔註七〕曰：非也。古者有明天子，則紀侯必誅，必無紀者。紀侯之不誅，至今有紀者，猶無明天子也。〔註八〕古者諸侯必有會聚之事，相朝聘之道，號辭必稱先君以相接。然則齊紀無說焉，〔註九〕不可以並立乎天下。故將去紀侯者，不得不去紀也。"《春秋繁露·滅國下篇》曰："紀侯之所以滅者，乃九世之讎也。"《漢書·匈奴傳》曰："漢既誅大宛，威震外國，天子意欲遂困胡，乃下詔曰：高皇帝遺朕平城之憂，高后時單于書絶悖逆。昔齊襄公復九世之讎，《春秋》大之。"《後漢書·袁紹傳》："劉表以書諫袁譚曰：昔齊襄公報九世之讎，士匄卒荀偃之事，是故《春秋》美其義，君子稱其信。"

復讎而戰，雖敗猶可伐。故内不言敗，復讎敗則特書。

莊九年："八月庚申，及齊師戰於乾時，我師敗績。"《公羊傳》曰："内不言敗。此其言敗，何？伐敗也。曷爲伐敗？復讎也。"孔氏廣森《公羊通義》曰："伐，誇也。雖敗猶可誇，不若常敗有恥當諱。"

讎者無時可與通，故與讎狩則譏。

莊四年："冬，公及齊人狩於郜。"《公羊傳》曰："公曷爲與微者狩？齊侯也。齊侯則其稱人何？諱與讎狩也。按：魯桓公爲齊所弑。前此者有事矣，後此者有事矣，則曷爲獨於此焉譏？於讎者將壹譏而已，故擇其重者而譏焉，莫重乎其與讎狩也。於讎者則曷爲將壹譏而已？讎者無時焉可與通，通則爲大譏。不可勝譏，故將壹譏而已。"何《注》云："《禮》：父母之讎不共戴天，兄弟之讎不同國，九族之讎不同鄉黨，朋友之讎不同市朝。"《穀梁傳》曰："齊人者，齊侯也。其曰人，何也？卑公之敵，所以卑公也。何爲卑公也？不復讎而怨不釋，刺釋怨也。"

與讎會則譏。

莊三年："春王正月，溺會齊師伐衛。"《穀梁傳》曰："溺者，何也？公子溺也。其不稱公子，何也？惡其會仇讎而伐同姓，故貶而名之也。〔註一〇〕"

與讎爲禮則譏。

莊元年："夏，單伯逆王姬。"《穀梁傳》曰："單伯者何？吾大夫之命乎天子者也。命大夫，故不名也。其不言如，何也？〔註一一〕其義不可受於京師也。其義不可受於京師，何也？曰：躬君弑於齊，〔註一二〕使之主婚姻，與齊爲禮，其義固不可受也。""秋，築王姬之館于外。"《穀梁傳》曰："築，禮也。于外，非禮也。築之爲禮，何也？主王姬者必自公門出，於廟則已尊，於寢則已卑，〔註一三〕爲之築，節矣。〔註一四〕築之外，變之正也。築之外，變之爲正，何也？仇讎之人，非所以接婚姻也。衰麻，非所以接弁冕也。其不言齊侯之來逆，何也？不使齊侯得與吾爲禮也。"

娶讎女則譏。

莊二十四年："夏，公如齊逆女。"《穀梁傳》曰："親迎，恆事也，不志。此其志，何也？不正其親迎於齊也。""八月丁丑，夫人姜氏入。"《穀梁傳》曰："入者，内弗受也。〔註一五〕日入，惡入者也。〔註一六〕何用不受也？以宗廟弗受也。其以宗廟弗受，何也？娶仇人子弟以薦舍於前，〔註一七〕其義不可受也。"

事復讎，而無復讎之誠者，譏。

莊九年《公羊傳》續曰："此復讎乎大國，曷爲使微者？〔註一八〕公也。公則曷爲不言公？不與公復讎也。〔註一九〕曷爲不與公復讎？復讎者在下也。〔註二〇〕"何《注》云："時實爲不能納子糾伐齊，諸大夫以爲不如以復讎伐之。於是以復讎伐之。非誠心至意，故不與也。"

君弑，賊不討，不書葬。以爲臣不討賊，非臣；子不復讎，非子。

隱十一年："冬十有一月壬辰，公薨。"《公羊傳》曰："何以不書葬？隱之也。〔註二一〕何隱爾？弑也。弑則何以不書葬？《春秋》君弑，賊不討，不書葬，以爲無臣子也。子沈子曰：君弑，臣不討賊，非臣也；子不復讎，非子也。葬，生者之事也。《春秋》君弑，賊不討，不書葬。以爲不繫乎臣子也。"《穀梁傳》曰："公薨不地，故也。〔註二二〕隱之，不忍地也。其不言葬，何也？君弑，賊不討，不書葬，以罪下也。"《春秋繁露·王道篇》曰："《春秋》之義，臣不討賊，非臣；子不復讎，非子也。故誅趙盾。賊不討者不書葬，臣子之誅也。"又《玉杯篇》曰："是故君弑賊討，則善而書其誅。莫之討，則君不書葬而賊不復見矣。不書葬，以爲無臣子也。賊不復見，以其宜滅絶也。"《白虎通·誅伐篇》曰："子得爲父報仇者，臣子之於君父，其義一也。忠臣孝子所以不能已，以恩義不可奪也。故曰：父之仇，不與共天下；兄弟之仇，不與共國；朋友之仇，不與同朝；族人之仇，不共鄰。故《春秋傳》曰：子不復讎，非子。"《後漢書·張敏傳》："敏議曰：《春秋》之義，子不復讎，非子也。"

讎在外不能討則書葬。

桓十八年:“夏四月丙子,公薨于齊。”“冬十有二月己丑,葬我君桓公。”《公羊傳》曰:“賊未討,何以書葬? 讎在外也。〔註二三〕讎在外何以書葬? 君子辭也。”《穀梁傳》曰:“君弑,賊不討,不書葬。此其言葬,何也? 不責踰國而討于是也。”

無賊可討則書葬。

宣十年:“五月癸巳,陳夏徵舒弑其君平國。”十一年:“冬十月,楚人殺陳夏徵舒。”十有二年:“春,葬陳靈公。”《公羊傳》曰:“討此賊者非臣子也,何以書葬? 君子辭也。楚已討之矣,臣子雖欲討之而無所討也。”

復讎者,滅其可滅,葬其可葬。

莊四年:“六月乙丑,齊侯葬紀伯姬。”《公羊傳》曰:“外夫人不書葬,此何以書? 隱之也。何隱爾? 其國亡矣,徒葬於齊爾。此復讎也,曷爲葬之? 滅其可滅,葬其可葬。此其爲可葬柰何? 復讎者,非將殺之、逐之也。以爲雖遇紀侯之殯,亦將葬之也。”

家讎不可復。

莊四年:“紀侯大去其國。”《公羊傳》曰:“家亦可(復讎)乎? 曰:不可!”

父不受誅,子復讎可也。〔註二四〕

定四年:“冬十有一月庚午,蔡侯以吴子及楚人戰於柏莒,楚師敗績。”《公羊傳》曰:“吴何以稱子? 夷狄也而憂中國。其憂中國柰何? 伍子胥父誅於楚,挾弓而去楚,以干闔廬。闔廬曰:‘大之甚! 勇之甚!’將爲之興師而復讎於楚。伍子胥復曰:‘諸侯不爲匹夫興師。且臣聞之:事君猶事父也,虧君之義,復父之讎,臣不爲也。’於是止。蔡昭公朝乎楚,有美裘焉。囊瓦求之,昭公不與。爲是拘昭公於南郢,數年然後歸之。於其歸焉,用事乎河,〔註二五〕曰:‘天下諸侯苟有能伐楚者,寡人請爲之前列。’楚人聞之怒,爲是興師,使囊瓦將而伐蔡。蔡請救於吴,伍子胥復曰:‘蔡非有罪也,楚人爲無道,君如有憂中國之心,則若時可矣。’〔註二六〕於是興師而救蔡。曰:事君猶事父也。此其爲可以復讎柰何? 曰:父不受誅,子復讎可矣。父受誅,子復讎,推刃之道也。”《穀梁傳》曰:“吴其稱子,何也? 以蔡侯之以之,舉其貴者也。〔註二七〕蔡侯之以之,則其舉貴者,何也? 吴信中國而攘夷狄,吴進矣。其信中國而攘夷狄柰何? 子胥父誅於楚也,挾弓持矢干闔廬。闔廬曰:‘大之甚! 勇之甚!’爲是欲興師而伐楚。子胥諫曰:‘臣聞之:君不爲匹夫興師。且事君猶事父也,虧君之義,復父之讎,臣弗爲也。’於是止。蔡昭公朝於楚,有美裘,囊瓦求之,昭公不與。爲是拘昭公於南郢,數年然後得歸。歸乃用事乎漢,曰:‘苟諸侯有欲伐楚者,寡人請爲前列焉。’楚人聞之而怒,爲是興師而伐蔡。蔡請救於吴,子胥曰:‘蔡非有罪,楚無道也。君若有憂中國之心，則若此時可矣。’爲是興師而伐楚。”《白虎通·誅伐篇》曰：“父母以義見殺，子不復仇者，爲往來不止也。《春秋傳》曰：父不受誅，子復仇可也。”《禮記·曲禮·疏》引《五經異義》曰：“凡君非禮殺臣，《公羊》説子可復仇。故子胥伐楚，《春秋》善之。《左氏》説：君命，天也，是不可復仇。鄭駁之云：子思云：今之君子，退人若將隊諸淵。毋爲戎首，不亦善乎？子胥父兄之誅，隊淵不足喻，伐楚使吴首兵，合於子思之言。”按：鄭從《公羊》義。

朋友復讎，相衛而不相迿，〔註二八〕古之道也。

定四年《公羊傳》曰：“復讎不除害，朋友相衛而不相迿，古之道也。”

攘夷第二

《春秋》嚴夷夏之防。〔註二九〕内其國而外諸夏，内諸夏而外夷狄。

成十五年《公羊傳》文見下。《春秋繁露·王道篇》曰：“親近以來遠，故未有不先近而致遠者也。故内其國而外諸夏，内諸夏而外夷狄。”《漢書·匈奴傳·贊》曰：“故先王度土，中立封畿，分九州，列五服，物土貢，制外内，或脩刑政，或昭文德，遠近之勢異也。是以《春秋》内諸夏而外夷狄。”

故鍾離之會外吴。

成十五年：“冬十有一月，叔孫僑如會晉士燮、齊高無咎、宋華元、衛孫林父、鄭公子鰌、邾婁人會吴於鍾離。”《公羊傳》曰：“曷爲殊會吴？〔註三〇〕外吴也。曷爲外也？《春秋》内其國而外諸夏，内諸夏而外夷狄。”《穀梁傳》曰：“會，又會，外之也。”《春秋繁露·觀德篇》曰：“是故吴魯同姓也。鍾離之會，不得序而稱君，殊魯而會之，爲其夷狄之行也。”

柤之會外吴。

襄十年：“春，公會晉侯、宋公、衛侯、曹伯、莒子、邾子、滕子、薛伯、杞伯、小邾子、齊世子光會吴于柤。”《穀梁傳》曰：“會，又會，外之也。”《春秋繁露·觀德篇》曰：“吴俱夷狄也，柤之會，獨先外之，爲其與我同姓也。”

向之會外吴。

襄十四年：“春王正月，季孫宿、叔老會晉士匄、齊人、宋人、衛人、鄭公孫蠆、曹人、莒人、邾人、滕人、薛人、杞人、小邾人會吴于向。”按：殊會吴，與鍾離柤二會文同。

新城之盟外楚。

文十四年：“六月，公會宋公、陳侯、衛侯、鄭伯、許伯、曹伯、晉趙盾。癸酉，同盟于新城。”《穀梁傳》曰：“同者，有同也，同外楚也。”

斷道之盟外楚。

宣十七年："六月己未，公會晉侯、衛侯、曹伯、邾子同盟于斷道。"《穀梁傳》曰："同者，有同也，同外楚也。"

鷄澤之盟外楚。

襄三年："六月，公會單子、晉侯、宋公、衛侯、鄭伯、莒子、邾子、齊世子光。己未，同盟于鷄澤。"《穀梁傳》曰："同者，有同也，同外楚也。"

平丘之盟外楚。

昭十三年："秋，公會劉子、晉侯、齊侯、宋公、衛侯、鄭伯、曹伯、莒子、邾子、滕子、薛伯、杞伯、小邾子于平丘。八月甲戌，同盟于平丘。"《穀梁傳》曰："同者，有同也，同外楚也。"

欑函之會外狄。

宣十一年："秋，晉侯會狄于欑函。"《穀梁傳》曰："不言及，外狄也。"

中國之於夷狄，不言戰而言伐。

莊三十年："齊人伐山戎。"《公羊傳》曰："此蓋戰也。何以不言戰？《春秋》敵者言戰。桓公之於戎狄，驅之爾。"達按：《傳》言桓公於山戎但驅逐使去而已，不足言戰也。以山戎不足與齊抗等也。何《注》謂去戰貶爲惡不仁，非是。《春秋繁露·精華篇》曰："《春秋》慎辭，謹於名倫等物者也。是故小夷言伐不言戰，大夷言戰而不得言獲，中國言獲而不得言執，各有辭也。有小夷避大夷而不得言戰，大夷避中國而不得言獲，中國避天子而不得言執。名倫弗予，嫌於相臣之辭也。是故大小不踰等，貴賤如其倫，義之正也。"

或言敗。

成十二年："秋，晉人敗狄于交剛。"《穀梁傳》曰："中國與夷狄不言戰，皆曰敗之。"昭十七年："楚人及吴戰于長岸。"《穀梁傳》曰："兩夷狄曰敗，中國與夷狄亦曰敗。"

夷狄相誘，則君子不疾。

昭十六年："楚子誘戎曼子，殺之。"《公羊傳》曰："楚子何以不名？〔註三一〕夷狄相誘，君子不疾也。曷爲不疾？若不疾，乃疾之也。"《白虎通·王者不臣篇》曰："夷狄者，與中國絶域異俗，非中和氣所生，非禮所能化，故不臣也。《春秋傳》曰：夷狄相誘，君子不疾。"

而魯追戎則大之。〔註三二〕

莊十八年："夏，公追戎于濟西。"《公羊傳》曰："此未有言伐者。其言追，何？大其爲中國追也。此未有伐中國者，則其言爲中國追，何？大其未至而豫禦之也。其言於濟西，何？大之也。"《穀梁傳》曰："其不言戎之伐我，何也？以公之追之，不使戎邇於我也。于濟西者，大之也。何大焉？爲公之追之也。"《漢書·辛慶忌傳》："何武上封事曰：夫將不豫設，則亡以應卒；士不素厲，則難使死敵。光禄勳慶忌謀慮深遠，前在邊郡，數破敵獲虜，外夷莫不聞；加以兵革久寢，《春秋》大災未至而豫禦之，慶忌宜在爪牙官以備不虞。"

敗狄則大之。

文十一年："冬十月甲午，叔孫得臣敗狄于鹹。"《公羊傳》曰："狄者，何？長狄也。兄弟三人，一者之齊，一者之魯，一者之晉。其之齊者，王子成父殺之。其之魯者，叔孫得臣殺之。則未知其之晉者也。〔註三三〕其言敗，何？大之也。其日，何？〔註三四〕大之也。其地，何？〔註三五〕大之也。"

齊服楚則喜之。

僖四年："楚屈完來盟于師，盟于召陵。"《公羊傳》曰："屈完者，何？楚大夫也。何以不稱使？尊屈完也。曷爲尊屈完？以當桓公也。其言盟于師、盟于召陵，何？師在召陵也。師在召陵，則曷爲再言盟？喜服楚也。何言乎喜服楚？楚有王者則後服，無王者則先叛。夷狄也，而亟病中國。南夷與北夷交，中國不絶若綫。桓公救中國而攘夷狄，卒怗荆。〔註三六〕以此爲王者之事也。"《春秋繁露·王道篇》曰："桓公救中國，攘夷狄，卒服楚，至爲王者事，《春秋》予之爲伯、誅意不誅辭之謂也。"〔註三七〕《漢書·韋玄成傳》："王舜、劉歆議曰：自是之後，南夷與北夷交侵，中國不絶如綫。《春秋》紀齊桓南伐楚，北伐山戎，孔子曰：微管仲，吾其被髮左衽矣。是故棄桓之過而録其功，以爲伯首。"

洮之盟，鄭伯不慕中國而乞盟，則抑之。

僖八年："春王正月，公會王人、齊侯、宋公、衛侯、許男、曹伯、陳世子款盟于洮。鄭伯乞盟。"《公羊傳》曰："乞盟者，何？處其所而請與也。其處其所而請與柰何？蓋酌之也。"何《注》云："酌，挹也。時鄭伯欲與楚，不肯自來盟，處其國。遣使挹取其血而請與之約束，無汲汲慕中國之心，故抑之。"《穀梁傳》曰："乞者，處其所而請與也，蓋汋之也。"《春秋繁露·觀德篇》曰："洮之會，鄭處而不來，謂之乞盟。"

鷄澤之會，陳侯慕中國而與會，則喜之。

襄三年："六月，公會單子、晉侯、宋公、衛侯、鄭伯、莒子、邾婁子、齊世子光。己未，同盟于鷄澤。陳侯使袁僑如會。〔註三八〕戊寅，叔孫豹及諸侯之大夫及陳袁僑盟。"《公羊傳》曰："曷爲殊及陳袁僑？〔註三九〕爲其與袁僑盟也。"何《注》云："陳鄭，楚之與國。陳侯有慕中國之心，有疾，使大夫會諸侯，欲附疏，不復備責，遂與之盟，共結和親，故殊之。起主爲與袁僑盟也。復出陳者，喜得陳國也。"

鄬之會，鄭僖公欲從中國而見弒，則諱之。

襄七年："十有二月，公會晉侯、宋公、陳侯、衛侯、曹伯、莒子、邾婁子于鄬。鄭伯髡原如會，未見諸侯。丙戌，卒于操。"《公羊傳》曰："操者，何？鄭之邑也。諸侯卒其封内不地，此何以地？隱之也。何隱爾？弒也。孰弒之？其大夫弒之。曷爲不言其大夫弒之？爲中國諱也。曷爲爲中國諱？鄭伯將會諸侯于鄬，其大夫諫曰：'中國不足歸也，則不若與楚。'鄭伯曰：'不可。'其大夫曰：'以中國爲義，則伐我喪。以中國爲彊，則不若楚。'於是弒之。鄭伯髡原何以名？傷而反，未至乎舍而卒也。未見諸侯，其言如會，何？致其意也。"《穀梁傳》曰："未見諸侯，其曰如會，何？致其意也。禮：諸侯不生名。〔註四〇〕此其生名，何也？卒之名也。卒之名，則何爲加之如會之上？見以如會卒也。其見以如會卒，何也？鄭伯將會中國，其臣欲從楚，不勝，其臣弒而死。其不言弒，何也？不使夷狄之民加乎中國之君也。"八年："夏，葬鄭僖公。"《公羊傳》曰："賊未討，何以書葬？爲中國諱也。"

蕭魚之會，鄭服中國則喜之。

襄十一年："公會晉侯、宋公、衛侯、曹伯、齊世子光、莒子、邾婁子、滕子、薛伯、杞伯、小邾婁子伐鄭。會于蕭魚。"《公羊傳》曰："此伐鄭也。其言會于蕭魚，何？蓋鄭與會爾。"何《注》云："中國以鄭故，三年之中五起兵，至是乃服。其後無干戈之患二十餘年，故喜而詳録其會，起得鄭爲重。"〔註四一〕"公至自會。"《穀梁傳》曰："伐而後會，不以伐鄭致，〔註四二〕得鄭伯之辭也。"范《注》云："鄭與會而服中國，喜之，故以會致。"《春秋繁露·觀德篇》曰："先楚子審卒之三年，鄭服蕭魚。"

魯襄公踰年在楚，則危而特書之。

襄二十九年："春王正月，公在楚。"《公羊傳》曰："何言乎公在楚？正月以存君也。"何《注》云："成十一年正月，公在晉不書，在楚書者，惡襄公久在夷狄，爲臣子危録之。"《穀梁傳》曰："閔公也。"《春秋繁露·王道篇》曰："正月，公在楚，臣子思君，無一日無君之義也。觀乎在楚，知臣子之思。"《鹽鐵論·和親篇》曰："《春秋》存君在楚。"

魯以楚師伐齊，則惡之。

僖二十六年："公子遂如楚乞師。公以楚師伐齊，取穀。公至自伐齊。"《公羊傳》曰："此已取穀矣，何以致伐？未得乎取穀也。曷爲未得乎取穀？曰：患之起必自此始也。"《穀梁傳》曰："公至自伐齊，惡事不致，此其致之，何也？危之也。"范《注》云："以蠻夷之師伐鄰近大國，招禍深怨，危亡之道。"《春秋繁露·俞序篇》曰："愛人之大者，莫大於思患而豫防之。故蔡得意於吴，魯得意於齊，《春秋》皆不告。故次以言怨人不可邇，敵國不可狎，攘竊之國不可使久親，皆防患爲民除害之意。”《鹽鐵論·刑德篇》曰：“魯以楚師伐齊，而《春秋》惡之。”《説苑·尊賢篇》曰：“季子卒後，邾擊其南，齊伐其北，魯不勝其患，將乞師於楚以取全身，故《傳》曰：患之起必自此也。”

諸侯從楚伐宋，則非之。

僖二十七年：“冬，楚人、陳侯、蔡侯、鄭伯、許男圍宋。”《穀梁傳》曰：“楚人者，楚子也。其曰人，何也？人楚子，所以人諸侯也。其人諸侯，何也？不正其信夷狄而伐中國也。”

從吴滅偪陽，則非之。

襄十年：“春，公會晉侯、宋公、衛侯、曹伯、莒子、邾子、滕子、薛伯、杞伯、小邾子、齊世子光會吴于柤。夏五月甲午，遂滅偪陽。公至自會。”《公羊傳》何《注》云：“滅日者，甚惡諸侯不崇禮義以相安，反遂爲不仁，開道彊夷滅中國。中國之禍連蔓日及，故疾録之。”《穀梁傳》曰：“其曰遂，何？不以中國從夷狄也。”范《注》云：“時實吴會諸侯滅傅陽，按：偪陽，《穀梁經》作傅陽。恥以中國之君從夷狄之主，故加甲午，使若改日諸侯自滅傅陽。”

夷狄主中國則不與。〔註四三〕

昭二十三年：“秋七月戊辰，吴敗頓、胡、沈、蔡、陳、許之師于鷄父。胡子髡、沈子楹滅。獲陳夏齧。”《公羊傳》曰：“此偏戰也，曷爲以詐戰之辭言之？不與夷狄之主中國也。”哀十三年：“公會晉侯及吴子于黄池。”《公羊傳》曰：“吴何以稱子？吴主會也。吴主會，則曷爲先言晉侯？不與夷狄之主中國也。”

執中國則不與。

隱七年：“冬，天王使凡伯來聘。戎伐凡伯於楚丘，以歸。”《公羊傳》曰：“凡伯者，何？天子之大夫也。此聘也，其言伐之，何？執之也。執之，則其言伐之，何？大之也。〔註四四〕曷爲大之？不與夷狄之執中國也。”僖二十一年：“秋，宋公、楚子、陳侯、蔡侯、鄭伯、許男、曹伯會於霍，執宋公以伐宋。”《公羊傳》曰：“孰執之？楚子執之。曷爲不言楚子執之？不與夷狄之執中國也。”二十七年：“冬，楚人、陳侯、蔡侯、鄭伯、許男圍宋。”《公羊傳》曰：“此楚子也，其稱人，何？貶。曷爲貶？爲執宋公貶，故終僖之篇貶也。”

獲中國則不與。

莊十年：“秋九月，荊敗蔡師于莘，以蔡侯獻舞歸。”《公羊傳》曰：“蔡侯獻舞何以名？絶。曷爲絶之？獲也。曷爲不言其獲？不與夷狄之獲中國也。”《春秋繁露·精華篇》曰：“《春秋》慎辭，謹於名倫等物者也。是故小夷言伐而不得言戰，大夷言戰而不得言獲，中國言獲而不得言執，各有辭也。有小夷避大夷而不得言戰，大夷避中國而不得言獲，中國避天子而不得言執。名倫弗予，嫌於相臣之辭也。是故大小不踰等，貴賤如其倫，義之正也。”

捷中國則不與。

僖二十一年：“楚人使宜申來獻捷。”《穀梁傳》曰：“捷，軍得也。其不曰宋捷，何也？不與楚捷於宋也。”

滅中國則不與。

昭八年：“葬陳哀公。”《穀梁傳》曰：“不與楚滅，閔之也。”范《注》：“滅國不葬，閔楚夷狄以無道滅之，故書葬以存陳。”十三年：“蔡侯廬歸于蔡，陳侯吳歸于陳。”《穀梁傳》曰：“此未嘗有國也。使如失國辭然者，不與楚滅也。”“冬，十月，葬蔡哀公。”《穀梁傳》曰：“變之不葬有三：〔註四五〕失德不葬，弒君不葬，滅國不葬。然且葬之，不與楚滅，且成諸侯之事也。”莊二十六年：“曹殺其大夫。”《公羊傳》曰：“何以不名？衆也。曷爲衆殺之？不死於曹君者也。君死乎位曰滅。曷爲不言其滅？爲曹羈諱也。”何《注》云：“曹諸大夫與君皆敵戎戰，曹伯爲戎所殺，諸大夫不仗節死義，獨退求生。後嗣子立而誅之，《春秋》以爲得其罪。故衆略之不名。”孔氏廣森《通義》云：“戎殺曹君，狄滅邢、衛，經皆無文，明是不與戎狄得滅中國。”

爲中國則不使。

宣十一年：“十月，丁亥，楚子入陳。”《穀梁傳》曰：“入者，内弗受也。曰入，惡入者也。何用弗受也？不使夷狄爲中國也。”

誘殺中國之君則惡之。

昭十一年：“夏四月丁巳，楚子虔誘蔡侯般殺之于申。”《穀梁傳》曰：“何爲名之也？夷狄之君誘中國之君而殺之，故謹而名之也。”

雖許夷狄，不壹而足。〔註四六〕

故稱其大夫，名而不氏。

文九年：“冬，楚子使椒來聘。”《公羊傳》曰：“椒者，何？楚大夫也。楚無大夫，此何以書？始有大夫也。始有大夫，則何以不氏，許夷狄者不壹而足也。”《穀梁傳》曰：“楚無大夫，其曰萩，《公羊》作椒，《穀梁》作萩。何也？以其來我褒之也。”襄二十九年：“吳子使札來聘。”《公羊傳》曰：“吳無君無大夫。此何以有君有大夫？賢季子也。札者，何？吳季子之名也。《春秋》賢者不名，此何以名？許夷狄者不壹而足也。季子者，所賢也。曷爲不足乎季子？許人臣者必使臣，許人子者必使子也。”《春秋繁露・觀德篇》曰：“吳楚國先聘我者見賢。”《漢書・陳湯傳》曰：“御史大夫貢禹、博士匡衡以爲《春秋》之義，許夷狄者不壹而足。”

行事進於中國，則進之。

故楚少進則卒君。

宣十八年："七月甲戌，楚子吕卒。"《穀梁傳》曰："夷狄不卒，〔註四七〕卒，少進也。卒而不日，日，少進也。日而不言正不正，簡之也。"《公羊傳》何《注》云："至此卒者，因其有賢行。"《疏》云："正以已前未有書楚子卒處故也。"

吴少進則書獲。

昭二十三年："秋七月戊辰，吴敗頓、胡、沈、蔡、陳、許之師于鷄父。獲陳夏齧。"《公羊傳》曰："不與夷狄之主中國，則其言獲陳夏齧，何？吴少進也。"

進楚子，故書戰。

昭十七年："楚人及吴戰于長岸。"《穀梁傳》曰："兩夷狄曰敗，中國與夷狄亦曰敗。楚人及吴戰于長岸，進楚子，故曰戰。"

荆能聘則稱人。

莊二十三年："荆人來聘。"《公羊傳》曰："荆何以稱人？始能聘也。"《穀梁傳》曰："善累而後進之。其曰人，何也？舉道不待再。"

吴使賢者則稱子。

襄二十九年："吴子使札來聘。"《穀梁傳》曰："吴其稱子，何也？善使延陵季子，故進之也。身賢，賢也；使賢，亦賢也。延陵季子之賢，尊君也。其名，成尊於上也。"

憂中國則稱子。

定四年："冬十有一月庚午，蔡侯以吴子及楚人戰於柏莒，楚師敗績。"《公羊傳》曰："吴何以稱子？夷狄也而憂中國。其憂中國柰何？伍子胥父誅於楚，挾弓而去楚以干闔廬。闔廬曰：'大之甚！勇之甚！'將爲之興師而復讐於楚。伍子胥復曰：'諸侯不爲匹夫興師。且臣聞之，事君猶事父也。虧君之義，復父之讐，臣不爲也。'於是止。蔡昭公朝乎楚，有美裘焉。囊瓦求之，昭公不與。爲是拘昭公于南郢，數年然後歸之。於其歸焉，用事乎河，曰：'天下諸侯苟有能伐楚者，寡人請爲之前列。'楚人聞之怒，爲是興師，使囊瓦將而伐蔡。蔡請救于吴。子胥曰：'蔡非有罪，楚無道也。君若有憂中國之心，則若時可矣。'爲是興師而伐楚。"《穀梁傳》曰："吴其稱子，何也？以蔡侯之以之，舉其貴者也。蔡侯之以之，則舉其貴者，何也？吴信中國而攘夷狄，吴進矣。其信中國而攘夷狄柰何？子胥父誅于楚也，挾弓持矢干闔廬。闔廬曰：'大之甚！勇之甚！'爲是欲興師而伐楚。子胥諫曰：'臣聞之：君不爲匹夫興師。

且事君猶事父也，虧君之義，復父之讐，臣弗爲也。’於是止。蔡昭公朝於楚，有美裘，囊瓦求之，昭公不與。爲是拘昭公於南郢，數年然後得歸，乃用事乎漢，曰：‘苟諸侯有欲伐楚者，寡人請爲前列焉。’楚人聞之而怒，爲是興師而伐蔡。蔡請救于吴。子胥曰：‘蔡非有罪，楚無道也。君若有憂中國之心，則若此時可矣。’爲是興師而伐楚。”《白虎通·號篇》曰：“蔡侯無罪而拘于楚，吴有憂中國心，興師伐楚，諸侯莫敢不至，知吴之霸也。”

尊天王則稱子。

哀十三年：“公會晉侯及吴子于黄池。”《穀梁傳》曰：“黄池之會，吴子進乎哉！遂子矣。吴，夷狄之國也，祝髮文身，欲因魯之禮，因晉之權，而請冠端而襲，其藉于成周，以尊天王。吴進矣。吴，東方之大國也，累累致小國以合諸侯，以合乎中國。吴能爲之，則不臣乎！吴進矣。王，尊稱也。子，卑稱也。辭尊稱而居卑稱，以會乎諸侯，以尊天王。吴王夫差曰：‘好冠來。’孔子曰：‘大矣哉夫差，未能言冠而欲冠也。’”《春秋繁露·觀德篇》曰：“鷄父之戰，吴不得與中國爲禮。至於伯莒、黄池之行，變而反道，乃爵而不殊。”

潞子爲善則記之。

宣十五年：“六月癸卯，晉師滅赤狄潞氏，以潞子嬰兒歸。”《公羊傳》曰：“潞何以稱子？潞子之爲善也，躬足以亡爾。雖然，君子不可不記也。離於夷狄而未能合於中國，晉師伐之，中國不救，狄人不有，是以亡也。”《穀梁傳》曰：“其曰潞子嬰兒，賢也。”《春秋繁露·仁義法篇》曰：“潞子之於諸侯，無所能正。《春秋》予之有義，其身正也。”又《觀德篇》曰：“潞子離夷狄而歸黨以得亡，《春秋》謂之子以領其意。”《漢書·景武昭宣元成功臣表》曰：“《春秋》列潞子之爵，許其慕諸夏也。”

楚子爲禮則與之。

宣十二年：“楚子圍鄭。六月乙卯，晉荀林父帥師及楚子戰於邲，晉師敗績。”《公羊傳》曰：“大夫不敵君，此其稱名氏以敵楚子，何？不與晉而與楚子爲禮也。曷爲不與晉而與楚子爲禮也？莊王伐鄭，勝乎皇門，放乎路衢。鄭伯肉袒，左執茅旌，右執鸞刀，以逆莊王，〔註四八〕曰：‘寡人無良邊垂之臣，以干天禍，是以使君王沛焉辱到敝邑。君如矜此喪人，錫之不毛之地，使帥一二耋老而綏焉，請唯君王之命。’莊王曰：‘君之不令臣交易爲言，是以使寡人得見君之玉面，而微至乎此。’莊王親自手旌，左右撝軍，退舍七里。將軍子重諫曰：‘南郢之與鄭，相去數千里。諸大夫死者數人，厮役扈養死者數百人。今君勝鄭而不有，無乃失民臣之力乎！’莊王曰：‘古者杅不穿、皮不蠹，則不出乎四方。〔註四九〕是以君子篤於禮而薄於利，要其人而不要其土。告從，不赦不詳。〔

註五〇〕吾以不詳導民，災及吾身，何日之有？’既則晉師之救者至，曰：‘請戰。’莊王許諾。將軍子重諫曰：‘晉，大國也。王師淹病矣，君請勿許也。’莊王曰：‘弱者吾威之，彊者吾辟之，〔註五一〕是以使寡人無以立乎天下。’令之還師而逆晉寇。莊王鼓之，晉師大敗。晉衆之走者，舟中之指可掬矣。莊王曰：‘嘻！吾兩君不相好，百姓何罪！’令還師而佚晉寇。”〔註五二〕《春秋繁露·竹林篇》曰：“《春秋》之常辭也，不與夷狄而與中國爲禮。至邲之戰，偏然反之，何也？曰：《春秋》無通辭，從變而移，晉變而爲夷狄，楚變而爲君子，故移其辭以從其事。夫莊王之舍鄭，有可貴之美。晉人不知其善而欲擊之。所救已解，如挑與之戰，〔註五三〕此無善善之心，而輕救民之意也。是以賤之而不得使與賢者爲禮。”又《觀德篇》曰：“《春秋》常辭，夷狄不得與中國爲禮。至邲之戰，夷狄反道，〔註五四〕中國不得與夷狄爲禮，避楚莊也。”

行乎夷狄，〔註五五〕則仍反之於夷狄。

定四年：“十一月庚辰，吴入楚。”《公羊傳》曰：“吴何以不稱子？反夷狄也。其反夷狄柰何？君舍於君室，大夫舍於大夫室，蓋妻楚王之母也。”《穀梁傳》曰：“何以謂之吴也？狄之也。〔註五六〕何謂狄之也？君居其君之寢而妻其君之妻，大夫居其大夫之寢而妻其大夫之妻，蓋有欲妻楚王之母者，不正乘敗人之績而深爲利，居人之國，故反其道也。”《春秋繁露·仁義法篇》曰：“闔廬能正楚蔡之難矣，而《春秋》奪之義辭，以其身不正也。”《越絶書·敍外傳記》曰：“子胥妻楚王母，無罪而死於吴。其行如是，何義乎？曰：孔子固貶之矣。賢其復讎，惡其妻楚王母也。”

中國行乎夷狄，則亦夷狄之。

昭二十三年：“秋七月戊辰，吴敗頓、胡、沈、蔡、陳、許之師於鷄父。”《公羊傳》曰：“然則曷爲不使中國主之？中國亦新夷狄也。”何《注》云：“中國所以異乎夷狄者，以其能尊尊也。王室亂，莫肯救，君臣上下壞敗，亦新有夷狄之行，故不使主之。”

故秦襲鄭，則夷狄之。

僖三十三年：“夏四月辛巳，晉人及姜戎敗秦於殽。”《公羊傳》曰：“其謂之秦何？夷狄之也。曷爲夷狄之？秦伯將襲鄭，百里子與蹇叔子諫曰：‘千里而襲人，未有不亡者也。’秦伯怒曰：‘若爾之年者，宰上之木拱矣。〔註五七〕爾曷知？’師出，百里子與蹇叔子送其子而戒之曰：‘爾即死，必於殽之嶔巖，是文王之所辟風雨者也，吾將尸爾焉。〔註五八〕’子揖師而行，百里子與蹇叔子從其子而哭之。秦伯怒曰：‘爾曷爲哭吾師？’對曰：‘臣非敢哭君師，哭臣之子也。’弦高者，鄭商也。遇之殽，矯以鄭伯之命而犒師焉。或曰：往矣；

或曰：反矣。然而晉人與姜戎要之殽而擊之，匹馬隻輪無反者。"《穀梁傳》曰："不言戰而言敗，何也？狄秦也。其狄之，何也？秦越千里之險入虚國，進不能守，退敗其師徒，亂人子女之教，無男女之别，秦之爲狄，自殽之戰始也。"《白虎通·誅伐篇》曰："襲者，何謂也？行不假途，掩人不備也。《春秋傳》曰：其謂之秦，何？夷狄之也。曷爲夷狄之？秦伯將襲鄭，入國，掩人不備，行不假途，人銜枚，馬繮勒，晝伏夜行爲襲也。"

郳婁、牟、葛朝魯，則夷狄之。

桓十五年："邾婁人、牟人、葛人來朝。"《公羊傳》曰："皆何以稱人？夷狄之也。"何《注》云："恆公行惡，而三人俱朝事之。三人爲衆，衆足責，故夷狄之。"《春秋繁露·王道篇》曰："夷狄邾婁人、牟人、葛人，爲其天王崩而相朝聘也，此其誅也。"按：董、何二義不同。

晉伐鮮虞，則夷狄之。

昭十二年："晉伐鮮虞。"《穀梁傳》曰："其曰晉，狄之也。其狄之，何也？不正其與夷狄交伐中國，故狄稱之也。"《公羊》無傳。何《注》云："謂之晉者，中國以無義，故爲夷狄所强。今楚行詐滅陳蔡，諸夏懼然，去而與晉會於屈銀；不因以大綏諸侯，先之以博愛，而先伐同姓，從親親起。欲以威行霸，故狄之。"《春秋繁露·楚莊王篇》曰："《春秋》曰：晉伐鮮虞。奚惡乎晉而同夷狄也？曰：《春秋》尊禮而重信。信重於地，禮尊於身。何以知其然也？宋伯姬疑禮而死於火，齊桓公疑信而虧其地，〔註五九〕《春秋》賢而舉之，以爲天下法。曰：禮而信，禮無不答，施無不報，天之數也。今我君臣同姓遇女，女無良心，禮已不答，又恐畏我，何其不夷狄也？公子慶父之亂，魯危殆亡，而齊侯安之。於彼無親，尚來憂我。今晉不以同姓憂我，而强大厭我，〔註六〇〕我心望焉。〔註六一〕故言之不好，謂之晉而已，婉辭也。"

鄭伐許則夷狄之。

成三年："鄭伐許。"《公羊》無傳。何《注》云："謂之鄭者，惡鄭襄公與楚同心，數侵伐諸侯。自此之後，中國會盟無已，兵革數起，夷狄比周爲黨，故夷狄之。"《春秋繁露·竹林篇》曰："《春秋》曰：鄭伐許。奚惡於鄭而夷狄之也？曰：衛侯遬卒，鄭師侵之，是伐喪也。鄭與諸侯盟於蜀，已盟而歸諸侯，於是伐許，是叛盟也。伐喪無義，叛盟無信。無信無義，故大惡之。"《穀梁》無傳。范《注》云："鄭從楚而伐衛之喪，又叛諸侯之盟，故狄之。"

蔡世子般奪父政，則夷狄之。

襄三十年："夏四月，蔡世子般弒其君固。"《穀梁傳》曰："其不日，子奪父政，是謂夷之。"

鄭棄其師則夷狄之。

閔二年："鄭棄其師。"《公羊傳》曰："鄭棄其師者，何也？惡其將也。鄭伯惡高克，使之將，逐而不納，棄師之道也。"《穀梁傳》曰："惡其長也，兼不反其衆，則是棄其師也。"《説苑·君道篇》曰："天之生人也，蓋非以爲君也。天之立君也，蓋非以爲位也。夫爲人君行其私欲而不顧其人，是不承天意，忘其位之所以宜也。如此者，《春秋》不予能君而夷狄之，鄭伯惡一人而兼棄其師，故有夷狄不君之辭。人主不以此自省，惟既以失實，心奚由知之！故曰：有國者不可以不學《春秋》，此之謂也。"陳立《義疏》云："鄭棄其師，與晉伐鮮虞、鄭伐許同辭，明爲狄鄭之義。《説苑》此言，可補三《傳》之闕。"

衛伐凡伯，則直稱爲戎。

隱七年："冬，天王使凡伯來聘。戎伐凡伯於楚丘，以歸。"《穀梁傳》曰："凡伯者，何也？天子之大夫也。國而曰伐，此一人而曰伐，何也？大天子之命也。戎者，衛也。戎衛者，爲其伐天子之使，貶而戎之也。"

鄭大夫欲從楚，則視爲夷狄之民。

襄七年："十有二月，公會晉侯、宋公、陳侯、衛侯、曹伯、莒子、邾子于鄬，鄭伯髡原如會。丙戌，卒於操。"《穀梁傳》曰："鄭伯將會中國，其臣欲從楚，不勝其臣，弒而死。其不言弒，何也？不使夷狄之民加乎中國之君也。"

嗚乎，可不戒哉！

貴死義第三

《春秋》貴死義。

《春秋繁露·玉英篇》曰："《春秋》賢死義。"

國君之死者：萊君死國則正之。

襄六年："十有二月，齊侯滅萊。"《公羊傳》曰："曷爲不言萊君出奔？國滅，君死之，正也。"《春秋繁露·竹林篇》曰："夫冒大辱以生，其情無樂，故賢人不爲也。而衆人疑焉，《春秋》以爲人之不知義而疑也，故示之以義。曰：國滅，君死之，正也。正也者，正於天之爲人性命也。天之爲人性命，使行仁義而羞可恥，非若馬獸然苟爲生苟爲利而已。"《禮記·曲禮下篇》曰："國君死社稷。"鄭《注》云："死其所受於天子也，謂見侵伐也。《春秋傳》曰：國滅，君死之，正也。"《疏》引《五經異義》曰："《公羊》説，國滅，君死，正也。故《禮運》曰：君死社稷，無去國之義。《左氏》説：昔太王居邠，狄人攻之，乃踰梁山，邑於岐山，故知是有去國之義也。許慎謹案：《易》曰：

係遯有疾厲，畜臣妾，吉。知諸侯無去國之義。”按：鄭無駁，亦從許君用《公羊》義。

紀侯死國則賢之。

莊三年：“秋，紀季以酅入於齊。”《公羊傳》曰：“紀季者，何？紀侯之弟也。何以不名？賢也。〔註六二〕何賢乎紀季？服罪也。其服罪柰何？魯子曰：請後五廟以存姑姊妹。”《穀梁傳》曰：“酅，紀之邑也。入於齊者，以酅事齊也。”四年：“紀侯大去其國。”《穀梁傳》曰：“大去者，不遺一人之辭也。言民之從者四年而後畢也。紀侯賢而齊侯滅之，不言滅而曰大去其國者，不使小人加乎君子。”《春秋繁露·玉英篇》曰：“難紀季曰：《春秋》之法，大夫不得專地。又曰：公子無去國之義。又曰：君子不避外難。紀季犯此三者，何以爲賢？賢者故盜地以下敵，棄君以辟難乎？曰：賢者不爲是。是故託賢於紀季以見季之弗爲也。紀季弗爲，而紀侯使之，可知矣。《春秋》之書事，時詭其實，以有避也。其書人，時易其名，以有諱也。故詭晉文得志之實以狩，諱避致王也；詭莒子號謂之人，避隱公也；易慶父之名謂之仲孫，變盛謂之成，諱大惡也。然則說《春秋》者隨其委曲而後得之。今紀季受命乎君，而經書專，無善之名，而文見賢。此皆詭辭，不可不察。《春秋》之於所賢也，固順其志而一其辭，章其義而貶其美。今紀侯，《春秋》之所貴也，是以聽其入齊之志，而詭其服罪之辭也，移之紀季。故告糴於齊者，實莊公爲之，而《春秋》詭其辭，以予臧孫辰；以酅入於齊者，實紀侯爲之，而《春秋》詭其辭，以予紀季。所以詭之不同，其實一也。難者曰：有國家者，人欲立之，固盡不聽。國滅，君死之，正也。何賢乎紀侯？曰：齊將復讎，紀侯自知力不如而志距之，故謂其弟曰：‘我，宗廟之主，不可以不死也。汝以酅往服罪於齊，請以立五廟，使我先君歲時有所依歸，率一國之衆以衛九世之主。’襄公逐之，不去。求之，弗予。上下同心而俱死之，故謂之大去。《春秋》賢死義，且得衆心也，故爲諱滅。以爲之諱，見其賢之也。以其賢之也，見其中仁義也。”《史記·秦始皇本紀·贊》曰：“紀季以酅，《春秋》不名。吾讀《秦紀》，至於子嬰車裂趙高，未嘗不健其決，憐其志。嬰死生之義備矣。”樹達按：紀侯大去其國，《公羊》謂賢齊襄，《穀梁》董生謂賢紀侯，義若相反。然齊襄滅紀以復先祖之讎，紀侯死國以盡人君之道，義各有所歸，固可並存而不悖也。

人臣之死者：孔父義形於色而死，則賢之。

桓二年：“春王正月戊申，宋督弑其君與夷及其大夫孔父。”《公羊傳》曰：“此何以書？賢也。何賢乎孔父？孔父可謂義形於色矣。其義形於色柰何？督將弑殤公，孔父生而存，則殤公不可得而弑也。故於是先攻孔父之家，殤公知孔父死己必死，趨而救之，皆死焉。孔父正色而立於朝，則人莫敢過而致難於其君者，孔父可謂義形於色矣。”《穀梁傳》曰：“孔父先死，其曰及，何也？書尊及卑，《春秋》之義也。孔父之先死，何也？督欲弒君而恐不立，於是乎先殺孔父。孔父閑也。〔註六三〕何以知先殺孔父也？曰：子既死，父不忍稱其名；臣既死，君不忍稱其名。以是知君之累之也。孔，氏；父，字謚也。或曰：其不稱名，蓋爲祖諱也，孔子故宋也。〔註六四〕”《春秋繁露·服制象篇》曰：“孔父義形於色，而姦臣不敢容邪！”《後漢書·孔融傳論》曰：“是以孔父正色，不容弒虐之謀。”

仇牧不畏强禦而死，則賢之。

莊十二年：“秋八月甲午，宋萬弒其君接及其大夫仇牧。”《公羊傳》曰：“此何以書？賢也。何賢乎仇牧？仇牧可謂不畏彊禦矣。其不畏彊禦柰何？萬嘗與莊公戰，獲乎莊公。莊公歸，散舍諸宮中，數月然後歸之。歸反爲大夫於宋。與閔公博，婦人皆在側，萬曰：‘甚也魯侯之淑，魯侯之美也。天下諸侯宜爲君者，唯魯侯爾。’閔公矜此婦人，妬其言，顧曰：‘此虜也，爾虜焉故。魯侯之美惡乎至？’萬怒，搏閔公，絶其脰。仇牧聞君弒，趨而至，遇之於門，手劍而叱之。萬臂摋仇牧，碎其首，齒著乎門闔。仇牧可謂不畏强禦矣。”

荀息不食其言而死，則賢之。

僖十年：“晉里克弒其君卓子及其大夫荀息。”《公羊傳》曰：“此何以書？賢也。何賢乎荀息？荀息可謂不食其言矣。其不食其言柰何？奚齊卓子者，驪姬之子也，荀息傅焉。〔註六五〕驪姬者，國色也，獻公愛之甚，欲立其子，於是殺世子申生。申生者，里克傅之。獻公病將死，謂荀息曰：‘士何如則可謂之信矣？’荀息對曰：‘使死者反生，生者不愧乎其言，則可謂信矣。’獻公死，奚齊立，里克謂荀息曰：‘君殺正而立不正，廢長而立幼，如之何？願與子慮之。’荀息曰：‘君嘗訊臣矣，臣對曰：使死者反生，生者不愧乎其言，則可謂信矣。’里克知其不可與謀，退弒奚齊。荀息立卓子，里克弒卓子，荀息死之。荀息可謂不食其言矣。”《春秋繁露·玉英篇》曰：“晉荀息死而不聽，衛曼姑拒而弗内，〔註六六〕事異而同心，其義一也。荀息死之，貴先君之命。曼姑拒之，亦貴先君之命也。事雖相反，所爲同，俱貴先君之命耳。難者曰：荀息、曼姑所欲恃者，皆不宜立者，何以得載乎義？曰：《春秋》之法，君立不宜立，不書。大夫立則書。書之者，弗予大夫之得立不宜立者也。不書，予君之得立之也。君之立不宜立者，非也。既立之，大夫奉之，是也。荀息、曼姑之所以得爲義也。”又《王道篇》曰：“仇牧、孔父、荀息之死節，皆行正世之義，守惓惓之心，《春秋》嘉義氣焉，故皆見之，復正之謂也。”

女子之死者：宋伯姬守禮而死，則賢之。

襄三十年：“五月甲午，宋災。伯姬卒。秋七月，叔弓如宋，葬宋共姬。”

《公羊傳》曰："外夫人不書葬，此何以書？隱之也。何隱爾？宋災，伯姬卒焉。其稱謚，何？賢也。何賢爾？宋災，伯姬存焉。有司復曰：'火至矣，〔註六七〕請出。'伯姬曰：'不可。吾聞之也，婦人夜出，不見傅、母，不下堂。'傅至矣，母未至也，逮乎火而死。〔註六八〕"《穀梁傳》曰："取卒之日加之災上者，見以災卒也。其見以災卒柰何？伯姬之舍失火，左右曰：'夫人少辟火乎！〔註六九〕'伯姬曰：'婦人之義，傅、母不在，宵不下堂。'左右又曰：'夫人少辟火乎！'伯姬曰：'婦人之義，保母不在，宵不下堂。'遂逮乎火而死。婦人以貞爲行者也，伯姬之婦道盡矣。詳其事，賢伯姬也。"《春秋繁露·王道篇》曰："觀乎宋伯姬，知貞婦之信。"《淮南子·泰族訓》曰："宋伯姬坐燒而死，《春秋》大之，取其不踰禮而行也。"《新序·雜事一篇》曰："禹之興也以塗山，桀之亡也以末喜，湯之興也以有莘，紂之亡也以妲己，文武之興也以任姒，幽王之亡也以褒姒。是以《詩》正《關雎》，而《春秋》褒伯姬也。"

貴死義，故賤苟生。

國君見獲不能死位，則絶之。

《春秋繁露·竹林篇》曰："《春秋》推天地而順人理，以至尊爲不可以加於大辱至羞，故獲者絶之。"

故蔡侯獻舞名。〔注七〇〕

莊十年："秋九月，荆敗蔡師於莘，以蔡侯獻舞歸。"《公羊傳》曰："蔡侯獻舞何以名？絶。曷爲絶之？獲也。曷爲不言其獲？不與夷狄之獲中國也。"《穀梁傳》曰："蔡侯何以名也？絶之也。何爲絶也？獲也。中國不言敗，此其言敗，何也？中國不敗，蔡侯其見獲乎？其言敗，何也？釋蔡侯之獲也。以歸，猶愈乎執也。"

沈子嘉名。

定四年："夏四月庚辰，蔡公孫歸姓帥師滅沈，以沈子嘉歸，殺之。"《公羊》無傳。何《注》云："不舉滅爲重，書以歸殺之者，責不死位也。"樹達按：沈子嘉名，亦絶也。

邾婁子益名。

哀七年："秋，公伐邾婁。八月，己酉，入邾婁，以邾婁子益來。"《公羊傳》曰："邾婁子益何以名？絶。曷爲絶之？獲也。曷爲不言其獲？内大惡諱也。〔註七一〕"《疏》云："諸侯之禮當死位，今不能死位而生見獲，書其名，起其絶也。"《穀梁傳》曰："益之名，惡也。"范《注》云："惡其不能死社稷。"

曹伯陽名。

哀八年："春王正月，宋公入曹，以曹伯陽歸。"《公羊傳》曰："曹伯陽何以名？絶。曷爲絶之？滅也。曷爲不言其滅？諱同姓之滅也。”樹達按：此亦以見獲絶。

隗子之不名，以小國故不詳耳。

僖二十六年：“秋，楚人滅隗，以隗子歸。”《公羊》無傳。何《注》云：“不言獲者，舉滅爲重。書以歸者，惡不死位。”

國君失國不能死位，亦絶之。

故穀伯綏、鄧侯吾離名。

桓七年：“夏，穀伯綏來朝，鄧侯吾離來朝。”《公羊傳》曰：“皆何以名？失地之君也。”《穀梁傳》曰：“其名，何也？失國也。”《春秋繁露·滅國上篇》曰：“鄧穀失地而朝魯桓，鄧穀失地，不亦宜乎？”《禮記·曲禮下篇》曰：“諸侯不生名，諸侯失地，名。”

鄭忽名。

桓十一年：“鄭忽出奔衛。”《穀梁傳》曰：“鄭忽者，世子忽也。其名，失國也。”

邾子益名。

哀八年：“歸邾子益于邾。”《穀梁傳》曰：“益之名，失國也。”范《注》云：“於王法當絶故。”樹達按：此與前邾婁子益爲一人，《穀梁》止作邾耳。《公羊傳》就其見獲言，《穀梁》就其失國言，故分列之耳。

郜子盛伯之不名，以魯同姓故耳。

僖二十年：“夏，郜子來朝。”《公羊傳》曰：“郜子者何？失地之君也。何以不名？兄弟辭也。”何《注》云：“郜，魯之同姓，故不忍言其絶賤。明當尊遇之，異於鄧穀也。”文十二年：“春王正月，盛伯來奔。”《公羊傳》曰：“盛伯者，何？失地之君也。何以不名？兄弟辭也。”何《注》云：“與郜子同義。”《春秋繁露·觀德篇》曰：“盛伯、郜子俱當絶，而獨不名，爲其與我同姓兄弟也。”

此國君之見賤者也。

鄭祭仲不能死難，故見惡於《春秋》。

桓十一年：“宋人執鄭祭仲，突歸于鄭。”《穀梁傳》曰：“曰突，賤之也。曰歸，易辭也。祭仲易其事，權在祭仲也。死君難，臣道也。今立惡而黜正，惡祭仲也。”樹達按：《公羊》謂祭仲知權，《穀梁》責祭仲不能死難，各明一義，並存之可也。

曹大夫不能死義，故衆殺而不名。

莊二十六年：“曹殺其大夫。”《公羊傳》曰：“何以不名？衆也。曷爲衆殺之？不死于曹君者也。君死乎位曰滅，曷爲不言其滅？爲曹羈諱也。”何《注》

云："曹諸大夫與君俱敵戎戰，曹伯爲戎所殺，諸大夫不仗節死義，獨退求生，後嗣子立而誅之，《春秋》以爲得其罪，故衆略之不名。"

楚公子比不能死義，故加以弑君之罪。

昭十三年："夏四月，楚公子比自晉歸于楚，弑其君虔于乾谿。"《公羊傳》曰："此弑其君，其言歸，何？歸無惡於弑立也。歸無惡於弑立者，何？靈王爲無道，作乾谿之臺，三年不成。楚公子棄疾脅比而立之，然後令于乾谿之役曰：'比已立矣，後歸者不得復其田里。'衆罷而去之，靈王經而死。""楚公子棄疾弑公子比。"《公羊傳》曰："比已立矣，其稱公子，何？其意不當也。其意不當，則曷爲加弑焉爾？比之義宜乎效死不立。"《春秋繁露·王道篇》曰："觀乎楚公子比，知臣子之道，效死之義。"

凡伯不能死義，故書以歸以見其辱命。

隱七年："冬，天王使凡伯來聘，戎伐凡伯于楚丘，以歸。"《公羊傳》曰："凡伯者，何？天子之大夫也。此聘也，其言伐之，何？執之也。執之，則其言伐之，何？大之也。曷爲大之？不與夷狄之執中國也。其地，何？大之也。"何《注》云："録以歸者，惡凡伯不死位以辱王命也。"

此人臣之見賤者也。

逢丑父代齊頃公之死，可謂能捨身矣，而《春秋》非之者，以其使頃公苟生，置其君於人之所甚賤故也。

成二年："秋七月，齊侯使國佐如師。己酉，及國佐盟於袁婁。"《公羊傳》曰："君不使乎大夫，此其行使乎大夫，何？佚獲也。〔註七二〕其佚獲柰何？師還齊侯，晉郤克投戟逡巡，再拜稽首馬前。逢丑父者，頃公之車右也。面目與頃公相似，衣服與頃公相似，代頃公當左，使頃公取飲，頃公操飲而至，曰：'革取清者。〔註七三〕'頃公用是佚而不反。逢丑父曰：'吾賴社稷之神靈，吾君已免矣。'郤克曰：'欺三軍者其法奈何？'曰：'法斮。'於是斮逢丑父。"何《注》云："佚獲者，已獲而逃亡也。當絶賤，使與大夫敵體以起之，丑父死君，不賢之者，於王法頃公當絶，如賢丑父，是賞人臣之絶其君也。若以丑父故不絶頃公，是開諸侯戰不能死難也。"《春秋繁露·竹林篇》曰："逢丑父殺其身以生其君，何以不得謂知權？丑父欺晉，祭仲許宋，俱枉正以存其君。然其丑父之所爲，難於祭仲。祭仲見賢，而丑父猶見非，何也？曰：是非難别者在此。此其嫌疑相似而不同理者，不可不察。夫去位而避兄弟者，君子之所甚貴；獲虜逃遁者，君子之所甚賤。祭仲措其君於人所甚貴以生其君，《春秋》以爲知權而賢之。丑父措其君於人所甚賤以生其君，《春秋》以爲不知權而簡之。其俱枉正以存君，相似也。其正君榮之與使辱，不同理。故凡人之有爲也，前枉而後義者，謂之中權。雖不能成，《春秋》善之，魯隱公、鄭祭仲是也。前正而後有枉者，謂之邪道。雖能成立，《春秋》不愛，齊頃公、逢丑父是也。夫冒大辱以生，其情無樂，故賢人不爲也；而衆人疑焉，《春秋》以爲人不知義而疑也，故示之以義，曰：國滅，君死之，正也。正也者，正於天之爲人性命也。天之爲人性命，使行仁義而羞可恥，非若鳥獸然苟爲生苟爲利而已。是故《春秋》推天施而順人理，以至尊爲不可以生於大辱至羞，故獲者絶之。丑父大義宜言於頃公曰：君慢侮而怒諸侯，是失禮大矣。今被大辱而弗能死，是無恥也，而獲重罪。請俱死，無辱宗廟，無羞社稷。如此，雖陷其身，尚有廉名。當此之時，死賢于生。故君子生以辱，不如死以榮，正是之謂也。天施之在人者，使人有廉恥者不生大辱。大辱莫甚于去南面之位而束獲爲虜也。曾子曰：辱若可避，避之而已；及其不可避，君子視死如歸。謂如頃公者也。”

誅叛盜第四

宋魚石受楚封，則繫彭城於宋以正其叛國之罪。

成十五年：“宋魚石出奔楚。”十八年：“夏，楚子、鄭伯伐宋。宋魚石復入于彭城。”襄元年：“仲孫蔑會晉欒黶、宋華元、衛甯殖、曹人、莒人、邾婁人、滕人、薛人圍宋彭城。”《公羊傳》曰：“宋華元曷爲與諸侯圍宋彭城？爲宋誅也。其爲宋誅柰何？魚石走之楚，楚爲之伐宋，取彭城，以封魚石。魚石之罪柰何？以入是爲罪也。楚已取之矣，曷爲繫之宋？不與諸侯專封也。”《穀梁傳》曰：“繫彭城於宋者，不與魚石正也。”范《注》：“彭城已屬魚石，今猶繫宋者，崇君抑叛臣也。”《左氏傳》曰：“圍宋彭城。非宋地，追書也。於是爲宋討魚石，故稱宋，且不登叛人也。”杜《註》：“登，成也。不與其專邑叛君，故使彭城還繫宋。”

齊慶封受吳封，則書楚子執齊慶封以正其脅國之罪。

昭四年：“秋七月，楚子、蔡侯、陳侯、許男、頓子、胡子、沈子、淮夷伐吳。執齊慶封，殺之。”《公羊傳》曰：“此伐吳也，其言執齊慶封，何？爲齊誅也。其爲齊誅柰何？慶封走之吳，吳封之於防。然則曷爲不言伐防？不與諸侯專封也。慶封之罪何？脅齊君而亂齊國也。”《穀梁傳》曰：“此入而殺，其不言入，何也？慶封封乎吳鍾離，其不言伐鍾離，何也？不與吳封也。慶封，其以齊氏，何也？爲齊討也。”《春秋繁露·楚莊王篇》曰：“楚莊王殺陳夏徵舒，《春秋》貶其文，不予專討也。靈王殺齊慶封，而直稱楚子，何也？曰：莊王之行賢，而徵舒之罪重，以賢君討重罪，其於人心善。若不貶，孰知其非正經！《春秋》常於其嫌得者見其不得也。是故齊桓不予專地而封，晉文不予致王而朝，楚莊弗予專殺而討。三者不得，則諸侯之得殆此矣。此楚靈之所以稱子而討也。問者曰：不予諸侯之專封，復見於陳蔡之滅；不予諸侯之專討，獨不復見慶封之殺，何也？曰：《春秋》之用辭，已明者去之，未明者著之。今諸侯之不得專討，固已明矣。而慶封之罪未有所見也，故稱楚子以伯討之，著其罪之宜死，以爲天下大禁。曰：人臣之行，貶主之位，亂國之臣，雖不篡殺，其罪皆宜死。比於此，其云爾也。”

人臣挾他國之威以陵脅己國，其罪已大矣，況楚與吳，《春秋》時之蠻夷也。魚石、慶封以中國之人受蠻夷之封，憑藉其力以脅中原，故《春秋》謂其罪宜死也。

衛孫林父據戚則書叛。

襄十四年：“衛侯衎出奔齊。”《公羊》無傳。何《注》：“爲孫氏、甯氏所逐。”十九年：“夏，衛孫林父帥師伐齊。”二十五年：“衛侯入於陳儀。”二十六年：“春王二月辛卯，衛甯喜弒其君剽。”《公羊》無傳。何《注》：“甯喜爲衛侯衎弒剽。”“衛孫林父入於戚，以叛。”《公羊》無傳。何《注》：“林父本逐衎，衎入，故叛。”《左氏傳》曰：“書曰入于戚以叛，罪孫氏也。臣之禄，君實有之。義則進，否則奉身而退。專禄以周旋，戮也。”

宋華亥、向甯、華定據南里則書叛。

昭二十年：“冬十月，宋華亥、向南、華定出奔陳。”二十一年：“宋華亥、向甯、華定自陳入于宋南里，以叛。”《穀梁傳》曰：“自陳，陳有奉焉爾。入者，内弗受也。其曰宋南里，宋之南鄙也。”

宋公子辰、仲佗、石彄、公子池據蕭則書叛。

定十年：“秋，宋公子地出奔陳。冬，宋公之弟辰暨宋仲佗、石彄出奔陳。”十一年：“春，宋公之弟辰及仲佗、石彄、公子地自陳入于蕭，以叛。”《穀梁傳》曰：“自陳，陳有奉焉爾。入于蕭以叛，入者，内弗受也。”

晉荀寅、范吉射據朝歌則書叛。

定十三年：“冬，晉荀寅及士吉射入于朝歌，以叛。”

晉趙鞅之入晉陽而興兵也，以討君側之惡人也。然以無君命故亦書叛。

定十三年：“秋，晉趙鞅入於晉陽，以叛。冬，晉趙鞅歸於晉。”《公羊傳》曰：“此叛也，其言歸，何？以地正國也。〔註七四〕其以地正國柰何？晉趙鞅取晉陽之甲以逐荀寅與士吉射。荀寅與士吉射者，曷爲者也？君側之惡人也。此逐君側之惡人，曷爲以叛言之？無君命也。”《穀梁傳》曰：“此叛也，其以歸言之，何也？貴其以地反也。貴其以地反，則是大利也？非大利也，許悔過也。許悔過，則何以言叛也？以地正國也。以地正國，則何以言叛？其入無君命也。”《春秋繁露·順命篇》曰："臣不奉君命，雖善以叛言。晉趙鞅入於晉陽以叛是也。"《史記·趙世家》曰："晉定公之十四年，范、中行作亂。明年春，簡子即鞅謂邯鄲大夫午曰：'歸我衛士五百家，吾將置之晉陽。'午許諾，歸而其父兄不聽，倍言。趙鞅捕午，囚之晉陽。遂殺午。荀寅、范吉射與午善，謀作亂。十月，范、中行氏伐趙鞅，鞅奔晉陽。孔子聞趙簡子不請晉君而執邯鄲午，保晉陽。故書《春秋》曰：趙鞅以晉陽畔。"

《春秋》於竊地叛國之臣，又何其嚴也！

至邾婁庶其之以漆、閭邱來奔。

襄二十一年："邾婁庶其以漆、閭丘來奔。"《公羊傳》曰："邾婁庶其者何？邾婁大夫也。邾婁無大夫，此何以書？重地也。"〔註七五〕何《注》："恶受叛臣邑，故重而書之。"《左氏傳》曰："庶其非卿也，以地來，雖賤必書，重地也。"杜《注》："重地，故書其人。其人書，則惡名彰以懲不義。"

莒牟夷之以牟婁及防兹來奔。

昭五年："夏，莒牟夷以牟婁及防兹來奔。"《公羊傳》曰："莒牟婁者何？莒大夫也。莒無大夫，此何以書？重地也。"《穀梁傳》曰："莒無大夫，其曰牟夷，何也？以地來也。以地來則何以書也？重地也。"

邾黑肱之以濫來奔。

昭三十一年："黑肱以濫來奔。"《穀梁傳》曰："其不言邾黑肱，何也？別乎邾也。其不言濫子，何也？非天子所封也。來奔，内不言叛也。"《左氏傳》曰："邾黑肱以濫來奔，賤而書名，重地故也。君子曰：名之不可不愼也如是。夫有所有名而不如其已。以地叛，雖賤，必書地，以名其人，終爲不義，弗可滅已。是故君子動則思禮，行則思義，不爲利回，不爲義疚。或求名而不得，或欲蓋而名章，懲不義也。齊豹爲衛司寇，守嗣大夫，作而不義，其書爲盜。邾庶其、莒牟夷、邾黑肱以土地出，求食而已，不求其名，賤而必書。此二物者，所以懲肆而去貪也。若艱難其身，以險危大人，而有名章徹，攻難之士，將奔走之。若竊邑叛君，以徼大利而無名，貪冒之民，將寘力焉。是以《春秋》書齊豹曰盜，三叛人名，以懲不義，數惡無禮，其善志也。故曰：《春秋》之稱，微而顯，婉而辨。上之人能使昭明，善人勸焉，淫人懼焉，是以君子貴之。"

此以納竊地叛國之臣者爲魯國，《春秋》爲魯諱，故不以叛書耳，實則與書叛者罪無二也。若紀季以酅入于齊，《春秋》賢之者，以季奉紀侯之命爲之，以存宗廟之祀，非叛者所得藉口也。

莊三年："秋，紀季以酅入于齊。"《公羊傳》曰："紀季者何？紀侯之弟也。何以不名？賢也。何賢乎紀季？服罪也。其服罪柰何？魯子曰：請後五廟以存姑姊妹。”《春秋繁露·玉英篇》曰：“難紀季曰：《春秋》之法，大夫不得專地。又曰：公子無去國之義。又曰：君子不避外難。紀季犯此三者，何以爲賢？賢者故盜地以下敵，棄君以辟難乎？曰：賢者不爲是。是故託賢於紀季以見季之弗爲也。紀季弗爲，而紀侯使之，可知矣。《春秋》之書事，時詭其實，以有避也。其書人，時易其名，以有諱也。故詭晉文得志之實以狩，諱避致王也。詭莒子號謂之人，避隱公也。易慶父之名謂之仲孫，變盛謂之成，諱大惡也。然則説《春秋》者隨其委曲而後得之。今紀季受命乎君，而經書專，無善之名，而文見賢。此皆詭辭，不可不察。《春秋》之於所賢也，固順其志而一其辭，章其義而褒其美。今紀侯，《春秋》之所貴也。是以聽其入齊之志，而詭其服罪之辭也，移之紀季。故告糴於齊者，實莊公爲之，而《春秋》詭其辭，以予臧孫辰。以酅入于齊者，實紀侯爲之，而《春秋》詭其辭，以予紀季。所以詭之不同，其實一也。難者曰：有國家者，人欲立之，固盡不聽。國滅，君死之，正也。何賢乎紀侯？曰：齊將復讎，紀侯自知力不如而志距之，故謂其弟曰：‘我宗廟之主，不可以不死也。汝以酅往服罪於齊，請以立五廟，使我先君歲時有所依歸，率一國之衆以衛九世之主。’襄公逐之，不去。求之，弗予。上下同心而俱死之，故謂之大去。《春秋》賢死義，且得衆心也，故爲諱滅。以爲之諱，見其賢之也。以其賢之也，見其中仁義也。”

〔註一〕惡詐擊而善偏戰。約結期日而後戰，謂之偏戰，詐戰則反是，詐擊即詐戰也。倭奴之犯我遼寧，侵我盧溝，襲擊美國之珍珠港，皆詐戰也。若先宣戰而後戰者，則庶乎偏戰矣。倭奴之詐，世界正義之國無不惡之。而《春秋》則早已標惡詐戰之義。世人或以《春秋》爲迂遠不切事情之學，觀此可恍然大悟矣。

〔註二〕恥伐喪而容復讎，他國有喪而伐之，爲不義之事，《春秋》所恥。復讎之師，則《春秋》以爲榮。

〔註三〕哀公亨乎周。亨與今烹字同。

〔註四〕卜之，曰：師喪分焉。此卜者之辭。分，半也。

〔註五〕寡人死之，不爲不吉也。此襄公答卜者之辭。師喪其半，國君死，猶爲吉者，以能復讎故也。此見襄公復讎之決心。

〔註六〕諸侯世，故國君爲一體也。世謂世世相傳。

〔註七〕今紀無罪，此非怒與！怒，遷怒也。

〔註八〕猶無明天子也。猶與由同。

〔註九〕然則齊紀無説焉。無説謂無辭可以相接。

〔註一〇〕惡其會仇讎而伐同姓，故貶而名之也。名之，謂直稱溺之名。

〔註一一〕其不言如，何也。如，往也。

〔註一二〕躬君弑於齊。躬謂魯莊公本身。君弑於齊，謂桓公爲齊所弑。

〔註一三〕於廟則已尊，於寢則已卑。已尊已卑，謂太尊太卑。

〔註一四〕爲之築，節矣。節，謂適宜。

〔註一五〕入者，内弗受也。弗受，猶今言不接受。凡不合義之事言之。

〔註一六〕日入，惡入者也。説《春秋》者，有日月例。以《春秋》所書日月，皆有褒貶之意存乎其間。此説不甚可信。然傳聞屢言之。此文日入，謂夫人姜氏入上記有丁丑日子也。

〔註一七〕娶仇人子弟以薦舍於前。范《注》云：薦，進也。舍，置也。

〔註一八〕此復讎乎大國，曷爲使微者。微者謂士，以非卿大夫故爲微也。此經書及齊師戰于乾時。及上無主名。不書誰及之，有似乎微者，故傳發問也。

〔註一九〕不與公復讎也。不與猶今言不許，不許者謂其無誠意也。

〔註二〇〕復讎者在下也。下指諸大夫。

〔註二一〕何以不書葬？隱之也。隱，痛也。

〔註二二〕公薨不地，故也。他公之薨皆記其地，如言公薨於路寢是也。不地謂不記地，故謂變故。

〔註二三〕讎在外也。桓公爲齊所弑，故云讎在外。

〔註二四〕父不受誅，子復讎可也。何《注》云：不受誅，罪不當誅也。

〔註二五〕用事乎河。用事謂祭。

〔註二六〕則若時可矣。若，此也。

〔註二七〕以蔡侯之以之，舉其貴者也。舉貴謂稱子。

〔註二八〕相衛而不相迿，迿與徇同。《史記·韓世家·注》云：徇，從死也。言朋友復讎，義當保衛之，而不得以已身從之死也。何休訓迿爲先，非是。

〔註二九〕《春秋》嚴夷夏之防。夷謂夷狄，夏謂中國。

〔註三〇〕曷爲殊會吴？叔孫僑如……會吴于鍾離，將吴特别提出，故云殊。

〔註三一〕楚子何以不名？不名，不稱其名。《春秋》以稱名爲貶，此問其何以不貶稱名。

〔註三二〕而魯追戎則大之。大猶言褒美。

〔註三三〕則未知其之晉者也。言不知之晉者誰殺之。

〔註三四〕其日，何？日謂書其日子，甲午是也。下凡云日者，義同。

〔註三五〕其地，何？地謂書其地，鹹是也。下凡云地者，同。

〔註三六〕卒怗荊。怗，服也。

〔註三七〕誅意不誅辭之謂也。誅意猶言誅心，不誅辭，謂於文辭不誅之。

〔註三八〕陳侯使袁僑如會。如，往也。

〔註三九〕曷爲殊及陳袁僑。殊及謂特别單獨提出及陳袁僑盟。與上言殊會意同也。

〔註四〇〕禮：諸侯不生名。諸侯生時不稱名，故云不生名。

〔註四一〕起得鄭爲重。起猶今言表示或暗示。

〔註四二〕不以伐鄭致。凡書公至自某者爲致。不以伐鄭致，謂不以公至自伐鄭書於經也。

〔註四三〕夷狄主中國則不與。不與，不許也。猶今言不承認。

〔註四四〕執之則其言伐之，何？大之也。此大之謂張大其辭，與褒美之意不同。

〔註四五〕變之不葬有三。不葬謂不書葬。

〔註四六〕雖許夷狄，不壹而足。不壹而足，謂不一次完全充足許之。

〔註四七〕夷狄不卒。不卒謂不書卒。

〔註四八〕以逆莊王。逆，迎也。下文逆晉寇，同。

〔註四九〕古者杅不穿、皮不蠹，則不出乎四方。言儲積不充足萬分，則不向外發展也。

〔註五〇〕告從不赦，不詳。詳與祥同。人告服從而不赦其過，不善也。

〔註五一〕疆者吾辟之。辟與避同。

〔註五二〕今還師而佚晉寇。佚謂使之逸云。

〔註五三〕如挑與之戰。如與而同。

〔註五四〕夷狄反道。反猶言歸，謂歸於道。次條反夷狄也，反字義同。

〔註五五〕行乎夷狄。謂爲夷狄之行爲。

〔註五六〕何以謂之吴也？狄之行。狄之謂當做夷狄看。

〔註五七〕宰上之木拱矣。宰謂墳塚。拱謂用手對抱。

〔註五八〕吾將尸爾焉。尸謂收其屍骸。

〔註五九〕宋伯姬疑禮而死於火，齊桓公疑信而虧其地。疑禮疑信謂恐或失禮失信。

〔註六〇〕而强大厭我，厭與壓同。

〔註六一〕我心望焉。望，怨也。

〔註六二〕紀季何者？紀侯之弟也。何以不名？賢也。不名，謂不書其名。季是字，故曰不名。

〔註六三〕孔父閑也。閑，今云抵抗。

〔註六四〕孔子故宋也。謂孔子原來是宋國人。

〔註六五〕荀息傅焉。傅謂爲奚齊卓子之師傅。下文里克傅之，義同。

〔註六六〕衛曼姑拒而弗内。内與納同。此事詳《大受命》及《親親》二篇。

〔註六七〕有司復曰：火至矣。復，今云報告。

〔註六八〕逮乎火而死。逮，及也。言爲火所及。

〔註六九〕夫人少辟火乎。辟與避同。

〔註七〇〕故蔡侯獻舞名。名謂直書其名。

〔註七一〕内大惡諱也。内謂魯國，諱謂避諱不言。

〔註七二〕君不使乎大夫，此其行使乎大夫，何？佚獲也。君不使乎大夫，謂君不當見驅使於大夫。逢丑父使公取飲，是君使乎大夫也。何休不明此義，故注説不明。佚獲謂使見獲者逃去。

〔註七三〕革取清者。革，改也。此故意使之逃去也。

〔註七四〕以地正國也。謂借地方之力以匡正中央。

〔註七五〕重地也。以地來奔，其事重大，故云重地也。

積微居金文説

自序

余於一九四〇年歲杪始專治彝銘，時避倭寇之難，僻處湘西，羣書不備，雖偶有造述，未敢示人，聊以自遣而已。旋以書缺，棄不復治。一九四二年春，大病幾死，夏秋病已，重理茲業，到今十年，中間雖以旁治甲骨經典，時有作輟，然十年之中耗於此事者，日月爲獨多焉。平生喜爲經史諸子校勘之學，私獨好高郵王氏所著書，歎爲絶業。近代學人雖復力求踵武，亦步亦趨，然謹嚴審核，未能逮也。彝銘之學，用在考史，不惟文字，然字有不識，義有不究，而矜言考史，有如築層臺於大漠，幾何其不敗也！余受性椎魯，不自揣量，妄欲用王氏校書之法治彝銘，每釋一器，首求字形之無牾，終期文義之大安，初因字以求義，繼復因義而定字。義有不合，則活用其字形，借助於文法，乞靈於聲韻，以假讀通之。姑舉卷中所記若干事言之：《弭仲簠》，弭仲畀壽，讀畀爲其；《章白䡅毁》，隹王伐逨魚，𢓊伐淖黑，《臣辰盉》，隹王大龠于宗周，𢓊餈莽京年，讀𢓊爲遂；《曾子仲宣鼎》，宣喪用饔其諸父諸兄，《矢令彝》，爽𠂇右子乃寮以乃友事，讀喪爽爲尚；《不嬰毁》，戎大同逨追女，讀逨爲用；《縣改毁》，𠭯！乃任縣伯室，《彔伯𢦏毁》，𠭯！淮夷敢伐内國，讀𠭯爲嗟；自氒祖考有捪于周邦，讀捪爲勳；《頌鼎》，命女官𤔲成周貯廿家，監𤔲新造貯，用宮御，讀貯爲紵；《吕鼎》，王餈△大室，吕祉于大室，《殘盂鼎》，王格廟，祝祉，讀祉爲侍；《全盂鼎》，匍有四方，讀匍爲撫；《敔毁》，南淮夷遷及内，讀遷爲竄；《㝨尊》，㝨从王女如南，攸貝，讀攸爲休賜之休；《舍武鐘》，舍武于戎攻，霝昏，讀舍爲余，讀霝昏爲令聞；《效卣》，公錫氒涉子效王休貝廿朋，讀涉爲世；《農卣》，毋俾農弋，使氒友妻農，讀弋爲孤特之特；《麥盉》，𩰫于麥宮，讀𩰫爲過；《吳姬匜》，自乍吳姬賸匜，讀賸爲𩱨；《叔毁叚父》，叔叚父乍惠毁，讀惠爲饙；《蔡子匜》，蔡子旅自作會匜，讀會爲沬；《元年師兑𣪘》，易女乃且巾，讀巾爲旂；《師遽彝》，王乎宰利易師遽瑚珪一，瑗章四，讀瑚爲縵，讀瑗爲瑑；《尹光鼎》，王鄉酉，尹光邐，讀邐爲媟；《白𢦔𣪘》及《善鼎》，唬前文人秉德共屯，讀唬爲效；《史喜鼎》，史喜乍朕文考翟祭，讀翟爲禴；《叔夷鐘》，虩虩成唐，讀虩虩爲赫赫；《不𡢁𣪘》，馭方厰允廣伐西俞，讀馭方爲朔方；《秦公𣪘》，竈囿四方，讀竈囿爲《詩》肇域彼四海之肇域；此關於義訓者也。其屬於史事者，釋《𩍐鞥鎛》之𩍐叔爲鮑叔，釋《姑鵬句鑃》之昏同爲舌庸，釋《衛子叔先父簠》之子叔先父爲公孫剽，釋《蔡子匜》之蔡子旅爲蔡侯廬，釋《保侃母壺》之王姛及《鱻姛鼎》之鱻姛爲褒姒；釋《邾友父鬲》之䦎媡之䦎爲《左傳》凡蔣邢茅胙祭之胙。其屬於政治文化制度者，讀《兮甲盤》而知周政之壞，讀《晉公𥂴》證以《左傳》而知晉力之衰，合觀《王孫遺諸鐘徐王䊵鼎》知徐器用韻特精，見其文化之卓，觀《叔夷鐘》多用複詞，與同時之吕相《絶秦書》相類，而知齊晉當時文字之同風，合觀《格伯𣪘》《散氏盤》罙谷杜木諸名知古代封樹及以木名野之制，合觀《毛班𣪘》之吳伯吕伯，及《靜𣪘》之吳來吕㦁，知《周官》貴游子弟入學説之可信。凡若此類，乍得一義，未嘗不欣然自喜。然三代遺文，奇詭奧博，有時伏案展卷，千思百慮，目瞪口呆，竟日不能下一語，然後自見其才力之薄爲可驚也。頻年撰述，得文字四百餘首，念一時精力所存，未忍舍棄。去春少事，輒取舊稿大加删薙，頃復簡擇，存文二百八十二篇，爲器二百三十有八，析爲七卷。先後次第，以撰稿時日爲衡，其一器數釋，以後附前，聚於一簡，庶便參稽。伏冀並世通人糾其違謬，匡其不逮，俾余於炳燭餘年有所進益，雖百朋之錫，何以過之。一九五一年四月十日長沙楊樹達書於嶽麓山齋。

一九五一年八月，余得中國科學院考古研究所書，告余此稿可由所出版。十一月，考古研究所以稿寄余，囑余爲最後一次之校訂，因得增補文字四篇，即《虢季子白盤三跋》，《𢿱𣪘再跋》，《叔向父𣪘跋》，《叔夷鐘六跋》，是也。大凡得文二百八十六篇，爲器二百三十有九云。十一月二十九日樹達記。

新識字之由來　一九五一年三月二十八日

余整理十年來金文説既成，以示門下諸生。諸生有來言者曰：彝銘之學，識字爲先。先生熟於許書，洞明條例，卷中於前人缺釋或誤釋之字新識得四五十文，通讀之字，數亦稱是，可謂富矣。然先生所由得此之塗徑與方法，亦可略示一二，令後生有梯可登，有階可循乎？余曰：此固有之，然余由之而不知，習焉而不察。子言及此，則取余之所得紬繹之，歸納之，如今人所稱從實踐中抽出理論者，亦吾所願爲之者也。因作此示諸生。藉以求教於當世君子云。

舉其條目，一曰據《説文》釋字，二曰據甲文釋字，三曰據甲文定偏旁釋字，四曰據銘文釋字，五曰據形體釋字，六曰據文義釋字，七曰據古禮俗釋字，八曰義近形旁任作，九曰音近聲旁任作，十曰古文形繁，十一曰古文形簡，十二曰古文象形會意字加聲旁，十三曰古文位置與篆文不同，十四曰二字形近混用云。

一 據《説文》釋字

據《説文》所記之字形以識字，此至簡單至易爲之事也。然而字形繁簡小異，位置略殊，則人多忽而不察焉。

《魯伯俞父簠》有字，又見《伯俞父鬲》及《伯俞父盤》。吳榮光釋年，吳雲劉體智從之。方濬益釋仁，劉心源釋𡰥，吳式芬吳大澂羅振玉郭沫若並闕而未釋。余謂此字也。《説文·八篇上·部》云：“，善也，从人士，一曰，象物出地挺生也。”按許後説是也。字下从土，銘文字中畫下出者，象挺出物之根在地下，於字之形義固無忤也。諸家誤釋，殆以字形與《説文》小異故歟！

《叔䵼父毀》大小二器有字，或作，吳大澂無釋，羅振玉釋鷥。余謂此《説文》鷀字也。甲文金文皆以88爲茲，88即絲字，古文絲茲無别。88孳乳爲茲，从絲之鷥亦變而从茲爲鷀，鷥實鷀之初文，當以《説文》之鷀爲釋。羅氏依字畫之，昧於發展規律矣。

《叔匜》器銘作，蓋銘作，《西清續鑑乙編》釋爲唯叔，羅振玉《貞松堂集古遺文》題凭叔，《寶蘊樓彝器圖録》釋作隹叔。余謂三書皆誤釋，此即《説文》隼字也。《説文·四篇上·鳥部》云：“鵻，祝鵻也，从鳥，隹聲。”或作隼，云：“鵻或从隹一。”此匜器銘作，與《説文》从隹从一之字正同。蓋銘作，从一微下垂耳。

《杞子每□甗》□字，方濬益《綴遺齋彝器考釋》玖卷廿柒葉下釋爲父字。余謂此《説文》之刅字也。《説文·四篇下·刅部》云：“刅，傷也，从刃，从一。”或作創。方氏誤釋者，豈以篆文作□，作直形，銘文作□，爲横形，故爾不識歟！

商承祚《十二家吉金圖録》下册鏡捌載《□乍且乙爵》云：“□乍且乙彝”。□字原書無釋。余按《説文·畗部》良字古文作□，此即其字也。此器銘在鋬内，上截一畫隱而不見，故只作□形耳。第五字彝字下截亦隱在器内不見，可以證也。

按龜甲文晚出，前人多未及見，故從來考釋彝銘者莫不根據許氏《説文》以探索古文。余今所業，除少數文字根據甲文銘文外，大抵皆據《説文》也。此條特標據《説文》者，以上列諸字事尤顯著，而前人竟以字形略有異同，遂皆失之眉睫，故特表明之，非謂其他文字之考釋非據《説文》也。

二　據甲文釋字

《貞松堂集古遺文》拾卷叁叁葉上載《蔡子匜》云：“蔡子□自乍會△。”□字羅振玉無釋。《十二家吉金圖録》上册雪十七有此器，商承祚釋佗。余謂此旅字也。旅甲文作□，《書契前編》壹卷貳葉陸版作□，同上捌葉捌版可證也。

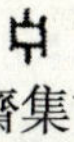

《愙齋集古録》拾肆册廿弍葉上載《父乙盉》云：“□未父乙册。”□字吴大澂無釋。方濬益《綴遺齋彝器考釋》劉心源《奇觚室吉金文述》羅振玉《殷文存》劉體智《小校經閣金文》並釋作宁字。余謂此子字也。子字甲文恆作□，亦有作□者。《殷契卜辭》伍玖伍片乙云：“丁酉卜，貞其多□王爯。”多子之文卜辭屢見，此多□亦即多子，可以證也。此器乃子名未者爲父乙作盉也。

《攈古録金文》弍之壹卷拾陸葉下載《子孫祖丁觚》，銘文凡七字，末爲“□且丁”三字。□吴式芬釋爲爵形。《綴遺齋彝器考釋》拾陸卷廿伍葉上亦載此器，方濬益釋作鼎形。余謂此子字也。子字甲文或作□，《書契後編》下卷壹葉伍版銘文字形與彼大同，可證也。爲祖丁作器而題曰子，似不可通，然《子祖辛卣》亦題子祖辛也。見《窓齋集古録》拾捌册柒葉上

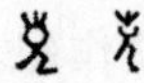

《貞松堂集古遺文補遺》上卷柒葉上載《父乙臣辰鼎》，銘文云："父乙臣辰□。"羅振玉於□字無釋。臣辰尚有爵一，毁二，尊一，並見羅氏書中，皆有此字，羅氏並無釋。又《集古遺文》捌卷肆叁葉下有《臣辰盉》，末署"臣辰册册□"，□字羅振玉亦無釋，吳闓生《吉金文録》肆卷廿玖葉上于思泊《吉金文選》下叁卷拾叁葉下並釋爲先，郭沫若《兩周金文辭大系考釋》上册叁弍葉上釋爲族徽。《集古遺文續編》中卷廿叁葉上有《臣辰父癸卣》，銘末字與《臣辰盉》同，羅氏釋□作光。劉體智《小校經閣金文》弍卷叁玖葉上載《臣辰光册·父乙鼎》，亦釋□爲光。余謂□□皆子字，釋先釋光釋族徽者皆誤也。知者，子字甲文作□，《前編》弍卷叁壹葉弍版作□，《後編》下卷伍葉拾肆版銘文形體雖小異，結構相同，可證也。又諸器多有父乙父辛父癸之稱，子字皆對父爲言也。其或作□，或作□者，或但作輪廓，或填實書之，故不同耳。

《善齋彝器圖録》圖壹伍伍載《御□正爵》，□字原書無釋。余謂此良字也。良字甲文作□，《前編》弍卷廿壹葉叁版作□，《龜甲》壹卷拾捌葉拾版此字形與彼同，可證也。《𤔲寇良父壺》良字作□，較此文爲繁也。

以上五文，據甲文全字釋字。

《窓齋集古録》弍拾册柒葉上載《父辛觶》云："□乍父辛。"□字吳大澂無釋。按方濬益《綴遺齋彝器考釋》廿叁卷廿柒葉上亦載此器，名爲《屋形父辛觶》，釋□爲屋形。余按甲文家字作□，《前編》柒卷叁捌葉壹版向字作□，同上弍卷廿葉柒版金文从宀之字亦多作□形，則此銘之□字乃宀字也。

右（本書改豎排爲横排后，"右"當爲"上"意。后同，不一一註明。——編者註）一文，據甲文偏旁釋字。

三　據甲文定偏旁釋字

會意形聲之字，往往由二字或三字組成，此二字或三字，析言之，即偏旁也。整字中有一偏旁不可識，則整字無由識，雖或意測得之，猶

不得認爲已識也。

《農卣》云："事使卑友𡜋農！"𡜋字《西清古鑑》釋嬬，《小校經閣金文》釋婁，並非是。劉心源《奇觚室吉金文述》陸卷拾伍葉上云："古文䶒字从此，是妻字也，从母與从女同意。古文母女通。"按劉釋其字爲妻，又謂从母與从女通，皆是也，謂䶒字从此，則非是。《説文·七篇上·齊部》䶒字从齊从妻，與此字形異，知劉説雖偶中，實未真識此字也。余謂甲文西字作𠙹，此字實从母，从古文西，乃妻之或體字。《説文》記西字或作棲，从木，妻聲，西妻二字古音相同，故此妻字以西爲聲也。

《貞松堂集古遺文》拾卷廿壹葉上載《𦱤大乍父辛爵》，羅振玉釋第一字作䒗。余謂此芺字也。矢字甲文作𠂒，見《甲骨文編》伍卷拾肆葉上此字所从與彼同，从茻與从艸同。《説文·一篇下·艸部》云："芺，菜也，从艸，矢聲。"字从茻與从艸同。羅氏頗習甲文，於此矢字乃不能辨識，亦可怪也。

右舉二例，據甲文全字定偏旁釋字。

《綴遺齋彝器考釋》拾玖卷廿肆葉上載《子執惠爵》，銘文一字，作𢀬。按方濬益題爲子執惠，認左旁爲子字，是也，而認右旁爲惠，則非是。余謂甲文从糸之字多作𢆶形，知此字右旁从糸。字从子从糸，乃孫字也。金文孫字皆从糸，無從系者，《説文》謂孫字从系者，非也。金文亦無系字。

《攈古録金文》弍之叁卷陸壹葉上載《伯䢅毁》云："隹用妥神褱鬼，𣅀前文人秉德共屯。"𣅀字吳式芬釋爲从日从虎之㬻，吳闓生《吉金文録》叁卷廿玖葉下從之。劉體智《小校經閣金文》捌卷叁弍葉下于思泊《吉金文選》上叁卷拾弍葉下並釋爲虤，左旁从甘。郭沫若《兩周金文辭大系考釋》上册陸伍葉上謂字从口，《攈古録》誤摹爲从甘。余按諸家之説並非也。吉字从口，甲文或不从口而从𠙵；《甲骨文編》弍卷拾葉上甲文害字从口，又𠙵或从作𠙵。《前編》弍卷叁拾葉叁版據此知此𣅀字所从之𠙵仍是口字，非日字，亦非甘字也。《小校經閣金文》載此器，字亦从𠙵，知非《攈古録》誤摹矣。《善鼎》云："隹用易福，唬前文人秉德共屯，"與此銘文句同，彼文唬字从口，可證此从𠙵之𣅀仍是唬字也。《説文》唬讀若暠。《玉篇》

云："唬，呼交切。"字蓋假爲效或學。知者，《叔毛鼎》云："唯△學前文人秉德……"與此設及《善鼎》句例並同，是其證也。有讀唬爲乎者，非也。

以上二例，據甲文之偏旁定偏旁以釋字。

四　據銘文釋字

玗

《攈古録金文》卷弍之弍伍葉上載《𢼄霝卣》，原作《丁師卣》文云："子易錫𢼄霝玗一，𢼄霝用乍丁師彝。"吴式芬釋"玗一"爲"玗圜形一"。阮元《積古齋彝器款識》卷壹叁肆葉下録此器，釋○爲珠，謂玗珠一爲玗一珠一。余謂阮吴之釋並非，○乃玉之象形字也。知者，《馭方鼎》云："王窺易馭△△方玉五瑴，"瑴字作𡵂，字不从玉而从○，知○即玉字也。玗字已从玉，復从○者，辟法之字古止作𠪚，从辛从人，辟字从○，乃玉璧之璧本字。《説文》誤以从○者爲从口。辟字已从○，後復有从玉之璧，此玗字已从玉，又復从○，與璧字例正同也。璧字用羅振玉説，見《殷虚文字類編》玖卷叁葉上

ㄌ

《窸齋集古録》拾肆册拾弍葉下載《杞伯敏父壺》敏字當作每云："杞伯每ㄌ作鼄嫊寶盨"。ㄌ字陳介祺釋父，吴大澂《窸齋集古録》拾卷拾壹葉下《杞伯敦》方濬益《綴遺齋彝器考釋》廿伍卷陸葉上《杞伯登》並從之，劉心源《奇觚室吉金文述》壹卷廿肆葉上釋爲《説文》訓變之匕，劉體智《小校經閣金文》柒卷玖拾柒葉《杞伯敦》釋爲《説文》訓相與比敘之匕，郭沫若《兩周金文辭大系考釋》下册壹玖捌葉《杞伯壺》釋爲H。自餘吴式芬《攈古録金文》弍之弍卷弍肆葉《杞伯鼎》弍之叁卷柒葉《杞伯壺》羅振玉《貞松堂集古遺文》伍卷拾玖葉《杞伯設》並闕而不釋。余按諸家之釋並非是，ㄌ字即刅字也。知者，銘文梁粱等字皆从刅，獨《陳公子甗》粱字省米作汈，从水从ㄌ，他字从刅者此獨从ㄌ，故知此ㄌ即刅字矣。

冈

《雙劍誃吉金圖録》上卷肆捌葉上載《冈父辛觶》云："冈父辛。"于思泊云："冈即冂之變體。"按本書前有《冂父己彝》，冂字無釋，然則冈究爲何字，仍不明也。余謂冈乃网字之省文，网則網之古文也。知者，《石鼓己鼓》罟字作罟，所从网字作网，與冈形近。《兮甲盤》

有罳字，作□，所从□字與此字形同，可證也。

□

《愙齋集古録》拾玖册廿伍葉上載《叉卣》云："公姞令□嗣田。"□字阮元《積古齋鐘鼎彝器款識》伍卷柒葉上釋爲邑，吳式芬《攈古録金文》弍之叁卷伍玖葉上改釋爲叉，吳大澂此書及劉心源《奇觚室吉金文述》陸卷拾肆葉上方濬益《綴遺齋彝器考釋》拾弍卷廿壹葉下劉體智《小校經閣金文》肆卷陸壹葉上並从吳釋叉，鄒安《周金文存》伍卷玖拾葉上釋爲丑。余謂字與邑殊遠，阮釋之誤不待言矣。叉丑二字並从又，細審此字，上象人張口形，下从人，非从又，吳鄒二釋亦皆非也。考《師湯父鼎》欶字，《所魚匕》欽字款字，三字所从之欠並作□，上象人張口，下从人，知此字所从之□實欠字。字从二从欠，乃次字也。

□

《武英殿彝器圖録》上册陸叁葉下載《斂簋》，銘文云："□寏敕用乍訇辛晝毁。"原書無釋。今按《愙齋集古録》拾肆册廿肆葉上有《父辛盉》，銘文云："□此字在亞形中父辛。"□字爲《説文》孳字古文□字之省形，孳子古音同，"□父辛"即子父辛，對父辛而言子也。□字左旁之□，乃□字之省形，亦子字也。字从子从女，知此字乃好字矣。

五 據形體釋字

□

《善夫克鼎》云："叀于萬民，□遠能□。"按□字《愙齋集古録》伍卷壹葉下《奇觚室吉金文述》弍卷廿捌葉下影片及《綴遺齋彝器攷釋》肆卷廿伍葉下摹本並摩泐不明，惟《小校經閣金文》影片叁卷叁弍葉上較爲明晰，其字右旁作□，左从頁。同銘有頣字顯字，此頁字上截與顯字右旁頁字上截同，下截與頣字右旁頁字下截同。當釋作顖。諸家釋文者，吳大澂劉心源於此字並無釋，獨方濬益釋作顖，字形最合，而不明言其爲何字。余謂此當爲匘之加形旁字。《説文·八篇上·匕部》云："匘，頭髗也，从匕，匕相匕箸也，巛象髮，囟象匘形。"此字右旁之□即《説文》匘字，形但从囟，省不从象髮之巛，《説文》云从匕者，即此乚形之誤，人匘在首，故加義旁頁也。匘與柔古音同，匘遠能□即經傳之柔遠能邇也。又按此字孫詒讓定爲□字，謂是擾之異文，《籀廎述林》柒卷拾肆葉近日劉體智《小校經閣金文》吳闓生《吉金文録》壹卷拾捌葉下郭沫若《金文叢考》肆册弍伍捌葉下並從其説釋爲擾，而郭氏《兩周金文辭大系考釋》中册壹弍壹葉上釋爲𩞁，于思泊《吉金文選》上弍卷拾伍葉下又釋爲𩞁，皆非也。

六　據文義釋字

《小校經閣金文》叁卷玖捌葉下載《我作父己甗》有云："貝五朋。"字原書無釋。《貞松堂集古遺文補遺》上卷拾叁葉上載《𠨘父己鼎》文與此銘同，羅振玉於字亦無釋。余以文義求之，疑此字當爲賜錫賞賚等義之字。賜錫字古音在錫部，聲屬心母，以此爲導線求之，得與心母音近清母之朿字，而此字正象木有芒刺之形，因定爲朿字而讀爲賜，於是形音義皆合也。朿字《説文》作朿，失其形矣。

《雙劍誃吉金圖録》上卷叁弍葉上載《盂卣》，銘文云："兮公室盂鬯貝十朋。"于思泊《考釋》捌葉及羅振玉《貞松堂集古遺文補遺》中卷拾弍葉上吳闓生《吉金文録》肆卷拾柒葉上並釋爲束。于云："鬯係香草，故可稱束。"余按鬯酒以香草爲之，鬯非草也。《詩經》及銘文賜鬯皆以卣計，稱束又不合也。余疑此字當與下貝字連文，古人恆言龜貝，《文姬匜》云："子易龜貝，"其明證也。蓋象人从上下視龜背之形，頭尾四足具，非束字也。

潘祖蔭《攀古樓彝器欵識》下卷壹葉下載《𩁹鈴鎛》云："𩁹叔有成于齊邦。"或釋爲裳字，形誠似矣，然文不可通也。余謂《説文》勞字古文作，云："古文勞从悉。"此形與彼略同，與炏同，∧即彼文之，即彼文之，但省釆作耳。《叔夷鐘》云："堇勞其政事，"勞字形與此銘正同。以兩器文義勘校，其爲勞字決也。

《貞松堂集古遺文》柒卷拾柒葉下載《季受尊》云："△△于△季受貝二朋，乍休，用乍考△父隮彝。"字羅振玉釋子，《西清古鑑》捌卷叁拾玖葉亦載此器，釋作保，文義皆不可通。余按之銘文通例，此字非易字不可。因檢貨幣銘文，《晉陽幣》易字作，與銘文同，故知子字之釋形雖是而實則非也。

據以上諸字例觀之，釋字形雖近是而文義不可通者，必非真是也。

得其文義而字形亦從而得矣。故學者貴好學深思心知其意也。

七 據古禮俗釋字

《小校經閣金文》弍卷玖捌葉下載《徐王鑵鼎》云："郗王鑵用其良金，鑄其□鼎，用□庶腊。"□字劉體智此書及羅振玉《貞松堂集古遺文》叁卷廿壹葉下並如字書爲□，不言其爲何字。吳闓生《吉金文録》壹卷叁捌葉上釋爲鬻，于思泊《吉金文選》上弍卷拾柒葉下亦如字書之而讀爲鬻，郭沫若《兩周金文辭大系考釋》下册壹伍玖葉上讀爲膷。余謂《説文·䰜部》云："鬻，五味盉羹也。从䰜，从羔。"或作□，从䰜省，从羔，从美。或作羹，从羔，从美。此字作□，从䰜省，从羔，與《説文》鬻□二字大同，知亦羹字也。其从采者，采謂菜也。古羹有二，一曰鉶羹，一曰太羹。太羹無菜，鉶羹則有菜。《禮記·曲禮上篇》云："羹之有菜者用梜，其無菜者不用梜。"《正義》謂有菜者爲鉶羹，無菜者爲太羹，是也。鉶羹用菜，故此羹字从采。有菜之羹實於鉶，故曰鉶羹，鉶亦鼎也。郗王鑵鑄鼎，將以載有菜之羹，故字用从采之□，尤爲切合也。無菜之大羹實於豆，不實於鉶。

八 義近形旁任作

《寶藴樓彝器圖録》上册伍肆葉下載《周□叓》簋，□字依字書之，無釋。羅振玉《貞松堂集古遺文》卷肆肆拾葉下合□叓二字釋作農，按皆誤也。此字从茻，从田，古文从茻之字與从艸同，知此乃苗字也。

《攈古録金文》叁之叁卷弍拾葉上載《不娸毁蓋》，毁原書作敦有云："女以我車宕伐𡨦玁□于高陵。"孫詒讓《古籀餘論》下卷弍葉下謂字下从夂，銘文乃借夋爲允。余謂孫説誤。允字下从古文人之儿，□字下从女，古文从人與从女無别也。

《窸齋集古録》拾壹册廿陸葉下載《宰□毁》，原題《來獸敦》銘文有云："王□宰□貝五朋。"□字吳大澂無釋。余謂此字上从火，下从女，乃光字也。《説文》記光字上从火，下从古文人之儿，此从女，與从儿同。

《説文》倏嫉同字，媨侑同字，可證也。光當讀爲貺，賜也。

《嘯堂集古録》上册叁柒葉上載《宛卣》，原題《商母乙卣》銘文云：“王易貝朋。”王俅以此字與下貝字合爲一字，釋作賓，洪頤煊《讀書叢録》釋作宴，孫詒讓《古籀拾遺·鄦子鐘跋》引洪説而贊之，余謂王洪二釋皆非也。《説文》記宛字从宀从夗，夗字从夕从卩，《説文》从卩之字，古文皆作人跽形，亦即人字。此銘从女，與《説文》从卩者同，實宛字也。

《愙齋集古録》拾壹册拾肆葉下載《豨毁》，毁原作敦銘文有云：“對揚王休，自乍寶器。”吴大澂如字書之。徐同柏釋爲肄。余謂此字左从，即《説文》之㣇字，㣇下云：“河内名豕也。”㣇與豕古本爲一字，乃希字之省作，此字即《説文》之豨字也。

《貞松堂集古遺文補遺》中卷廿柒葉下載《馬爵》云：“馬乍彝。”羅振玉於字無釋。余謂《説文》記走字从夭从止，此字从夭从彳，从彳與从止同也。彝銘走字固多从止者，《井侯彝召尊》《效卣》《右走馬嘉壺》諸器則皆从夭从止又从彳，此則不从止而从彳，古人文字繁簡不一，往往如此矣。

《貞松堂集古遺文》捌卷廿玖葉上載《小子相卣》云：“甲寅，子商小子相貝五朋。相易商君，當作君商用乍父已寶彝。”字羅振玉釋玥，不知其爲何字。吴闓生《吉金文録》肆卷拾弍葉下于思泊《吉金文選》下叁卷捌葉下並闕釋。余謂此字左从丮，右从丰，乃丰之省作，此奉字也。奉字或从丰省作，見《散氏盤》。丮字甲文作，金文作，《毛公鼎》玥字偏旁如此。皆象人伸二手之形，義與収同，此字从，象伸一手，乃省作也。《左傳·僖公二十八年》云：“重耳敢再拜稽首奉揚天子之丕顯休命，”此古人言“奉揚”之證也。

九　音近聲旁任作

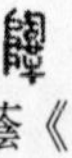

潘祖蔭《攀古樓彝器款識》下册壹葉上載《䡅鞥鎛》云：“齊辟䡅叔之孫適中之子鞥乍子中姜寶鎛。”䡅吴大澂釋鞏，郭沫若釋鞫，《大系考釋》

下册弍壹零葉下余謂皆非也。䥉字乃《説文》鞄之或作。知者：䥉字从陶聲，陶从匋聲，而匋實从勹聲，《説文》包省聲，誤。《説文》引《史篇》匋讀與缶同，匋字古本讀唇音，《説文·言部》謟或作詢，知匋與包音同，䥉叔即齊桓公臣之鮑叔也。

《小校經閣金文》玖卷百零壹葉上載《喪叏賓鈚》云："喪叏〓自乍鈚。"〓字自阮元《積古齋彝器款識》伍卷拾伍葉釋爲賓，吴式芬《攈古録金文》弍之叁卷卅玖葉上劉體智《小校經閣金文》玖卷百壹葉並從之，余謂此當是賞之異文。《説文》記賞从尚聲，而尚字實从向聲，此字从向，與从尚同，猶《説文》霿或作雺，瑁或作玥也。

《攈古録金文》弍之叁卷陸陸葉上載《郾侯彝》云："郾侯〓畏夜悉△哉。"〓字吴榮光《筠清館金文》伍卷捌葉釋爲載，吴式芬此書及郭沫若《兩周金文大系考釋》下册弍弍柒葉上並從之，字形不合。余謂此字从𠂇，乃〓之或體。《説文》記〓从𢀩省聲，𢀩字乃从左聲，左仍从𠂇聲，从𠂇與从𢀩省聲無異也。此器較晚，故𠂇不作〓，而與《左關鍨》之𠂇字略同，古文才字無作此形者。

《貞松堂集古遺文》肆卷肆玖葉下載《矢令彝》原作《矢方彝》云："爽〓右于乃寮以乃友事。"〓右即左右，字當爲《説文》〓字之省形，其故與〓字同。

《周金文存》弍卷陸陸葉上載《揚盉方鼎》，揚當作𤞣文云："𤞣〓鼎。"吴大澂《説文古籀補》釋爲妻皿二字，孫詒讓《古籀餘論》上卷壹葉上釋爲嫢皿二字，並誤。余按此字上从妻，下从皿，乃齍字之或體也。妻與齊古音近，故字或从齊，或从妻。且齍爲方鼎，而此器形方，又其確證也。吴式芬《攈古録金文》壹之弍卷陸葉上載此器，標題曰《𤞣齍方鼎》，似知盉即齍字矣，然無説，又《釋文》仍作盉，不作齍，似並未真知也。

以上五字，䥉與鞄，〓與賞，〓〓與〓〓，各由同一聲類孳乳而出之音近字也。盉與齍則聲類相異之音近字也。

十　古文形繁

《西清續鑑乙編》弍卷肆拾叁葉上載《周舉鼎》，文云："父丁。"《十二家吉金圖録》下册拾弍葉下載《弓衛祖己鼎》，銘文首字作弓形，第二字作，與上器字形同。按甲文韋字作，《鐵雲》壹陸玖葉叁版或作，《前編》伍卷肆柒葉叁版□象城邑，上下或左右足趾皆作背城他去之形，乃《説文》訓離之違本字。二鼎銘作四足形者，乃韋字之繁文也。《圖録》引羅振玉説釋爲衛字，非也。

十一　古文形簡

《窓齋集古録》拾陸册肆葉上載《散氏盤》，原題《散盤》銘文有云："自濡涉以南至于大沽，一。"按字下从収，上从丰省，乃奉字之初文也。《説文》奉字从収从丰从手，从収又从手，於文爲緟複無理矣。

《筠清館金文》弍卷叁葉下載《臧伯鼎》云："白乍彝。"吳榮光釋爲臧伯，《攈古録金文》壹之弍卷肆柒葉上載此器，引許瀚説釋爲國，余謂並非也。《説文·戈部》云："戜，利也，从戈，呈聲。"按呈字从口聲，《説文》謂象物出地挺生，知字實从土。今銘文从，以《杜伯毁》杜字作證之，知下所从正是土字，與篆文較，但少形耳。

十二　古文象形會意字加聲旁

《小校經閣金文》壹卷玖玖葉上載《姑馮句鑃》云："姑昏同之子羼𤔲吉金，自乍商句鑃。"按此器自《攈古録金文》卷叁之壹拾弍葉下箸録，釋爲姑馮，鄒安《周金文存》卷壹柒捌葉郭沫若《兩周金文辭大系考釋》下册壹伍陸葉下吳闓生《吉金文録》卷肆叁肆葉下于思泊《吉金文選》下叁卷拾陸葉下並從之，郭君謂此字从奇文鳳聲，是也。然又云："此字釋馮至當，从鳳者，取鳳鳥之馮風也。"余謂此乃鳳之象形加旁字，與厂加干爲厈，网加亡爲罔者同。鳳字从凡聲，凡在覃部，今得以登部之字爲聲者，鳳鵬古本一字，《説文》鳳或作鵬，《莊子·逍遥游篇》之

大鵬即鳳也。朋音在登部，與朋同音，故此鳳字加字爲其聲旁也。余意此字當釋爲鵬，鵬即是鳳，是義合也；朋同音，是音合也。吳式芬釋馮者，乃以此字左从，右所从之奇文鳳字，上截似馬字，故牽合釋爲馮，此乃似是而非之誤釋，郭君許爲至當，過矣。

《綴遺齋彝器考釋》拾弍卷廿壹葉下載《次卣》，原作《叉卣》銘文有云："易馬易。"方濬益釋爲裘，是也。字从又者，方氏説之云："裘所以佐女功，助温也。求从又爲手形，正取佐助之意。"余謂裘字甲文作，《甲骨文編》捌卷拾壹葉下銘文加从又者，又與裘古音同在咍部，此象形字加聲旁之例，不如方氏説也。

景宋本《嘯堂集古録》下册玖叁葉上載《叔夜鼎》，銘文云："叔夜鑄其餴鼎，以征以行，用用羹。"字薛尚功《歷代鐘鼎彝器欵識》玖卷景明本拾陸葉釋爲饘，阮元《積古齋鐘鼎欵識》肆卷拾壹葉吳式芬《攈古録金文》弍之弍卷柒玖葉釋爲鬻，吳大澂《説文古籀補》從之。今按薛釋與形不合，不待論矣。阮元謂从者侃之省字，然爲古文兄字，侃字不从兄也。此似是而非之釋，不可從。余按《説文·三篇下·䰜部》云："鬻，鍵也，从䰜米。"之六切銘文从米，與《説文》同，从𥁕，與《説文》从䰜同，又从兄者，古文兄與祝同，甲文有"兄于母庚""于匕己兄"之文，兄皆祝字也，此字以祝古文之兄爲聲旁耳。

十三　古文位置與篆文不同

《愙齋集古録》伍册壹葉下載《善夫克鼎》云："穆穆朕文且師華父悤襄氒心，靜于猷。"吳大澂釋寧靜，吳闓生《吉金文録》卷壹拾捌葉下從之。方濬益《綴遺齋彝器考釋》卷肆廿伍葉孫詒讓《籀廎述林》卷柒拾弍葉下劉體智《小校經閣金文》卷叁叁弍葉並釋爲盜，郭沫若《兩周金文辭大系考釋》中册壹弍壹葉上于思泊《吉金文選》上弍卷拾伍葉下並如字書之。王靜安《克鼎考釋》云："盂未詳。"余按二吳氏釋寧者是也，然無説。今謂《説文·五篇上·丂部》云："寧，願詞也，从丂，寍聲。"銘文作盂，《説文》云："古文以丂爲于，"古丂于二字通作，此从于猶彼从丂也，但省去心字，又置于字在皿字上，故令人迷惑不辨耳。

十四 二字形近混用

𠔼與冂

《説文·五篇下·𠔼部》云："𠔼，邑外謂之郊，郊外謂之野，野外謂之林，林外謂之𠔼，象遠界也。"古熒切或作同，又作坰。余謂𠔼爲一字，冋坰當别爲一字。𠔼疑當爲扃之象形初文。《説文·十二篇上·户部》云："扃，外閉之關也，从户，冋聲。"古熒切字中横畫象門關之形，左右兩直畫象門旁之柱，古人謂之棖，關之所託也。《説文·七篇下·冂部》云："冂，覆也，从一下垂也。"莫狄切按冂乃覆蓋飲食器上之布幔，今尚多用之，後世字或作冪。𠔼與冂截然二字，然以二字形近，金文時時混用無别。《説文·五篇下·皀部》載冟字从皀冖聲，此字彝銘屢見不一見，《毛公鼎彔伯𢦚毁》《吳尊》皆作𠔼，从𠔼，不从冖，此二字混用之確證也。《秦公毁》云："冟宅禹責蹟，"字明从𠔼，不从冖。以文義論，當依字形而讀爲訓遠之迥。以毁文意謂："秦本僻處西陲，今進而有周室岐豐舊地，爲遠居夏禹經行之地，"必如此而文義乃合故也。然近日釋此器者，如羅振玉《貞松堂集古遺文》陸卷拾叁葉下郭沫若《兩周金文辭大系攷釋》下册弍肆弍葉上吳闓生《吉金文録》叁叁卷叁葉上于思泊《吉金文選》上叁卷拾捌葉上劉體智《小校經閣金文》捌卷柒捌葉下皆以从冖之鼎釋之，而文乃不可通矣。此不當改讀而誤改讀之者也。《全盂鼎》云："易女鬯一卣，冂衣，巿舄，車馬。"字作冖，不作𠔼，冖衣文義難通，徐同柏《從古堂欵識學》卷拾陸叁伍葉下乃釋冖衣爲冕衣，吳式芬《攈古録金文》叁之叁卷叁伍葉上吳大澂《愙齋集古録》肆卷拾肆葉下方濬益《綴遺齋彝器考釋》叁卷廿伍葉上劉心源《奇觚室吉金文述》弍卷叁柒葉上王靜安《盂鼎考釋》叁葉下吳闓生《吉金文録》壹卷陸葉下于思泊《吉金文選》上弍卷叁葉上郭沫若《兩周金文辭大系考釋》上册叁肆葉上靡然從之，略無異議。然古書傳記絶未見有云冕衣者，則徐釋殊未可信也。余謂此字雖作冂，必當讀爲𠔼。《詩》云："衣錦褧衣，"此𠔼衣即《詩》之褧衣也。《克鼎》云："易女叔市，参冋，莽悤。"《師酉毁》云："新易女赤市，朱黄，中絅，攸勒。"此銘之錫𠔼衣，即《克鼎》之錫参冋，《師酉毁》之錫中絅也。此銘以𠔼衣市舄同錫，猶《克鼎》之以叔市参冋同錫，《師酉毁》之以赤市中絅同錫也。此則文當改讀，而徐同柏以下凡九家皆失之未改讀者也。要之：古人字形無定，而文義却有定。吾人對此，當以有定決不定，换言之，當以文義定字形，不當泥字形而害文義。文義當，則依字讀之可也，依字不通，則當大膽改讀之。近代釋銘文者似皆未瞭此義，此二字爲最切當之例，故詳言之。

按通行《説文·鼎部》有鼎字正文，而以鼏字之説解附其下，以字形相近，混淆誤奪，致鼏字有正字而脱説解，鼏字存説解而脱正文，段君作注始校正之。《秦公殷》字明作鼏，而考釋者却皆捨文義易於通讀之本字鼏不取，乃用文義難説之鼏字改讀之，頗不可解，豈皆爲誤本《説文》所誤歟！

朿與來

《小校經閣金文》叄卷拾叄葉上載《大乍且丁鼎》云：“公朿朿鑄武王成王異禩鼎。”朿字劉體智及羅振玉《貞松堂集古遺文》叄卷廿伍葉下郭沫若《兩周金文辭大系考釋》上册叄叄葉上于思泊《吉金文選》下壹卷叄玖葉下並釋爲朿，吴闓生《吉金文録》壹卷拾弍葉上下釋爲朿，云：“朿字未詳。”余按以《説文》校之，釋朿於字形誠合矣。然朿字《我乍父己甗》作[illegible]，是古文不作此形也。核之文義，尤不可通。郭沫若以公朿連讀，認爲人名，此説既與下文“公商乍册大白馬”句單稱公者不合，説公朿即君奭，亦殊牽强，未可信據。余疑朿當讀爲來，“公來鑄武王成王異鼎，”與《宰甫殷》“王來獸自豆菉”句例同。此或鑄范之誤，然古人作字任意，實爲通例，余姑假設一説於此，俟他日更證焉。

積微居甲文説

自序

甲骨文者，殷商之文字也。欲識其字，必以《説文》篆籀彝器銘文爲途徑求之，否則無當也。甲文中已盛行同音通假之法，識其字矣，未必遽通其義也，則通讀爲切要，而古音韻之學尚焉，此治甲骨者必備之初步知識也。甲骨文所記者，殷商之史實也。欲明其事，必以古書傳記所記殷周史實稽合其同異，始能有所發明，否則亦無當也。大抵甲骨之學，除廣覽甲片，多誦甲文，得其條理而外，舍是二術，蓋不能有得也。就形以識其字，循音以通其讀，然後稽合經傳以明史實，庶幾乎近之矣。試觀王襄葉玉森之所爲，用力非不勤也，而所得殊尠者，未嘗以二術爲其基也。余以此説求之五十年來甲骨學諸家，得二人焉，一曰王君静安，一曰郭君鼎堂。王君功力絶深，每下一義，泰山不移。讀其書，怡然理顺，涣然冰釋，使人之意也消，恆言所謂爐火純青者，王君近之矣。郭君神識敏鋭，博學多通，能於無字縫中讀書，據甲文未見武乙奭妣戊，因定紂遷朝歌，妣戊之卒當在紂遷以後，其最著之例也。兩家業績至豐，其所以致此者無他，廣讀甲文，由文字聲韻以通其文義，據故書以證合史實而已。余治甲骨之學後於兩君，幸獲讀兩君之書而有所啓發。王君著《女字説》，郭君證奭母同用，余因得悟大乙母妣丙之母，義爲女子而非後世父母之母。郭君謂犬中告麋之犬爲官名，余因得據《左傳》定爲《周禮》之迹人。自餘如母來之爲簡狄，上甲湄之爲上甲微，皆以文字爲階梯明史實者也。甲文有冄宗新宗，見祀者有至，有高，有蔑，有先等，余以《竹書紀年》所記殷王名説之。方國有方，有𢧀方，有旨方，余以《國語》之大彭，《詩》侵阮徂共之徂，《尚書》之《西伯勘黎》説之。殷人祭先，重直系而輕旁系，余以《尚書·高宗肜日》之典祀無豐于昵説之。此余稽合故書説史之事也。雖余所得渺小，不敢望王郭兩君，然余治此學所由之徑途固康莊大道，此差可自信不疑，亦可與天下人以共見者也。

一九五三年四月二十九日，楊樹達記於嶽麓山齋。

積微居甲文説卷上

按本書分爲二卷，上卷皆説字之文，下卷皆考史之文。説字之文復爲四類，第一類識字，第二類説義，第三類通讀，第四類説形。

第一類　識字之屬　自釋尢以下凡十一篇

釋麎羒羊豝駝　一九四五年三月三十一日

甲文有羒麎字，羅振玉云：“《説文》：牡，畜父也，从牛，土聲。此或从羊，或从犬，或从鹿。牡既爲畜父，則从牛从羊从犬从鹿得任所施。牡或从鹿作麎，猶牝或从鹿作麀矣。”又有羊豝駝諸字，羅氏又云：“《説文》：牝，畜母也，从牛，匕聲。母畜對牡而稱牝，殆猶母對父而稱匕。羊豕犬亦有牝，故或从羊，或从豕，或从犬，或从馬。詩麀鹿之麀，乃牝之从鹿者，與羒羊豝駝諸字同，乃諸字皆廢而麀僅存，後人不識爲牝之異體而别構音讀，蓋失之矣。”並見《增訂殷虚書契攷釋》中卷廿柒下。樹達按：自羅氏爲此説，治甲文者靡然從之，略無異議。余於一九四零年夏重讀甲文諸書，心竊疑焉。蓋以《爾雅》《釋獸》、《釋畜》及《説文》《牛部》、《馬部》諸文觀之，物色形狀，辨析綦詳，事偶不同，別爲一字。蓋畜牧時代之殘遺也。假令牛羊鹿犬種類各殊，祇以牝牡相符，即爲一字，以此校彼，詳略懸殊，揆之事情，殆不當爾。況母牛爲牝，母鹿爲麀，牝麀既不同文，牡羒麎犾安能爲一字？羅氏不據牝麀之不同，推求諸文之異字，乃反疑麀别爲音讀之非，幾於欲以一手掩天下之目矣。故余據《爾雅・釋獸》“鹿牡麚”之文釋麎爲麚，據“豕牝豝”之文釋豝爲豝，據《釋畜》“牡曰騭，牝曰騇”之文，釋駝爲騇，據“羊牡羒牝牂”之文，釋羒爲羒，羊爲牂”，嘗以其説書告郭君沫若，郭君復書深然余説。然余當時但據理推論，無確證也。近讀胡厚宣《商史論叢・殷代婚姻攷》，引卜辭一則云：“辛巳，貞其㚔生于妣庚妣丙，牡，羊，白豕？”又一則云“△△貞△㚔生于妣庚妣丙，△牝，羊，豝？”原文拾柒頁下，今見《粹編》叁玖陸片。一以牡羒連言，又其一以牝羊豝連言，若如羅説，文乃絶不可通，二辭不啻爲吾説作確切之證明，羅氏之言，不待攻而自破矣。

文成後，得讀《殷契卜辭》載瞿潤緡説云："豼牝駜犯鼿麀雖皆从匕，而種類各異，不必爲一字。今豼駜鼿犯諸字不見於字書，然牝麀尚異其音讀。"釋文六葉。知於羅説持異議者固有人也。

釋　𢓊　一九四五年十月三日

甲文有𢓊字，字作𢓊見《前編》貳卷叁葉伍片。或作伐，字作𢓊。《龜甲》壹卷廿捌之拾陸。羅振玉云："《説文》：䟕，迹也，从彳，戔聲。䟕與踐同，踐訓行，訓往，此从辵，从戔，或省止，與許書之䟕同，但戈戔殊耳。"商承祚謂字从彳从武，謂即步武之武。樹達按：二説皆求之於形而不求諸聲，故皆失之。余疑此字从辵或从彳，以戈爲聲，即過字也。《書契前編》卷弍捌之叁。云："癸巳，卜，在長，貞、王𢓊于射，往來亾巛？"《龜甲獸骨文字》卷貳廿壹之拾壹。云："△巳，卜，貞，王𢓊于召，往來亾巛？在五月。"《甲編》玖百柒片云："辛卯，卜，翊日壬，其𢓊于𦎫，亾𢦏？"按王𢓊于召，猶言王往于召也。《吕氏春秋·異寳篇》云："五員過於吳"，與甲文句例同，高《注》云："過猶至也。"

𢓊伐字又作衟，字从行，與从辵从彳者義無異。卜辭云："癸卯，卜，㱿貞，乎雀衟伐亘，𢦏？十二月。勿乎雀衟伐亘，弗其𢦏？"衟伐亘，謂往伐亘也。

第二類　説義之屬　自釋𡘋以下凡十三篇

釋　星　一九四五年七月二日

卜辭去："貞，翌乙卯，不其易日？王卟曰：止△勿雨。乙卯，允。明，三△食日，大星。"研究院十三次據胡厚宣書轉引。又云："冬終夕△𠃬，亦大星。△"《徵文》雜壹貳〇。又云："△辛未，㞢㱿，新星。"《前編》柒卷壹肆葉壹。按星字甲文作𠃮，或加聲旁作曐，其爲天上星宿之象形字甚明。惟文云大星，云新星，若釋爲星辰之星，殊無義理。蓋古人名動同辭，風雨之雨曰雨，降雨亦曰雨，星辰曰星，天上見星亦曰星。《詩·鄘風·定之方中》云："'星言夙駕'。鄭《箋》云：'星，雨止星見'，是其義也。此知甲文云大星者，天上星大出也，新星者，天上久不見星，今新見星也。星見之字後別構爲姓，《説文》七篇下《夕部》云：'姓，雨而夜除星見也，从夕，生聲。'姓即今之晴字。蓋據事象言之，夕時星見爲明日天晴之兆，星其先徵，姓其後果。古人簡質，二事不分，商時猶如此，故甲文中有星無姓。然則以後起之字讀古文，大星者，大姓也，新星者，新姓也。諸辭文義雖不能盡解，然第一辭初言易日，易當讀爲暘，前人已言之。《說文》七篇上《日部》云：‘暘，日覆雲暫見也，从日，易聲。’其字言天象之事甚明。繼云勿雨，末云大姓，三事文義正相貫也。第二辭云：‘終夕△，亦大星。’此亦字蓋假爲夜，亦大星者，夜大姓也。《韓非子·說林下篇》曰：“荆伐陳，吴救之，軍閒三十里，雨十日，夜星。”夜星與卜辭夜大星文例同。《韓非子》之星字，《説苑·指武篇》引作晴，然則戰國之季尚以星爲姓，不别作姓字也。其後語言日進，則取意義相關之事别立文字以求明確，於是星字孳乳爲暒，又爲姓。《漢書·天文志》曰：“日餔時，天暒晏”，暒爲星之加旁字，姓則星之同聲字也。星姓皆从生聲。形體雖異，而音讀不殊，固孳乳之通例矣。

釋　易　一九四五年七月八日

《書契前編》卷肆肆之貳云：“甲子，卜，㱿貞，王疒齒，隹唯易？”又卷陸叁貳之壹云：“甲子，卜，㱿貞，王疒齒，亡易？”説者讀易爲錫，謂由上帝錫以病愈也。余謂錫愈爲凡疾病者所求，則不問何病，皆當有此貞。顧觀卜辭他病未有貞“有易”“亡易”者，而獨於病齒貞之，則易字非謂錫愈也。余謂此易字義當爲更易之易。知者，《大戴禮·本命篇》曰：“男以八月而生齒，八歲而毁齒；女七月而生齒，七歲而毁齒。”《素問》曰：“女子七歲，賢氣盛，齒更髮長；丈夫八歲賢氣實，髮長齒更。”《釋名·釋長幼》云：“毁齒曰齔，毁洗故齒，更生新也。”《説文》二篇下《齒部》云“齔，毁齒也。男八月生齒，八歲而齔；女七月生齒，七歲而齔。从齒，从七。”按从七乃字誤，段氏訂七字爲《説文》訓變之七，是也，毁齒爲齒落更生，故爲七也。此年幼者有易齒之事也。《釋名·釋長幼》云：“九十或曰齯齒，大齒落盡，更生細者，如小兒齒也。”此年老者有易齒之事也。卜辭“隹易”“亡易”之易，即《素問》所謂齒更，齔字所从之齒七也。今人謂齒墮更生曰换牙，正卜辭易字之義矣。

釋　于　一九四五年七月八日

《書契前編》卷肆廿壹之柒。云：“貞卿事于尞北宗，不遘大雨？”按古音事與士同，卿事即卿士也。于當訓往，于尞北宗，謂往尞祭於北宗也。他辭云：“辛丑卜，行貞，王步，自[illegible]于雇，亡巛？”《殷契類纂》[illegible]字下引。自[illegible]于雇者，自[illegible]往雇也。《甲編》貳壹捌片云：“△未卜，令雀先于△。”先于△者，先往△也。《前編》卷柒肆之叁云：“辛卯，卜，𡆥貞，勿令𡉚乘先歸？九月。”此云先于，猶彼云先歸矣。《詩·桃夭》云：“之子于歸。”《雨無正》云：“維曰于仕。”《毛傳》並云“于，往也。”金文《令毁》云：“隹王于伐楚白”，于伐楚白即往伐楚白也。《塱鼎》云：“唯周公于征伐東夷”，于征伐東夷即往征伐東夷也。《獻彝》云：“猷白于遘王”，遘與覯通，于遘王謂往見王也。

釋追逐 一九四六年二月十六日

《説文》二篇上《辵部》云：“追，逐也，从辵，自聲。”“逐，追也，从辵，从豚省。”余按《説文》追逐二字互訓，認二字爲同義。余考之卜辭，則二字用法劃然不紊，蓋追必用於人，逐必用於獸也。卜辭云：“癸未，卜，穷貞，亩禽㞢古往字。追羌？”《前編》伍卷貳柒葉壹版。此云追羌者也。又云：“貞乎古呼字。追寇。及？”《藏龜》百壹陸葉肆版。及今言趕上，《左傳》定公四年云：“吳從楚師，楚人爲食，吳人及之。”《後漢書·吳漢傳》云：“及光武於廣阿。”是其義也。此言追寇者也。追羌追寇，皆追人也。卜辭又云：“己未，卜，亘貞，逐豕，隻？”《前編》叁卷叁叁葉叁版。“辛巳，卜貞王于翌△△㞢逐△豕？”《前編》陸卷肆肆葉柒版。此言逐豕者也。又云：“△△卜，亘貞；逐馬，隻？王固曰：其隻。已酉，王逐，允隻二。”《前編》柒卷叁肆葉壹版。“逐馬。”《前編》柒卷肆壹葉壹版。“貞其逐馬，隻？”《藏餘》叁葉貳版。“貞乎△逐馬？隻？”《後編》上卷叁拾葉拾壹版。“乙巳，卜，出貞，逐六馬，禽？”《後編》上卷叁拾葉拾版。此皆言逐馬者也。又云：“癸巳，卜，王逐鹿。”《前編》叁卷叁貳葉叁版。“今夕隻？王其㞢逐鹿。”《前編》叁卷卷貳葉伍版。“△午，卜，㱿貞，逐鹿于△”《藏餘》捌葉壹版。“△巳，△逐鹿，隻？”《後編》下卷拾玖葉拾肆版。“逐鹿，隻？”《前編》叁卷叁貳葉貳版。此皆言逐鹿者也。又云：“壬寅，卜，逐麋，禽？”《佚存》伍捌戊。此言逐麋者也。又云：“△子，卜，翌辛丑，王逐兔？”《前編》陸卷肆玖葉陸版。此言逐兔者也。又云：“癸巳，卜，㱿貞，旬亡𡆥？王固曰：乃茲亦㞢希，若偁。甲午，王㞢逐兕。”《菁華》叁葉。此言逐兕者也。豕馬鹿麋兔兕皆獸也，然則逐謂逐獸也。又他辭多言“王田逐”《前編》貳卷柒葉叁版、拾壹葉伍版、拾壹葉叁版、拾伍葉壹版、肆壹葉壹版、《後編》上卷叁拾葉玖版。以逐與田連言。其爲逐獸之義，又不待論矣。按追字从自，説文自訓小𠂤，與追逐義無關。甲文自字恆見，羅振玉謂即師字，其説良是。卜辭云：“△△，卜，貞，王自𢦏？”《藏龜》肆葉叁版。此貞王師有𢦏否也。又云：“△亥卜，在𣎆貞：

今夕自不𧿹？”《前編》貳卷拾叁葉叁版。《説文》𧿹訓動，此貞今夕師有無震動也。《説文》官字下云：“自猶衆也”，師字通訓衆，或者許君亦知自師之爲一字也。甲文追字作，象師在前而人追逐之，蓋追字用於戰陳，見追者必爲人也。逐字《説文》云从豚省，其實不然。豕性喜奔突，故逐字从之：説詳余《釋遯篇》。甲文逐字作，象豕在前而後有逐之者。亦别有从犬从兔與从鹿者，或云與逐爲一字，未知信否。逐字木專用於狩獵，見逐者乃禽獸而非人，故與追爲追人者不同。然則二字用法之殊，由於二字構造之本異。蓋殷南時代較早，故其用字與造文初義密合也。至《左傳》記周祝聃逐鄭覆兵，隱公九年。鄭子都拔棘逐潁考叔，隱公十一年。見逐者爲人，義當爲追，乃不言追而言逐。《孟子》言如追放豚，《盡心下篇》。見追者爲獸，義當言逐，乃不言逐而言追。此緣《左傳》《孟子》皆晚周時代之書，其時距造字時已久，用字已分别不嚴，故與初義不能密合也。許君未見甲文，著書立訓，但據經傳互通之文，不瞭初文别白之義，殆事之固然，不足怪矣。

余爲此文後，曾寄示茶陵周生，周生來書云：曾以余説徧檢卜辭，無不相合云。

釋𩟿鳳 一九五〇年五月二十七日

《殷虚書契前編》卷四肆貳葉陸版。云：

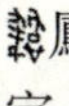鳳，叀豚，又有大雨？

第一字《殷虚書契類編》卷柒柒葉。記王静安釋𩟿，是也。按《説文》七篇下《朿部》云：“𩟿，朿也。从朿，韋聲。”于非切鳳字甲文恆假爲風，依《説文》之訓，朿風義不可通。余謂：𩟿風者，西方之風也。知者，劉體智所藏甲骨片云：

東方曰析，鳳曰劦。

南方曰夾，鳳曰𠔉。

西方曰朿，鳳曰𩵦。

△△△北方曰△，鳳曰𠭰。

此四事皆見《山海經》，胡厚宣曾言之矣。按《大荒西經》云：

有人名曰石夷，來風曰韋，處西北隅以司日月長短。

此條與劉藏甲骨西方一則相當，甲骨言西方曰朿，《山海經》云石夷，《書·堯典》亦云“厥民夷”者，朿字稀見，字形極似夷，故經傳皆誤爲夷，余前撰《甲骨文中之四方神名與風名》已言之，《山海經》云“來風曰韋”，正此辭所謂𩏑鳳也。特甲骨用韋聲之𩏑，《山海經》則第用韋字耳。劉藏甲骨片曰“鳳曰彝”者，韋與彝同屬古韻微部字，以音近通假也。據劉藏甲骨片及《山海經》合觀之，𩏑鳳爲西方之風，殆明確無疑矣。𩏑風叀豚又大雨者，將以豚爲牲祀西方之風，貞問其有無大雨也。

釋 禦 一九五〇年七月二十八日

甲文有禦字，字作㝛，或省作卲，爲祭祀之名，即《説文》之禦字也。《説文》一篇上《示部》云：“禦，祀也。从示，御聲。”考甲文用此字爲祭名者，往往有攘除災禍之義寓於其中。如《書契前編》卷壹廿伍之壹云：“貞疒齒，卲于父乙。”《書契後編》卷下拾之叁云：“丁巳，卜，△有疒言，卲△。”《庫方二氏殷虚卜辭》貳捌叁片云：“△疒身，卲于妣己眔妣庚。”又玖貳片云“貞疒止，卲于妣己。”胡厚宣《殷人疾病考》引卜辭云：“朕耳鳴，有卲于祖庚。”又云：“卲疒身于父乙。”又云：“卲土目于妣己。”並見原文拾叁葉。此皆以人有疾病行禦祀者也。《甲骨文録》叁壹貳片云：“甲午卜，王馬△駜，其㝛于父甲亞。”駜字从馬从步，字不可識，余疑字从步聲，殆假爲疒，謂馬病也。此以馬有疾病行禦祀者也。《殷契佚存》壹捌壹甲片云：“丁丑卜，穷貞，子雝其卸王于丁，敏二七巳，𡉉扮三，△艿十？”《戩壽堂殷虚文字》云：柒之拾陸。“卲帚婦鼠子于妣己。”此蓋王與婦鼠子有疾，或他不幸之事，祀于丁與妣巳以攘除之也。

禦訓爲祀，經傳無所見，惟《尚書大傳》記禦祀六沴，其説頗詳，沴爲災氣，此與甲文所用禦祀之義正相合矣。

釋 犬 一九五一年八月二十一日

《殷契粹編》玖叁伍片云：“戊辰卜，在淒，犬中告麋，王其射，亾𢦏？禽？”郭沫若云：“犬中蓋謂犬人之官名中者，《周禮·秋官》有犬人職。”《考釋》壹貳貳葉。樹達按：郭君釋犬爲官名，中爲人名，是也。辭云：“犬中告麋，王其射。”知此犬職官司狩獵，而《周禮》犬人職掌犬牲，與狩獵無涉，知名偶同而實則異也。余謂殷人犬職蓋與《周禮·地官》之迹人相當。迹人職云：“掌邦田之地政，爲之厲禁而守之。凡田獵者受令焉。禁麛卵者與其毒矢射者。”據此知迹人與犬名號雖異，職掌實同，其證一也。鄭注《地官·序官·迹人》云：“迹之言跡，知禽獸處。”《説文》十篇上《犬部》云：“臭，禽走，臭此動字而知其迹者，犬也。”犬知禽獸之迹，故狩必以犬，狩初文之獸，後起之狩，字皆从犬，是其義也。犬知禽獸之迹，司犬之人亦因犬而知禽獸之迹，故能有告麋之舉，此與鄭《注》“迹之言跡，知禽獸處”正相合，其證二也。《左傳》哀公十四年云：“迹人來告，曰：逢澤有介麋焉。公曰：雖魋未來，得左師，吾與之田，若何？”據此知諸侯之宋亦有迹人，與《周禮》同。犬告有麋而殷王卜射，迹人告有麋而宋君召田，其人雖殷周異代，其事則先後同符，從知殷人之犬與周宋之迹人是一非二，其證三也。按殷王傳國多兄弟相及，宋宣公舍其子與夷而立其弟穆公，穆公亦舍其子馮而立其兄子殤公，此傳國之制宋用殷禮也。殷人有告麋之犬，宋人有告麋之迹人，此設官之制宋用殷禮也。孔子自謂能言殷禮而歎宋之不足徵，或者殆不盡然乎！

第三類　通讀之屬　自釋戠以下凡六篇

釋　戠　一九四五年三月二十六日

卜辭云：“已卯卜，王貞：余勿从洗或戠？”《續編》伍卷壹貳葉貳版。又云：“貞勿△△丁宗，亾戠？”《甲編》壹貳玖陸。或云戠，或云亾戠，依字讀之，義不可通。余按：戠者，忒之假字也。《易·豫卦·彖傳》云：“天地以順動，故日月不過而四時不忒。”《釋文》引鄭《注》云：“忒，差也。”《詩·大雅·瞻卬》云：“鞫人忮忒。”《毛傳》云：“忒，變也。”甲文言亾戠，猶他辭言亾它亾匄也。戠得叚爲忒者：《説文》十二篇下《厂部》云：“弋，橛也，象折木衺鋭著形。”又六篇上《木部》云：“樴，弋也，从木，戠聲。”按弋樴古韻同在德部，聲亦相近。弋爲象形，樴爲後起之形聲字，實一字也。弋樴字同，而忒字从弋聲，故得假戠爲忒矣。

釋　登　一九四五年四月二十五日

《説文》二篇上《癶部》云：“登，上車也，从癶豆。”或从収作𤼷，云：“籒文登从収。”甲文有此字，作□，見《書契前編》卷伍。貳葉壹版。又作□，見《龜甲獸骨文字》卷壹，廿玖葉拾伍版形與《説文》所記籒文同。省癶形則作□，或作□。舊釋分□□爲二文，別釋□作𢍏，非也。

《殷虛書契續編》壹卷叁柒葉壹版云：“登人伐下□，受㞢又？祐”《殷虛書契前編》伍卷貳拾葉柒版云：“貞勿登人乎朢土方？”《續編》壹卷拾葉叁版云："貞登人三千，乎伐𢀛方，受㞢又？"《前編》柒卷貳葉叁版云："庚子卜，宁貞：勿登人三千乎△伐𢀛方，弗△其受㞢又？"《龜甲獸骨文字》貳卷貳柒葉陸版云："戊寅卜，𡧊貞：勿登人三伐乎代𢀛方？"《庫方二氏卜辭》叁壹零片云："辛巳卜，貞登婦好三千，登旅萬，乎伐㧊？"王襄云："登人疑即《周禮·大司馬》比軍衆之事，將有征伐，故先聚衆。"樹達按：王氏明登字之意，是矣，而未能言其本字當爲何字。余以聲類求之，登蓋當讀爲徵。《説文》八篇上《𡈼部》云："徵，召也。"登徵古音同在登部，又同是端母字，聲亦相同，故得相通假也。如余説而是，則殷時兵制殆由於臨時之召募矣。

卜辭又恆云収人，與登人用法同。如《殷虚書契後編》上卷拾柒葉壹版云："癸巳卜，𡧊貞：収人乎伐𢀛？"又叁壹葉伍版云："丁酉卜，𡧊貞：今載王収人五千正土方，受㞢又？"是其例也。以辭例觀之，此與前記諸登人之例相同。然収字無徵召之義，音與登字亦遠，頗爲難解，余疑甲文登字多从収作，此即登字之省寫也。

《殷契佚存》叁柒捌片戊云："甲午，卜，亘貞，収馬乎伐△。"又陸陸玖片云："貞，乎𡗜収牛。"収並爲𤼷之省，謂徵馬徵牛也。余於一九四五年四月撰此文，是年九月十二日，董彦堂贈余以所著《殷曆譜》寄到辰谿，其書下編九卷三十九葉云："殷代征伐必隨時登人，亦作収人，殆即徵兵之義。"與余所説正同。惟董君未及登徵音同通假之説，故余仍存此文云。

第四類　説形之屬凡三篇　自釋田匠匧𠥼以下三篇

釋　農　一九五一年四月二十七日

《説文》三篇上《䢅部》云："農，耕也、从䢅，囟聲。"籀文作䢉，古文作𨑇，又作莀。今按甲文作𦲘，从辰，从林，與許記古文第二字同。而《殷虚書契前編》伍卷肆捌葉貳版。作𦽅，於从辰从林之外又加从又，義尤完備。字从林者，西方史家謂初民之世，森林徧布，營耕者於播種之先，必先斬伐其樹木，故字从林也。从辰者，甲文字作𠨜或𠨜，象蜃蛤之形。《淮南子·氾論篇》云："古者剡耜而耕，摩蜃而耨。"知古初民耕具用蜃爲之。𦲘字从辰，謂以蜃斬木也。甲文如从又者，謂以手持蜃也。《説文》一篇上《示部》云："祳，社肉，盛之以蜃，故謂之祳，从示，辰聲。"辰之爲蜃，許君固明言之矣。

農字見於彝器銘文者，如《令鼎》《史農觶》《史農鼎》《鄀公鼎》《農卣》諸器皆从辰从田，《散氏盤》則从晨从田。蓋甲文所示爲將營耕作豫爲準備時之情事，彝銘所示爲已耕種後之情事，文字之構造與社會事狀之後先兩相吻合也。甲文彝銘皆會意字，篆文从囟聲，則由會意變爲形聲矣。囟巤同義，囟有巤音，故農從之得聲，亡友沈兼士之説，不可易矣。

釋洀 一九五三年四月十三日

《殷契粹編》八四三片云："辛未卜，今日王洀，不鳳風？"郭沫若云："王下一字象舟楫之形，疑是般之古字。《説文》：般，辟也，象舟之旋。从舟，从殳，殳令舟旋者也。此所从之S亦正殳之象形也。"《考釋》壹壹貳葉。今按郭君釋字爲般，其説至確。余謂S字象水形，乃水字，甲文恆見。水字多在字旁，而此水字橫截舟上者，示舟浮行水上之形也。後世字作洀，見於《管子·小問篇》，其文云："意者君乘駿馬而洀桓，迎日而馳乎？"尹知章注云："洀古盤字"是也。按《周易·屯卦》云："磐桓利居，貞。"《管子書》云洀桓，猶《周易》云磐桓也。郭君未引《管子書》，而讀洀爲般，與尹《注》讀爲盤者契合，可謂妙悟。惟不知有與甲文形體密合之洀字，而認甲文从水爲从殳，不免小失耳。余今據《管子書》證成郭君之妙解，或者亦郭君所樂聞歟！

古書云般游，《僞尚書·五子之歌》云："乃般游無度"，是也。云般樂，《孟子·盡心篇》云："般樂怠敖"是也。洀爲般之初字，字从水从舟，據形課義，洀當爲浮舟水上行樂之稱，《説文》訓般爲辟者，非古義也。蓋經傳無般辟之訓，亦無以般辟連言者，《漢書》八十六卷《何武傳》云："所舉者召見，槃辟雅拜"，始以槃辟連文，段玉裁注《説文》，謂般辟乃漢人語，信哉！信哉！

積微居甲文説卷下

按此卷皆考史之文，細分爲五類。第一類爲人名，第二類爲國名，第三類爲水名，第四類爲祭名，第五類爲雜考。

第一類　人名之屬　自釋𡩜宗以下凡七篇

竹書紀年所見殷王名疏證　一九五〇年六月二十一日

此所稱《竹書紀年》，兼古本今本兩本言之。今本出於後人之綴輯，非是眞書，然其所記殷王之名，或見於傳記，或見於卜辭，知其當有所本，非鄉壁虛造者可比矣。又諸王名有證者記之，無證者則闕。

湯名履。

今本《紀年》云：成湯名履。按《論語·堯曰篇》云："予小子履敢用玄牡敢昭告于皇皇后帝。"《集解》孔安國云："履，殷湯名。"又按《太平御覽》八十三引古本《竹書紀年》云："湯有七名而九征。"今湯名可知者，湯、（卜辭作唐）太乙、履，三名而已。

大甲名至。

今本《紀年》云：大甲名至。按《殷虛文字甲編》壹伍陸零版云："冊至，又有雨？"又壹肆捌叁版云："貞△冊至，右有大雨？"《殷契萃編》貳陸伍片云："冊至，王受又？祐弜弗冊？"又柒捌肆片云："甲申卜，今日亥不雨，叀冊至？"按以上諸辭之至，皆謂大甲也。冊𠭹皆讀爲曹。《説文》云："曹，告也。从曰，從冊，冊亦聲。"甲文字或作曹，从口與从曰同。《鐵雲藏龜》壹柒陸葉貳版云："乎雀曹兄丁。"文例同。按今本《紀年》出自後人之綴輯，人多疑之，然其書記且丁名新，而卜辭有"且丁召𡩜宗"之文，𡩜即新也。又記陽甲名和，三年西征丹山戎，與《山海經·大荒北經》郭璞注引《竹書》云"和甲西征得丹山"之文相合。知其書雖出自後人，要爲有本，非杜撰無稽者可比矣。

沃丁名絢。

《太平御覽》八十三引古本《紀年》云："沃丁絢即位，居亳。"今本《紀年》云："沃丁名絢。"按甲文未見絢字，殷虛《書契後編》下卷廿壹葉壹版云："△△卜𡆥貞，佝△伐△。"按佝與絢聲類同，佝疑即沃丁之名。佝下缺字當是祭名，伐下缺字當是幾人字，此以卜辭文例推知之。

小甲名高。

《太平御覽》八十三引古本《紀年》云："小甲高即位，居亳。"今本《紀年》云："小甲名高。"按《殷虛文字甲編》伍伍壹片云："△申，其𡆥于高，尞牛？"又柒捌伍片云："乙卯，卜，貞，𡆥禾于高，尞九牛？"《殷契粹編》陸伍柒片云："其烄高，又有雨？"《殷契卜辭》叁捌叁片云："貞告△△于高。"《簠室殷契徵文·典禮》百拾叁云："貞御婦好于高。"以上諸辭之高，皆小甲也。

雍己名伷。

《太平御覽》八十三引古本《紀年》云："雍己伷即位，居亳。"今本《紀年》云："雍己名伷。"按《龜甲獸骨文字》貳卷貳拾伍葉拾貳版云："辛丑卜，貞从伷？从。"辭義不明，伷不知是否指雍己，尚待證明。惟卜辭屢見又宗之文。《甲編》壹叁壹捌片云："貞即又宗。"又壹貳伍玖片云："貞王其酒△于又宗，又有大雨？"《殷契粹編》拾陸片云："貞即于又宗，又有雨？"又陸捌伍片云："其即于又宗，又有大雨？"説者皆釋又宗爲右宗，果如其説，卜辭何以絶未見左宗之文，知説者之説非也。考《甲編》柒柒玖片云："于羔宗酒，又有雨？"羔宗者，帝嚳之廟也。《後編》上卷拾捌葉伍片云："癸卯，卜，穷貞，井方于唐宗，彘。"唐宗者，成湯之廟也。他如丁宗中丁宗且辛宗且丁宗之文亦屢見於卜辭，然則又宗之又必殷王之名，疑即雍己名之伷，又宗即雍己之廟也。古音又在哈部，伷在幽部，然二部音相混，自古已然，今二字音同，其遺跡也。

大戊名密。

今本《紀年》云："大戊名密。"按《書契前篇》壹卷肆拾玖葉叁版云："貞㞢于蔑。"肆版云："貞㞢△于蔑。"又肆拾肆葉柒版云："貞勿酉蔑？"按甲文未見密字，而蔑字屢見，確爲殷人所事之神名，而不知其人爲誰。然蔑與密音近，甲文之蔑殆即《紀年》所記大戊名之密矣。

外壬名發。

今本《紀年》云："外壬名發。"按《書契前編》肆卷肆拾貳葉陸版云："灭罘癹，叀小宰，又有大雨？"《粹編》壹伍叁玖片云："弜弗叡？其叡癹？"按甲文未見發字，而癹字屢見，不得其主名，發與癹同从癶聲，音相近，疑甲文之癹即《紀年》外壬名之發矣。

河亶甲名整。

《太平御覽》八十三引古本《紀年》云："河亶甲整即位，自囂遷于相。"今本《紀年》云："河亶甲名整。"按《吕氏春秋·音初篇》云："殷整甲徙宅西河，猶思故處，寔始作爲西音。"按整甲即河亶甲，徙宅西河，即《紀年》所記自囂遷相之事。甲文未見整字，《書契後編》上卷肆葉拾陸版云："己卯，卜，晛貞，帝甲雙△其罘祖丁。"王静安以祖丁之前一帝名甲者爲沃甲，因釋此帝甲爲沃甲。余疑雙字與整形近，殆前人因雙字形不可識，以形近誤釋爲整，猶釋《尚書》者誤以文王爲寧王。然則此辭之帝甲乃河亶甲，非沃甲也。

祖乙名滕。

《太平御覽》八十三引古本《紀年》云:“祖乙滕即位,是爲中宗,居庇。”今本《紀年》云:“祖乙名滕。”按甲文未見滕字，惟《書契續編》壹卷拾陸葉陸版云:“甲寅，且乙㕣，𠕁关宗。”按㕣爲㕣之省字,且乙㕣謂行𣪘日之祭于祖乙也。《説文》滕從朕聲，甲文有朕字，左从舟，右从𠕁，右所从與关宗之关正周，然則甲文之关即《紀年》之滕，关宗謂且乙之廟，與羔宗唐宗文例同，且乙㕣关宗謂於祖乙之廟行𣪘日祖乙之祭也。《鐵雲藏龜》壹柒肆葉貳版云:“貞且乙朕弗衛”，字又作朕，朕亦即《紀年》之滕矣。《藏龜》此辭，又見《續編》陸卷廿伍葉貳版。

祖辛名旦。

今本《紀年》云:“祖辛名旦。”按《書契前編》伍卷捌葉肆版云:“癸卯，卜，貞，彈𢀛百牛百用。”又陸卷陸壹葉肆版云:“△王賓示彈。△隹王△。八月。”按甲文未見旦字，然有彈，又稱示彈，確爲殷人所稱之神名，而彈與旦音同，疑甲文之彈即《竹書》之旦矣。

祖丁名新。

今本《紀年》云:“祖丁名新。”按《殷契佚存》貳壹柒片云:“之䢅宗，王受又?”同片又云:“祖丁㕣，在弜，王受又?”又壹叁叁片云:“祖丁㕣䢅宗。”甲編壹零肆零片云:“寴宗又?”按辭稱䢅宗，又稱寴宗，與羔宗唐宗及前舉之又宗文例同，䢅與寴自當是殷先王之名。䢅字从新，新字从新，亲新䢅音並同，然則甲文之䢅寴即《紀年》之新，䢅宗寴宗殆皆謂祖丁之廟也。又“祖丁㕣䢅宗”與“祖乙㕣关宗”文例同，彼关爲祖乙之名，知此䢅亦當爲祖丁之名，寴新爲一事又無疑矣。《佚存》貳壹柒片既云“䢅宗”，又云“祖丁㕣”此與“且丁㕣䢅宗”一辭相符契，亦可證也。

南庚名更。

《太平御覽》八十三引古本《紀年》云:“南庚更自庇遷于奄。”今本《紀年》云:“南庚名更。”按卜辭未見更字，然有𠦪字，其人爲殷人之所尊祀。《鐵雲藏龜》拾玖葉貳版云:“辛△,𠦪其降𡆥敗?”考更字《説文》作㪅，从攴丙聲，而金文《師虎》《師㪔》二𣪘及《趩尊𠭯鼎》四器更字皆从𠦪作𡆥，字蓋从𠦪聲。甲文之𠦪疑是𡆥之省形，𠦪即謂南庚也。

陽甲名和。

今本《紀年》云："陽甲名和。"按《山海經·大荒北經》郭《注》引古本《紀年》云："和甲西征，得丹山。"按和甲之稱，與《呂氏春秋》稱河亶甲爲整甲者辭例同，非後人所能杜撰，此可證今本《紀年》陽甲名和之説爲可信。王静安略無證據，謂郭《注》和甲爲祖甲之誤，疑撰今本《紀年》者據誤字造爲陽甲名和之説，徑以西征得丹山之事屬之祖甲，武斷甚矣。

盤庚名旬。

《太平御覽》八十三引古本《紀年》云："盤庚旬自奄遷于北蒙，曰殷。"今本《紀年》云："盤庚名旬。"按卜辭有多介父，或稱多介，或稱多父，吴其昌考定爲陽甲至小辛間之人，而不能質言其爲何人。余按《鐵雲藏龜》壹伍壹葉貳版云："戊子，卜，庚于多父旬。"依古人名字兼稱先字後名之例，知多父爲字而旬爲名。《紀年》記盤庚名旬，知多介父即盤庚。辭云"卜庚于多父旬"，亦以其爲盤庚，故於戊子日卜翌日庚祭之也。吴氏所謂陽甲至小辛間之人者正陽甲小辛間之殷王也，而盤庚名旬亦於此得其證矣。

小辛名頌。

《太平御覽》八十三引古本《紀年》云："小辛頌即位，居殷。"今本《紀年》云："小辛名頌。"按《書契前編》柒卷廿捌葉壹版云："△大貞，乍奇小弜，亡梌？"《龜甲獸骨文字》卷壹廿陸葉柒版云："丁酉卜，△貞，小弜△，隹丁△。八月。"《簠室殷契徵文·人名》叁版云："△午卜，大貞，翌癸未，㞢于小弜，三窜，葡一牛。"又見《續編》貳卷拾捌之壹。又肆版云："丙申△，出貞，翌小弜，日叀癸，八月。"按小弜即小辛也。弜字从ㄋ，又所从之辛字下皆作曲出之形。《殷契叕存》貳拾肆版云："△丑，侑于五后，至于龔弜。"弜字同，余謂龔弜即小辛也。知者，小辛名頌，頌从公聲，古讀與公同。《史記·吕后紀》云："未敢訟言誅之"，《集解》引徐廣云："訟一作公"，是其證也。龔與公音同，小辛名頌稱龔弜，猶河亶甲名整稱整甲，陽甲名和稱和甲矣。

祖甲名載。

《太平御覽》八十三引古本《紀年》云："帝祖甲載居殷。"今本《紀年》云："祖甲名載。"按卜辭有□字，舊釋爲春，然今□之貞下記月份有四月五月十一月十二月者，於事理不合。余據此字或作□若□，而□字或作□，知□與□當同音，因釋爲載字，今載即今年，則四月五月十一月十二月之貞文皆可通也。胡厚宣《釋□篇》引一辭云："△酉，卜，賓貞，子□不死。"□爲□之繁文，賓爲武丁時貞人，辭稱子載，謂武丁之子，正是祖甲也。

馮辛名先。《史記》作廩辛。

《太平御覽》八十三引古本《紀年》云：“馮辛先居殷。”今本《紀年》云：“馮辛名先。”按卜辭云：“貞其于西宗𩒨示？王卟曰：弘吉。”《前編》卷之廿柒之陸與肆之拾捌之壹合。釋者或釋西爲東西之西，余以羔宗唐宗闕宗𡨦宗文例推之，知彼説非是。古音西與先同，西宗即先宗，謂廩辛之廟也。《文選·四子講德論》云：“毛嬙西施”，西或作先。李《注》云：“先施西施一也。”《匡謬正俗》卷八云：“西有先音”，並其證也。又按《殷契粹編》伍叁陸片云：“𩒨示先，丂六。”字作先，稱示先，確是廩辛也。

帝辛名受。

今本《紀年》云：“帝辛名受。”按《書·牧誓》云：“今商王受惟婦言是用。”受即紂也。

釋　汅　一九五〇年五月二十九日

《書契前編》卷柒伍葉貳版云：

戊午，卜，㝐貞，酒𡆥年于羔汅㝵。

《書契後編》卷上廿貳之叁云：

尞于羔，亡从才雨？壬申，貞，𡆥年于汅。

第二類　國名之屬　自釋犬方以下凡五篇

釋犬方　一九四五年四月五日

卜辭云：“令犬方。”《後編》下卷陸葉壹壹版。按殷周間稱國曰方。《戰國·趙策》載紂醢鬼侯，而卜辭及《易》《既濟》、《未濟》，《詩·大雅·蕩》並稱鬼方，鬼方即鬼侯國也。故干寶注《既濟》云：“方，國也，”是也。犬方或省稱犬，卜辭云：“己酉卜，貞雀往正犬，弗其禽？十月。”《藏龜》壹捌壹葉叁版。是也。鬼方之君爲鬼侯，故犬方之君亦名犬侯。卜辭云：“貞令多子族眔犬侯寇周，叶王事？”《前編》伍卷柒葉柒版，與陸卷伍壹葉柒版合。又云：“己卯卜，率貞，令多子族从犬侯寇周，叶王事？五月。”《續編》伍卷貳葉貳版。是其事也。然則犬方究爲何國乎？余謂殆即昆夷也。《孟子·梁惠王下篇》曰：“文王事昆夷”，是也。昆夷或作混夷，《詩·大雅·緜》云：“混夷駾矣，維其喙矣。”是也。又或作串夷，《大雅·皇矣》云：“串夷載路。”鄭《箋》云：“串夷即昆夷。”是也。又或作畎夷，《史記·匈奴傳》云："周西伯昌伐畎夷氏。"是也。又或作犬戎，《國語·周語》記穆王伐犬戎，是也。顏師古注《漢書·匈奴傳》云："畎夷即畎戎也。又曰昆夷，昆字或作混，又作緄，昆緄畎聲相近，亦曰犬戎也。"今按顏説是也。尋昆夷世爲周禍，至於穆王之世，猶勞征伐。據卜辭觀之，其寇周也，實殷人助使爲之，亦古史中一新資料也。

釋 方 一九四六年三月十三日 一九五一年六月十二日增訂

卜辭關涉方族者至多，如《殷契粹編》壹壹肆叁云："壬寅，卜，今載方其出？"《鐵雲藏龜》壹捌肆之叁云："戊寅，卜，今載方其出？"又貳〇柒之壹云："癸丑，卜，穷貞，方其出？"此片又見《戩壽》叁捌之陸。《後編》上卷廿玖之拾壹云："丁卯，卜，方不出？"《書契前編》卷陸叁伍之肆云："貞方不出于𨸏？十一月。"此貞方之出與不出者也。

《鐵雲藏龜》壹伍壹之貳云："丙戌，今載方其大出？五月。"《書契後編》上卷廿玖之拾云："丁巳，卜，今載方其大出？四月。"《書契前編》伍卷廿捌之陸云："丙子，卜，穷貞，方其大出？七月。貞方不大出？"《甲骨文録》陸肆伍云："戊午，卜，方其大出？九月。"《福氏所藏甲骨文字》叁片云："△亥，卜，今載方其大出？"此貞方之大出與否者也。

《殷契卜辭》捌玖片云："貞方來入邑，今夕，弗踬王自？"《書契前編》柒卷廿玖之壹云："方其來于洗？不其來？貞方允其來于洗？貞乎往正？"此貞方來者也。

《書契前編》卷捌拾貳之貳云："癸亥卜，王，方其臺大邑？"《戩壽堂殷虚文字》廿陸之壹云："貞方其臺見？"《書契前編》卷肆叁肆之陸云："壬辰，卜，方弗臺見？"《龜甲獸骨文字》卷貳拾肆之伍云："丙申，卜，方其臺？"按金文《宗周鐘》云："王臺伐其至"臺伐連文，臺伐也。卜辭屢稱大邑商，辭云臺大邑，大邑亦謂商也。見者，地名，蓋由方至殷所必經。知者，《鐵雲藏龜》伍拾之二云："貞方出勿自見"，是其證也。此貞方之臺伐與否者也。

《書契後編》卷下肆貳之玖云："壬午，卜，自貞，王令多𠬝御方于△？"又肆壹之拾陸云："御方于商？"《殷契佚存》叁肆捌片云："△巳，卜，王貞于中商乎御方？"此貞御方者也。

《書契菁華》陸葉云："四日庚申，亦有來嬉𡨦，自北。子𡣕告曰：昔甲辰，方正征于𢻱，俘人十又五人。五日戊申，方亦正，俘人十又六人。六月，在䦉。”《甲骨文録》伍柒叁甲云：“貞其又有來艱自方？”此貞由方來艱者也。

《殷虚文字甲編》云：“貞方其𢦏我吏？貞方弗𢦏我吏？貞我吏其𢦏方？我吏弗其𢦏方？據胡厚宣《卜辭中所見殷代之農業》伍柒葉引。《甲骨文録》伍玖柒片云：“貞方𢦏△？”又伍玖貳片云：“壬寅卜，于△正方，𢦏？”此貞方與殷互爲𢦏害者也。

《書契前編》卷壹叁之肆云：“乙巳，卜，㱿貞，告方出于且甲大乙？”《書契後編》卷上陸之伍云：“甲申，于河告方來？”此貞告方來寇之事于先祖者也。

《鐵雲藏龜》伍壹之肆云：“貞𡳿方于丁？”此因方事求庇佑于祖先者也。

按殷人於方之出及大出有貞，於方之入䦉有貞，告方出於先祖，求方佑於神祇，方在殷時爲一至强之國族，其事灼灼甚明，故書傳記，不當略無記述。余搜討古書，約得三事，今述之以供研討古史者之參考云。

一事：《後漢書・東夷傳》云：“夷有九種：曰畎夷，于夷，方夷，黄夷，白夷，赤夷，玄夷，風夷，陽夷。”今以卜辭校之，畎夷殆即卜辭之犬方，于夷即卜辭之盂方，方夷即卜辭之方也。李《注》引《竹書紀年》曰：“少康即位，方夷來賓。”據此知方族之立國，遠在夏時，少康中興，方嘗效順。李《注》又引《竹書紀年》曰：“后芬即位三年，九夷來御。”方夷爲九夷之一，知后芬時方族尚與夏交通。然則殷時方族之盛，蓋乘五六百年積累之勢而成，宜其威稜旁出，陵逼殷人，至有方來入邑弗踬王師之占，武丁時有方其大出，告于且甲大乙之貞卜也。宂、㱿皆武丁時貞人。

二事：古書記五霸者有二説：一爲三代之五霸，一爲春秋之五霸。《白虎通・號篇》云：“五霸者，何謂也？昆吾氏，大彭氏，豕韋氏，齊桓公，晉文公，是也。昔昆吾氏，霸於夏者也，大彭、豕韋，霸於殷者也，齊桓、晉文，霸於周者也。”此三代之五霸也。按《白虎通》之説本自《國語》。《國語・鄭語》云：“佐制物於前代者，昆吾爲夏伯矣，大彭、豕韋爲商伯矣。”伯與霸同。又云：“彭姓，彭祖，豕韋，諸稽，則商滅之矣。”余謂大彭即卜辭之方，古方彭音同，《説文・示部》鬃或作祊，是其證也。韋昭注《國語》，謂殷衰，大彭豕韋二國相繼爲商伯，其後失道，殷復興而滅之。”尋《殷本紀》記殷四衰而四興，一衰於雍己而興于大戊，再衰於河亶甲而興於祖乙，三衰於陽甲而興于盤庚，四衰於小辛而興于武丁。韋昭注云殷衰二國霸，殷復興而滅之，不能確指其爲何王之世，蓋不詳也。要之今日可知者，大彭與殷遞爲盛衰，其平時則互相敵視。蓋大彭之霸於商，與齊晉之霸於周有異。齊先爲周室之功臣，晉則周之宗室，各受其封國於周，故其稱霸也，有尊周勤王之舉。大彭建國遠在夏世，與殷人無恩義之可言，故殷衰而大彭霸者，乘殷之積弱以自申其權力也。殷興而大彭滅者，殷惡其向日之侵陵積忿以爲報也。知此則卜辭所記方族震撼殷人之情事，可以思過半矣。

三事：《尚書·牧誓》云“王曰：嗟！我友邦冢君，御事，司徒，司馬，司空，亞旅，師氏，千夫長，百夫長，及庸蜀羌髳微盧彭濮人，稱爾戈，比爾干，立爾矛，予其誓。”此記從武王伐紂諸邦，彭居其一。余疑彭即大彭，亦即卜辭之方也。蓋大彭雖一時見滅，遺族猶存，餘燼未熄，所謂百足之蟲死而不僵者也。當殷之猶盛，方族固無如之何，及武王舉討殷之旗，方族率衆景從以申其滅亡之憤，固極自然之事也。卜辭稱曰方，《牧誓》亦第曰彭，知大彭者，乃後人以其强大，故以大加之，非其本稱也。

余草此文竟，偶覽《書契前編》，伍卷叁拾肆葉壹版云：“辛丑，卜，亘貞，乎取彭！”又見同書柒卷叁葉肆版。按甲文乎字與命字令字義同，亘爲武丁時貞人，與貞告方出之𡆥爲同時，然則韋昭所云殷道興而滅大彭者，豈即在武丁之世歟！若然，其事爲武丁之世，方族侵殷，武丁既告其出於且甲大乙，因而大張撻伐，遂一舉滅之爾。而國族之名彭，不惟見於《尚書》與《國語》，亦見於卜辭，余方彭爲一之説又得一證明矣。

余前謂大彭之大後人加之，頃讀《甲骨文録》陸肆陸乙辭云：“△辰，卜，王△于大方△𦎫△”，辭雖殘缺不完，然明見大方之名，然則此族在殷時早有大稱，其國之强大，由其名稱可以測知，而方之爲彭，愈確切無疑矣。一九五一年六月十二日記

第五類　雜考之屬　自甲骨文中之四方風名與神名以下凡四篇。

甲文中之先置賓辭　一九五一年三月三十一日

吾國文法外動字與賓辭之次序，常先外動後賓辭，然亦時有與此相反取賓辭先置者。余近讀甲文，知其亦如此。如云“帝不我莫？”《鐵雲》卷伍之叁。即帝不我熯也。此與《詩·召南·江有汜》之“不我過”句法同，此二皆句中有否定副字而賓辭先置者也。亦有無否定副字而賓辭先置者:

如云："貞今十三月畫乎來？"胡厚宣《論叢》引盧藏片。謂呼畫來也。云"畫鹿禽"。《粹編》玖伍叁。謂畫擒鹿也。而如此之句，往往以隹同惟。或叀用同惟加於賓詞之前。如云："貞叀多子族令从冬蜀，叶王事？"《後編》下叁捌之壹。謂令多子族从冬蜀也。知者：他辭云：貞令多子族从犬眔冬蜀，叶王事？《前編》陸卷伍拾壹葉柒版。外動字令字如常次，文即無叀字也。又云："貞勿隹洗戠从？"《庫方》壹零貳叁。貞勿从洗戠也。知者：他辭云："貞王勿从洗戠？"《庫方》壹零貳柒外動从字如常次，則文無隹字也。我从人爲从，平聲讀。使人从我爲从，去聲讀。《漢書·何並傳》云：並自從吏兵追林卿，猶今言並自帶吏兵追林卿也。從與从同。甲文王从洗戠，謂王以洗戠自隨也。説者謂王往从洗戠，非。又云："丁巳，卜，㱿貞，王叀洗戠从伐土方？"《續編》陸卷壹陸葉柒版。此貞王以洗戠自隨伐土方也。知者：他辭云："貞王从洗戠伐土方？"《後編》上卷壹柒葉陸版。从字如常次，文無叀字也，如云"貞今載叀下[illegible]伐受△㞢△又？"《續編》叁卷玖葉壹版。貞王伐下[illegible]也。知者：他辭云："貞今載王勿伐卜[illegible]？"外動伐字如常次，則文無叀字也。外動字與直接賓辭如此，内動字與間接賓辭亦然。辭云："王其田于畫，禽大豚？"甲編叁陸叁玖。田爲内動字，畫爲地名，間接賓辭也。他辭云："叀畫田，亾𢦏？"貞田于畫亡𢦏也。内動田字後置，則有叀字矣。

《書·酒誥》曰："惟土物愛，厥心臧。"惟土物愛，愛土物也，此與甲文句例同。《益稷》曰："惟慢遊是好。"《金縢》曰："惟永終是圖。"則惟字之外，於外動字與賓辭之間加是字矣。《舜典》曰："惟刑之恤哉！"《無逸》曰："惟耽樂之從。"則外動字與賓辭之間加之字矣。此文法演變之跡灼然可見者也。

卜辭瑣記

頻年研習甲文，時時讀諸家著作，心有所疑，輒復記之。其有原書偶缺，亦爲之拾遺補缺。積久得若干事。近日無事，輒加删汰，得四十九條。余於甲文，識字必依篆籀，考事則據故書，不敢憑肊立説。自信於方法上或無大謬耳。一九五三年十月十日自記於嶽麓山齋。

五　匕壬誤爲匕庚

《殷契卜辭》二九四片甲辭云："壬寅卜貞，王賓大庚奭匕庚，肜日，亡尤？"按大庚之配爲匕壬，故此以壬日卜。作匕庚者，因大庚庚字而誤。

六　咢風

《殷契卜辭》五五八片云："癸卯卜，穷貞，咢風。"樹達按：《周禮·春官·小祝》云："寧風旱。"按周人有寧風之祭，此亦因殷禮也。又《大宗伯》云："以疈辜祭四方百物。"鄭司農云："罷辜，披磔牲以祭，若今磔狗祭以止風。"按據此知漢時尚有止風之祭。

七　宅東寢

《殷契卜辭》五九五片甲辭云："貞，今夕宅東寢？"按宅，居也。王夕居寢宁有貞，可謂瀆矣。

八　雨不

《殷契佚存》叁貳捌片乙辭云："貞乎𢀛方，其𢦏不？"商承祚云："𢦏不即不𢦏，如不雨之曰雨不也。"《攷釋》肆陸。樹達按："𢦏不"乃"𢦏不𢦏"之省略，不與否同。商説非。

十五　用巫

《殷虚書契後編》上卷伍之貳。云："△午，在事，其用巫桒且戊，若？"

樹達按：《易·巽》云："用史巫紛若"，與此辭用巫同，向皆以紛若二字連讀，以卜辭證之，疑紛爲史巫之名，若一字爲句，貞神之順否，與此辭同例也。

十六　匕辛母戊

《戰後寧滬新獲甲骨集》壹卷貳貳伍片云："弜兄祝七辛？弜兄母戊？"按此疑是文丁時卜辭。文丁父武乙之配爲七戊，見金文《戊辰彝》，故文丁稱母戊。文丁之祖爲康丁，康丁之配爲七辛，故稱七辛。

十七　壬寅星

《殷契遺珠》壹陸陸片云："辛丑，卜，穷，翌壬寅，𠬝？壬寅，星。"按壬寅𠬝者，貞問之辭，壬寅星則記事之辭，謂是日不啟而星也。此乃後所記，與上辭文不相連也。原釋云卜啟抑星，誤。

廿四　多公

《殷契粹編》肆〇肆片云："△乂歲于多㕣。"肆〇伍片云："辛亥，貞，壬子，又多㕣歲。"肆〇陸片云："丁巳卜，三㕣父二歲，叀羊。"郭沫若釋㕣爲《說文》訓山閒陷泥地之㕣，謂字假爲君。《考釋》陸叁下。樹達按：文當釋多公，三公。知者：《沈子也𣪘》云："沈子其顈褱多公能福"，此古文言多公之證。《嘯堂集古録》上册拾柒葉。載《乙公鼎》，公字作㕣，此古文公字或从口作之證。《說文》記公字从八从厶，㕣字从口，此字从口，與《說文》㕣字形同，故郭君依之爲釋，不爲違誤。然余謂吾輩考釋古文，首當求文義之合，而形則次之。蓋古人作字無定形，形相似者時相淆混，與今日約定俗成後之文字不同。考釋文字，舍義以就形者，必多窒礙不通，而屈形以就義者，往往犂然有當。蓋古人字形不定，而文義必有定，吾輩依其不定之形，以求有定之義，則得之，以後世已定之形以律古代未定之形，固失之於形，又必失之於義矣。

廿五　二云

《殷契粹編》捌叁捌片云："采，各二㇉自△。"二㇉郭沫若釋二旬，核之字形，郭釋非誤。然以他辭相校，則辭似當釋二云。《殷虛書契前編》柒卷廿陸之肆。云："△采，狢云自北，西單△。"《殷虛書契菁華》肆之壹云："㞢各云自東面母"，皆其證也。《前編》采字上截失去爪形，葉玉森誤釋爲果，(《集解》柒之拾捌)由此條可知其誤二條采字上奪大字或小字也。又他辭多言三云，六云，二云，正其比。

廿六　王叀田湄

《殷契粹編》捌肆〇片云："王叀△田，湄△。"按同書玖貳柒片云："叀莥田，湄日亡𢦔？"此文當與彼同，原書以"王叀田湄"四字連文爲一句，殆非也。湄日者，湄當讀爲彌，彌日謂終日也。

廿七　東土南土

《殷契粹編》玖〇柒片云："己巳，王卜，貞，△歲商受△？王𠬝曰：吉。東土受年？南土受年？吉。西土受年？吉。北土受年？吉。"原釋讀土爲社——謂是動詞。樹達按：東土南土義與通言東方南方等同。《書·大誥》云："有大艱於西土，西土人亦不靖"，知東土、西土等詞爲殷周閒恆語。此辭以商爲中心，並貞商之四方，東土、南土、西土、北土與商爲對文也。

三八　前期十日卜日

《戰後寧滬新獲甲骨集》壹捌伍片云："乙丑，卜，來乙亥又且乙？"樹達按：卜有先一日者，有先三日四日五日或七日者，詳見《殷虛書契考釋》下卷，此片則先十日。《周禮·天官·大宰》云："前期十日，帥執事而卜日。"鄭《注》云："前期，前所諏之日也。"此辭乙亥又祖乙爲所諏之日，而以乙亥先十日之乙丑卜之，正《大宰》所云前期十日卜日之例也。

三九　卯

《戰後寧滬新獲甲骨集》貳玖捌片云："癸未，貞：叀甲午彫卯？"樹達按：殷先公先王多以日爲名，然亦有以辰爲名者，如此卯是也。他辭多稱且卯，或稱父卯，此辭則單稱卯。

四十　南宣

《戰後寧滬新獲甲骨集》叁壹玖片云："丁巳，卜，于南宣召？"樹達按：明義士《殷虛卜辭》貳叁玖片云："貞告執于南室，三宰。"此辭卜行砻祭于南宣，彼辭卜以三宰行告祭于南室，宣室字並从宀，疑南宣與南室爲一事而異名也。《淮南子·本經篇》云："武王破紂牧野，殺之于宣室”，注云：“宣室，殷宮名。一曰：宣室，獄也。”文記殷事，以宣室連文爲一名，然則或稱南宣，或稱南室，爲一事明矣。

四一 習二卜

《戰後寧滬新獲甲骨集》伍壹捌片云：“習二卜，習三卜，習四卜。”樹達按：習與《易·坎卦》習坎之習義同，重也。余疑卜辭於辭外往往記一二三四等數字，皆記卜數，與此辭所記“習二卜”、“習三卜”、“習四卜”義蓋同。特此片詳言之，彼文止記數字略言之耳。《通纂》別一何壹貳片云：“習一卜，習二卜。”

卜辭求義

自序

余生平喜讀高郵王氏書，故於義詁之學最爲留意。治文字之學，以形課義，亦以義課形，務令形義二者脗合無閒而後已。治金文，初據字以求義，繼復因義以定字。余於古文字之研究重視義訓如此。殷虚文字古矣，然既是文字，未有不表義者也。余十餘年來治此頗勤，往讀甲文諸家之書，遇有説義善者，則手録之，心有所觸，自覺其可存者，亦附記焉。久之不覺盈帙。適羣聯出版社以書稿爲請，遂以付之。時賢善説，固當不止於此，恨余無暇補録耳。

一九五四年九月十三日楊樹達記於嶽麓山之耐林廎。

模部第一

亞

《粹編》一一七八片云："丁酉，卜，亞𡴘以衆涉于[illegible]，若？"郭沫若云：亞殆𡴘之官職，殷有官職曰亞，周人沿襲其制。《周頌·載芟》："侯主侯伯，侯亞侯旅。"《書·牧誓》："亞，旅，師氏。"又《酒誥》："百僚庶尹，惟亞惟服。"《考釋》一五一下。

《粹編》一二九〇云："貞，多馬亞，其㞢有囚？"郭沫若云：亞當讀爲惡，此辭殆因馬疫而卜。《考釋》一六八下。

乎

《藏龜》百十四葉之四云："貞勿乎禽省田？"孫詒讓云："乎即評之省。"《説文·言部》："評，召也"，金文多借乎爲評。《前編》六之三四之二云：

"登人三千乎伐㚔。"郭沫若云：乎字讀爲呼，殷周古文均如是。《通纂》二之一二。樹達按：孫郭二説似異而實同，孫讀評，據《説文》本字言之，郭讀呼，據通用字言之也。其實乎爲評呼之本字，詳余《釋乎篇》。

《前編》一卷三二葉之二云："戊午，卜，𡧊貞：今△辛酉，乎酌河？"樹達按：乎猶令也，命也。

家

《拾遺》一葉之七云："貞其㞢匚于上甲家，其……"葉玉森云：上甲家疑指上甲之廟，猶他辭言大甲室，《龜甲獸骨文字》二卷一葉三版：甲戌，王卜大甲室。室亦指廟。《殷虚書契前編》一卷三十葉七版亦載"于母辛家"一辭。

古

《甲編》三〇八〇片云："貞：王居舌疒，隹㞢古？"《庫方》三五一片云："△寅，卜，王疒，帚婦㞢古？"按古假爲蠱。《藏龜》一一三葉之四云："貞王疒，帚好不隹𡿺孽？"此云帚△㞢古，猶彼云帚好不隹𡿺也。古蠱同音字。

《銘刻彙考·釋啚亩》載卜辭云："戊戌，貞，右牧于片，伊侯古啚。中牧于義，伊侯古啚。"郭沫若云，張丹斧古啚爲故鄙，至當。義片均地名，屬於伊侯舊領之邊邑也。二十九下。

豈

《殷契》四〇九片云："貞王疒，不隹豈？"按豈爲鼓之初文，此假爲蠱。胡厚宣《殷人疾病考》引盧靜齋藏片云："㞢疒，其隹蠱？"此不隹蠱語例相同，彼用蠱本字，可證。豈蠱爲同音字。

《後編》下卷三九葉之四云："丁酉，卜，大貞，告其豈于唐，衣，亡△？九月。"郭沫若云：豈乃鼓之初文。卜辭云："辛亥卜，出貞，其鼓彡告于唐，牛一。"《鐵餘》十之二。二片内容文例均相同，而一作鼓，一作豈，尤鼓豈爲一之明證。《通纂》二之五四。

鼓

《藏龜之餘》十葉之二云："辛亥，卜，出貞，其鼓彤告于唐，九牛。

一月。”《前編》四卷一葉之三云：“乙酉，卜，叀今日，酌鼓于父乙。”樹達按：鼓謂伐鼓。《春秋》莊公二十五年，三十年，文公十五年皆云：“鼓用牲于社。”

魚

《前編》四卷五五葉之六云：“貞其鳳？十月，才在圃魚。”又五五葉之七云：“貞今△其雨？才圃魚。”羅振玉云：魚字皆假爲捕魚之漁。《書契考釋》中三三下。

魯

《佚存》五三一片云：“乙丑，卜，㱿貞，帚姘魯于黍年。”又六九三片云：“△△卜，王隹正商，允魯。”于省吾云：魯卜辭作魯，魯旅爲雙聲疊韻字，故相通借。《書序·嘉禾篇》：“旅天子之命”，旅字《史記·周本紀》作魯，《魯世家》作嘉，魯旅均應訓嘉，故《魯世家》以嘉代詁也。《書·召誥》：“拜手稽首，旅王若公”，即嘉王及公也。《邢侯毁》：“拜稽首，魯天子”，即嘉天子也。《臣卣》：“尹其亙萬年，受氒永魯”，永魯者，永嘉永休也。然則帚姘魯于黍年者，婦姘嘉于黍年也。允魯者，允嘉也。《駢枝》五三。

御

《戬壽》四葉之十五云：“己△卜，亘貞，卸于祖丁。”王國維云：御卜辭作卸，从午从卩，或作御，不省。蓋假爲禦字。《説文》：禦，祭也。《考釋》十二下。

《粹編》一一六八片云：“△△㱿貞，乎𢀛卸△？△△㱿貞：乎卸𢀛？”郭沫若云：卸字在此當是防禦之禦。《考釋》一五〇下。

《粹編》六八八片云：“戊辰卜，△今日不雨？其雨？兹卸。”郭沫若云：兹御卜辭恆語，蓋猶他辭言兹用也。《考釋》九五。

土

《戬壽》一葉之二云：“其尞于土。”王國維云：“土，殷先公相土也。知土爲相土者，《詩·商頌》、《春秋左氏傳》、《世本》、《史記》諸書皆連言相土，而《荀子·解蔽篇》云：“乘杜作乘馬。”楊倞注曰：“《世本》云：相土作乘馬，杜與土同。”以其作乘馬之法，故謂之乘杜，是乘本非名。相土可單稱土，又假用杜也。然則卜辭之土當即相土。曩以卜辭有𡉚𡈽字即邦社，疑諸土字皆社之假借，後觀卜辭中殷之先公有季，有王亥，又自上甲至於主癸，無一不見於卜辭，則此土當爲相土而非社矣。《考釋》一。

《佚存》九二八片丙云：“其又尞亳土，又雨？”商承祚云：“土讀社。”《考釋》一〇一。《粹編》二十片云：“于亳土邘。”郭沫若云：“亳土自爲亳社。凡卜辭所祀之土，王國維均説爲相土，以此例之，殊未見其然。”《考釋》八。

如

《佚存》百〇八片乙云：“辛亥，卜，自貞；王曰丁：不如。十一月。”樹達按：丁爲《人名》，如，往也。曰與謂同，詳《月部》曰字下。

盧

《拾遺》四葉之十八云：“貞王伐盧。”葉玉森云：“盧字从虍从皿，許書無之，或盧之古文。盧國即《書·牧誓》微盧彭濮之盧。許書虘盧乃一字，虘省皿，此省𠙹耳。”《考釋》十下。

且

《藏龜》三葉之三云：“貞㞢于且乙？”孫詒讓云：“龜文稱祖甲祖乙之等，祖皆借且爲之。”《舉例》下一。

沮

《拾遺》一葉之十四云：“甲戌，△，沮丁二牛。”葉玉森云：沮丁即祖丁，假沮爲祖，卜辭僅見。同聲相假，此爲明證。《攷》四下。

图 俎

《前編》五卷三七葉之二云：“甲子，卜，行貞；其俎于庚，升？”

羅振玉云："俎者，陳牲體于俎。"《書契考釋》下六一下。

《戬壽》一之一云："癸亥，卜，又土，尞羊一，小宰圀。"王國維云："圀即俎字。《說文》：俎，禮俎也，从半肉在俎上。此象二半肉在俎中，殆《周語》所謂房烝，《詩·閟宫傳》所謂大房半體之俎也。尞羊一，小宰圀者，謂既尞一羊，又登一少牢於俎也。"《考釋》一下。

𠀠

《拾遺》六葉之十一云："王其𠀠𢿱鹿？"按葉玉森據《前編》六卷十一葉五版"乙丑貞，翊丁卯其獸𢿱彔，弗禽？"謂𢿱鹿即𢿱彔，讀彔爲麓，《考釋》十四。是也。余謂則讀爲徂，往也。

唐部第三

唐

《後編》上卷二九葉之三云："貞于唐告𢀛方，貞于大甲告，貞于大丁告𢀛。"王國維云：三辭在一骨上，自係一時所卜，據此則唐與大丁大甲連文，而又居其首，疑即湯也。《說文·口部》"啺，古文唐，从口昜。"《博古圖》所載《齊侯鎛鐘銘》曰："虩虩成唐，有嚴在帝所，尃受天命，咸有九州，處禹之都。"夫受天命，有九州，非成湯其孰能當之？《太平御覽》八十二及九百一十二引《歸藏》曰："昔者桀筮伐唐而枚占熒惑，曰：不吉。"《博物志》六亦云。案唐亦即湯也。然卜辭於湯之專祭，必曰王賓大乙，惟告祭等乃稱唐，未知其故。《集林》九之十下。

商

《粹編》一二九七片云："于兮大商。"郭沫若云：商蓋讀爲賚賞。樹達按：郭於兮字加私名號，蓋以爲地名。余謂乃亶兮之兮，表時間。

相

《前編》四卷十一葉之五云："庚寅，卜，貞，亩𡚬人令㞢，在南㞢。十月。"郭沫若云：㞢古文相，助祭爲相，此殆其義。《通纂》四之一六八下。

𡨄 象

《天壤》八片云："癸亥，卜，㱿貞：旬△𡆥？一日，象。甲子……。"唐蘭云：象字卜辭習見，按字从象，以字例推之，當爲从八象聲。卜辭用象字多在貞旬亡𡆥之後。如云："……旬亡𡆥？九日，象，辛……㞢巛。王陊自……"《粹編》一五八〇。"……貞旬亡𡆥？旬象，壬申……荾火，帚娌子𡆥。"《續》四之二八之三。"……亡𡆥？三日，象，乙……乙彡。一月。"及"……象，乙酉，子隹又出。二月。"《簠室藏骨拓本》"癸酉，卜，㱿貞：……七日，象，己卯……"《前》七之二二之二"癸亥，卜，史貞：旬亡𡆥？一日，象。甲子夕，嬖大爯至于相……"《簠雜》一一六。"……旬㞢五……象。戊……小子……。"《林》二之一五之五。"……二旬㞢六日，象。辛……"《庫》一五一六。"癸未，卜，兄貞：旬亡𡆥？△日，㞢。……𡆥。"《鐵》四十之四。"癸……旬亡𡆥？……㞢……象。己卯，……日，大……雨。"《林》二之一五之八。"……象。䕑……爯至……丙。"《林》二之一五之九。"△亥……貞：旬亡……象。……疾……。"《簠雜》一一五。"……象。乙……我邑……大采……"《前》四之四五之四。等皆與本片同。於貞旬後繼以某日象者，其與下紀日名有合有不合。如九日辛，旬壬，三日乙，七日已，皆與卜辭記日之法合。一日象而下言甲，旬有五日而下言戊，則遲一日。至二旬有六日象而下云辛，則遲三日矣。象當讀爲象。《周禮·大卜》："以邦事作龜之八命，一曰征，二曰象，三曰與，四曰謀，五曰果，六曰至，七曰雨，八曰瘳。"卜辭之象當即八命之二。云某日象者，言某日當有象，蓋卜者得兆後之繇詞也。其下所記，則占驗之辭，所卜有驗有不驗，當日不驗而驗於次日或更後者，亦從而記之，則有遲一日以至三日者矣。《考釋》十四。

月部第五

兑

《粹編》一一五四片云："戊申，卜，馬其先王兑从？大吉。"郭沫若云：兑讀爲悦。此辭疑是卜以馬爲殉，言馬其樂從先王于地下也。《考釋》一四八。

舌

《藏龜》九四葉之四云：“貞勿舌河？”又百二葉之一云：“勿舌？”按辭云勿舌，以舌爲動字，又云舌河，舌與河義不相承，頗爲難解，余熟思之，舌蓋假爲涉也。他辭云，“涉河。”《藏龜》六十葉二版。“其涉河？”《佚》六九九。“虎方其涉河東狀？”《前》六之六三之六。甲文固屢用本字之涉矣，此復假舌爲之者。卜辭往往本字與借字雜用，有蠱或云有古，喪明或云喪黽，祭牲之彘或云矢，皆其比也。

或問曰：《詩・小雅・大東篇》以舌揭爲韻，《大雅・抑篇》以舌逝爲韻，《烝民篇》以舌外發爲韻，故治古韻者皆以舌入月部，而涉則帖部字也。二字古讀不同，子言假舌爲涉，於義安乎？曰：甲文固有以同聲相通假者，如般庚恆作凡庚，般凡但聲同，古韻不同部也。然則同聲固可相通，而舌涉之通假，尚非其類也。何者？凡與舌音義相關之字，狧从犬舌而讀如比目魚鰈之鰈，則帖部字也。丙訓舌貌，爲添部字，添與帖爲平入也。而本部之栝从木舌聲，讀他念切，炎部之舑从炎舌聲，讀以冉切，金部之銛从金舌聲，讀息廉切，皆讀入添部，此皆以帖添平入爲聲也。以此知心部之恬，爲添部字者，蓋亦从心舌聲，許君謂爲从甜省聲者，非也。由此言之，舌字之音本當在帖部，與涉相同，故其音義相關之字，不在本部之帖，即在入聲陽聲之添。然則甲文假舌爲涉者，殆以同音相假，非以同聲，詩文舌字與月部諸字爲韻者，乃後來之變音，非其初讀也。

祭

《後編》上卷八葉十一云：“乙丑卜，冘貞，王賓匚祭。”羅振玉云：祭亦羣祀之一，非若後世爲祀之總名也。《考釋》下六下。

帖部第二十七

𠂇

《寧滬集》三二〇片云：“叀甲午𠂇？”樹達按：砮日之祭字本作砮，省作名，此又省止作𠂇。

眔

《後編》上卷七葉之七云："癸亥，卜貞，兄庚歲眔兄己，甶△。"郭沫若云：眔，殷周古文均用爲及與字。《通纂》二之廿五下。

涉 

《前編》五卷廿九葉之一云："辛卯，卜，𡧊貞，翊甲午，王涉歸。"羅振玉云：《説文解字》："步，行也。從止屮相背。"案步象前進時左右足一前一後形，或增彳，从水省，乃涉字。辭云王涉歸，王無徒之理，殆借涉爲步。《考釋》中六五。商承祚云：字爲涉字無疑。所謂王步王涉者，非王步行徒涉也，以車曰步，以舟曰涉耳。

積微居小學金石論叢

自序

予年十四五，家大人授以郝氏《爾雅》王氏《廣雅》二疏，始有志於訓詁之學。歲在攝提，年十八，從人假讀大徐本《説文》一周，心歆其美，未有得也。既冠，激於國難，廢業出遊，居倭京，日治歐洲語言及諸雜學。時余杭章君同寓東京，方聚徒講業，予謂是非當務之急，不從遊也。辛亥兵興，困餓於京都，倉黄返國，始以英國文字教於長沙。會友有謂予夙治國聞，誣諉以此土文法，因讀丹徒馬氏書，心弗善也，自是始治文法。既湖南督軍張敬堯肆虐於湘，予心弗忍，違難北行，亦頗以文法設教。生平服膺高郵王氏，念王氏兼治虚實，學乃絶人。一九三零年，文法三書成，乃專力於文字之學。初讀章君《文始》，則大好之，既而以其説多不根古義，又謂形聲字聲不含義，則又疑之。蓋文字之未立，言語先之，文字起而代言，肖其聲則傳其義。中土文書，以形聲字爲夥，謂形聲字聲不寓義，是直謂中土語言不含義也，遂發憤求形聲字之説。一九三三年春，偶憶《大學》“爲人父止於慈”一語，謂慈字聲類之兹即子，於是悟形聲聲類有假借。明年春，讀《毛詩》，見《大雅崧高篇傳》以增訓贈，因推之賀賞賕諸文，加尚皮皆有義，而得同義字往往同源之説。一日，武昌徐生問予：賜从易聲，易無義，云何？予未能對也。夜中不寐，起坐思之，忽悟易益古同音，从易猶从益也。《禮記·檀弓》謂謚爲易名，謚从益聲，又實假益爲易。疑既解，則大樂。自是持二義以説諸文，則左右逢其源，沛然若決江河焉。卷中如謂鯨从京聲。京假爲羹；旐从兆聲，兆假爲召；放从方聲，方假爲旁；喝从曷聲，曷假爲害；滓从宰聲，宰假爲緇；簸从殿聲，殿假爲屍；覞从見聲，見假爲脛；詩从寺聲，寺假爲志；韔从長聲，長假爲藏；縣从縣聲，縣假爲玄；譆从喜聲，喜假爲黑：皆闡明前一義者也。若獄从言，言假爲辛；牖从甫，甫假爲旁：則又由形聲旁推及會意矣。《釋旐篇》記旐旗旟旐旝旋同源，《釋晚篇》謂昏莫晚同源，《釋經篇》謂經縊同源，《釋暍篇》謂餓餲同源，《釋覰篇》謂蜆縊同源，《釋獄篇》謂獄圉同源，《釋頰篇》謂誧頰同源，輔頰同源，膀脅同源，《釋瞗瞦篇》謂矑瞗瞦同源，《釋雌雄篇》謂雄麠貑羖羒同源，雌貕同源，《釋賢篇》謂賢能豪同源，《釋僞篇》謂僞諼詐同源，《説骹骭篇》謂脛骹骭同源，《釋曾篇》謂曾尚同源，《釋遇篇》謂遇遭遘同源，《釋説篇》謂説談同源，《爾雅·木自獘柛説》謂柛翳同源，以及《字義同緣於語源同例證》一文，皆闡明後一義者也。而二義交相爲用，或因前而得後，或據後而明前，吾書中可略見焉。蓋予循聲類以探語源，因語源而得條貫，其徑程如此。獨念勝清三百年間，小學如日中天，臻於極盛。金壇段君高郵王君敻絶一世，其於創通大例，顧未有聞，予以頑質，乃邂逅得之。予用是不敢自閟，姑布其説於世以爲前焉。其有差違，則予學之不周任之。世之君子有告我以昌言者乎？予將拜而受之矣。

一九三六年十月二十五日，長沙楊樹達書。

卷一

釋　慈　一九三三年四月八日

《説文·十篇上·心部》云：“慈，愛也。从心，茲聲。”按以聲義求之，許君之訓乃泛言之。若切言之，當云愛子也。何以言之？《禮記·禮運篇》曰：“父慈，子孝，兄良，弟弟，夫義，婦聽，長惠，幼順，君仁，臣忠，十者謂之人義。”又《大學篇》曰：“爲人父，止於慈；爲人子，止於孝。”《隱公三年》《左傳》載石碏之言曰：“君義，臣行，父慈，子孝，兄愛，弟敬，所謂六順也。”又《昭公二十六年傳》載晏子之言曰：“君令，臣共，父慈，子孝，兄愛，弟敬，夫和，妻柔，姑慈，婦聽，禮也。”《墨子·兼愛下篇》曰：“爲人父必慈，爲人子必孝。”《淮南子·本經篇》曰：“父慈，子孝，兄良，弟順。”其他經籍中以慈孝對言如諸書所稱者不可勝舉。孝爲子對於父母之道，故以子承老爲文，而訓爲善事父母，然則慈爲父母對於子之道明矣。故《管子·形勢解》曰：“慈者，父母之高行也。”《賈子·道術篇》曰：“親愛利子謂之慈。”是其義也。然茲訓艸木多益，與愛子之義絶不相關，而慈從茲聲者，以茲與子古音相同故也。《淮南·天文篇》曰：“子者，茲也。”

《史記·三代世表》曰："子者茲。"《易明夷》箕子，劉向讀爲荄茲。此以茲訓子者也。《大戴禮·本命篇》曰："子者，孳也。"《白虎通·五行篇》《釋名·釋親屬》並同。《史記·律書》曰："子者，滋也。"《説文·十四篇下·子部》曰："子，十一月陽氣動，萬物滋，人以爲稱。"此以茲聲之孳乳字訓子者也。《管子·小稱篇》曰："嗟茲乎！聖人之言長乎哉！"《説苑·貴德篇》曰："嗟茲乎！我窮必矣！"《儀禮經傳通解續》引《尚書·大傳》曰："嗟子乎！此蓋吾先君文武之風也。"嗟茲乎或作嗟子乎，此又茲子通作之證也。且慈从茲聲，假茲爲子，亦有文从子聲而假子爲茲者。《説文·十四篇下·子部》云："孳，孳孳汲汲生也。从子，茲聲。"字从茲聲者，言子嗣之孳乳有如艸木之繁殖也，此正字也。然《三篇下·攴部》又云："孜，孜孜汲汲也。从攴，子聲。"此文與孳音義皆同，而文从子聲，實假子爲茲也。此造文時茲子互相通假之證也。或曰："如子之説，慈从茲聲而有子義，則於六書當屬會意，而許君説爲形聲，何也？"曰："不然。慈字若徑从子，則在六書當爲會意兼聲，今不从子而第从與子同音之茲，故許君屬諸形聲而不屬於會意耳。"至慈本爲父母愛子之稱，稍擴其義，則爲慈幼。《周禮·地官·大司徒》云："以保息六養萬民，一曰慈幼，"是也。又稍擴其義，則爲君上愛民之稱。晉《語云》："甚寬惠而慈於民，"是也。更擴張之，則又可以與其本義正相反而爲子事父母之稱。《齊語》云："不慈孝於父母，"《莊子·漁父篇》云："事親則慈孝，"是也。許君訓慈爲愛，意在兼包數義；然《説文》本爲解釋字源之書，自當切言，不當泛訓也。

釋 醇　一九三三年四月八日

《説文·十四篇下·酉部》云："醇，雜味也。从酉，京聲。"又《二篇上·牛部》云："犉，牻牛也。从牛，京聲。"引《春秋傳》曰：牻犉。按牻下云："白黑雜毛牛。"據二文觀之，京聲字蓋有雜義。按京訓人所爲絶高丘，與雜義不相會，頗難索解。考《三篇下·䰜部》云："鬻，五味和羹也。"或作羹。按羹訓五味相和，飲食之事也。《八篇上·衣部》雜訓五采相合，衣服之事也。五采相合爲雜，則五味相和亦具雜義矣。古京與羹同音，从京猶从羹也。問者曰："醇犉皆讀入來母，何也？"曰："《左傳·昭公十一年》云：'楚子城陳蔡不羹。'"《釋文》云："羹舊音郎。"《正義》云："古者羹臛之字音亦爲郎，故《魯頌·閟宮》及《楚辭·招魂》與史游《急就篇》羹與房漿糠爲韻。但近世以來獨以此地音爲郎耳。”然則羹古本有來母之音，據此酴之爲義受之於羹，於義於音皆訢合無間；㝕則又由酴孳乳耳。章氏《文始》謂酴得義於鹵，按鹵酴模唐二部陰陽對轉，音理固爲可通，惟鹵鹹第爲五味之一，不含雜義，似不如謂受義於羹較爲脗合矣。

釋　始　一九三三年十一月二十八日

《說文·十二篇下·女部》云：“始，女之初也。从女，台聲。”自來說者皆不能質言其義。夫兒在母胞，肇分男女，事在闇昧，無由識知，何緣特立一文以表其事？就謂可識，男亦有初，何故無文，以與始並？由此言之，始不謂胎孕之别明矣。按《大戴禮記·本命篇》曰：“男以八月而生齒，八歲而齔。一陰一陽，然後成道；二八十六，然後情通，然後其施行。女七月生齒，七歲而齔齒。二七十四，然後其化成。”《漢書·王莽傳》曰：“莽以皇后有子孫瑞，通子午道。”張晏曰：“時年十四，始有婦人之道也。”《黄帝内經》卷一《上古天真論》曰：“男子二八而天癸至，女子二七而天癸至。”然男子天癸之至，無特異之徵；女子則當十三四時，於不識不知之中忽如潮湧，往往令人不可思議。事象奇異，故制文者亦爲之特立一文。精言之，女之初當云婦之初。然《易·屯六二》曰：“女子貞不字，十年乃字。”虞翻訓字爲妊娠。然則文稱女子，實謂婦人也。《禮記·王制》曰：“道路，男子由右；婦人由左。”《大戴禮記·本命篇》曰：“男子謂之丈夫，女子謂之婦人。”此知古人婦女往往通言，雖不别白，意固灼然可曉矣。

釋　贈　一九三四年一月三十日

《說文·六篇下·貝部》云：“贈，玩好相送也。从貝，曾聲。”按贈爲玩好相送，許君不詳其語源。考《詩·大雅·崧高篇》云：“以贈申伯。”《毛傳》云：“贈，增也。”按以增訓贈，説似迂遠難通，而毛公云爾者，乃明贈字之語源耳。《說文·五篇下·會部》會下云：“曾，益也。”贈从曾聲，故有增益之義，然則許君於贈下雖無所記，立意固與毛公同。蓋以物贈人，實以物增加於人也。豈惟贈字爲然哉！凡與贈同義之字皆有增益之義矣。《詩·小雅·彤弓篇》云：“中心貺之。”《毛傳》云：“貺，賜也。”《說文·新附》云：“貺，賜也。从貝，兄聲。”按《詩·大雅·召旻》云：“職兄斯引。”《毛傳》云：“兄，兹也。”又《大雅·桑柔》云：“倉兄填兮。”《毛傳》云：“兄，滋也。”兄訓兹滋，貺从兄聲，亦當有兹滋義矣。《説文·艸部》兹訓艸木多益。《水部》滋訓益。此一事也。《説文》云：“賞，賜有功也。从貝，尚聲。”按《孟子·滕文公上篇》云：“草尚之風，必偃。”《趙注》云：“尚，加也。”尚訓加，賞从尚聲，亦有加義矣。此二事也。《説文》云：“賀，以禮物相奉慶也。从貝，加聲。”按《説文·十三篇下·力部》云：“加，語相增加也。”加訓增加，賀从加聲，亦有增加義矣。賀有加義，故《儀禮·士喪禮》曰：“賀之，”注即訓賀爲加，此猶《毛傳》之以增訓贈矣。此三事也。《説文》云：“貱，迻予也。从貝，皮聲。”按皮不直訓加，然从皮聲之字；彼訓往有所加，髲訓益髮，則皮字固有加義。皮有加義，貱从皮聲，亦有加義，故《廣雅·釋詁》訓貱爲益也。此四事也。或曰：“《説文》賜訓予，从貝，易聲，無增益之義，何也？”曰：“曷嘗無之也！古易與益同音，同影母錫部从易聲猶之从益聲也。”“有證乎？”曰：“有。”《説文·九篇上·髟部》云：“鬄，髲也。从髟，易聲。”《詩·鄘風·正義》引《説文》云：髲，益髮也。鬄訓髲，髲訓益髮，然則鬄从易聲，亦假易爲益，與賜字同也。此一證也。《説文·三篇上·言部》云：謚，行之迹也。从言，益聲。按謚與益義不相關，从益聲實假益爲易。《禮記·檀弓下篇》云：公叔文子卒，其子戍請謚於君，曰：日月有時，將葬矣，請所以易其名者，是也。此知易益二字實互相通假。此又一證也。賜从易聲，易假爲益，則賜字有益義又明矣。此五事也。蓋語言皆受義於其聲，字義相近，則此諸字所从之聲類義必相近，固自然之理也。

曾有益義，故从曾聲之字多含加益之義，不惟贈字爲然也。《説文·十三篇下·土部》云：“增，益也。从土，曾聲。”此一事也。《八篇上·尸部》云：“層，重屋也。从尸，曾聲。”重屋者，加屋於屋也。此二事也。《十篇下·立部》云：“竲，北地高樓無屋者。从立，曾聲。”竲與層義略同。此三事也。《十二篇下·瓦部》云：“甑，甗也。从瓦，曾聲。”按甑加於釜之上以爲用者也。此四事也。《三篇下·鬲部》云：“鬵，鬵屬。从鬲，曾聲。”按此與甑蓋一字。此五事也。《十篇上·火部》云：“熷，置魚箽中炙也。从火，曾聲。”按熷用與甑同。此六事也。《七篇下·网部》云：“罾，魚網也。从网，曾聲。”《楚辭·九歌》云：“罾何爲兮木上？”罾在木上，今制尚然。此七事也。《禮記·禮運篇》云：“夏則居橧巢。”以橧與巢並言，皆在上之物，故《鄭注》云：“橧，聚薪柴居其上，”是也。此八事也。《説文·五篇下·矢部》云：“矰，隿射矢也。从矢，曾聲。”《周禮·夏官·司弓矢注》云：“結繳於矢謂之矰，矰，高也。”《史記·留侯世家注》云：“矰，一弦可以仰射高者。”按物加益則高，增益義之引伸也。此九事也。

釋晉 一九三四年七月二十三日

《説文·七篇上·日部》云：“晉，進也。日出，萬物進。从日，从臸。”引《易》曰：“明出地上，晉。”按日出無物進之義，以古文字形求之，晉字不从日，亦不从臸，許君説形義皆非是。今定：晉者，箭之古文也。請以五事明之：按晉字《格伯毁》作，象兩矢插入器中之形。《魏三體石經》作，下器形雖小變，二矢插器之象則同。龜甲文《鐵雲藏龜拾遺》十三葉一版。及《晉邦盦》作，器中加點，字形類日，可窺見字體遷變。許君誤謂从日之因。然上从二矢，仍與《格伯毁》《石經》無異也。又《説文·十四篇·下孨部》云：“𦥽，盛貌。从孨，从日。讀若薿薿；一曰若存。”或作𦥽，云：“籀文从二子。一曰：𦥽即奇字晉。”按二子篆文與形近，故許有奇字晉之説。然《𪎩𦥽妊毁》字作𦥽，从二子，从口，許君謂字从日，亦誤説也。此徵諸字形者一也。《儀禮·大射儀》云：“幎用錫若絺，綴諸箭。”《鄭注》云：“古文箭作晉。”《周禮·夏官·職方氏》云：“揚州，其利金錫竹箭。”《鄭注》云：“故書箭爲晉。杜子春曰：晉當爲箭，書亦或爲箭。”此徵諸經典異文者二也。《吳越春秋》卷八《勾踐歸國外傳》記勾踐使大夫種復吳封禮有晉竹十廋，晉竹即箭竹，所謂會稽竹箭者是也。本《段玉裁》説。廋者，徐天祐釋爲艘。余按《詩》云：“束矢其搜，”十廋蓋謂十束也。此徵諸傳記本字者三也。古文晉象插矢之形，故晉有插義。《周禮·春官·典瑞》云：“王晉大圭，”是也。後起字作搢。《儀禮·鄉射禮》云：“搢三而挾一个。”又《士喪禮》云：“搢笏。”《禮記·樂記》云：“裨冕搢笏。”注皆訓搢爲插，是也。此徵諸字之引伸義與字形相合者四也。《師湯父鼎》云：“王乎宰雁錫盧弓象弭，矢臺彤欮。”孫詒讓釋臸爲箭，是也。據此晉字亦作臸，蓋晉字上象二矢，下爲插矢之器，器形省作無害也。此以金文省形字證之者五也。按二矢插器，其義爲箭，見而可識，幾於童孺能知。自小篆變二矢之形爲臸，變器形爲日，形與義略不相關，於是説字者遂不得其正解。雖通儒如杜子春，於《周禮》故書用古文晉字者，不知其爲本字，皆篆體變形之咎也。今之研稽文字者，不上考古文而徒奉篆文爲科律，欲求得古人文字之真，不亦難哉！

釋謹 一九三四年八月三日

《説文·三篇上·言部》曰："謹，慎也。从言，堇聲。"按以聲類求之，謹訓慎殆非朔義。《史記·貨殖傳》曰："堇堇物之所有。"《集解》引應劭曰："堇，少也。"堇有少義，故堇聲之字多含寡少之義。謹从言堇聲者，蓋謂寡言也。蓋多言多敗，慎者必自寡言始。世徒習於謹慎之文，而忽其造文之始義，雖以許君之深通雅詁，亦竟不之及，可不惜哉！今請以六事明之：按《説文·九篇下·广部》曰："廑，少劣之居。从广，堇聲。"此一事也。《八篇上·人部》曰："僅，才能也。从人，堇聲。"按《文選》卷十六《歎逝賦注》引賈逵《國語注》曰："僅猶言纔能也。"知許君説本賈侍中矣。此二事也。《五篇下·食部》曰："饉，蔬不熟曰饉。从食，堇聲。"按饑饉皆言食物寡乏不足，古人幾希連言，幾希皆少也。以饑屬穀言，饉屬蔬言者，後人强分耳。《論語·先進篇》皇侃疏云："乏穀爲饑，乏菜爲饉，"其言乏是也，分説穀菜，非也。《穀梁·襄二十四年傳》云："三穀不升謂之饉。"《墨子·七患篇》云："一穀不收謂之饉。"饉又屬穀言，知分説之無當矣。此三事也。《四篇下·歺部》曰："殣，道中死人，人所覆也。从歺，堇聲。"《晏子春秋·外篇》云："景公出而見殣，謂晏子曰：此何爲死？晏子對曰：此餧而死。"故《左氏·昭三年傳注》曰："餓死爲殣。"則殣謂乏食而死者也。此四事也。《爾雅·釋草》曰："椴，木堇。"《釋文》云："堇本作槿。"按槿字許書不載。《一篇下·艸部》曰："蕣，木堇，朝華莫落者。"《吕氏春秋·仲夏紀》高注曰："木堇朝榮暮落，雒家謂之朝生，一名蕣，《詩》云：顔如蕣華，是也。"説與許同。按此朝華莫落之草所以名堇或槿者，謂其華時僅少也。又名椴或蕣者，椴之爲言短也，蕣之爲言瞬也，瞬《説文》作瞚。皆言其華時短促也。或名朝生，或又名日及，亦此義也。此五事也。《穀梁傳·莊公二十九年》云："古之君人者，必時視民之所勤。民勤於力則功築罕，民勤於財則貢賦少，民勤於食則百事廢矣。"勤謂少也。此六事也。

《論語·學而篇》記孔子曰："弟子，入則孝，出則弟，謹而信，汎愛衆而親仁。行有餘力，則以學文。"舊注家皆據《説文》以慎訓謹，謂謹屬行言，信屬言言。愚意：謹信文皆从言，皆主言言，不主行言也。入孝出弟，行已括其中矣。且以文例言之，謹信皆出言之事，猶之愛衆親仁皆接人之事也。謹爲寡言，言寡之中有信不信焉，寡而不信，猶之失德也，故曰謹而信。所愛之衆有仁不仁焉，愛衆而親不仁，猶之失德也，故曰汎愛衆而親仁。且孔子之稱閔子騫也，曰："夫人不言，言必有中。"

夫人不言者，謹也；言必有中者，信也。老子之言曰：“輕諾者寡信。”輕諾者，不謹也；寡信者，不信也。聖人用意之周，記聖言者設辭之明如此，顧其義沉霾至今，未有人講而明之者，豈非字學不修之過也歟！

或問曰：子深窺文字構造之源以明《論語》“謹而信”之義，可謂辨矣。然《論語》此章之上章云：“敬事而信，”與此章謹而信句例正同。敬謹義同，則舊釋謹爲慎者是矣，不必如子説釋爲寡言也。曰：善哉問也！然子亦嘗細讀上章之文乎？其言曰：“敬事而信，節用而愛人。”信即此章之信，愛人即此章之汎愛衆也。然而節用與愛人截然二事也，敬事與信亦截然二事也。此章之汎愛衆而親仁，一事也，謹而信亦一事也。二章文例貌同而實不同也。上章而字爲等列連詞，此章而字爲轉折連詞。《禮記·緇衣篇》曰：“君子寡言而信以成其行。”此云“謹而信，”彼云“寡言而信，”此謹爲寡言之碻證也。

釋神祇 一九三四年十月四日

《説文·一篇上·示部》云：“神，天神，引出萬物者也。从示申。”又云：“祇，地祇，提出萬物者也。从示，氏聲。”按許君以引提説神祇之語源，頗嫌牽附，殆非造文之初義也。考神字《宗周鐘》作，《陳貯毁》作，《説文·十三篇上·虫部》虹字或體作，許君云：“籀文虹从申，申，電也。”又《十一篇·下雨部》云：“電，陰陽激燿也。从雨，从申。”據此諸證，知古申電同文，文作作作，皆象陰陽激燿之形，《説文·十四篇下·申部》云：申古文作。而龜甲有諸文，與金文許書所載大同。其諸點散見者，亦象電光散出閃爍不定之形，亦即電字也。葉玉森釋爲雹字，非矣。蓋天象之可異者莫神於電，故在古文，申也，電也，神也，實一字也。其加雨於申而爲電，加示於申而爲神，皆後起分别之事矣。《説文·十四篇下·申部》云：“申，神也。”正謂申爲神之初文矣。祇者，《説文·十二篇下·氏部》云：“巴蜀名山岸脅之旁箸欲落墮者曰氏。氏崩，聞數百里。象形，乁聲。”按爲山脅旁箸欲墮之形，有落墮之勢而不墮，此初民所視爲神異者一也。崩而聲聞數百里，初民所視爲神異者二也。電爲天上至神之象，氏爲地上至神之象，故天神謂之神，地神謂之祇矣。

釋 鎎 一九三四年十二月八日

《説文·十四篇上·金部》云：“鎎，怒戰也。从金，氣聲。”引

《春秋傳》曰："諸侯敵王所鎎。"按戰必以兵，鑄兵以金，故字从金。从氣聲者，《説文·七篇上·米部》氣訓饋客芻米，非其義。《段氏注》謂氣爲气之假字，是也。蓋气本義爲雲气，引申爲气血之气，然後世用字皆以氣爲气，觀於鎎字，則造字時已以音同而通假矣。鎎字所以从氣者，所謂士氣也。蓋戰以士氣爲首要，而次要則爲兵。士氣不振，雖有兵，無當也；無兵則雖有士氣亦不免於敗。鎎字訓怒戰，字从金从氣，造文者深知二者之不可偏廢矣。《左傳》莊公十年記魯與齊戰於長勺，公將鼓之，曹劌曰："未可。"齊人三鼓，劌曰："可矣。"齊師敗績。既克，公問其故，劌對曰："夫戰，勇氣也。一鼓作氣，再而衰，三而竭。彼竭我盈，故克之。"《韓非子·内儲説上》云："越王慮伐吴，欲人之輕死也，出見怒鼃，乃爲之式。從者曰：'奚敬於此？'王曰：'鼃有氣如此，可無爲式乎？'士人聞之，曰：'鼃有氣，王猶爲式，况士人之有勇者乎！'是歲，人有自剄死以其頭獻者。"又《五蠹篇》曰："上古競於道德，中世逐於智謀，當今爭於氣力。"此戰事尚氣之説也。《史記·周本紀》云："紂師雖衆，皆無戰之心，心欲武王亟入，紂師皆倒兵以戰以開武王，武王馳之。紂兵皆崩，畔紂。紂自燔于火而死。"《左傳·閔公二年》記狄人伐衛，將戰，國人受甲者皆曰："使鶴！鶴實有禄位，余焉能戰！"及狄人戰于熒澤，衛師敗績。此士氣不振則戰敗之事也。漢世李陵以五千之卒當匈奴數萬之衆，且戰且退，殺傷過當，終以矢盡而敗，此士氣雖甚振無兵致敗之例也。孟子《梁惠王篇》。之言曰："王如施仁政於民，省刑罰，薄税斂，深耕易耨，壯者以暇日修其孝弟忠信，入以事其父兄，出以事其長上，可使制梃以撻秦楚之堅甲利兵矣。"此重氣輕兵之説也。《韓非子·顯學篇》曰："共工之戰，鐵銛短者及乎敵，鎧甲不堅者傷乎體。"及乎敵謂爲敵所及也。此言兵之不可輕也。以今日之事論之，韓非之説爲當矣。近世歐洲德意志名相俾斯麥以鐵血宰相著稱，鐵者，金也；血者，氣也。近代名人驚人一世之俊語，吾先民於二千年前造字時已顯示其義矣。

釋听 一九三五年四月十一日

《説文·二篇上·口部》云："听，笑貌也。从口，斤聲。"按听爲笑貌，前人未有言其故者。以愚考之，蓋謂張口之狀也。何以明之？《十篇下·心部》云："忻，闓也。从心，斤聲。"引《司馬法》曰："善者忻民之善，閉民之惡。"按《十二篇上·門部》云："闓，開也。"

闓與開音義並同，闓乃開之形聲字。許君分闓開爲二文，非也。尋《司馬法》忻與閉對言，實開與閉對言也。忻字从心，切言之當云心開。秦漢間人恆言心開。《漢書·酷吏傳》云："王溫舒居他，惛惛不辦，至於中尉則心開。"此心開謂明慧。《後漢書·王常傳》云："聞陛下即位河北，心開目明，"此謂喜樂。心開則喜，故言部訢訓喜，欠部欣訓笑喜，今通語謂取樂爲開心，蓋古之遺語矣。忻爲心開，听文从口，當爲口開，笑者口必開，故听爲笑貌矣。《莊子·盜跖篇》云："人除病瘐死喪憂患，其中開口而笑者，一月之中，不過四五日而已矣。"此古人謂笑爲開口之證也。

獸之吠必開口，故犬吠聲謂之犷，虎聲謂之虓。犬鬥則必吠，故犬鬥聲謂之狠。又齧物者必開張其齒，故齧謂之齦，豕齧謂之豤，兩犬相齧謂之㹜，與齦豤音亦同。此皆意義相因之字也。至斤艮二文古同音，土部垠或作圻，是其明證，不煩覼縷矣。或問曰：人開口笑則齒本見，故齒部齗爲齒本肉，宜亦得義於忻听，今子不及，何也？曰：是説固可通，然以字形精求之，則齗蓋受義於根，非自忻听來也。《説文·六篇上·木部》云："根，木株也。"《二篇下·足部》云："跟，足踵也。"《釋名·釋形體》云："足後曰跟，在下方著地，一體任之，象木根也。"齗文从齒从斤，斤艮同音，謂齒之根也。况《倉頡篇》明訓齗爲齒根，許亦以齒本肉爲説，則齗受義於根甚明，故不與忻听爲類矣。

釋　圂　一九三五年四月二十一日

《説文·六篇下·囗部》云："圂，廁也。从囗，象豕在囗中也。會意。"按豕在囗中得爲廁者，《晉語》云："少溲於豕牢而得文王，"知古人豕牢本兼廁清之用。故韋昭云："豕牢，廁也，"是也。今長沙農家廁清即在豕圈，猶古代之遺制矣。許云會意，今按囗亦聲。蓋微痕二部爲對轉，圂从囗聲，猶之員从囗聲矣。

或曰：《説文·一篇下·艸部》云："菌，糞也。从艸胃省。"經傳皆假矢字爲之。《文公十八年》《左傳》曰："殺而埋之馬矢之中。"《史記·廉頗傳》曰："頗與臣坐，頃之，三遺矢矣。"《漢書·昌邑王傳》曰："即位後，蔓青蠅之矢積西階東，"是也。古音菌矢豕皆同，圂訓廁而文從豕，乃假豕爲菌，猶經傳之假矢爲菌也。此从豕之又一説也。

《説文·六篇上·木部》云："槭，槭窬，褻器也。从木，威聲。"《史記·萬石君傳集解》引賈逵《周官解》云："槭，虎子也。"按槭爲穢惡之器，而字从威，於義無取，以聲音求之，㨔蓋受義於圂，蓋圂㨔二文爲對轉也。《賈子·道術篇》曰："誠動可畏謂之威，反威爲圂。"此以對轉爲相反之義者也。廁謂之圂，褻器謂之㨔，此以對轉爲相類之義者也。義之正反有殊，其以音之對轉相孳生則一而已。

形聲字聲中有義略證 一九三四年一月二十九日

自清儒王懷祖郝蘭皋諸人盛倡聲近則義近之説，於是近世黄承吉劉師培後先發揮形聲字義實寓於聲，其説亦既圓滿不漏矣。蓋文字根於言語，言語託於聲音，言語在文字之先，文字第是語音之徽號。以我國文字言之，形聲字居全字數十分之九，謂形聲字義但寓於形而不在聲，是直謂中國文字離語言而獨立也。其理論之不可通，固灼灼明矣。顧理論雖卓，而事實不足以明之，則無徵不信，謂始學何？然有難言者。

吾國字書，莫精於許氏《説文解字》。許書説解中雖亦時可窺見語言之根柢，然往往泛爲訓釋，令人不知形聲字聲類意義之所有。舉例言之，《十篇下·心部》慈字訓愛，不訓愛子，余去歲著《釋慈篇》，證明玆子古音同，慈字从心从玆，實即从心从子也。然吾文之得以成立者，實賴慈爲愛子，先哲歷歷言之，玆子相通，古書例證又不勝枚舉，故推而得之。向令許君不泛訓爲愛而切訓爲愛子，則讀者開卷可得，不勞今日多方舉證矣。此一事也。

又如《四篇下·肉部》肪字，許泛訓肥也，不切言之。劉申叔説字義起於字音，舉此爲例，謂肪即得義於肥。按肪肥雙聲，説雖可通，究嫌苟簡。今按《文選注》引服虔《通俗文》云："脂在腰曰肪。"按腰在身旁，故名其脂曰肪，此猶室在旁則名曰房耳。必如此説，始爲精諦，而許氏但作泛詞，不爲切訓。向無服子慎之遺文，則此字語根塵埋千古矣。此又一事也。《段注》引服語而斷之云："此假在人者以名物也。"徵引其文，而不知服意在明聲訓，所謂交臂失之也。以段君之精詣，而不免粗疏如此，令人駭詫不已。

《五篇下·食部》云："饎，酒食也。从食，喜聲。"或作䭇，又作糦。按酒食亦是泛訓，不能得喜聲之源。《段注》不得其義，乃云："酒食者，可喜之物也，故其字從喜。"按段説本自李巡《爾雅·釋訓注》，見《邢昺疏》引。此種望文生義之説，與王荆公《字説》相去幾何？今按《方言》云："糦，孰食也，氣孰曰糦。"《周禮·饎人大鄭注》云："饎人，主炊官也。"《儀禮·特牲饋食禮注》云："炊黍稷曰饎。"《吕氏春秋·仲冬紀注》云："饎，炊也。饎讀熾火之熾。"《禮記·月令》

云："湛熾必潔。"《吕氏春秋·仲冬紀》及《周禮·酒正注》熾並作饎。合此五證，知喜之爲義與火孰有關。再觀喜𦣞聲類之字，熹訓炙，熙訓燥，而《左傳·襄公三十年》："或叫於宋太廟曰：譆譆出出。"旨史記述，以爲宋大火之先徵。然則喜聲有火義，故孰食謂之饎也。第如許君酒食之訓，則無由悟入矣。此又一事也。段謂饎本酒食之稱，因之名炊曰饎，可謂顛倒。凡事不得其源，則説必乖謬，大抵如此。

又如物名之釋，許亦第舉同義之詞爲解，不詳義柢。如《五篇上·皿部》盂下云："飲器也。从皿，于聲。"按于古音同窊，《説文》："窊，汙衺下也。"《史記·孔子世家》言："孔子生而首上圩頂，故因名曰丘，字仲尼云。"《索隱》云："圩頂，言頂上圩也，故孔子頂如反宇。反宇者，若屋宇之反，中低而四傍高也。"樹達按《爾雅·釋丘》云："水潦所止，泥丘。"郭《注》云："頂上圩下者。"《説文》云："屔，反頂受水丘。"《繫傳》云："頂當高，今反下，故曰反頂。"凡此云云，皆與圩頂之義相印合。盂爲飲器，中低而四傍高，故从于聲，于猶言圩言窊矣。然許君不曾詳説，故勞今日之紛紛，此又一事也。屋宇之象，中高而四下，宇字亦从于聲者，此以相反爲義，余别有專論詳之，此不具述。

又有許書簡略，晚出之書訓釋較詳，足資聯貫者。《四篇上·旻部》云："敻，營求也。"又《三篇上·言部》云："讂，流言也。从言；敻聲。"此二文頗難以意爲之聯絡。然《廣韻》讂下云："流言有所求也，"則自然聯絡，天衣無縫矣。

又許書重文不備，亦爲一病，以重文爲吾人研究最便之階梯故也。乃以經典諸子及《史漢》對勘，知許書重文之脱漏者至夥。《酉部》酌下云："醉醟也。"《書·酒誥》酗字，當爲此字重文，而許不載，至《玉篇》始言之。句凶侯東對轉。《女部》娟下云："楚人謂女弟曰娟。"按《史記·楚世家注》引《世本》云："陸終娶鬼方氏妹，曰女嬇。"嬇字當爲娟字重文。蓋嬇既爲妹稱，又正是楚語，更以許書口部喟或作嘳證之，知嬇爲娟之或體，毫無疑義，而許書又不載也。一日余類考登部諸字，蠅下云："營營青蠅，蟲之大腹者。"孕下云："懷子也。"二字音讀全同，驟未得其聯貫之道。繼思婦人懷子者必腹大，知二字義實相因，猶未得確證也。偶檢《管子·五行篇》，有"𦞫婦不銷弃"一語，《注》云："𦞫，古孕字。"而《玉篇·肉部》云："𦞫，或孕字。"《集韻》云："𦞫與孕同。"乃知孕有𦞫䋼二形，皆从蠅得聲，而余之假定乃得一確實之憑證，然許書固不載也。

上來所述，讀者或將疑余不滿於許君，則大非也。蓋許書實爲今日根究古義唯一之寶書，吾人賴之甚則望之不免過奢，亦勢之必然也。要之，今日欲明聲訓，許君書固爲要籍，然若單據彼文，不求博證，則勢有不能，吾之真意第在此耳。

然則形聲含義之説竟不可求乎？曰：否否。余生平篤好訓詁之學，往者以治《漢書》，頗益儒先所未備。一九三零年秋，得清華大學休假半年，於時既無校課，遂得從容尋温《爾雅》《説文》《廣雅》及諸訓詁小學之書，蓋得以聲聯義之例證數百事，今姑舉數事言之。

例一 失聲雚聲字多含曲義。

齒曲謂之齤 《説文·二篇下·齒部》云："齤，一曰曲齒。从齒，失聲。讀又若權。"

角曲謂之觠 《説文·四篇下·角部》云："觠，曲角也。从角，失聲。"《爾雅·釋畜》云："角三觠，羷。"郭《注》云："觠，卷也。"

膝曲謂之卷 《説文·九篇上·卩部》云："卷，厀曲也。从卩，失聲。"

手曲謂之拳 《説文·十二篇上·手部》云："拳，手也。从手，失聲。"朱駿聲云："張之爲掌，卷之爲拳，"是也。

顧視謂之眷 《説文·四篇上·目部》云："眷，顧也。从目，失聲。"按顧視必轉其目，故云眷。《方言》卷六云："矔，轉目也。梁益之閒瞋目曰矔，轉目顧視亦曰矔。"按矔爲眷之或字。

行曲脊謂之趯 《説文·二篇上·走部》云："趯，行曲脊貌。从走，雚聲。"按長沙今云俯身曰趯腰，讀如冠之陽平音。

弓曲謂之彏 《説文·十二篇下·弓部》云："彏，弓曲也。从弓，雚聲。"

屈木爲卮匜之屬謂之圈 《禮記·玉藻》云："母没而杯圈不能飲也。"《注》云："圈，屈木所爲，謂卮匜之屬。"

枉道而合義謂之權 《説文·六篇上·木部》云："權，反常。"《公羊·桓公十一年傳》云："權者，反于經然後有善者也。"《春秋繁露·竹林篇》云："前枉而後義者謂之中權。"

革中辟曲謂之鞏 《爾雅·釋器》云："革中絶謂之辨，革中辨謂之鞏。"王引之云：革中辨之辨當爲辟，字形相近，又蒙上文辨字而誤。據《儀禮》《莊子》《子虛賦》《説文》《廣雅》諸書，則凡卷者謂之辟，故革中辟謂之鞏。若辨乃中分之名，與鞏屈之義無涉，《説文》鞏下辨辽，恐是後人以誤本《爾雅》改之。今按：王説是也。

茭蒁之萌句曲謂之蘿　《爾雅·釋草》云："茭蒁，其萌蘿。"段玉裁《説文·十二篇下·弓部》蘿字下注云："蘿者，草初生句曲也。"

例二　燕聲晏聲字多含白義。

烏之白頸者謂之燕　《爾雅·釋鳥》云："燕，白脰烏。"《小爾雅·廣鳥》云："白項而羣飛者謂之燕烏。"

馬之白竅者謂之驠　《爾雅·釋畜》云："馬白州，驠。"郭《注》云："州，竅也。"按竅謂後竅。

馬尾本白者謂之騴　《爾雅·釋畜》云："馬尾本白，騴。"郭《注》云："尾株白。"

白魚謂之鰋　《爾雅·釋魚》云："鰋。"郭《注》云："今偃額白魚。"《郝疏》云："白魚生江湖中，細鱗，白色。"按《郝疏》於《釋詁》《釋言》諸篇時時及聲近則義近之説，而於此《釋鳥》《釋魚》《釋畜》四文竟不能一爲聯貫。郝君享名甚盛，其於義由聲生之故果了解至何等乎？殆不能令人無疑也。

例三　曾聲字多含重義加義高義。

重謂之曾　《詩·周頌·維天之命》云："曾孫篤之。"《鄭箋》云："曾猶重也。"樹達按《爾雅·釋親》云："祖之父曰曾祖王父。"曾亦言重也。

益謂之曾　《説文》會字下云："曾，益也。"

加謂之譄　《説文·三篇上·言部》云："譄，加也。从言，曾聲。"

益謂之增　《説文·十三篇下·土部》云："增，益也。从土，曾聲。"

以物送人使之增加謂之贈　《説文·六篇下·貝部》云："贈，玩好相送也。从貝，曾聲。"《詩·大雅·崧高》云："以贈申伯。"《毛傳》云："贈，增也。"按毛明語源，余《釋贈篇》詳言之。

重屋謂之層　《説文·八篇上·尸部》云："層，重屋也。从尸，曾聲。"《老子》云："九層之臺，起于累土。"按今猶言一層兩層。

北地高樓無屋者謂之竲　《説文·十篇下·立部》云："竲，北地高樓無屋者。从立，曾聲。"

甗謂之甑　《説文·十二篇下·瓦部》云："甑，甗也。从瓦，曾聲。"按甑之用加於釜之上，故名甑。

鬵屬謂之鬸 《説文·三篇下·鬲部》云："鬸，鬵屬。从鬲，曾聲。"樹達按此即甑字。

置魚筩中炙謂之熷 《説文·十篇上·火部》云："熷，置魚筩中炙也。从火，曾聲。"按炙字訓炮肉，字从肉在火上。熷則以魚置筒中加於火上，故从曾也。炙不言所置，熷必言置筩中者，蓋生魚必以筩防其躍也。或説：置魚筩中炙，猶置米甑中炊也。熷與甑同，故云熷。説並通。

魚網置木上者謂之罾 《説文·七篇下·网部》云："罾，魚網也。从网，曾聲。"按《楚辭·九歌》云："罾何爲兮木上？"今驗罾制，以網置於木之一端，以此木交午置架上，而以人上下木之他端以網魚也。

聚薪柴居其上謂之橧 《禮記·禮運》云："夏則居橧巢。"以橧與巢並言，皆在上之物。故《鄭注》云："橧，聚薪柴居其上，"是也。按橧字《説文》失收。

繳矢射高謂之矰 《説文·五篇下·矢部》云："矰，惟射矢也。从矢，曾聲。"《周禮·夏官·司弓矢注》云："結繳於矢謂之矰，矰，高也。"《史記·留侯世家注》云："矰，一弦可以仰射高者，故云矰也。"按此條許亦不明語源，而《周禮》《史記注》則明之。

例四 赤聲者聲朱聲叚聲字多含赤義。

赤色謂之赤 《説文·十篇下·赤部》云："赤，南方色也。从大火。"按火色赤，故从火。

按赤古音在鐸部，讀音近託。鐸爲模部之入，赤轉模。

赤土謂之赭 《説文·十篇下·赤部》云："赭，赤土也。从赤，者聲。"

卒之衣赤者謂之褚 《方言》云："南楚東海之間卒謂之褚。"郭《注》云："言衣赤也。"

以絳帛著背謂之帾 《廣雅·釋器》云："徽、帾，幡也。"《説文·七篇下·巾部》云："微，識也。以絳帛著于背。"

赤棠謂之杜 《爾雅·釋木》云："杜，赤棠，白者棠。"《詩·有杕之杜傳》云："杜，赤棠也。"

模旁轉矦，

赤心木謂之朱 《説文·六篇上·木部》云："朱，赤心木，松柏屬。从木，一在其中。"

純赤謂之絑 《説文·十三篇·上糸部》云："絑，純赤也。从糸，朱聲。"

朱衣謂之袾《廣韻》云："袾，朱衣也。"按《説文》袾訓好佳，段君云："《廣韻》蓋用《説文》古本。"

由侯對轉東冬，

赤色謂之赨《説文・十篇下・赤部》云："赨，赤色也。从赤，蟲省聲。"

赤金謂之銅 《説文・十四篇・上金部》云："銅，赤金也。从金，同聲。"

丹飾謂之彤《説文・五篇下・丹部》云："彤，丹飾也。从丹，从彡。彡其飾也。"

按从赤聲之字，捇讀呼麥切，郝讀呼各切，又赫从二赤，讀呼格切，則赤字固有淺喉讀音。由此孳乳，

大赤貌謂之赫 《説文・十篇下・赤部》云："赫，大赤貌。从二赤。"按赫字亦从赤聲，許但以其从二赤，故不言耳。

由入轉平聲模：

玉小赤謂之瑕 《説文・一篇上・玉部》云："瑕，玉小赤也。从玉，叚聲。"

馬赤白雜毛謂之騢 《説文・十篇上・馬部》云："騢，馬赤白雜毛。从馬，叚聲。謂色似鰕魚也。"

按此爲許君説解述聲義者。

魚之赤者謂之鰕《説文・十一篇下・魚部》云："鰕，鰕魚也。从魚，叚聲。"按許於騢下云：色似鰕魚，蓋鰕熟則色赤，以此知此字之製在熟食之後也。

雲氣之赤者謂之霞 《説文・十一篇下・雨部新附》云："霞，赤雲氣也。从雨，叚聲。"

赤色謂之赮《説文・十篇下・赤部新附》云："赮，赤色也。从赤，叚聲。"

玉色之赤者謂之瑚《説文・一篇上・玉部》云："珊，珊瑚，色赤，生於海，或生於山。从玉，删省聲。""瑚，珊瑚也。从玉，胡聲。"

赤文謂之盰 《文選・西京賦》云："赫盰盰以宏敞。"《李注》引《埤蒼》云："盰，赤文也。"

例五 吕聲旅聲盧聲字多含連立之義。

脊骨謂之吕 《説文・七篇下・吕部》云："吕，脊骨也。象形。"

或體作脊。按象脊椎骨相連之形。

伴謂之侶　《説文·人部》無侶字，然《十篇下·夫部》云：“㚘，並行也。从二夫，輦字从此。讀若伴侶之伴。”又《門部》閭字下説解亦有侶字，蓋偶脱去也。

二十五家相羣侶謂之閭　《説文·十二篇上·門部》云：“閭，里門也。从門，吕聲。《周禮》：五家爲比，五比爲閭，閭，侶也，二十五家相羣侶也。”

軍五百人謂之旅　《説文·七篇上·㫃部》云：“軍之五百人爲旅。从㫃，从从。从，俱也。”

屋楣謂之梠　《説文·六篇上·木部》云：“梠，楣也。从木，吕聲。”《釋名·釋宮室》云：“梠，旅也，連旅之也。”

縫衣使相連謂之絽　《廣雅·釋詁二》云：“絽縈，絣也。”《玉篇》云：“絽縈，紩衣也。”《説文·十三篇上·糸部》云：“紩，縫也。”

禾四秉謂之筥　《儀禮·聘禮記》云：“禾四秉曰筥，十筥曰稯，十稯曰秅。”

木之葉密布者謂之櫚　《説文·六篇上·木部》無櫚字，然栟字下云：“栟櫚，椶也。”則原有而偶脱耳。

屋上枅謂之櫨　《説文·六篇上·木部》云：“櫨，屋上枅也。从木，盧聲。”

例六　幵聲字多含并列之義。

平謂之幵　《説文·十四篇上·幵部》云：“幵，平也。象二干對構上平也。”

屋欂櫨謂之枅　《説文·六篇上·木部》云：“枅，屋欂櫨也。从木，幵聲。”

小束謂之𣏟　《説文·六篇下·束部》云：“𣏟，小束也。从束，幵聲。讀若繭。”

相从謂之并　《説文·八篇上·从部》云：“并，相從也。从从，幵聲。”

脅并榦謂之骿　《説文·四篇下·骨部》云：“骿，脅并榦也。从骨，并聲。”

濃麫使合并謂之餅　《釋名·釋飲食》云：“餅，并也，濃麫使合并也。”

椶謂之栟　《説文·六篇上·木部》云：“栟櫚，椶也。从木，并聲。”按椶葉密布，故謂之栟。

竝謂之併　《説文·八篇上·人部》云："併，竝也。从人，并聲。"

駕二馬謂之駢　《説文·十篇下·馬部》云："駢，駕二馬也。从馬，并聲。"

例七　邕聲容聲庸聲字多含蔽塞之義。

邑四方有水自邕成池謂之邕　《説文·十一篇下·川部》云："邕，邑四方有水自邕成池也。从川，从邑。"

築土雝水謂之廱　《詩·魯頌·泮水箋》云："辟廱者，築土雝水之外，圓如璧，四方來觀者均也。"按清國子監猶存此制。

州之四面積高者謂之雍　雍爲雝字之隸變。《漢書·地理志》云："雍州。"《注》引應劭云："四面積高曰雍。"《釋名·釋州國》云："雍州，在四山之内雍翳也。"《爾雅·釋地》云："河西曰雍州。"《釋文》云："雍者，擁也。東崤，西漠，南商於，北居庸，四山之内擁翳也。"

褢謂之擁　《説文·十二篇上·手部》云："擁，褢也。从手，雍聲。"

蔽塞謂之壅　《國策·齊策》云："宣王因以晏首壅塞之。"《高注》云："壅，蔽也。"《淮南·主術篇注》云："壅，塞也。"

病寒鼻窒謂之齆　《一切經音義》二十引《通俗文》云："鼽鼻曰齆。"《説文·四篇上·鼻部》云："鼽，病寒鼻窒也。"

氣壅結潰腫謂之癰　《説文·七篇下·疒部》云："癰，腫也。从疒，雝聲。"《釋名·釋疾病》云："癰，壅也，氣壅否結裹而潰也。"

汲瓶居井中故謂之罋　《説文·五篇下·缶部》云："罋，汲缾也。从缶，雝聲。"按今俗作甕。

車有帷蔽者謂之容　《周禮·春官·巾車》云："皆有容蓋。"《司農注》："容謂容車，山東謂之裳幃，或曰幢容。"《釋名·釋車》云："容車，婦人所載小車也。其蓋施帷，所以隱蔽其形容也。"按容即是蔽，不當云隱蔽其形容。

射禮待獲者所蔽謂之容　《周禮·夏官·射人》云："三侯三獲三容。"《鄭衆注》云："容者，乏也，待獲者所蔽也。"《爾雅·釋宫》云："容謂之防。"郭《注》："形如今牀頭小曲屏風，唱射者所以自防隱。"

城垣謂之墉　《説文·十三篇下·土部》云："墉，城垣也。从土，庸聲。"

例八　重聲竹聲農聲字多含厚義。

厚謂之重　《説文·八篇上·重部》云："重，厚也。从𡈼，東聲。"

衣厚謂之襩 《廣雅·釋詁》云："襩，厚也。"按謂衣之厚。

東對轉覺，

厚謂之篤 《説文·五篇下·亯部》云："篤，厚也。从亯，竹聲。讀若篤。"按經傳皆用篤字。

又謂之竺 《説文·十三篇下·二部》云："竺，厚也。从二，竹聲。"

轉咍，

又謂之毒 《説文·一篇下·屮部》云："毒，厚也。害人之艸往往而生。从屮，毒聲。"古文毒从刀篙。

又轉侯，

厚酒謂之醹 《説文·十四篇下·酉部》云："醹，厚酒也。从酉，需聲。"《詩》云："酒醴惟醹。"《毛傳》云："醹，厚也。"

轉屋，

厚又謂之蓐 《廣雅·釋詁》云："蓐，厚也。"

轉冬，

厚謂之農 《書·洪範》云："農用八政。"《傳》云："農，厚也。"

又謂之隆 《荀子·儒效篇》云："有師法則隆積矣。"《注》："隆，厚也。"

厚貌謂之濃 《詩·小雅·蓼蕭》云："零露濃濃。"《毛傳》云："濃濃，厚貌。"

厚酒謂之醲 《説文·十四篇下·酉部》云："醲，厚酒也。从酉，農聲。"

厚味謂之膿 《文選·七發》云："甘脆肥膿。"《注》云："膿，厚之味也。"

衣厚謂之襛 《説文·八篇上·衣部》云："襛，衣厚貌。从衣，農聲。"

轉東：

乳汁謂之湩 《説文·十一篇上·水部》云："湩，乳汁也。从水，重聲。"

馬酪謂之酮 《集韻》引《埤蒼》云："酮，馬酪也。"

凡物厚重則遲鈍，故

遲謂之憧 《説文·十篇下·心部》云："憧，遲也。从心，重聲。"

對轉覺：

馬行頓遲謂之篤 《説文·十篇上·馬部》云："篤，馬行頓遲也。

从馬，竹聲。”

入幽，

重謂之輖　《説文·十四篇上·車部》云：“輖，重也。从車，周聲。”

鈍謂之錭　《説文·十四篇上·金部》云：“錭，鈍也。从金，周聲。”

物遲則晚成，

先種後熟謂之穜　《説文·七篇上·禾部》云：“穜，先種後熟也。”《續漢書·禮儀志上》云：“力田穜各耰訖。”注引賀循云：“穜，晚也。”又引干寶《周禮注》云：“穜，晚秔稻之屬。”

例九　取聲奏聲悤聲字多含會聚之義。

積謂之冣　《説文·七篇下·冖部》云：“冣，積也。从冖，从取，取亦聲。”

會謂之聚　《説文·八篇上·㐺部》云：“聚，會也。从㐺，取聲。一曰：邑落曰聚。”

積土謂之堅　《説文·十三篇下·土部》云：“堅，積土也。从土，聚省聲。”按當从取聲。

聚謀謂之諏　《説文·三篇上·言部》云：“諏，聚謀也。从言，取聲。”

水上人所會謂之湊　《説文·十一篇上·水部》云：“湊，水上人所會也。从水，奏聲。”

對轉東，

聚謂之叢　《説文·三篇上·丵部》云：“叢，聚也。从丵，取聲。”

艸叢生貌謂之藂　《説文·一篇下·艸部》云：“藂，艸叢生貌。从艸，叢聲。”

鳥飛斂足謂之㚇　《説文·五篇下·夊部》云：“㚇，斂足也。鵲鵙醜，其飛也㚇。从夊，兇聲。”

栟櫚葉密布謂之椶　《説文·六篇上·木部》云：“椶，栟櫚也。从木，㚇聲。”

布八十縷謂之稯　《説文·七篇上·禾部》云：“布之八十縷爲稯。从禾，㚇聲。”

九㚇山謂之㚇　《説文·九篇下·山部》云：“㚇，九㚇山也，在左馮翊谷口。从山，㚇聲。”

聚束謂之總　《説文·十三篇上·糸部》云：“總，聚束也。从糸，恖聲。”

屋階中會謂之廮　《説文·九篇下·广部》云：“廮，屋階中會也。从广，恖聲。”

豕生一歲尚叢聚謂之豵　《説文·九篇下·豖部》云：“豵，生六月豚。从豖，从聲。一曰：一歲曰豵，尚叢聚也。”

合會謂之同　《説文·七篇上·冃部》云：“同，合會也。从冃，从口。”按甲文金文同字皆从古文凡，許云从冃，誤也。

東轉入冬，

小水入大水謂之潨　《説文·十一篇上·水部》云：“小水入大水曰潨。从水，衆聲。”

機縷謂之綜　《説文·十三篇上·糸部》云：“綜，機縷也。从糸，宗聲。”

觀上方九例，吾國語言義逐聲生之故，學者蓋可以豁然明白矣。字義既緣聲而生，則凡同義之字或義近之字，析其聲類，往往得相同或相近之義，亦自然之結果也。試更證此通則於下方。

一　屋櫨欂謂之絣，又謂之櫨。幵有駢列之義，盧有連佀之義，義相近。見上例五例六，按欂言相薄著，義亦近。

二　縫衣謂之絣，又謂之絽。并有并合之義，吕有連佀之義，義相近。亦見上例五例六。

三　栟櫚謂之栟，又謂之櫚，又謂之椶。并有并合之義，吕有連佀之義，㚇有聚合之義。見上例五例六例九。

四《儀禮·聘禮記》云：“禾四秉曰筥，十筥曰稯。”吕有連佀之義，㚇有聚合之義，義相近。見上例六例九綜上四事，吾人可以表明之。

事類／聲類	宫室	衣服	植物	禾秉	庶物
幵	枅	絣	栟		菜
吕	櫨	絽	櫚	筥	
㚇			椶	稯	

五《説文·七篇下·疒部》云：“癰，腫也。”又“疽，癰也。”又“瘀，積血也。”又“瘤，腫也。”又“痤，小腫也。”癰義受自邕塞，見上例七。則知疽義受之沮滯，瘀義受之淤塞，瘤義受之留止，痤義受之坐止也。《釋名》云：“瘤，流也，血流聚所生瘤腫也。”按言聚得之，言流非是，流則不聚矣。《説文》云：“坙，止也。从畱省，从土。土，所止也。

此與畱同意。”按垔與畱同意，故从垔聲之瘞與从留聲之瘤亦同意。

六《説文·六篇下·貝部》云：“贈，玩好相送也。”又“賀，以禮物相奉慶也。”又“賞，賜有功也。”《毛詩傳》：“貺，賜也。”四字皆以物與人之辭。析其聲類，則曾者，加也，益也；見上例一。兄者，茲也；見《毛詩·召旻傳》。益也；見《國語·晉語注》。加者，增也；《説文》，加，語相增加也。尚者，加也；見《孟子》趙岐《注》。其義皆同。又《説文》賜訓予，从貝，易聲。易實假爲益也。説詳《釋贈篇》。

七《説文·五篇上·皿部》云：“盂，飲器也。”又云：“盌，小盂也。”于之言圩言窊，前既言之。盌从夗聲者，《爾雅·釋丘》云：“宛中，宛丘。”《詩·陳風·宛丘傳》云：“四方高中央下曰宛丘。”按盌之爲器四方高，中央下，故字从夗聲也。然則于與夗義同也。

八《説文·四篇上·鳥部》云：“鳳，神鳥也。从鳥，凡聲。”或作朋，又作鵬。又云：“鸑，鸑鷟，鳳屬神鳥也。从鳥，獄聲。”又“鷟，鸑鷟也。从鳥，族聲。”按朋爲朋黨，族爲族類，皆非一之辭，義相同。

九《方言》云：“餅或謂之餛。”按餅得義於并，前已言之。見上例六。餛从昆聲，《説文·七篇上·日部》云：“昆，同也。”與并義同。

十《説文·四篇下·肉部》云：“脰，項也。从肉，豆聲。”又《九篇上·頁部》云：“頸，頭莖也。从頁，巠聲。”按項亦頸也。豆聲字多含樹立之義。巠从𡈼聲，𡈼聲字多含挺然卓立之義，義相近。

舉此十證以見一斑，然則吾人求之於聲而窮者，以義類推之，亦庶幾十得八九矣。

右文所討論，皆語言之根柢，歐洲人謂之Etymology，所謂語源學也。蓋語根既明，則由根以及幹，由幹以及枝葉，綱舉而萬目張，領挈而全裘振，於是訓詁之學可以得一統宗，清朝一代極盛之小學可以得一結束，其善一也。由余上方之所討論，知吾祖先文字之製作實有極精之條貫存於其間。惟後人漫不經心，此種條貫塵翳數千年，不曾顯見於吾輩之目前。緣此，竟有人倡廢棄漢字之説。若吾人將此種條貫理會明白，使國人知祖宗製作之精，將油然生其愛國之心，其善二也。方今外寇鴟張，黨人偷樂，國家在驚濤駭浪之中，吾人既不能執干戈以衛社稷，則整理文化留貽子孫，非吾輩任之而誰任之哉？噫！二十年來，大學教育成績無多，即以國文成績論，亦有每況愈下之勢。其原因固大半由於學者之弛懈，而吾輩任教者不能與學者以有條理系統之知識，致令彼等對於汪洋浩汗之訓詁，在校時已有望洋之歎，出校後更無線索可尋，亦豈毫無責任之可言哉！假使故訓條理清明，則學者斷不至有望洋之歎，而記憶有捷徑可尋，吾敢斷言其成績必遠超乎今日之上，其善三也。近時各地大學多以《説文》《爾雅》分科教授，又或兼及《方言》《廣韻》，此真所謂合之則雙美，離之則兩傷者也。夫義既生於聲，則以聲爲統紀，豈惟《爾雅》《説文》《方言》《廣韻》當爲所貫穿哉，舉凡《經籍纂詁》之所纂，《小學鉤沈》之所鉤，凡一切訓詁之書，將無不網羅而包舉之矣。若以專書爲主，則顧此失彼，何能免哉！吾姑舉一極小之例言之：吾前舉《爾雅·釋丘》之宛丘證明盌从夗聲之故，而宛丘之義明，盌从夗聲之故亦明，所謂相得益彰，是之謂也。諸君試檢《説文段注》，皿部盌字下曾舉《爾雅》之宛丘爲證否？又請試檢《爾雅郝疏》，曾及《説文》盌字否？吾曾兩檢之，所得無他，失望而已。夫以段郝兩君造詣之精，享名之盛，而猶不免粗疏如此，其故何哉？不曾爲通貫的研究故也。前人既已失敗如此，吾輩生當二十世紀百科雲興之時，豈可不講求聞一知十節省時間之法，而尚當蹈其覆轍哉！近世一般人頗感於舊式字典之不完，而欲重爲編纂。然余觀西方之字典，即極尋常之種類，亦必附有語源，備人尋檢。今之欲編新式字典者，附載語源乎？抑不載乎？若不載耶？何以異於舊者也。若附載耶？將從何措手也？故吾意必語根研究明白，而後始有真正之新式完備字典之可言，其善四也。嗚乎！以此事萬分切要如此，加以我國文化歷史之長，語藏之豐富，時間性空間性變化之繁複，慮非有少數人精心埋首於此，豈易爲功！而環顧國内公私學術機關，未聞有注意及此者，豈非咄咄怪事！豈國民欲自毁其曆史，先取文字而鄙視之邪？抑此事並不重要，而余一人所見迂僻，獨認爲切要也耶？何國人之淡漠乃爾也！

予年十四五，家君授以郝氏《爾雅》王氏《廣雅》諸編，頗知聲近則義近之説。遊倭歸後，契心高郵王氏之學，既繼《經傳釋詞》之業，於文法一科整理粗有所就，又念王氏兼攻虚實，故近五年來，專治訓詁音韻，誠不自量其微弱，欲於聲音訓詁相通之業有所發皇。懷此久矣，碌碌不暇，幸得校假半年，差得略有基址。自假訖後，校課促迫，復以人事奔馳南北，舊稿盈尺，整理不遑。外顧社會，對於此事之淡漠既如彼；反顧本身，又時間迫促，不能自遂其鑽研之志如此。夫有寬閒之歲月者不必有致身學術之雅懷，懷此志者又不必有寬閒之歲月。念人事之不齊，懼盛業之難就，未嘗不繞室旁皇廢書三歎也。

字義同緣於語源同例證 一九三五年七月三十日

一 糗 糒

糗 《説文·七篇上·米部》云："糗，熬米麥也。从米，臭聲。"《玉篇》云："尺沼切。"按糗字从米，爲名字。《書費誓》云："峙乃糗糧。"《公羊·昭公二十五年傳》云："敢致糗於從者。"皆作名字用。許云熬米麥者，謂曾經煎熬之米麥也。《文選·聖主得賢臣頌注》引服虔訓糗爲乾食，《左氏·哀公十一年傳注》則糗爲乾飯。蓋米麥曾經煎熬，故爲乾食乾飯矣。

《説文·三篇下·䰜部》云："䰞，熬也。从䰜，芻聲。"尺沼切。按糗䰞二字讀音同，一訓熬米麥，一訓熬，義亦同。所以區爲二字者，糗爲名字，䰞則動字也。故䰞字从䰜。䰜與鬲同字。䰜者，所以熬之具也。古名字多受義於動字，糗之受名實源於䰞。臭聲字古音在幽部，芻聲在侯部，音相近。䰞今字作炒。《衆經音義》卷一卷十四並云："炒，古文䰞𤎕焣𤋳四形。今作𩱦，崔寔《四民月令》作炒。"樹達按今語恆言炒，米之經炒而乾者謂之炒米，即糗也。

糒 《説文·七篇上·米部》云："糒，乾飯也。从米，葡聲。"平祕切。按糒爲名字。《漢書·李廣傳》云："持糒醪遺廣。"《李廣利傳》云："載糒給貳師。"《匈奴傳》云："轉邊穀米糒。"《王莽傳》云："大官齎糒乾肉。"皆作名字用。許云乾飯，亦以名字釋之。

《説文·十篇上·火部》云："煏，以火乾肉也。从火，稫省聲。"符逼切。《方言》七云："熬，焣，煎，㷭，鞏，火乾也。凡以火而乾五穀之類，自山而東齊楚以往謂之熬，關西隴冀以往謂之㷭，秦晉之間或謂之焣。"按畐聲葡聲古音同在德部，以火乾肉謂之煏，以火乾五穀謂之㷭，音同，義相近。今語猶言㷭，字作焙。糒㷭聲類同，知訓乾飯之糒實源於以火乾五穀之㷭，以火乾肉之煏矣。

《方言》七《郭璞注》云："焣即𩱦字也。"按䰞𩱦焣炒皆同字，前引《衆經音義》已言之。以火乾五穀，或謂之㷭，或謂之焣，故乾飯謂之糒，又謂之糗。糒源於㷭稫，糗源於䰞，㷭煏與䰞義同，知糒糗二文語源相同矣。

二 頰 酺

頰 《説文·九篇上·頁部》云："頰，面旁也。从頁，夾聲。"

古叶切。按《説文·十篇下·大部》云："夾，持也。从大俠二人。"大俠二人，左右各一，故有在左右與在旁之義。《儀禮·既夕禮》云："圉人夾牽之。"《注》云："在左右曰夾。"《穆天子傳》云："左右夾佩。"《注》云："夾佩，左右兩佩。"《詩·旄邱序疏》云："夾輔者，左右之辭也。"《説文·四篇上·目部》云："睞，目旁毛也。"《釋名·釋姿容》云："挾，夾也，在傍也。"按左右謂之夾，在傍夾謂之挾，目旁毛謂之睞，而旁謂之頰，其義一也。

酺 《説文·九篇上·面部》云："酺，頰也。从面，甫聲。"按頰訓面旁，則酺謂面旁也。甫字古音在模部，旁在唐部，《二部》爲對轉。酺之爲面旁，猶浦之爲水頻矣。《説文·十一上·水部》。

《説文·十四篇下·車部》云："輔，人頰車也。从車，甫聲。"《四篇下·骨部》云："髆，肩甲也。从骨，專聲。"按甲與夾古音同，人肩在頭頸之兩旁，故謂之髆，又謂之甲。頷車在口之兩旁，故謂之輔，又謂之頰。酺在面之兩旁，故謂之酺，又謂之頰。《左傳·僖公二十六年》云："昔周公太公股肱周室，夾輔成王。"夾輔義同，故古人連言矣。

三 郛 𩫏

郛 《説文·六篇下·邑部》云："郛，郭也。从邑，孚聲。"甫無切。按孚古音與勹包同，《説文·七篇下·网部》罦或从孚；《漢書·楚元王傳》浮邱伯，《鹽鐵論》作鮑丘子，皆其證也。凡勹聲字皆有包裹在外之義，故《説文》勹訓裹，包訓象人裹妊子在中，胞訓兒生裹，義旨顯然。至袍訓襺，謂衣之有所包裹者。《禮記·玉藻篇》云："纊爲繭，緼爲袍。"《注》云："繭袍，衣有著之異名，"是也。勹包聲類之字有然，孚聲類之字亦有然。《釋名·釋言語》云："覆，孚也，如孚甲之在外也。"《禮記·聘義》云："孚尹旁達。"《疏》云："孚，浮也，浮者，在外之名。"《詩·大田箋》云："孚甲始生。"《疏》云："孚者，米外之粟皮。"是孚爲在外之辭也。《説文·七篇上·禾部》云："稃，稽也。从禾，孚聲。""稽，穅也。""穅，穀皮也。"是稃爲在外之稱也。《説文·四篇下·肉部》云："脬，旁光也。从肉，孚聲。"今俗呼尿脬。此胞爲包裹在外之辭也。《詩·角弓箋》云："附，木桴也。"《疏》云："桴謂木表之麤皮也。"《漢書·中山靖王傳》云："非有葭莩之親。"《注》："莩，葭裹之白皮也。"《説文》郛訓郭，而郛與郭又小異。《公羊·文公十五年傳》云："郛者何？恢郭也。"

《何注》云："恢，大也。"所以名郛者，謂包於郭之外也。

𩫏 《説文·五篇下·𩫏部》云："𩫏，度也，民所度居也。从回，象城𩫏之重，兩亭相對也。"經傳通用郭。《管子·度地篇》云："城外爲之郭。"《釋名·釋宫室》云："郭，廓也，廓落在城外也。"此城郭之郭之義也。《素問·湯液醪醴論》云："津液充郭。"《注》："郭，皮也。"《説文·三篇下·革部》云："鞹，去毛皮也。从革，郭聲。《論語》曰：虎豹之鞹。"《方言》卷九云："劍室謂之廓。"是𩫏聲之字皆有皮義與在外義也。

四 淪 澐

淪 《説文·十一篇上·水部》云："淪，小波爲淪。从水，侖聲。"《詩·魏風·伐檀篇》云："河水清且淪猗！"《毛傳》云："淪，小風水成文轉如輪也。"是淪受義於轉輪也。

澐 《説文·水部》云："澐，江水大波謂之澐。从水，雲聲。"按云雲同字，云爲雲之古文。《説文·十一篇下·雲部》云："雲，山川气也。从雨，云象回轉之形。"按云文象回轉，故云聲之字皆有轉義。《水部》云："沄，轉流也。从水，云聲。"《説文·六篇下·囗部》云："囩，回也。从囗，云聲。"按回轉義同。又《一篇下·艸部》云："芸，艸也，似目宿。从艸，云聲。《淮南》王説：芸艸可以死復生。"章太炎先生云："芸取回轉義，"是也。

五 鱮 鰱

鱮 《説文·十一篇下·魚部》云："鱮，鱮魚也。从魚，與聲。"《廣雅·釋魚》云："鱮，鰱也。"

鰱 《説文·魚部》云："鰱，鰱魚也。从魚，連聲。"陸璣《詩·草木蟲魚疏》云："鱮頭尤大而肥者，徐州人謂之鰱。"樹達按今人通呼鰱子魚。

按連與二字義近，故古人連用。《漢書·劉向傳》云："羣臣連與成朋，"是也。連與義近，故鱮鰱同義矣。

六 縊 經

縊 《説文·十三篇上·糸部》云："縊，經也。从糸，益聲。"引《春秋傳》曰："夷姜縊。"按《二篇上·口部》云："嗌，咽也。

从口，益聲。𦥛，籀文嗌，上象口，下象頸脈理也。”按縊字所从之益，即假爲嗌，縊所以从糸益者，謂以糸繫其咽也。《十二篇上·手部》云：“搤，捉也。从手，益聲。”此益亦假爲嗌，以手捉嗌，《史記》婁敬所謂搤其亢也。

經　《公羊·昭公十三年傳》云：“靈王經而死。”何《注》云：“經謂懸縊而死也。”按經字从巠聲，巠實假爲頸。《史記·項羽本紀》云：“皆自刭汜水上。”《集解》云：“以刀割頸爲刭。”《史記·淮南衡山王傳》云：“令從者魏敬刭之。”《正義》云：“刭謂刺頸。”夫刭爲以刀割頸或刺頸，知經之當爲以糸繫頸也。

以糸繫咽謂之縊，以糸繫頸謂之經，義同由語源同也。或問曰：《史記·田單傳》云：“遂經其頸於樹枝。”如子之言，經爲以絲繫頸，而《史》云經其頸，然則史公非乎？曰：以糸繫嗌爲縊，以糸繫頸爲經，制字之初意也。後人習用文字者不必盡符制字之初意，故婁敬云搤其亢，史公云經其頸也。以制字之初義繩後人之用字者，非也；以後人之用字疑制字之初意，尤大惑也。

七 岎 芬 苾

岎芬　《説文·一篇下·屮部》云：“岎，艸初生，其香分布也。从屮，分聲。”或作芬，从艸。

苾　《説文·艸部》云：“苾，馨香也。从艸，必聲。”按《二篇上·八部》云：“必，分極也。从八弋，八亦聲。”必訓分極，知苾之訓馨香，亦謂其香分布，與芬同矣。

八 贈 貺 賞 賀 賘 賜

贈　《説文·六篇下·貝部》云：“贈，玩好相送也。从貝，曾聲。”《詩·大雅·崧高篇》云：“以贈申伯。”《毛傳》云：“贈，增也。”按毛公以增訓贈，説似迂遠，而云爾者，所以明語源也。蓋以物贈人，實以物增加於人也。《説文·五篇下·會部》會下云：“曾，益也。”《三篇上·言部》云：“譄，加也。从言，曾聲。”《十三篇下·土部》云：“增，益也。从土，曾聲。”知曾聲字多具增益之義矣。説詳《釋贈篇》。

貺　《詩·小雅·彤弓篇》云：“中心貺之。”《毛傳》云：“貺，賜也。”《説文·新附》云：“貺，賜也。从貝，兄聲。”按《詩·大雅·召旻篇》云：“職兄斯引。”《毛傳》云：“兄，兹也。”又《大雅·桑柔篇》云："倉兄填兮。"《毛傳》云："兄，滋也。"《説文·艸部》茲訓艸木多益，《水部》滋訓益，兄有茲益之義，貺从兄聲，亦受義於茲益矣。

賞　《説文》云："賞，賜有功也。从貝，尚聲。"按《孟子·滕文公上篇》云："草尚之風，必偃。"《趙注》云："尚，加也。"尚有加義，知賞之受義亦緣於加益也。

賀　《説文》云："賀，以禮物相奉慶也。从貝，加聲。"按《説文·十三篇下·力部》云："加，語相增加也。"《儀禮·士喪禮》云："賀之。"《注》訓賀爲加。賀訓爲加，猶《詩傳》之贈訓爲增矣。

貱　《説文》云："貱，迻予也。从貝，皮聲。"按皮未聞有加益之訓，然《説文》从皮聲之字，彼訓往有所加，髲訓益髮，則皮字固有加義。故《廣雅·釋詁》直訓貱爲益，此猶《詩傳》之訓贈爲增，《儀禮注》之訓賀爲加矣。

賜　《説文》云："賜，予也。从貝，易聲。"按易無增加之義，此易實假爲益，古音易益同在錫部也。《説文·九篇上·髟部》云："鬄，髲也。从髟，易聲。""髲，益髮也。"鬄訓髲，髲訓益髮，知鬄从易聲，亦假易爲益也。《説文·三篇上·言部》云："謚，行之迹也。从言，益聲。"按謚與益義不相關，謚从益聲，又實假益爲易。《禮記·檀弓下篇》云："公叔文子卒，其子戍請謚於君，曰：日月有時，將葬矣，請所以易其名者。"謚爲易名，知謚从益聲，實从易聲矣。

九　旗　旌　旟　旐　旝　旞

旗　《説文·七篇上·㫃部》云："旗，熊旗五游以象罰星，士卒以爲期。从㫃，其聲。"按《周禮·地官·大司徒》云："大軍旅，大田役，以旗致萬民。"《夏官·大司馬》云："司馬以旗致民。"《鄭注》云："以旗者，立旗期民於其下也。"《釋名》云："熊虎爲旗，軍將所建，與衆期其下也。"按旗期同从其聲。

旌　《説文》云："旌，游首載旌，析羽，注毛首，所以精進士卒。从㫃，生聲。"按精从青聲，青从生聲，與旌聲類同。

旟　《説文》云："旟，錯革畫鳥其上，所以進士衆。旟旟，衆也。从㫃，與聲。"按《詩·小雅·無羊篇》云："旐維旟矣。"《毛傳》云："旐旟，所以聚衆也。"

旐　《説文》云："旐，龜蛇四游以象營室，攸攸而長也。从㫃，兆聲。”按許君説旐之語源爲攸，説頗迂遠。今以《周禮》《左傳》《詩毛傳》及《孟子·萬章下篇》記古人招庶人以旃，士以旂，大夫以旌，諸説推之，旐从兆聲，實假兆爲召也。《説文·口部》召訓呼，《手部》招訓手呼，《言部》誂訓相呼誘。又《革部》鞀或作鞉鼗，知古人制字召兆恆相通假矣。説詳《釋旐篇》。

旝 《説文》云:“旝，建大木，置石其上，發機以槌敵也。从㫃，會聲。”按旝从會聲，謂會合士衆，許説非制字始義。

旚 《説文》云：“旚，旗屬。从㫃，要聲。”按从要聲者，謂所以要約士衆。

十 昏 莫 晚

昏 《説文·七篇上·日部》云:“昏，日冥也。从日，氐省。氐者，下也。”

莫 《説文·一篇下·茻部》云：“莫，日且冥也。从日在茻中，茻亦聲。”按日在茻中，言日已低下。

晚 《説文·七篇上·日部》云:“晚，莫也。从日，免聲。”免聲許不言其義，今按免聲之字皆有低下之義。《説文·九篇上·頁部》云:“頫，低頭也。从頁，从逃省。”或作俛，从人，免聲。大徐音方矩切。《段氏注》歷引《漢書音義》《史記索隱》《正義》《玉篇》《廣韻》《禮記》《表記釋文》，謂俛當音無辨切，是也。此一事也。《説文·七篇下·冃部》云：“冕，大夫以上冠也。邃延，垂瑬，紞纊。从冃，免聲。”免聲之故，許君亦無説。《左傳·桓公二年疏》云：“謂之冕者，冕，俛也。以其後高前下，有俛俯之形，故因名焉。”《周禮·夏官·弁師疏》云：“以爵弁前後平，則得弁稱，冕則前低一寸餘，得冕名，冕則俛也，以低爲號也。”《儀禮·士冠禮疏》説略同。此二事也。《説文·十一篇上·水部》云：“浼，汙也。从水，免聲。”《方言》三云：“氾，浼，洼，潤，洿也。自關而東或曰洼，或曰氾，東齊海岱之間或曰浼，或曰潤。”郭《注》云：“皆洿池也。”按洿池者，低下之地也。此三事也。由諸文證之，知晚之从免，亦謂日低下耳。説詳《釋晚篇》。

十一 駒 駣

駒 《説文·十篇上·馬部》云：“馬二歲曰駒。从馬，句聲。”按句聲字皆有小義。《爾雅·釋畜》云：“犬未成豪，狗。”郭《注》

云："狗子，未生乾毛者。"又《釋獸》云："熊虎醜，其子狗。"《晉律》云："捕虎一，購錢五千，其狗半之。"蓋犬之小者爲狗，熊虎之小者亦爲狗，馬之小者爲駒，其義一也。

駣 《説文·十篇上·馬部》駒下云："馬三歲曰駣。"按兆聲字多含小義。《爾雅·釋魚》云："魾小者，鮡。"又云："蜃小者，珧。"《説文·四篇上·羊部》云："羝，羊未卒歲也。从羊，兆聲。"《詩·周頌·有鼓篇》云："鞉磬柷圉。"《毛傳》云："鞉，小鼓也。"《爾雅·釋鳥》云："桃蟲，鷦。"《詩·周頌·小毖傳》同。《文選·鷦鷯賦注》引《詩義疏》云："桃蟲，今鷦鷯，微小黄雀也。"《漢書·五行志》云："小者不窕。"《注》云："窕，輕小也。"據諸文觀之，馬三歲曰駣，亦謂馬之小者耳。不惟兆聲字多含小義也。與兆古同音之刀聲類字亦然。《詩·衛風·河廣篇》云："誰謂河廣？曾不容刀。"《鄭箋》云："小船曰刀。"《史記·李將軍傳》云："不擊刁斗以自衛。"《索隱》引荀悦云："刁斗，小鈴，如宫中傳夜鈴也。"按刁即刀字，俗書作刁。刁斗《方言》十三即作刀斗，《郭璞注》亦云："刀斗謂小鈴也。"《説文·十四篇上·車部》云："軺，小車也。从車，召聲。"《一切經音義》二十三二十五並引《説文》云："沼，小池也。"今本《説文》脱小字。《禮記·中庸篇》云："今夫天，斯昭昭之多。"《鄭注》云："昭昭猶耿耿，小明也。"《疏》云："昭昭，狹小之貌。"《淮南子·繆稱篇》云："昭昭乎小哉！"説詳《説少篇》。

十二 甑 甗

甑 《説文·十二篇下·瓦部》云："甑，甗也。从瓦，曾聲。"按曾聲字有加益之義，前第八條贈下已言之。加益之見於宫室者，《説文·八篇上·尸部》云："層，重屋也。从尸，曾聲。"《十篇下·立部》云："竲，北地高樓無屋者。从立，曾聲。"加益之見於器用者，《説文·七篇下·网部》罾訓魚網，《楚辭》云："罾何爲兮木上？"若甑之受名，則緣其居釜上也。凡物加重則高，故竲爲北地高樓，而高祖曾祖曾與高義近。《詩·周頌·維天之命》云："曾孫篤之。"《箋》云："曾猶重也，"是也。

甗 《瓦部》又云："甗，甑也。从瓦，鬳聲。"魚蹇切。按甗與巘岩聲近。巘，《説文·十四篇上·車部》訓載高貌；岩，《説文》訓危高。巘从獻聲，獻从鬳聲，與甗聲類同。

十三 盂 盌

盂 《説文·五篇上·皿部》云："盂，飲器也。从皿，于聲。"按于聲字多含汙下之義。《孟子·公孫丑上篇》云："汙，不至阿其所好。"《趙注》云："汙，下也"《説文·水部》云："小池爲汙。"小池，汙下之地也。《淮南子·説山篇》云："文王污膺。"《注》云："污膺，陷匈也。"《史記·孔子世家》云："孔子生而首上圩頂，故因名曰丘，字仲尼云。"《索隱》云："圩頂，言頂上圩也，故孔子頂如反宇。反宇者，若屋宇之反，中低而四傍高也。"樹達按《爾雅·釋丘》云："水潦所止，泥丘。"郭《注》云："頂上圩下者。"《説文·八篇上·丘部》云："屔，反頂受水丘。"《繫傳》云："頂當高，今反下，故曰反頂。"蓋《爾雅》之泥丘及仲尼之尼，字皆當作屔。盂之爲器，中低而四傍高，故字从于聲，盂猶言汙言圩矣。

盌 《説文》云："盌，小盂也。从皿，夗聲。"按《爾雅·釋丘》云："宛中，宛丘。"《詩·陳風·宛丘傳》云："四方高中央下曰宛丘。"盌形四方高而中央下，與宛丘形同，故字从夗聲也。

十四 栟 櫚 椶

栟 《説文·六篇上·木部》云："栟櫚，椶也。从木，并聲。"按《説文·八篇上·从部》云："并从幵聲。"《十四篇上·幵部》云："幵象二干對構上平。"故幵聲孳乳字多含合并并立之義。《从部》云："并，相从也。从从，幵聲。"《四篇下·骨部》云："骿，脅并榦也。从骨，并聲。"《八篇上·人部》云："併，並也。从人，并聲。"《十篇下·馬部》云："駢，駕二馬也。从馬，并聲。"按椶葉密布並列，故謂之栟也。

櫚 《説文·木部》無櫚字，蓋偶脱，其字从閭聲，閭从吕聲。《説文·七篇下·吕部》云："吕，脊骨也。象形。"或體作膂。按吕字象脊骨之相連，故吕聲字多含羣侶之義。《説文·十二篇上·門部》云："閭，里門也。从門，吕聲。《周禮》曰：'五家爲比，五比爲閭。'閭，侶也，二十五家相羣侶也。"又《六篇上·木部》云："梠，楣也。从木，吕聲。"《釋名·釋宫室》云："梠，旅也，連旅之也。"《廣雅·釋詁二》云："絽緊，絣也。"《玉篇》云："絽緊，紩衣也。"《説文·十三篇上·糸部》云："紩，縫也。"《儀禮·聘禮記》曰："禾四秉曰筥，十筥曰稯，十稯曰秅。"《説文·八篇上·人部》無侶字，然《十篇下·夫部》云："㚘，並行也。从二夫，輦字从此，讀若伴侶之伴。”又《門部》閭下説解亦有侶字，《人部》無者，蓋偶脱也。按伴侶者，多人之辭。慧琳《大般若經音義》引《倉頡篇》云：“侶，儷也。”《説文·七篇上·㫃部》云：“軍之五百人爲旅。从㫃，从从，从，俱也。”按旅吕古音同。《説文·六篇上·木部》云：“櫨，屋上枅也。从木，盧聲。”按盧吕古音亦同。

椶　《説文·木部》云：“椶，栟櫚也。从木，㚇聲。”按㚇聲字多含聚集之義。《説文·五篇下·夊部》云：“㚇，斂足也。从夊，兇聲。”又《七篇上·禾部》云：“布之八十縷爲稯。从禾，㚇聲。”又《九篇下·山部》云：“嵏，九嵏山也。从山，㚇聲。”又《三篇上·丵部》云：“叢，聚也。从丵，取聲。”按㚇叢古音同。又《一篇下·艸部》云：“藂，艸叢生皃。从艸，叢聲。”又《十三篇上·糸部》云：“總，聚束也。从糸，悤聲。”按悤與㚇古音近。又《九篇下·广部》云：“廖，屋階中會也。从广，悤聲。”又《九篇下·豕部》云：“豵，生六月豚。从豕，從聲。一曰：一歲曰豵，尚叢聚也。”按从㚇古音近。

十五　枅　櫨

枅　《説文·六篇上·木部》云：“枅，屋欂櫨也。从木，幵聲。”

櫨　《説文》云：“櫨，屋上枅也。从木，盧聲。”按説具前條。

十六　癰　疽　瘀　瘤　痤

癰　《説文·七篇下·疒部》云：“癰，腫也。从疒，雝聲。”《釋名·釋疾病》云：“癰，壅也，氣壅否結裹而潰也。”按癰从雝聲，雝从邕聲。《説文·十一篇下·川部》云：“邕，邑四方有水自邕成池也。从川，从邑。”《詩·魯頌·泮水箋》云：“辟廱者，築土雝水之外，圓如璧，四方來觀者均也。”《國策·齊策》云：“宣王因以晏首壅塞之。”《高注》云：“壅，蔽也。”《淮南子·主術篇注》云：“壅，塞也。”《一切經音義》二十引《通俗文》云：“齆鼻曰齆。”《説文·四篇上·鼻部》云：“齆，病寒鼻窒也。”

疽　《疒部》又云：“疽，久癰也。从疒，且聲。”按《吕氏春秋·知士篇注》云：“阻，止也。”《一切經音義》二十三引《白虎通》云：“罝，遮也，遮取兔也。”

瘀《疒部》又云：“瘀，積血也。从疒，於聲。”按於聲字多含壅塞之義。《説文·十篇上·門部》云：“閼，遮攤也。从門，於聲。”

又《十一篇上·水部》云："淤，澱滓濁泥。从水，於聲。"

瘤　《疒部》又云："瘤，腫也。从疒，留聲。"按謂血氣留止而成腫也。《説文·十三篇下·田部》云："留，止也。"《七篇下·网部》云："曲梁寡婦之笱謂之罶，謂所以止魚也。"罶之止魚，猶罝之遮兔矣。

痤　《疒部》又云："痤，小腫也。从疒，坐聲。"按《説文·十三篇下·土部》云："坐，止也。从留省，从土。土，所止也。此與留同意。"按坐从留省，與留同意，故痤與瘤亦同意。

十七　餅　餛

餅　《釋名·釋飲食》云："餅，并也，溲麵使合并也。"

餛　《方言》云："餅或謂之餛。"按餛从昆聲，《説文·七篇上·日部》云："昆，同也，"與并義同。

十八　鳳　鷟

鳳　《説文·四篇上·鳥部》云："鳳，神鳥也。从鳥，凡聲。𠉿，古文鳳，象形。鳳飛，羣鳥從以萬數，故以爲朋黨字。"

鷟　《鳥部》又云："鷟，鸑鷟，鳳屬神鳥也。从鳥，族聲。"按朋黨族類義近。

十九　頸　脰

頸　《説文·九篇上·頁部》云："頸，頭莖也。从頁，巠聲。"按巠从𡿨聲，凡𡿨聲孳乳字皆含直立之義。故直謂之廷，《後漢書》郭太傳注引《蒼頡篇》又謂之頲，《爾雅·釋詁》又謂之庭，《詩·小雅·大田傳》又謂之挺，《考工記·弓人注》又謂之侹，《廣雅·釋詁三》又謂之脡，《禮記·曲禮下篇注》圜中之直謂之徑，《周髀算經上注》直波謂之徑，《爾雅·釋水》人體直而長似物莖謂之脛，《釋名·釋形體》温器圜直上謂之鋞，《説文·十四篇上·金部》織從絲謂之經。《説文·十三篇上·糸部》由此推知頸之受名緣於直立也。説詳《釋經篇》。

脰　《説文·四篇下·肉部》云："脰，項也。从肉，豆聲。"按豆形直立，故豆聲字多含直立之義。故人首謂之頭，《説文·九篇上·頁部》立謂之侸，《説文·八篇上·人部》豎立謂之豎，《説文·三篇下·臤部》知脰之爲項，義亦受於直立也。

二十　抱　暈

抱　《漢書·天文志》云："抱珥虹蜺。"《注》引孟康云："抱，气向日也。”按包聲字有包裹義，已具前第三條郛草下。

暈　《説文·七篇上·日部新附》云：“暈，日月气也。从日，軍聲。”按《説文·十四篇上·車部》云：“軍，圜圍也。从包省，从車。”軍字从包省而訓圜圍，與抱爲包裹義正同。

二十一　犦　犎

犦　《爾雅·釋畜》云：“犦牛。”郭《注》云：“即犎牛也，領上肉犦胅起，高二尺許，狀如橐駝肉䎡，一邊。”按暴聲字多突起之義，故墳起謂之暴，《考工記·旊人髻墾薜暴不入市》注熂起謂之爆，《一切經音義·二引聲類》水濆起謂之瀑，《一切經音義》十八引《蒼頡篇》皮皺起謂之臊。《山海·西山經》可以已臊注。

犎　字又作封。《漢書·西域傳》云：“罽賓國出封牛。”《後漢書·順帝紀》云：“疏勒王獻封牛。”注引《東觀記》云：“封牛，其領上肉隆起若封然，因以名之。”《廣雅·釋邱》云：“封，冢也。”

二十二　梠　梍

梠　《説文·六篇上·木部》云：“梠，楣也。从木，吕聲。”《釋名·釋宫室》云：“梠，旅也，連旅之也。”按吕聲字多含連侣之義，説見前第十四條栟櫚樓下。

梍　《説文·六篇上·木部》云：“梍，梠也。从木，毗聲。”按毗从比聲，比聲孳乳字多含次比之義。《説文·八篇上·比部》云：“比，密也。二人爲从，反从爲比。”又《十三篇下·土部》云：“坒，地相次比也。从土，比聲。”説詳《説比篇》。

二十三　比　閭　族　黨

比　《周禮·大司徒》云：“令五家爲比，使之相保；五比爲閭，使之相受；四閭爲族，使之相葬；五族爲黨，使之相救。”按比有比密次比之義，見前條。

閭　閭从吕聲，吕聲字有連侣之義，説見前第十四條栟櫚樓下。按楣謂之梍，又謂之梠；五家謂之比，五比謂之閭，其義一也。

族　族聲字有叢聚之義，説見前第十八條鳳鷟下。

黨　《説文·十二篇上·手部》云：“攩，朋羣也。从手，黨聲。”按朋黨鄉黨里黨皆當作此字。

二十四　俄　頃　眣

俄　《説文·八篇上·人部》云："俄，頃也。从人，我聲。"按《詩·賓之初筵箋》云："俄，傾貌。"《説文·十篇上·馬部》云："騀，馬摇頭也。从馬，我聲。"《廣雅·釋詁二》云："俄，衺也。"知我聲字多含傾邪之意。

頃　《説文·八篇上·匕部》云："頃，頭不正也。从匕，从頁。"按今用俄頃爲須臾之義，以一傾首間爲時甚速故也。

眣　《説文·四篇上·目部》云："眣，目不從正也。从目，从矢。"音舜。按即今之瞬字，謂一動目閒也。

二十五　曰　云

曰　《説文·五篇上·曰部》云："曰，詞也。从口，乙象口气出也。"

云　《説文·十一篇下·雲部》云："雲，山川气也。从雨，云象回轉之形。"或作云，古文省雨。按經傳云與曰同用者，曰爲口气上出，云亦有气上出之義也。《素問·陰陽大象論》云："地气上爲雲。"虞翻注《易小畜》云："坎升天爲雲。"《説文·九篇上·鬼部》云："魂，陽气也。从鬼，云聲。"《周禮·大宗伯注》云："魂气歸於天。"是其證也。説詳《説云篇》。

二十六　箴　刺

箴　《説文·五篇上·竹部》云："箴，綴衣箴也。从竹，咸聲。"又《十四篇上·金部》云："鍼，所以縫也。从金，咸聲。"

刺　《説文·七篇上·朿部》云："朿，木芒也。象形。讀若刺。"《四篇下·刀部》云："君殺大夫曰刺。刺，直傷也。从刀朿，朿亦聲。"按通語云箴規，云諷刺，義相近。誎字《説文》訓數諫，爲諷刺之本字，字亦从朿聲。箴朿皆鋭鋒，以具體假爲抽象之用也。

二十七　膷　臐　膮

膷　《儀禮·聘禮》云："膷臐膮蓋陪牛羊豕。"又《公食大夫禮注》云："膷臐膮，今時藿也。牛曰膷，羊曰臐，豕曰膮，皆香美之名也。"按《説文·七篇上·香部》云："香，芳也。从黍，从甘。"香與膷古音同，古亦通用。《公食大夫禮注》云："古文膷作香，"是也。

臐　《廣雅·釋器》云："臐，香也。"《説文·一篇上·艸部》云：

"薰，香艸也。从艸，熏聲。"又云："葷，臭菜也。"

膮 《説文·四篇下·肉部》云："膮，豕肉羹也。从肉，堯聲。"許幺切。按《儀禮·公食大夫禮注》謂膮亦香美之名者，膮音與蒿同。

《説文·一篇下·艸部》云："蒿，菣也。菣，香蒿也。"《釋名·釋飲食》云："膗，蒿也，香氣蒿蒿也。"《禮記·祭義》云："焄蒿悽愴。"《鄭注》云："焄謂香美也。蒿謂氣烝出貌也。"按《説文》云："歊，氣上出貌。"臐膮同義，猶焄蒿連用矣。

二十八 獄 圉

獄 《説文·十篇上·㹜部》云："獄，确也。从㹜，从言。二犬，所以守也。"按二犬守言，義不可通。亡友林君義光著《文源》，謂言當爲辛之譌變。按林君立意是矣，辛字譌變之説，苦無文證。《説文·三篇上·言部》云："言从䇂聲。"辛部辛訓罪，獄字所从之言，實假爲辛，謂以二犬守罪人也。説詳《釋獄篇》。

圉 《説文·十篇上·卒部》云："圉，囹圄，所以拘罪人。从卒，从口。"按卒下云："俗語以盜不止爲卒。"《卒部》又云："睪，司視也。从横目，从卒，令吏將目捕罪人也。""執，捕罪人也。从丮，从卒，卒亦聲。""報，當罪人也。从卒，从𠬝，𠬝，服罪也。""籥，窮理罪人也。从卒，从人，从言，竹聲。"凡从卒之字皆訓爲罪人。口之者，拘之也。二犬守辛爲獄，口拘卒爲圉，文字之組織正同。

二十九 分 别

分 《説文·二篇上·八部》云："分，别也。从八刀。刀，以分别物也。"

别 《説文·四篇下·冎部》云："别，分解也。从冎，从刀。"按冎下云："剔人肉置其骨也。"分别二文俱从刀，分从八，八，别也。别从冎，冎爲剔人肉置其骨，亦分别之義也。

三十 亟 疌 憲

亟 《説文·十三篇下·二部》云："亟，敏疾也。从人口又二，二，天地也。"按又者，手也。江沅云："人在天地閒手口俱用，"是也。

疌 《説文·二篇上·止部》云："疌，疾也。从止，从又，又，手也。屮聲。"按止者足也。

憲 《説文·十篇下·心部》云："憲，敏也。从心，从目，害省聲。"

段玉裁云：“心目竝用，敏之意也。”樹達按：亟以手口並用訓爲敏疾，疌以手足並用訓爲疾，憲以心目竝用訓爲敏，意義同則組織相類也。

三十一 析 解

析 《説文·六篇上·木部》云：“析，破木也，一曰折也。从木，从斤。”

解 《説文·四篇下·角部》云：“解，判也。从刀判牛角。”按析解二文皆會意字,以斤破木謂之析,以刀解牛角謂之解,義相同則組織同也。

三十二 貧 寡

貧 《説文·六篇下·貝部》云：“貧，財分少也。从貝分，分亦聲。”或作穷，云：“古文从宀分。”

寡 《説文·七篇下·宀部》云：“寡，少也。从宀，从頒，頒，分也。宀分，故爲少也。”按宀謂宮室，貝分爲貧，宀分爲穷，又爲寡，義同則字之組織同也。

三十三 尋 隻 有 取

尋 《説文·八篇下·見部》云：“尋，取也。从見，从寸，寸度之，亦手也。”按許君説此字形大誤。龜甲文尋字从貝，謂手持貝也。

隻 《説文·四篇上·隹部》云：“隻，鳥一枚也。从又持隹。持一隹曰隻，二隹曰雙。”按龜甲文凡獲字作隻，从又持隹。金文楚王酓忎鼎云：“戰隻兵銅，”亦以隻爲獲。此實獲之初字，許君説爲後起之義。

有 《説文·七篇上·有部》云：“有，不宜有也。《春秋傳》曰：日有食之。从月，又聲。”按許君據《公羊傳》訓有爲不宜有，不可通，説此字形亦誤。龜甲文从又持肉，是也。

取 《説文·三篇下·又部》云：“取，捕取也。从又，从耳。《周禮》：獲者取左耳。《司馬法》曰：載獻聝。聝者，耳也。”

按手持貝謂之尋，手持隹謂之隻，手持肉謂之有，手持耳謂之取，義同由組織同也。

三十四 脛 骹 骭

脛 《説文·四篇下·肉部》云：“脛，胻也。从肉，巠聲。”按膝以下謂之脛，脛从巠聲，巠从𡈼聲，𡈼聲巠聲字多含直立之義見前第十九條頸胵下。

骹 《説文·四篇下·骨部》云："骹，脛也。从骨，交聲。"按交聲字多含直立之義。《爾雅·釋宫》云："桷直而遂謂之閲，直不受檐謂之交："是交爲直也。《爾雅·釋詁》云："較，直也！"是較爲直也。《禮記·祭統》云："夫人薦豆，執校。"《鄭注》云："校，豆中央直者。"是校爲直也。《論語·陽貨篇》云："好直不好學，其蔽也絞。"絞非直而類乎直，故古或以直訓絞。《後漢書·李雲傳注》云："絞，直也，"是也。是絞爲直也。由諸例證之，知骹之受名緣於直立矣。

骭 《骨部》又云："骭，骹也。从骨，干聲。"按干聲字亦多含直立之義。《五篇上·竹部》云："竿，竹挺也。从竹，干聲。"此一事也。《七篇上·禾部》云："稈，禾莖也。从禾，旱聲。"或从干聲作秆。此二事也。《六篇上·木部》云："榦，築牆耑木也。从木，倝聲。"按楨榦者直立之木，榦从倝聲，倝訓日光倝倝，無直立之義，蓋倝實假爲干。《説文·三篇下·革部》云："靬，乾革也。从革，干聲。"按靬字从干革而義爲乾革，知干乃假爲乾。干可假爲从倝聲之乾，則倝亦可假爲干矣。由此言之，骭之受名亦緣於直立也。

三十五 楨 榦

楨 《爾雅·釋詁》云："楨，榦也。"《書·費誓傳》云："題曰楨，旁曰榦。"王引之云："楨榦皆植立之木，"是也。樹達按貞聲字所以有直立之義者，貞與巠古音同，貞假爲巠故也。《説文·十篇下·赤部》赬或作經，知古貞巠二文可通矣。巠聲字多含直立之義，見前第十九條。

榦 説具上條。

三十六 蜆 縊

蜆 《爾雅·釋蟲》云："蜆，縊女。"《郭璞注》云："小黑蟲，赤頭，喜自經死，故曰縊女。"《太平御覽》九百四十八引《異苑》云："蜆長寸許，頭赤，身黑，恆吐絲自懸。"阮元《爾雅校勘記》云："《釋文》，蜆，孫音俔。按此孫讀蜆爲俔，俔與磬聲相轉。《毛詩》：俔天之妹，俔《韓詩》作磬。《説文》：磬象懸虡之形。《禮記·文王世子注》云：縣縊殺之曰磬。磬者經死之，即懸虡之義，此縊女之所以名蜆也。"郝氏《義疏》亦云："蜆之爲言磬也。王制'磬於甸人'與《論語》'經於溝瀆'義同。"王念孫云："阮説甚精。《韓非子·外儲説左篇》云：

‘夫犬馬，人所知也，日暮罄於前；鬼神無形者，不罄於前。”罄於前，見於前也。”按據此言之，蜆謂其自經也。

縊 《説文·十三上·系部》云：“縊，經也。从系，益聲。”

三十七 脯 脩 脼

脯 《説文·四篇下·肉部》云：“脯，乾肉也。从肉，有聲。”《釋名·釋飲食》云：“脯，搏也，乾燥相搏著也。”

脩 《肉部》又云：“脩，脯也。从肉，攸聲。”《釋名》云：“脯又曰脩，脩，縮也，乾燥而縮也。”

脼 《玉篇》云：“脼，邱及切，朐脯也。”按㬎聲字有乾燥之義。《衆經音義》引《通俗文》云：“欲燥曰㬎。”《玉篇》云：“㬎，邱立切，欲乾也。”《詩·王風·中谷有蓷》一章云：“暵其乾矣。”二章云：“暵其脩矣。”三章云：“暵其濕矣。”脩濕皆乾也。説詳王氏《經義述聞》卷五。

三十八 脅 膀

脅 《説文·四篇下·肉部》云：“脅，兩膀也。从肉，劦聲。”按劦之爲言夾也，夾有旁義，見前第二條頰輔下。

膀 《説文》云：“膀，脅也。从肉，旁聲。”

三十九 讒 譖

讒 《説文·三篇上·言部》云：“讒，譖也。从言，毚聲。”樹達按：《説文·十四篇上·金部》云：“鑱，鋭也。从金，毚聲。”《史記·扁鵲傳》云：“鑱石撟引。”《索隱》云：“鑱謂石針也。”《説文·四篇下·刀部》云：“劖，斷也，一曰剽也。”按剽下云：“砭刺也。”《西京賦》云：“叉簇之所攙捔。”《注》云：“攙捔，貫刺之。”蓋鋭謂之鑱，石針謂之鑱，砭刺謂之劖，貫刺謂之攙，以言傷人謂之讒，其義一也。

譖 《言部》又云：“譖，愬也。从言，朁聲。”按朁从兓聲，《説文·八篇下·旡部》云：“兓，兓兓，鋭意也。从二旡。”又《十四篇下·金部》云：“鐕，可以綴箸物者。从金，朁聲。”按亦鋭物也。《十篇下·心部》云：“憯，痛也。从心，朁聲。”按鋭意謂之兓，鋭物謂之鐕，痛謂之憯，以言傷人謂之譖，亦一義也。讒譖抽象之義，皆由具體義來也。

四十 矖 瞦 盧矑

矖 《説文·四篇上·目部》云："矖，盧童子也。从目，縣聲。"徐鍇云："盧，黑也，眼中黑子也。"樹達按：縣玄古音近，玄，黑也，矖亦言其黑也。

瞦 《目部》云："瞦，目童子精也。从目，喜聲。"按喜之爲言黑也，喜古音在咍部，黑在德部，音相近，説詳《釋矖瞦篇》。

盧矑 盧，黑也，説見上。字或作矑。《甘泉賦》云："玉女無所眺其清矑，"是也。又作瞜，《方言》云："瞜之瞳子，"是也。

四十一 扉 扇

扉 《説文·十二篇上·户部》云："扉，户扇也。从户，非聲。"按《十一篇下·非部》云："非，韋也。从飛下狘，取其相背也。"

扇 《説文》云："扇，扉也。从户，从翄省。"

四十二 雄 麚 豭 羖 羒

雄 《説文·四篇上·隹部》云："雄，鳥父也。从隹；厷聲。"按厷聲字多含大義。《爾雅·釋詁》云："弘，大也。"《説文》弘从厶聲，厶厷字同。又云："宏，大也。"《文選·羽獵賦》云："涉三皇之登閎。"注引韋昭云："閎，大也。"又《笙賦》云："泓宏融裔。"《注》云："泓宏，聲大貌。"然則雄之受名蓋以其大也。

麚 《爾雅·釋獸》云："鹿牡，麚。"《説文·十篇上·鹿部》云："麚，牡鹿。从鹿，叚聲。"

豭 《説文·九篇下·豕部》云："豭，牡豕也。从豕，叚聲。"按叚聲字多含大義。《爾雅·釋詁》云："嘏，大也。"又云："假，大也。"《爾雅·釋魚》云："鯢大者謂之鰕。"又《釋獸》云："牛絶有力，假。"然則麚豭之受名殆亦以其大矣。

羖 《爾雅·釋畜》云："夏羊，牝羭，牡羖。"《郭璞注》本牝牡互誤。段氏玉裁據《説文》羯下訓羊羖犗，謂羖若爲牝羊，不得云犗，訂正郭本之誤，其説是矣。今按羖與股爲同音字，人膝以上爲股，膝以下爲脛。股大於脛，知羖亦當受義於大，義當爲牡，不得爲牝，一也。羖古音與假同，羖爲牡羊，與麚爲牡鹿豭爲牡豕一律。若麚豭爲牡而羖爲牝，理不可通，二也。

羒 《釋畜》又云："羊牡，羒。"按分聲字多含大義。《説文·七篇上・巾部》云："楚謂大巾曰帉。从巾，分聲。"《九篇上・頁部》云："頒，大頭也。从頁，分聲。"《十三篇下・土部》云："坋，大防也。从土，分聲。"《詩・大雅・韓奕》云："汾王之甥。"《毛傳》云："汾，大也。"《書大傳》云："天子賁庸。"《鄭注》云："賁，大也。"《爾雅・釋詁》云："墳，大也。"《釋丘》云："墳，大防。"《禮記・内則》云："菽麥蕡。"《釋文》云："蕡字又作黂，大麻子。"《爾雅・釋樂》云："大鼓謂之鼖。"《説文》鼖或作韇，分賁古音同。

然則扮之受名亦得義於大矣。

四十三　雌　豵

雌　《説文・四篇上・隹部》云："雌，鳥母也。从隹，此聲。"今按此聲字多含小義。《爾雅・釋訓》云："佌佌，小也。"《説文・六篇上・木部》云："柴，小木散材。从木，此聲。"《六篇下・貝部》云："貲，小罰以財自贖也。从貝，此聲。"《十二篇下・女部》云："婜，婦人小物也。从女，此聲。"《二篇上・走部》云："趀，淺渡也。从走，此聲。"《方言》十云："呰，短也。凡物生而不長大謂之呰。"《説文・九篇上・須部》云："頿，口上須也。从須，此聲。"按人之於須口上須視頤下須爲短。然則雌之受名，蓋以其小也。

豵　《廣雅・釋獸》云："豵，豕牝也。"按取聲聚聲及音近之字多含小義。《爾雅・釋草》云："菆，小葉。"《史記・貨殖傳》云："鯫千石。"《正義》云："鯫，雜小魚也。"《漢書・張良傳》云："鯫生教我。"服虔云："鯫，小人貌也。"又《枚乘傳》云："禹無十户之聚。"《注》云："聚，小邑也。"《字林》云："剽，細斷也。"《説文・四篇下・隹部》云："雛，雞子也。"又《十三篇上・糸部》云："縐，絺之細者也。"《釋名・釋書契》云："鄒，狹小之言也。"《上林賦》云："黄甘橙楱。"郭《注》云："楱，小橘也。"此知豵之受名亦由於小矣。

四十四　賢　能　豪

賢　《説文・六篇下・貝部》云："賢，多才也。从貝，臤聲。"按《三篇下・臤部》云："臤，堅也。古文以爲賢字。"然則古臤賢同字，臤即堅之初文，賢固有堅義也。

能　《説文・十篇上・能部》云："能，熊屬，足似鹿。从肉，㠯聲。能獸堅中，故稱賢能而彊壯稱能傑也。"

豪　《説文・九篇下・㣇部》云："㣶，㣶豕，鬣如筆管者。从㣇，高聲。"或从豕作豪，今通省作豪。按鬣如筆管，謂其剛也，豕稱剛鬣，蓋以此，引申爲豪傑之豪。

四十五　栵　翳

栵　《爾雅・釋木》云："木自獘，栵；立死，椔；蔽者，翳。"王氏引之《經義述聞》卷二十八云："蔽者翳，蔽即上文木自獘之獘。獘者，謂人獘之者，與自獘爲對文。"樹達按王説是也。《墨子》稱見攻者爲攻者，與攻人者爲對文，是其證也。栵《説文》作槇，云："仆木也。"古音申真二字皆在真部，故栵可假爲槇，槇之爲言顛仆也。《説文・二篇上・走部》云："趚，走頓也。"《二篇下・足部》云："蹎，跋也。"義與栵皆相近。

翳　《詩・大雅・皇矣篇》云："其菑其翳。"《爾雅》以菑翳連言，蓋釋《詩》此文也。翳《韓詩》作殪，王氏謂翳爲假字，是也。《後漢書・光武紀注》曰："殪，仆也。"

木之自獘者謂之槇，爲人所獘者謂之殪，槇殪皆訓仆，義相近則其受名之由亦相近矣。

四十六　諧　詥　諴　詷

諧　《説文・三篇上・言部》云："諧，詥也。从言，皆聲。"

詥　《言部》又云："詥，諧也。从言，合聲。"

諴　《言部》又云："諴，和也。从言，咸聲。"

詷　《言部》又云："詷，共也。从言，同聲。"

按四字義近，聲類之皆合咸同義亦相近。

四十七　僞　諼　詐

僞　《説文・八篇上・人部》云："僞，詐也。从人，爲聲。"按爲者母猴也，猴之性喜動作，故引申爲作爲之爲，又引申爲詐僞之僞。

諼　《説文・三篇上・言部》云："諼，詐也。从言，爰聲。"按諼當受義於蝯。《説文・十三篇上・虫部》云："蝯，善援禺屬。从虫，爰聲。"《九篇上・甶部》云："禺，母猴屬。"

詐　《言部》又云："詐，欺也。从言，乍聲。"按以僞諼字例推之，詐之語源蓋出於狚。《説文・十篇上・犬部》云："狚，玃屬。从犬，且聲。”“玃，大母猴也。”且聲乍聲古音近，且，模部；乍，鐸部。二部爲平入。故《説文·四篇下·歺部》殂古文从古文歺从乍。狙引申爲動作之作，又引申爲詐僞之詐。

母猴謂之爲，又謂之蝯，又謂之狙。引申之，作爲謂之爲，又謂之作。再引申之，詐僞謂之僞，又謂之諼，又謂之詐。語源同故字義同矣。

四十八 諛 諂

諛 《説文·三篇上·言部》云：“諛，讇也。从言，臾聲。”按臾有下義，《荀子·大略篇》云：“流丸止於甌臾。”《注》云：“甌臾，窳下之地。”《禮記·少儀篇》云：“冬右腴。”《注》云：“腴，腹下也。”《説文》云：腴，腹下肥也。人性卑下者必諂，故諛字从臾矣。

諂 《言部》又云：“讇，諛也。从言，閻聲。”或从臽作諂。按臽有低下之義。《説文·七篇上·臼部》云：“臽，小阱也。从人在臼上。”《七篇下·穴部》云：“窞，坎中小坎也。从穴，从臽，臽亦聲。”《十四篇下·𨸏部》云：“陷，高下也。从𨸏，臽聲。”《八篇上·臥部》云：“監，臨下也。从臥，䘓省聲。”

四十九 梏 桁

梏 《説文·六篇上·木部》云：“梏，手械也。从木，告聲。”按《二篇上·告部》云：“牛觸人，角著横木，所以告人也。”按人加械於手，猶牛之加木於角，故梏字从告。

桁 《莊子·在宥篇》云：“桁楊者相推也。”《釋文》引《司馬彪注》云：“桁，脚長械也。”樹達按：桁之爲言衡也。《説文·四篇下·角部》云：“衡，牛觸，横大木其角。从角，从大，行聲。”

梏爲手械，桁爲脚械。梏受義於告，桁受義於衡。義同由於其語源同矣。

五十 桯 蕩

桯 《説文·六篇上·木部》云：“桯，牀前几也。”又云：“桱，桯也。東方謂之蕩。”《段注》云：“謂之桯者，言其平也。”按段説是也。桯之爲言呈也，《説文》云：“呈，平也。”

蕩 按蕩亦平也。《詩》云：“王道蕩蕩。”又云：“王道平平。”《詩·齊風·南山》云：“魯道有蕩。”《毛傳》云：“蕩，平易也。”

五十一 桃蟲 鷦 鷦鷯

桃蟲 《爾雅·釋鳥》云："桃蟲，鷦。"《詩·周頌·小毖》云："肇允彼桃蟲。"《毛傳》云："桃蟲，鷦也。鳥之始小終大者。"《文選·鷦鷯賦注》引《詩義疏》云："桃蟲，今鷦鷯，微小黄雀也。"按桃蟲之名，受義於小，兆聲字多含小義，見前第十一條駣駒下。鳥始小終大而受名於小，猶冕後高前低而受名於低也。

鷦 《説文·四篇上·鳥部》云："雧，雧鷯，桃蟲也。从鳥，焦聲。"鷦雧字同。按焦聲及同音之字多含小義。《説文·九篇上·面部》云："醮，面焦枯小也。"《七篇上·米部》云："糕，小也。"《二篇上·口部》云："噍，小兒聲也。"

鷦鷯 《鳥部》又云："鷯，雧鷯也。从鳥，眇聲。"按眇聲之字亦多含小義。《説文·四篇上·目部》云："眇，小目也。"《五篇上·竹部》云："篎，小管謂之篎。从竹；眇聲。"説詳《説少篇》。

五十二 臣 虜

臣 《説文·三篇下·臣部》云："臣，牽也，事君者。象屈服之形。"《禮記·少儀》云："臣則左之。"《鄭注》云："臣謂囚俘。"按持囚俘者必以繩牽之，故臣訓牽。《吴越春秋》卷七《勾踐入臣外傳》云："越王勾踐與大夫種范蠡入臣於吴，大夫文種前爲祝曰：王雖牽致，其後無殃。"《史記》記秦王子嬰降高祖，係頸以組，皆臣牽屈服之義也。説詳《臣牽解》。

虜 《説文·七篇上·毌部》云："虜，獲也。从毌，从力，虍聲。"按毌下云："穿物持之也。"虜从毌者，《段注》云："凡虜囚亦曰纍臣，謂拘之以索也。"樹達按段説是也。《左傳·僖公三十三年》云："君之惠，不以纍臣釁鼓。"《杜注》云："纍，囚繫也。"《孟子·梁惠王下篇》云："係累其子弟。"《趙注》云："係累猶縛結也。"

按牽者謂之臣，爲武力所毌持者謂之虜，語源同則字義同也。《韓非子·五蠹篇》云："雖臣虜之勞，不苦於此矣。"臣虜同義，故古人連用矣。

五十三 听 噱

听 《説文·二篇上·口部》云："听，笑貌也。从口；斤聲。"按听从斤聲，謂口開也。《十篇下·心部》云："忻，闓也。从心，斤聲。引《司馬法》曰：善者忻民之善，閉民之惡。"《十二篇上·門部》云：

“闓，開也。”按笑者必開口，《莊子・盗跖篇》云：“人開口而笑者，一月之中，不過四五日而已矣。”是其證也。笑者口開，故听爲笑貌矣。説詳《釋听篇》。

噱 《口部》又云：“噱，大笑也。从口，豦聲。”按豦聲去聲古多通假。《十四篇上・且部》云：“䣞，且往也。从且；豦聲。”按豦假爲去，故䣞訓且往。《莊子・秋水篇》云：“口呿而不合。”《吕氏春秋・重言篇》云：“君呿而不唫。”《釋文》引《司馬注》及《高注》並云：“呿，開也。”《廣雅・釋詁三》云：“袪，開也。”《莊子・胠篋篇・釋文》引司馬注云：“從旁開爲胠。”去聲字多有開義，噱從豦聲，豦亦假爲去，蓋謂口開，故訓大笑矣。

五十四 罶 罝 罬 罜

罶 《説文・七篇下・网部》云：“罶，曲梁寡婦之笱，魚所留也。从网留，留亦聲。”按《十三篇下・田部》云：“畱，止也。”罶从留，謂可以止魚也。互見前第十六癰瘀疽瘤痤條。

罝 《网部》又云：“罝，兔网也。从网，且聲。”按且之爲言阻也。《吕氏春秋・知士篇注》云：“阻，止也。”罝从且，謂可以止兔也。《一切經音義》二十三引《白虎通》云：“罝，遮也，遮取兔也。”

罬 《网部》又云：“罬，捕鳥覆車也。从网，叕聲。”按叕聲字多含止義。《論語・微子》云：“耰而不輟。”《集解》引《鄭注》云：“輟，止也。”《禮記・樂記》云：“禮者，所以綴淫也。”《鄭注》云：“綴猶止也。”《周禮・大宗伯注》云：“郵表畷。”《疏》云：“畷，止也。”罬从叕聲，亦謂可以止鳥也。

罜 《网部》又云：“罜，罟也。从网，互聲。”《廣雅・釋器》云：“罜，兔罟也。”按互聲及音近之字多含止義。《二篇下・辵部》云：“迦，迦互令不得行也。”《段注》改互爲牙，非是。《六篇上・木部》云：“枑，行馬也。从木，互聲。”按枑或省作互。《周禮・秋官・脩閭氏》云：“掌比國中宿互欜者。”鄭司農云：“互謂行馬，所以障互禁止人也。”《左傳・宣公十二年》云：“屈蕩户之。”《杜注》云：“户，止也。”《小爾雅・廣詁》同。又《昭公十七年》云：“九扈爲九農正，扈民無淫者也。”《杜注》云：“扈，止也。”罜爲兔罟，亦謂可以止兔也。

卷三

詩音有上聲説　一九三三年四月八日

近見黄君季剛《詩音上作平證》一文，舉《詩經》平上通韻百三十事爲例證，愚意恐其未然。竊意《詩經》用韻有正變之不同，平聲與平聲叶，上聲與上聲叶，入聲與入聲叶者，此正例也。平上入通叶者，此變例也。金壇段君稱古音平上爲一類，去入爲一類，又謂去聲備於魏晉，古實無之，近世學者率以爲然。由此言之，詩叶韻變例之中，又當别異。平與上通韻者，同類之通叶也，雖變而不失其正者也。平與入通韻者，不同類之通叶也，變之尤甚者也。今吾輩不能整齊平入，而欲劃通平上，豈古人去泰去甚之意乎！假令有人故欲與黄君違異，取黄君之百三十事證《詩》平音作上，不審黄君將何以難之？愚謂：《詩》音平上，界畫截然，略不相紊。何以明之？《大雅・公劉篇》三章云："京師之野，于時處處，于時廬旅，于時言言，于時語語。"處處廬旅，事類也；言言語語，事類也。廬旅二文音義全同，不同者，一平聲，一上聲耳。以上下文處處言言語語句例證之，于時廬旅本當云於時廬廬，第以廬是平音，與上文野處下文之語不叶，記詩者欲令句韻整齊，故寧令上下文句例參差，而用與廬同音同義之上聲旅字耳。藉令不爾，《詩》文四句之中，獨於此句同義變文，讀者將何以解之？頗欲質之黄君，不審果謂然否也。

之部古韻證　一九三三年十月

古韻之學始自明三山陳氏季立，其於古之咍部字，皆讀同支部之音。顧江二氏承之，因而不革。金壇段氏首明之脂支三部有分，而不能别其音讀。曲阜孔氏深服段義，而於之部音讀，云友古讀若矣，疚古讀若記，猶陳氏之説也。近定海黄氏以周撰《禮書通故》，謂當以該臺才來爲古正音，始正之部之讀。余杭章氏撰《二十三部音準》承而用之。顧二家引而未發，於誤讀之字未遑一一糾舉，始學不免致疑。爰取今之誤讀五十餘文，爲明其正讀，或求之於經傳異文，或稽之於許書聲類。至若父本音爸，子原讀崽，嗚呼之爲阿咍，噫嘻之爲埃海，或名倫屬，或表嗞嗟，十口相傳，萬禩不易，以今證古，奄若合符。固知離析言文，未爲通識爾。

噫古讀如埃：《説文・二篇下・口部》云："噫，飽出息也。从口，意聲。"按經傳多用噫爲歎詞，今嘆詞皆云埃。

箕古讀如荄：《易明夷》云："箕子之明夷。"《漢書·儒林傳》云："蜀人趙賓爲《易》，飾《易》文，以爲箕子明夷，陰陽氣亡箕子。箕子者，萬物方荄兹也。"《釋文》引劉向云："今《易》箕子作荄滋。"

其古讀如該：《淮南子·時則篇》云："爨萁燧火。"高誘《注》云："其讀該備之該也。"按該備字《説文》作晐，云：兼晐也，見《七篇上·日部》，《淮南注》用借字耳。

己古讀如改：《説文·三篇下·攴部》云："改，更也。从攴，已聲。"

忌古讀如戒：《禮記·表記》云："敬忌而罔有擇言在躬。"《鄭注》云："忌之言戒也。"

記古讀亦如戒：《漢書·嚴助傳》云："悲哀之氣，數年不息，長老至今以爲記。"謂長老至今以爲戒也。《説文·三篇上·言部》云：諅，誡也。按忌諅戒誡皆同字。

疑古讀如礙：《説文·九篇下·石部》云："礙，止也。从石，疑聲。"又讀如懝：《説文·十篇下·心部》云："懝，騃也。从心疑，疑亦聲。"

之古讀如臺：《説文·十二篇上·至部》云："臺，觀四方而高者也。从至，从高省，之聲。"

寺古讀如待：《説文·二篇下·彳部》云："待，竢也。从彳，寺聲。"

持古讀如臺：《釋名·釋宫室》云："臺，持也，築土堅高，能自勝持也。"《淮南子·俶真篇》云："臺簡以遊太清。"高誘《注》云："臺猶持也。"持與臺音同，故劉高皆以聲爲訓。又讀如待：《周禮·夏官·服不氏》云："以旌居乏而待獲。"杜子春云："待當爲持，書亦或爲持。"《儀禮·公食大夫禮》云："左人待載。"《注》云："古文待作持。"按持與待古音同，故互作。

時古讀如待：《易蹇》云："往蹇來譽，宜待也。"《釋文》云："張本作宜時也。"又《歸妹》云："愆期之志，有待而行也。"《釋文》云："一本待作時。"按時待古同音，故互作。又讀如代：《莊子·徐无鬼篇》云："堇也，桔梗也，雞廱也，豕零也，是時爲帝者也。"《淮南子·説林篇》云："譬若旱歲之土龍，疾疫之芻狗，是時爲帝者也。"又《齊俗篇》云："見雨則裘不用，升堂則蓑不御，此代爲帝者也。"三文句例並同，或作時，或作代，時代本同音也。

恃古讀如待：《吕氏春秋·審時篇》云："辟米不得恃定熟，仰天而死。"《高注》云："恃或作待。"

侍古讀如待：《儀禮·士昏禮》云："媵侍於户外。"《鄭注》云：

“今文侍作待。”《莊子·田子方篇》云：“孔子便而待之。”《釋文》云：“待或作侍。”又《漁父篇》云：“竊待於下風。”《釋文》云：“待或作侍。”按侍待古音同，故通作。

事古讀如才：《左氏·襄公四年傳》云：“咨事爲諏。”《魯語》事作才。又讀如采：《史記·夏本紀》云：“始事事，”即《書·臯陶謨》之“載采采。”按事《廣韻》音鉏史切，本齒音字，故古音與才采同也。

止古讀如戴：《左氏僖公五年經》云：“會王世子於首止。”《公羊·穀梁》二家經皆作首戴。

芷古讀如茝：《史記·司馬相如傳》云：“衡蘭芷若。”《索隱》引《本草》云：“芷一名茝。”《禮記·内則篇》云：“佩帨茝蘭。”《釋文》云：“茝本作芷。”《漢書·禮樂志》云：“茝蘭芳。”《注》云：“茝即白芷。”此知芷與茝本一物，二字實一字也。

以古作㠯，古讀如台：《說文·二篇上·口部》云：“台，說也。从口，㠯聲。”

矣古讀如唉：《說文·二篇上·口部》云：“唉，應也。从口，矣聲。”又讀如欸：《說文·八篇下·欠部》云：“欸，訾也。从欠，矣聲。”又讀如挨：《說文·十二篇上·手部》云：“挨，擊背也。从手，矣聲。”又讀如埃：《說文·十三篇下·土部》云：“埃，塵也。从土，矣聲。”

俟古讀如待：《儀禮·大射儀》云：“皆適次而俟。”《鄭注》云：“今文俟作待。”俟待古音同，故通作。《穀梁·莊公八年傳》云：“俟，待也。”以聲爲訓也。

竢古讀如待：《說文·二篇下·彳部》云：“待，竢也。”又《十篇下·立部》云：“竢，待也。”二字音義皆同，實一字也。

炱古讀如臺：《吕氏春秋·任數篇》云：“嚮者臺煤入甑中。”《高注》云：“臺讀作炱。”今本誤，兹依王念孫校。

詒古讀如台：《說文·三篇上·言部》云：“詒，相欺詒也。从言，台聲。”又讀如紿：《列子·黃帝篇》云：“既而狎侮欺詒。”《釋文》云：“詒本作紿。”按《說文·十三篇上·糸部》云：“紿，絲勞即紿，”義與詒本有别。然《史記》酈寄紿吕禄，即假紿爲詒，緣古音二字本同，故得通假矣。

怡古讀如台：《說文·十篇下·心部》云：“怡，龢也。从心，台聲。”又讀如怠：《易·雜卦》云：“謙輕而豫怠也。”《釋文》云：“怠虞作怡。”

餄古讀如台：《説文·五篇下·食部》云："餄，米糱煎者也。从食，台聲。"又讀如鮐：《左傳》：瑕吕餄甥，《國語·周語》韋《注》餄作鮐。

貽古讀如胎：《爾雅·釋魚》云："玄貝，貽貝。"《釋文》云："貽本作胎。"又讀如郶：《史記·曹相國世家》云："初攻下辯故道雍斄。"《正義》云："斄作郶，音貽。"

治古讀如台：《説文·十一篇上·水部》云："治水出東萊曲城陽丘山，南入海。从水，台聲。"又讀如怠：《易·雜卦》云："謙輕而豫怠也。"《釋文》云："怠京作治。"又讀如殆：《荀子·彊國篇》云："彊殆中國。"《注》云："殆或爲治。"

始古讀如載：《孟子·梁惠王下篇》云："湯一征，自葛始。"《滕文公下篇》作"湯始征自葛載。"《史記·夏本紀》云："始事事，"即《書·皋陶謨》之載采采。又讀如臺：《孟子·萬章下篇》云："繆公之於子思也，亟問，亟餽鼎肉。子思不悦，於卒也，摽使者出諸大門之外，北面稽首再拜而不受。曰：今而後知吾君之犬馬畜伋。蓋自是臺無餽也。"《趙岐注》云："臺，賤官，主使令者。"義不可通。愚謂臺假爲始，始从台聲，古音與臺同，故《孟子書》假臺爲始矣。説詳余《孟子臺無餽解》。

而古讀如耏耐：《説文·九篇下·而部》云："耏，罪不至髡也。从而，从彡，而亦聲。"或體作耐。又讀如乃：《大戴禮·夏小正》云："匽之興，五日翕，望乃伏。"乃伏《傳》作而伏。《書·堯典》云："試可乃已，"《史記·五帝紀》作"試不可用而已。"《禮記·曲禮上篇》云："卒哭乃諱，"《檀弓下篇》《雜記下篇》並作而諱。《左氏·僖公二十八年傳》云："數之以不用僖負羈而乘軒者三百人也，"《史記·曹世家贊》而作乃。《史記·淮陰侯傳》云："相君之背，貴乃不可言，"《漢書·蒯通傳》乃作而。《公羊·宣公十五年傳》云："吾今取此然後而歸爾，"言然後乃歸也。《穀梁·莊公十二年傳》云："國而曰歸，此邑也，其曰歸，何也？"國而曰歸即國乃曰歸也。《左氏·襄公七年傳》云："吾乃今而後知有卜筮。"《論語·泰伯篇》云："而今而後，吾知免夫。"而今而後即乃今而後也。

鳾古讀如怠：《莊子·山木篇》云："東海有鳥焉，其名曰意怠。"又云："鳥莫知於鷾鳾。"按古恆以而爲能：齊策云："齊多知，而解此環否？"是其例也。又恆以能爲而：《晏子春秋·外篇》云："入則求君之嗜欲能順之，君怨良臣，則具其往失而益之。"能順之，而順之也，是其例也。《説文》能台二字皆从㠯聲，故古書恆以能爲台：《漢書・天文志》云：“魁下六星兩兩而比者曰三能，”三能即三台。故注引蘇林曰：“能音台，”是也。而與能互相通作，能又可假爲台，則鷾鴯即意怠明矣。説詳余《莊子意怠鷾鴯一鳥説》。

里古讀如趩：《説文・二篇上・走部》云：“趩，留意也。从走，里聲。讀若小兒咳。”又讀如埋：《莊子・則陽篇》云：“靈公奪而里之。”《釋文》云：“里本作埋。”

貍古讀如薶：《説文・一篇下・艸部》云：“薶，瘞也。从艸，貍聲。”又讀如霾：《説文・十一篇下・雨部》云：“風而雨土爲霾。从雨，貍聲。”又讀如埋：《周禮・夏官・校人》云：“及葬，貍之。”《釋文》云：“貍本亦作埋。”又讀如不來：《儀禮・大射儀》云：“奏貍首。”《注》云：“貍之言不來也。”《史記・封禪書》云：“貍首者，諸侯之不來者。”《集解》徐廣云：“貍一名不來。”按不來爲貍之合音，與薶霾埋皆唇音也。

理古讀如賚：《史記・殷本紀》云：“予其大理女，”即《書・湯誓》之“予其大賚汝”也。

玆古讀如才：《説文・七篇上・鼎部》云：“鼒，鼎之圜掩上者。从鼎，才聲。”或作鎡，从金，玆聲。又讀如哉：《詩・大雅・下武》云：“昭玆來許，”《續漢書・祭祀志》注引謝沈《後漢書》作昭哉來御。又讀如栽：《禮記・中庸篇》云：“故栽者培之。”《鄭注》云：“栽或爲玆。”又讀如采：《史記・周本紀》云：“衛康叔封布玆，”《齊太公世家》作衛康叔封布采席。又讀如載：《左傳・僖公十六年》云：“今玆魯多大喪，明年齊有亂。”《杜注》云：“今玆，此歲。”《孟子・滕文公下篇》云：“什一，去關市之征，今玆未能。請輕之，以待來年然後已。”趙岐《注》釋今玆爲今年。《吕氏春秋・任地篇》云：“今玆美禾，來玆美麥。”《高誘注》云：“玆，年也。”《國策》二十六《韓策》云：“今玆效之，明年又益求割地。”《後漢書・明帝紀》云：“昔歲五穀登衍，今玆蠶麥善收。”皆稱今年爲今玆。按玆字無年歲義，凡年歲云玆者皆假爲載。《爾雅・釋天》云：“載，歲也。”玆載古同音，故得相通假矣。

鼒古讀如才：《説文・七篇上・鼎部》云：“鼒，鼎之圜掩上者。从鼎，才聲。”《爾雅・釋器》云：“圜弇上謂之鼒。”《釋文》云：“鼒郭音才。”又讀如災，如載：《爾雅》《釋器》、《釋文》云：“鼒施音災，《字林》音載。”按《詩·周頌·絲衣》云：“鼐鼎及鼒。”《毛傳》云：“小鼎謂之鼒。”《藝文類聚》七十三引《爾雅舊注》云：“鼒，子鼎。”按子爲幼小之稱，才子古同音，鼒文从才鼎，才鼎猶云子鼎矣。

菑古讀如巛：《説文·一篇下·艸部》云：“菑，不耕田也。从艸田，巛聲。”又讀如烖：《左氏·僖公十三年傳》云：“天烖流行，”烖《史記·晉世家》作菑。《荀子·修身篇》云：“菑然必以自惡也。”《注》云：“菑讀爲烖。”《爾雅·釋地》云：“田一歲曰菑。”《詩·采芑疏》引《孫炎注》云：“菑，始災殺其艸木也。”烖菑音同，故孫以聲爲訓也。又讀如菜：《荀子·大略篇》云：“爲幬菜敝而不反其常。”《注》云：“菜讀爲菑。”菑或作甾，古讀如才：《禮記·玉藻篇》云：“大夫佩水蒼玉而純組綬。”《鄭注》云：“純當爲緇，古文緇字或作絲旁才。”《周禮·地官·媒氏》云：“入幣純帛，無過五兩。”《鄭注》云：“純實緇字也，古緇以才爲聲。”《詩·鄭風·丰箋》云：“士妻紂衣纁袡。”《釋文》云：“紂本作緇。”《禮記·檀弓上篇》云：“天子之哭諸侯也，爵弁絰紂衣。”《釋文》云：“紂本作緇。”王君啓湘云：菑字似當如海寧陳鱣説訓爲才耕田，故曰一歲曰菑。

子古讀如崽：《方言》十云：“崽者，子也。湘沅之間凡言是子者謂之崽，若東齊言子矣。”郭《注》云：“崽聲如宰。”樹達按今長沙語猶謂子爲崽，崽即子之後起字也。又讀如采：《莊子·大宗師篇》子桑户，《漢書·古今人表》作采桑羽。

梓古讀如宰：《説文·六篇上·木部》云：“梓，楸也。从木，宰省聲。”或作榟，从宰，不省。

思古讀如䚡：《説文·四篇下·角部》云：“䚡，角中骨也。从角，思聲。”又讀如偲：《説文·八篇上·人部》云：“偲，彊力也。从人，思聲。”按今語顋音亦同䚡偲。又讀如塞：《書·堯典》云：“欽明文思安安，”《魏·受禪表》作欽明文塞，《後漢書》《馮衍》、《第五倫》、《陳寵傳注》引《尚書考靈燿》俱作文塞晏晏。

辭古讀如怠：《書·秦誓》云：“俾君子易辭，”《公羊·文公十二年傳》作俾君子易怠。

辤古讀如台：《説文·十四篇下·辛部》云：“辤，不受也。从受辛。”或體作辝，从台聲。

嗣古讀如台：《書·堯典》云：“舜讓于德弗嗣。”《史記自序》云：“唐堯遜位，虞舜不台。”班固《典引》云：“有于德不台淵穆之讓。”

馬班用《堯典》，弗嗣皆作不台。李善注《文選·典引》引《漢書·音義韋昭》云："古文台爲嗣。"

釐古讀如來：《書序》釐沃或作來沃。《詩·周頌·思文篇》云："貽我來牟，"《漢書·劉向傳》引作飴我釐麰。《顔注》云："釐讀與來同。"《儀禮·少牢饋食禮》云："來汝孝孫。"《注》云："來讀曰釐。"《史記·杞世家》云："文公卒，弟平公鬱立。"《索隱》云："一作郁釐，譙周云：名鬱來。"《左氏·隱公十年經》云："公會鄭伯于時來。"《水經·濟水注》引來作釐。又讀如賚：《詩·大雅·江漢》云："釐爾圭瓚。"《釋文》云："釐沈又音賚。"

氂古讀如萊，如來：《左氏·襄公二十三年傳》云："獲晏氂，"《魯語》作晏萊。《釋文》云："氂徐音來。"

譆古讀如海：《説文·三篇上·言部》云："譆，痛也。从言，喜聲。"《段注》云："痛也當作痛聲。"按經傳多作嘻，今嘆痛之聲音如海。

有古讀如絠：《説文·十三篇上·糸部》云："絠，彈彄也。从糸，有聲。"又讀如蛕：《説文·十三篇上·虫部》云："蛕，腹中長蟲也。从虫，有聲。"又讀近黇：《説文·十三篇下·黄部》云："黇，青黄色也。从黄，有聲。"又讀近洧：《説文·十一篇上·水部》云："洧水出潁川陽城山，東南入潁。从水，有聲。"又讀近鮪：《説文·十一篇下·魚部》云："鮪，鮥也。《周禮》：春獻王鮪。从魚，有聲。"按黇洧鮪今音較歛，古音較侈。又古讀近灰，又近賄：《説文·五篇上·皿部》云："盍，小甌也。从皿，有聲。讀若灰，一曰若賄。"按之微支三部音相近，哈部音最侈，微部少歛，支最歛。今讀灰賄近微部音，古音則在哈部，爲最侈之音也。

盍盇古讀如醢：《説文》盍或作盇。又《十四篇下·酉部》云："醢，肉醬也。从酉，盇聲。"醢或作䤈。按从艸，从鹵，盍聲。

鄙古讀如背：《釋名·釋衣服》云："汗衣或曰鄙袒，或曰羞袒，作之用六尺，裁足覆胷背，言羞鄙於袒而衣此耳。"按鄙袒今言背袒，背字从北聲，北爲德部字，之哈部之入聲也。袒今讀同妲己之妲。

負古讀如陪，如倍：《書·禹貢》云："至于陪尾，"《史記》作負尾，《漢書》作倍尾。《漢書·宣帝紀》云："行幸負陽宫。"李斐云："負音倍。"又《東方朔傳》云："倍陽宣曲尤幸。"師古曰："倍陽即萯陽也。"又讀如背：《漢書·徐樂傳》云："南面背依，"即負扆也。《釋名·釋姿容》云："負，背也，置項背也。"以聲爲訓。

婦古讀與妃近：《説文·十二篇下·女部》云："妃，匹也。从女，己聲。"按己聲在之咍部，今妃音變入微部。愚疑婦負妃三文實一字。《史記·高祖紀》云："嘗從王媪武負貰酒，"以負爲婦。婦古音爲妃，猶負古音爲陪倍背也。

否古讀如娝：《説文·十二篇下·女部》云："娝，不肖也。从女，否聲。"又讀近杏：《説文·五篇上·丨部》云："杏，相與語唾而不受也。从丨，从否，否亦聲。"按今語唾而不受音如配之上聲，聲較歛，近微部。

母古音如每：《説文·一篇下·屮部》云："每，艸盛上出也。从屮，母聲。"大徐音武罪切，乃微部之音，非是。《一切經音義》六引《字林》云："每，莫改反，"是也。

或問：之部諸文惟毒亥來宰再才采諸字迄今尚存古讀，他則多變爲支部之音，何也？曰：古人音讀寬緩而不迫，竊疑古讀之部之韻，蓋以啞始，以衣終。今音之衣。後世流變奪其始聲，斯流入支部矣。微部之字今亦多變入支，其理亦然。蓋微部古韻始於厄而終於衣，厄衣亦皆今音。厄音見奪，則入支部矣。由此推之，麻部今多變入模者，麻部古韻終於模也。侯部古韻今亦多變入模者，侯部古韻亦終於模也。蓋吾國聲音之變，陰聲則奪其始，入聲則奪其終，事雖相反，其由繁而之簡，由複而之單，則一也。

卷五

讀漢書儒林傳　一九三〇年二月二十七日

《漢書·儒林傳·王式篇》云："式徵來，既至，止舍中，會諸大夫博士共持酒肉勞式，皆注意高仰之。博士江公世爲魯詩宗，至，心嫉式，謂歌吹諸生曰：'歌《驪駒》。'式曰：'聞之於師，客歌《驪駒》，主人歌《客毋庸歸》。今日諸君爲主人，日尚早，未可也。'江翁曰：'經何以言之？'式曰：'在《曲禮》。'江翁曰：'何狗曲也？'式恥之，陽醉逿墜。"按此節自來説者皆未得其義，今詳釋之。蓋《驪駒》者，客道别之歌也。《客毋庸歸》者，主人留賓之歌也。江翁命歌《驪駒》者，意蓋在促式之行，所以辱式也。式云今日諸君爲主人者，意謂今日諸君既爲主人，義當歌留賓之《客毋庸歸》，不得歌客當歌之《驪駒》也。以上式之所言，式既自稱師説，而亦與物情相應，江翁之所詰殆不在此。式又稱日尚早未可者，式意蓋謂式自身爲客，固可歌《驪駒》，然此時日尚早，不欲即辭去，故亦不可即歌也。江翁問經何以言之，式曰在《曲禮》者，《曲禮》曰："侍坐於君子，君子欠伸，撰杖屨，視日蚤莫，侍坐者請出矣。"此式所指也。然《曲禮》本文意謂君子視日蚤莫，則侍坐者請辭去，實與式此時情事不相應，故江翁罵其狗曲，而式竟無可辨解也。按《後書·卓茂傳》云："茂事博士江生，習《詩》《禮》，究極師法。"彼文江生即此江翁。據此翁兼通《詩》《禮》，故能辨式之曲説也。古人文簡不具，説者不能以意逆之，則不得其義。錢竹汀孫志祖乃因服虔注有《驪駒》逸詩篇名見《大戴禮》之文，牽合之而云《大戴禮》亦有《曲禮》篇名，則誤之甚者矣。錢説見《潛研堂文集》卷廿七，孫説見《讀書脞録續篇》卷一。

又《轅固篇》云："竇太后好《老子書》，召問固。固曰，此家人言耳。太后怒曰：安得司空城旦書乎！迺使固入圈擊彘。上知太后怒而固直言無罪，乃假固利兵，下圈刺彘，正中其心，彘應手而倒。太后默然，無以復罪。"按《李廣傳》有一事與此正相類。彼文云："敢男禹有寵於太子，亦有勇，嘗與侍中貴人飲，侵陵之，莫敢應。後愬之上，上召禹使刺虎，縣下圈中，未至地，有詔引出之。禹從落中以劍斫絶纍，欲刺虎。上壯之，遂救止焉。"據此二文觀之，則漢法有令人入圈刺獸之制。又以太后默然無以復罪二語觀之，知刺獸死者可以無罪。然則反是而刺獸不死者必爲有罪矣。按此制爲《刑法志》所不載，今無由知其詳。愚疑此蓋古代刑法之留遺而略加變革者也。《論衡·是應篇》云："觟鯱者，一角之羊也，性知有罪。皋陶治獄，罪疑者令羊觸之，有罪則觸，無罪則不觸。"《説文·十篇上·廌部》："廌，解廌獸也，似山牛，一角。古者決訟，令觸不直。"又云："灋、刑也，平之如水，从水。廌，所以觸不直者去之，從去。"蓋古法決獄令獸觸人，近於殘暴，漢法令人刺獸，蓋有鑒於古法之殘暴而略變之者歟！《韓非·内儲説上》云："李悝爲上地守，人之有狐疑之訟者，令之射的，中之者勝，不中者負。"按悝爲制定法經之人，以射的決曲直，亦較古人以獸觸人者爲合理。漢法用獸與古法同，而以能刺獸死與否爲有罪無罪之準，又與李悝之以射的中否爲準者同。然則漢法蓋折衷於古法與李悝而爲之者歟！

讀吕氏春秋書後　一九三五年十二月二十四日

往讀《吕氏春秋》，見《序意》一篇居十二紀之後，當全書之中，心輒疑之。謂古人著書自序，必殿居全篇之末，何以吕氏書不爾？及讀

《史記》，而後知今本《吕氏春秋》經後人易置其次，非吕氏書之舊也。請以五證明之。《史記·吕不韋傳》曰：“不韋使其客人人著所聞，集論以爲八覽六論十二紀，二十餘萬言，以爲備天地萬物古今之事，號曰《吕氏春秋》。”又《十二諸侯年表序》亦謂不韋上觀尚古，刪拾春秋，集六國時事，以爲八覽六論十二紀，爲《吕氏春秋》。於吕書先後次第一再言之。向使吕書本首十二紀，何以太史公必顛倒其次第而言之邪？此知史公所見之《吕氏春秋》本以八覽六論十二紀爲次，與今本不同，其證一也。太史公《報任少卿書》曰：“不韋遷蜀，世傳《吕覽》。”此緣吕書以四字爲名，而行文不能全舉，故省稱之。若不韋書本以十二紀爲首，則史公乃當省稱“吕紀”，不當舉其中篇之名稱爲“吕覽”也。其省稱“吕覽”，正以八覽居吕書之首，就之爲言耳。其證二也。且締觀全卷，八覽之首爲《有始覽》，首稱“天地有始”云云，以此弁冕全書，正與《春秋》稱“元”《爾雅》首“始”之義相類。若如今本降居卷中，則失其所謂矣。其證三也。十二紀在全書之後，故《序意》一篇實殿全書之末，與《易序卦傳》《莊子天下篇》義例相同。若如今本，則乖剌不通，其證四也。六論之首曰“開春”，其最末篇曰“審時”，此正爲十二紀之先導，若如今本，則又失其所謂矣。其證五也。或謂《序意》一篇良人請問十二紀，不及覽論，則今本首紀而後覽論，固宜。余意《序意》一篇，本非完帙，不足深據，且古人於所重之篇或先或後，本無成法，何以知所重者必當先列邪？至吕書名“春秋”之故，則史公上觀尚古，刪拾《春秋》，集六國時事諸語足以明之。蓋古稱“春秋”猶今言史籍，吕氏書多引史實，故號“春秋”，義甚顯明。宋王伯厚所云以月紀爲首故以“春秋”名書者，乃臆測之詞，不足信也。或問曰：如子言，則易置吕書次第者何因？當在何時乎？曰：自漢人取十二紀爲《月令》，小戴氏採之以爲《禮記》，而《小戴記》在後世列於經典，十二紀之先置，其殆由後世儒生尊經之故乎！易於何世，無可質言。然觀唐馬總著《意林》，謂不韋集儒士爲十二紀八覽六論，與今本次第同，知其易置當在唐以前矣。

《禮記·禮運篇》故聖人作一節《鄭注》云：吕氏説月令而謂之春秋，事類相近焉。此王伯厚説所本。鄭雖未明言吕書首十二紀，但依其説，似彼所見吕書已非首八覽之舊次矣。

讀周禮司刑注引尚書大傳書後　一九三六年四月二十四日

《周禮·秋官·司刑注》引《尚書大傳》云：“決關梁，踰城郭而略盜者，其刑臏；男女不以義交者其刑宫觸；易君命，革輿服制度，姦軌盜攘傷人者，其刑劓；非事而事之，出入不以道義，而誦不詳之辭者，其刑墨；降畔寇賊，劫略奪攘撟虔者，其刑死。”按《周禮疏》卷三十十六賈公彦於“宫”字斷句，清儒孫星衍王引之及近世孫詒讓疏《周禮》皮錫瑞疏伏生書，亦皆於“宫”字爲句。王引之云：《大傳》不言割者，言宫可以統割，故《甫刑》前言宫割，後則但言宫辟宫罰也。今按諸家皆誤讀也。愚謂：文當於“宫觸”爲句，“宫觸”即“宫割”也。《書·吕刑篇》云“爰始淫爲劓刵椓黥。”《堯典》《正義》云：“夏侯歐陽等書，劓刵劅黥，云臏宫割劓頭庶剠。”割劓本作劓割，鹿本作庶，从王引之校乙改。據此知今書椓字，夏侯歐陽等書作宫割，鄭本作劅。《説文》則作斀：《三篇下·攴部》云：“斀，去陰之刑也。从攴，蜀聲。引《周書》曰：刖劓斀黥。”是也。據《大傳》文，知伏生本當作宫觸，蓋《説文》作斀爲正字，鄭本作劅，爲斀之或體。《説文·攴部》：𢾭或作剫，正其比。伏生作觸，假字也。知觸字必當上屬者，夏侯歐陽學出於伏生，不應夏侯歐陽作宫割，而伏生獨言宫。割爲割勢，斀劅觸爲去陰，故或言宫割，或言宫觸，文雖異而義則同，一也。《白虎通》説五刑曰：“宫者、女子淫，執置宫中，不得出也。割者，此二字據王引之校補。丈夫淫，割去其勢也。”是宫割分屬男女爲言。傳文既云男女不以義交，如下文第言宫而不言割或觸，於文爲不備，二也。鄭注《孝經》曰：“男女不與禮交者，宫割。”此語即本伏生。雖割觸文異，而文不止宫，三也。易君命與革輿服制度連文，革亦易也，觸易連讀既爲不詞，又與上文“決關梁踰城郭”文例不一，四也。王氏既誤讀，又从而爲之辭，孫皮二氏从之，疏矣。

讀春秋名字解詁書後 一九三六年五月十五日

右《王氏春秋名字解詁》二卷，用聲音通假之説證古人名字之相因，可謂密矣。就中據紀裂繻字子帛、鄭公子睔字子印證裂繻爲符，居官佩印，春秋時皆已有之，不始於漢世，因名字之微，推明古人之制度，尤爲精絶。近日德清俞氏樾、湘潭胡氏元玉於此書皆有所糾彈，亦頗有足以補苴王氏者，然其精詣固非兩家所能逮也。夫名字之詁，與文義不同，文義説有常而不可移，名字則二文苟可闓合，皆足成義，故説者多方，而要以平易爲至。卷中説陳逆字子行以行人逆勞爲詁；楚蔿賈字伯嬴，讀嬴爲贏，以《説文》“贏訓賈有餘利”立説，皆善矣。俞氏乃讀逆爲縌，讀行爲珩，讀賈爲夏，以《爾雅·釋天》“夏爲長嬴”立詁，則鑿矣。楚屈到字子夕，王氏以朝發夕至爲義，病於傅合。俞氏則讀到爲倒，訓夕爲不正。魯公祖句兹字子之，王氏讀句爲拘，改之爲止，病於武斷。俞氏則釋句爲句萌，兹爲艸木多益，之爲艸過屮枝莖益大。魯公子彄字子藏，王氏讀彄爲區，以《説文》區訓“踦區藏匿”爲説，胡氏則謂彄所以臧弦，不必讀彄爲區。此王氏偶失之而二家得之者也。余比以暇日，温尋是編，亦有數事足匡補諸家者。楚王子鉤字發，王氏讀鉤爲彀，釋發爲射發，雖未審諦，未大失也。俞氏釋鉤爲鉤梯，讀發爲伐，則迂遠矣。余謂發當如王説，鉤謂鉤弦。《儀禮·大射儀》云：“右巨指鉤弦。”《詩·車攻》云：“決拾既佽。”《毛傳》云：“決，鉤弦也。”《儀禮·鄉射禮》云：“袒決遂。”《鄭注》云：“決猶闓也，以象骨爲之，著右大擘指，以鉤弦闓體也。”蓋發矢必以決鉤弦，故名鉤字發矣。齊陳書字子占，王氏以占書爲説。余謂占當讀爲笘：《説文·竹部》云：“潁川人名小兒所書寫爲笘。籥，書僮竹笘也。”《禮記·學記》云：“呻其佔畢，”佔亦笘也。笘爲書寫所用，故名書字笘矣。齊公子于字且，王氏讀于爲芋，讀且爲菹，以《士喪禮》毼豆兩其實葵菹芋蠃醢爲説，失之迂遠。胡氏謂當以莒邑且于得名，亦未諦。余謂：于，往也；且讀爲徂，亦往也。于徂皆訓往，故名于字且矣。

寶應劉君詩孫見余此文，過訪余齋，以王氏最初刻本此書相示。蓋伯申初刻，以貽詩孫先哲端臨先生，寶藏至今者也。其書版式字體皆視後來自刻本爲大，而次第内容亦頗有殊。卷末附刊同時人參訂之語，有錢莘楣邵二雲兩家。據此知今本公山不狃字子洩條下所駁或説據《爾雅》“闕洩多狃”爲釋者，實錢氏之説。蓋初覺其是而後來疑其不然也。附記於此，以志良友之厚意云。

論語疏證

自序

此書乃一九四二年所寫，其時余正抱小病，力疾搜檢羣書，令兒輩分任抄寫。我原有《論語古義》一書，從其中採取若干材料。故從一月開始編寫，至三月末寫成，凡費時九十日。其時隨湖南大學避寇辰谿，用石印印成講義，分佈大學諸生，亦以其餘份分贈諸友求教。余以一本常置案頭，隨時增益材料，及最後書成，視石印本殆增加二分之一矣。商務印書館爲余排印成卷，訖未印行。解放以來，余接觸新思想，稍稍用批判態度處理此書，然余於馬克思列寧主義研究太淺，觀點模糊之處必多。毛主席說："今天的中國是歷史的中國的一個發展；我們是馬克思主義的歷史主義者，我們不應當割斷歷史。从孔夫子到孫中山，我們應當給以總結，繼承這一份珍貴的遺產。"（見《毛澤東選集》二卷《中國共產黨在民族戰爭中的地位》四九六頁）我之所以將此書問世，不敢認此書爲已成熟之著作，不過提供世人以研究孔子總結孔子之材料而已。當世君子給余以嚴格之批評，使孔子學說之眞相大白於世，是余所衷心切禱者也。

一九五五年元月五日樹達病中書。

凡例

一、本書宗旨在疏通孔子學說，首取《論語》本書之文前後互證，次取羣經諸子及四史爲證，無證者則闕之。老莊韓墨說與儒家違異，然亦時有可以發明孔子之意者，賦詩斷章，余竊取斯義爾。

二、證文次第，以訓解字義、說明文句者居前，發明學說者次之，以事例爲證者又次之，旁證推衍之文又次之。大致由淺入深，由近及遠，取便學者之通曉而已。同類之證，則以書之前後爲次。

三、本文一章數句，句各有證，證文分列於當句之下。分證之外别有總證數句者，則列於所證經文最末一句之下。

四、古書往往因襲前人，如《韓詩外傳》多本《荀子》，《淮南》時采《吕氏春秋》是也。本書列證務録其本源，而因襲者則附注於條末。

五、同一文證，間有分證數節者，如《史記·趙世家》記程嬰公孫杵臼事，已證於《學而》篇“與朋友交而不信乎”下，又證於《泰伯》篇“可以託六尺之孤”下是也。以義各有歸，不嫌複見。

六、證文有同一事而互見數書，彼此略異，本編兼採之者，則取第二條置首條之後，空一格録之，不别提行，以示區别。

七、古人於同一事有見仁見智之殊，如《春秋》僖公二十二年泓之戰，《公羊傳》極贊宋襄公，以爲雖文王之戰不過，而《穀梁傳》則譏其不教而戰，彼此違異，義得並存，所謂言豈一端，義各有當也。本編於此類並存不廢，讀者不以矛盾爲譏，則幸矣。

八、本書訓説大致以朱子《集注》爲主，其有後儒勝義長於朱説者，則取後儒之説。心有未安，乃下已意焉。

九、本書中意義相近之文，往往彼此互證，若取兩章證文相校，或有詳略之殊。讀者因證互參，最爲有益。例如：卷五《公冶長》篇“巧言、令色、足恭，左丘明恥之，丘亦恥之。”節下曾引《學而》篇“巧言令色，鮮矣仁。”爲證，讀者試因此檢閱《學而》篇當節證文，則左丘明與孔子所以恥巧言令色之故益爲明白，其一例也。

卷第三

八佾篇第三（節選）

子曰：“夷狄之有君，不如諸夏之亡也。”

《春秋》宣公十二年曰：楚子圍鄭。六月乙卯，晉荀林父帥師及楚戰於邲，晉師敗績。《公羊傳》曰：大夫不敵君，此其稱名氏以敵楚子，何？不與晉而與楚子爲禮也。莊王伐鄭，勝乎皇門，放乎路衢，鄭伯肉袒，左執茅旌，右執鸞刀，以逆莊王，曰：“寡人無良邊垂之臣，以干天禍，是以使君王沛焉辱到敝邑。君如矜此喪人，錫之不毛之地，使帥一二耆老而綏焉，請唯君王之命。”莊王曰：“君之不令臣交易爲言，是以使寡人得見君之玉面，而微至乎此。”莊王親自手旌，左右撝軍退舍七里。將軍子重諫曰："南郢之與鄭，相去數千里，諸大夫死者數人，廝役扈養死者數百人。今君勝鄭而不有，無乃失民臣之力乎？"莊王曰："古者杅不穿，皮不蠹，則不出乎四方。是以君子篤於禮而薄於利，要其人而不要其土。告從，不赦，不詳。吾以不詳導民，災及吾身，何日之有？"既則晉師之救鄭者至。曰："請戰。"莊王許諾。將軍子重諫曰："晉，大國也，王師淹病矣，君請勿許也。"莊王曰："弱者吾威之，彊者吾辟之，是以使寡人無以立乎天下。"令之還師而逆晉寇，莊王鼓之，晉師大敗。晉衆之走者舟中之指可掬矣。莊王曰："嘻，吾兩君不相好，百姓何罪？"令還師而佚晉寇。《春秋繁露·竹林》篇曰：《春秋》之常辭也，不與夷狄而與中國爲禮。至邲之戰，偏然反之，何也？曰："《春秋》無通辭，從變而移。晉變而爲夷狄，楚變而爲君子，故移其辭以從其事。夫莊王之舍鄭，有可貴之美，晉人不知其善而欲擊之。所救已解，如挑與之戰，此無善善之心，而輕救民之意也。"是以賤之，而不得使與賢者爲禮。又《觀德》篇曰：《春秋》常辭，夷狄不得與中國爲禮。至邲之戰，夷狄反道，中國不得與夷狄爲禮，避楚莊也。

又昭公二十三年曰：秋七月戊辰，吴敗頓胡沈蔡陳許之師於鷄父，獲陳夏齧。《公羊傳》曰：此偏戰也，曷爲以詐戰之辭言之？不與夷狄之主中國也。然則曷爲不使中國主之？中國亦新夷狄也。不與夷狄之主中國，則其言獲陳夏齧，何？吴少進也。《何注》云：中國所以異乎夷狄者，以其能尊尊也。王室亂，莫肯救，君臣上下壞敗，亦新有夷狄之行，故不使主之。

又定公四年曰：冬十有一月庚午，蔡侯以吴子及楚人戰于柏莒，楚師敗績。《公羊傳》曰：吴何以稱子？夷狄也而憂中國。其憂中國奈何？伍子胥父誅於楚，挾弓而去楚，以干闔廬。闔廬曰："大之甚，勇之甚。"將爲之興師而復讎於楚。伍子胥復曰："諸侯不爲匹夫興師，且臣聞之，事君猶事父也，虧君之義，復父之讎，臣不爲也。"於是止。蔡昭公朝於楚，有美裘焉。囊瓦求之，昭公不與。爲是拘昭公于南郢，數年然後歸之。於其歸焉，用事乎河？曰："天下諸侯苟有能伐楚者，寡人請爲之前列。"楚人聞之，怒。爲是興師，使囊瓦將而伐蔡。蔡請救于吴。子胥曰："蔡非有罪，楚無道也，君若有憂中國之心，則若此時可矣。"爲是興師而伐楚。《穀梁傳》曰：吴，其稱子，何也？以蔡侯之以之，舉其貴者也。蔡侯之以之，則其舉貴者，何也？吴信中國而攘夷狄，吴進矣，其信中國而懷夷狄，奈何？子胥父誅于楚也，挾弓持矢干闔廬。闔廬曰："大之甚，勇之甚。"爲是欲興師而伐楚。子胥諫曰："臣聞之，君不爲匹夫興師。且事君猶事父也，虧君之義，復父之讎，臣弗爲也。"於是止。蔡昭公朝於楚，有美裘，囊瓦求之，昭公不與。爲是拘昭公於南郢，數年然後得歸。乃用事乎漢，曰：

“苟諸侯有欲伐楚者，寡人請爲前列焉。”楚人聞之而怒，爲是興師而伐蔡。蔡請救於吳，子胥曰：“蔡非有罪，楚無道也。君若有憂中國之心，則若此時可矣。”爲是興師而伐楚。

《左傳》哀公元年曰：楚子西曰：昔闔廬食不二味，居不重席，室不崇壇，器不彤鏤，宮室不觀，舟車不飾，衣服財用，擇不取費，在國，天有菑癘，親巡孤寡而共其乏困，在軍，熟食者分而後敢食，其所嘗者，卒乘與焉，勤恤其民而與之勞逸，是以民不罷勞，死知不曠。

《春秋》哀公十三年曰：公會晉侯及吳子於黄池。《公羊傳》曰：吳何以稱子？吳主會也。吳主會則曷爲先言晉侯？不與夷狄之主中國也。其言及吳子，何？會兩伯之辭也。不與夷狄之主中國，則曷爲以會兩伯之辭言之？重吳也。曷爲重吳？吳在是，則天下諸侯莫敢不至也。《穀梁傳》曰：黄池之會，吳子進乎哉？遂子矣。吳，夷狄之國也，祝髮文身，欲因魯之禮，因晉之權，而請冠，端而襲，其藉於成周以尊天王，吳進矣。吳，東方之大國也，累累致小國以合諸侯，以合乎中國，吳能爲之，則不臣乎，吳進矣。王，尊稱也；子，卑稱也；辭尊稱而居卑稱，以會乎諸侯，以尊天王。吳王夫差曰：好冠來，孔子曰：大矣哉夫差，未能言冠而欲冠也。《春秋繁露·觀德》篇曰：鷄父之戰，吳不得與中國爲禮。至於伯莒黄池之行，變而反道，乃爵而不殊。

樹達按：有君謂有賢君也，邲之戰，楚莊王動合乎禮，晉變而爲夷狄，楚變而爲君子。鷄父之戰，中國爲新夷狄，而吳少進。柏莒之戰，吳王闔廬憂中國而攘夷狄。黄池之會，吳王夫差藉成周以尊天王。楚與吳，皆《春秋》向所目爲夷狄者也。孔子生當昭定哀之世，楚莊之事，所聞也。闔廬夫差之事，所親見也。安得不有夷狄有君諸夏亡君之歎哉！《春秋》之義，夷狄進於中國，則中國之。中國而爲夷狄，則夷狄之。蓋孔子於夷夏之界，不以血統種族及地理與其他條件爲準，而以行爲爲準。其生在二千數百年以前，恍若豫知數千年後有希特勒、東條英機等敗類將持其民族優越論以禍天下而豫爲之防者，此等見解何等卓越！此等智慧何等深遠！《中華人民共和國憲法》有“反對大民族主義”之語，乃眞能體現孔子此種偉大之精神者也。而釋《論語》者，乃或謂夷狄雖有君，不如諸夏之亡君，以褊狹之見，讀孔子之書，謬矣。

季氏旅於泰山，子謂冉有曰：“女弗能救與？”對曰：“不能。”

子曰：“嗚呼：曾謂泰山不如林放乎？”

《禮記·王制》篇曰：天子祭天下名山大川，五嶽視三公，四瀆視諸侯。諸侯祭名山大川之在其地者。鄭《注》云：魯人祭泰山，晉人祭河是也。

《禮記·曲禮》篇曰：大夫祭五祀，歲徧。注：五祀，户、竈、中霤、門、行也。

又《祭法》篇曰：大夫立三祀。

卷第四

里仁篇第四（節選）

子曰："我未見好仁者惡不仁者。好仁者，無以尚之。惡不仁者，其爲仁矣，不使不仁者加乎其身。有能一日用其力於仁矣乎？我未見力不足者。蓋有之矣，我未之見也。"

《禮記·表記》篇曰：子曰：無欲而好仁者，無畏而惡不仁者，天下一人而已矣。鄭《注》云：一人而已，喻少也。

子曰："人之過也，各於其黨。觀過，斯知仁矣。"

《禮記·表記》篇曰：與仁同過，然後其仁可知也。

《漢書·外戚·孝昭上官后傳》曰：子路喪姊，期而不除，孔子非之。子路曰："由不幸寡兄弟，不忍除之。"故曰觀過知仁。

《後漢書·吴祐傳》曰：嗇夫孫性私賦民錢，市衣以進其父。父得而怒，曰："有君如是，何忍欺之？"促歸伏罪。性慚懼，詣閤持衣自首。祐屏左右問其故，性具談父言。祐曰："掾以親故，受汙穢之名，所謂觀過斯知仁矣。"使歸謝其父，還以衣遺之。

《韓非子·説林上》篇曰：樂羊爲魏將而攻中山。其子在中山，中山之君烹其子而遣之羹。樂羊坐於幕下而啜之，盡一杯。文侯謂堵師贊曰："樂羊以我故而食其子之肉。"答曰："其子而食之，且誰不食？"樂羊罷中山，文侯賞其功而疑其心。孟孫獵，得麑，使秦西巴持之歸，其母隨之而啼，秦西巴弗忍而與之。孟孫適至而求麑，答曰："余弗忍而與其母。"孟孫大怒，逐之。居三月，復召以爲其子傅。其御曰："曩將罪之，今召以爲子傅。何也？"孟孫曰："夫不忍麑，又且忍吾子乎？"故曰：巧詐不如拙誠。樂羊以有功見疑，秦巴西以有罪益信。《説苑·貴德》篇曰：樂羊以有功而見疑，秦西巴以有罪而益信，由仁與不仁也。

又《外儲説》左下篇曰：梁車爲鄴令，其姊往看之，暮而後至，閉門，因踰郭而入，車遂刖其足。趙成侯以爲不慈，奪之璽而免之令。

樹達按：觀過知仁者，觀其過而知其仁與不仁也。有過而仁者，有過而失之不仁者，故曰：各於其黨也。子路、秦西巴、孫性，過而仁者也。樂羊、梁車，過而不仁者也。

子曰："朝聞道，夕死可矣。"

《新序·雜事》一篇曰：楚共王有疾，召令尹曰："常侍筦蘇與我處，常忠我以道，正我以善。吾與處，不安也；不見，不思也。雖然，吾有得也。

其功不細，必厚爵之。申侯伯與處，常縱恣吾。吾所樂者，勸吾爲之；吾所好者，先吾服之。吾與處，歡樂也；不見，戚戚也。雖然，吾終無得也。其過不細，必亟遣之。”令尹曰：“諾。”明日，王薨。令尹即拜筦蘇爲上卿，而逐申侯伯出之境。曾子曰：“鳥之將死，其鳴也哀；人之將死，其言也善。”言反其本性，共王之謂也。故孔子曰：“朝聞道，夕死可矣。”於以開後嗣，覺來世，猶愈沒身不寤者也。

《漢書·夏侯勝傳》曰：勝少孤，好學，從始昌受《尚書》及《洪範五行傳》。又從歐陽氏問：爲學精孰，所問非一師也。宣帝初即位，欲褒先帝，詔丞相御史曰：“孝武皇帝功德茂盛，而廟樂未稱，其與列侯二千石博士議。”於是羣臣大議廷中，皆曰：“宜如詔書。”勝獨曰：“武帝雖有攘四夷廣土斥境之功，然多殺士衆，竭民財力，亡德澤於民，不宜爲立廟樂，詔書不可用也。”於是丞相義御史大夫廣明劾奏：“勝非議詔書，毀先帝，不道。”及丞相長史黃霸阿縱勝，不舉劾，俱下獄。勝霸既久繫，霸欲從勝受經，勝辭以罪死。霸曰：“朝聞道，夕死可矣。”勝賢其言，遂授之。繫再更冬，講論不怠。

子曰：“士志於道而恥惡衣惡食者，未足與議也。”

《子罕》篇曰：子曰：衣敝緼袍與衣狐貉者立而不恥者，其由也與！

《孟子·告子》上篇曰：《詩》云：“既醉以酒，既飽以德，”言飽乎仁義也。所以不願人之膏粱之味也。令聞廣譽施於身，所以不願人之文繡也。

子曰：“君子之於天下也，無適也，無莫也，義之與比。”

《孟子·離婁》下篇曰：孟子曰：大人者，言不必信，行不必果，惟義所在。

《韓詩·外傳》卷七曰：孔子曰：昔者周公事文王，行無專制，事無由己。身若不勝衣，言若不出口。有奉持於前，洞洞焉若將失之，可謂子矣。武王崩，成王幼，周公承文武之業，履天子之位，聽天子之政，征夷狄之亂，誅管蔡之罪，抱成王而朝諸侯，誅賞制斷，無所顧問，威動天地，振恐海内，可謂能武矣。成王壯，周公致政，北面而事之，請然後行，無伐矜之色，可謂臣矣。故一人之身能三變者，所以應時也。

《微子》篇曰：逸民：伯夷、叔齊、虞仲、夷逸、朱張、柳下惠、少連降志辱身矣。言中倫，行中慮，其斯而已矣。謂虞仲夷逸隱居放言，身中清，廢中權。我則異於是，無可無不可。

《孟子·公孫丑》上篇曰：非其君不事，非其民不使，治則進，亂則退，伯夷也。何事非君，何使非民，治亦進，亂亦進，伊尹也。可以仕則仕，可以止則止，可以久則久，可以速則速，孔子也。

子曰："君子懷德，小人懷土。

《憲問》篇曰：子曰：士而懷居，不足以爲士矣。

樹達按：懷居即懷土也。

《禮記·曲禮》上篇曰：安安而能遷。

《説苑·脩文》篇曰：傳曰：安故重遷者謂之衆庶。

《淮南子·脩務》篇曰：孔子無黔突。《劉子·惜時》篇曰：仲尼栖栖，突不暇黔。

樹達按：懷土者怠於遷，所謂安土重遷者是也。安安而能遷，則與懷土懷居者異矣。此孔子勸勞動，戒安惰也。

君子懷刑，小人懷惠。"

《後漢書·李固傳》固奏記曰：孔子曰：智者見變思刑，愚者覩怪諱名。

子曰："放於利而行，多怨。"

《國語·周語》上曰：厲王説榮夷公，芮良夫曰："王室其將卑乎！夫榮夷公好專利而不知大難。夫利，百物之所生也，天地之所載也，而或專之，其害多矣。天地百物將皆取焉，胡可專也？所怒甚多，而不備大難，以是教王，王能久乎？夫王人者，將導利而布之上下者也，使神人百物無不得其極，猶日怵惕，懼怨之來也。故《頌》曰：'思文后稷，克配彼天，立我蒸民，莫匪爾極。'《大雅》曰：'陳錫載周。'是不布利而懼難乎？故能載周以至於今。今王學專利，其可乎？匹夫專利，猶謂之盗，王而行之，其歸鮮矣。榮公若用，周必敗。"既，榮公爲卿士，諸侯不享，王流于彘。

又《楚語》下曰：鬭且廷見令尹子常，子常與之語，問蓄貨聚馬。歸，以語其弟曰：'楚其亡乎！不然，令尹其不免乎！吾見令尹，令尹問蓄財積實，如餓豺狼焉，殆必亡者也。夫古者聚貨不妨民衣食之利，聚馬不妨民之財用，國馬足以行軍，公馬足以稱富，不是過也。公貨足以賓獻，家貨足以共用，不是過也。夫貨馬郵則闕於民，民多闕則有離叛之心，將何以封矣？昔鬭子文三舍令尹，無一日之積，恤民之故也。成王聞子文之朝不及夕也，於是乎每朝設脯一束，糗一筐，以羞文子，至于今令尹秩之。成王每出子文之祿，必逃，王止而後復。人謂子文曰："人生求富，而子逃之，何也？"對曰："夫從政者，以庇民也。民多曠也，而我取富焉，是勤民以自封，死無日矣。我逃死，非逃富也。"故莊王之世，滅若敖氏，唯子文之後在。至于今，處於鄖，爲楚良臣，是不先卹民而後己之富乎。今子常，先大夫之後也，而相楚君，無令聞于四方，民之羸餒日已甚矣。

四境盈壘，道殣相望，盜賊司目，民無所放。是之不恤，而蓄聚不厭，其速怨於民多矣。積貨滋多，蓄怨滋厚，不亡何待？夫民心之慍也，若防大川焉，潰而所犯必大矣。子常其能賢於成靈乎？成不禮於穆，願食能蹯，不獲而死。靈不顧於民，一國棄之，如遺跡焉。子常爲政，而無禮不顧，甚於成靈，其獨何力以待之？’期年，乃有柏舉之戰，子常奔鄭，昭王奔隨。

《吕氏春秋·無義》篇曰：先王之於論也極之矣。故義者，百事之始也，萬利之本也，中智之所不及也。不及則不知，不知則趨利，趨得固不可必也。以義動，則無曠事矣。公孫鞅爲秦將而攻魏，魏使公子卬將而當之。公孫鞅之居魏也，固善公子卬。使人謂公子卬曰：“凡所游而欲貴者，以公子之故也，今秦令鞅將，豈忍相與戰哉？公子言之公子之主，鞅請亦言之主，而皆罷軍。”於是將歸矣，使人謂公子曰：“歸未有時相見，願與公子坐而相與別也。”公子曰：“諾。”魏吏爭之曰：“不可。”公子不聽，遂相與坐，公孫鞅因伏卒與車騎以取公子卬。秦孝公薨，惠王立，以此疑公孫鞅之行，欲加罪焉。公孫鞅以其私屬與母歸魏，庇襄不受，曰：“以君之反公子卬也，吾無道知君。”趙急求李欬，李言續經與之俱如衛，抵公孫與，公孫與見而與入。續經因告衛吏，使捕之。續經以仕趙五大夫，人莫與同朝，子孫不可以交友。公孫竭與陰君之事，而反告之樗里相國，以仕秦五大夫，功非不大也，然而不得入三都，又況無此功而有其行乎？

樹達按：程子曰：欲利於己，必害於人，故多怨。樹達謂：怨者不惟受其害者而已也。他人之見而知其事者，人人有是非之心，不可掩也。即蒙其利者，亦人人有是非之心，不可欺也。公孫鞅之欺公子卬，爲秦也，而秦惠王以此疑鞅，秦惠王非公子卬之黨也，顧乃其敵也。續經之欺李欬，不肯與續經同朝，不肯交續經之子孫者，非李欬之人也。此之謂多怨。

卷第十五

衛靈公篇第十五（節選）

子曰：“吾之於人也，誰毁誰譽？如有所譽者，其有所試矣。

《漢書·藝文志》曰：儒家者流，蓋出於司徒之官，助人君順陰陽明教化者也。游文於六經之中，留意於仁義之際。祖述堯舜，憲章文武，宗師仲尼以重其言，於道最爲高。孔子曰：“如有所譽，其有所試。”唐虞之隆，殷周之盛，仲尼之業，已試之效者也。

又《薛宣傳》曰：谷永上疏曰：竊見少府宣材茂行絜，達於从政。前爲御史中丞，執轂憲下，不吐剛茹柔，舉錯時當。出守臨淮陳留，二郡稱治。爲左馮翊，崇教養善，威德並行，衆職修理，姦軌絕息，辭訟者歷年不至丞相府，赦後餘盜賊什分三輔之一，功效卓爾，自左内史初置以來，未嘗有也。孔子曰："如有所譽，其有所試。"宣考績功課，簡在兩府，不敢過稱以奸欺誣之罪。

《魏志·王昶傳》曰：昶以書戒子曰：夫毀譽，愛惡之原，而禍福之機也，是以聖人愼之。孔子曰："吾之於人，誰毀誰譽？如有所譽，必有所試。"又曰："子貢方人，賜也賢乎哉！我則不暇。"以聖人之德，猶尚如此，況庸庸之徒而輕毀譽哉！

斯民也，三代之所以直道而行也。"

《賈子·大政》下篇曰：王者有易政而無易國，有易吏而無易民。故因是國也而爲安，因是民也而爲治。故湯以桀之亂氓爲治，武王以紂之北卒爲彊。

《漢書·景帝紀贊》曰：孔子稱：斯民，三代之所以直道而行也，信哉！周秦之敝，罔密文峻，而姦軌不勝。漢興，掃除煩苛，與民休息。至于孝文，加之以恭儉，孝景遵業，五六十載之間，至於移風易俗，黎民醇厚。周云成康，漢言文景，美矣。

《論衡·率性》篇曰：夫人之性猶蓬紗也，在所漸染而善惡變矣。王良造父稱爲善御，能使不良爲良也。如徒能御良，其不良者不能馴服，此則駔工庸師服馴技能，何奇而世稱之？故曰：王良登車，馬不罷駑；堯舜爲政，民無狂愚。傳曰：堯舜之民可比屋而封；桀紂之民可比屋而誅。斯民也，三代所以直道而行也。聖主之民如彼，惡主之民如此，竟在化，不在性也。

又《非韓》篇曰：夫世不乏於德，猶歲不絕於春也；謂世衰難以德治，可謂歲亂不可以春生乎？人君治一國，猶天地生萬物。天地不爲亂歲去春，人君不以衰世屏德。孔子曰：斯民也，三代所以直道而行也。

子曰："吾猶及史之闕文也，有馬者借人乘之，今亡矣夫。"

《漢書·藝文志》曰：古制：書必同文，不知則闕，問諸故老。至於衰世，是非無正，人用其私。故孔子曰：吾猶及史之闕文也，今亡矣夫。蓋傷其寖不正。

許愼《説文解字敍》曰：孔子曰："吾猶及史之闕文，今亡矣夫！"蓋非其不知而不問，人用己私，是非無正，巧説衺辭，使天下學者疑。

《後漢書·徐防傳》曰：防上疏曰：孔子曰："吾猶及史之闕文，"疾史有所不知而不肯闕也。

《春秋》桓公五年曰：春正月甲戌己丑，陳侯鮑卒。《穀梁傳》曰：鮑卒，曷爲以二日卒之？《春秋》之義，信以傳信，疑以傳疑。陳侯以甲戌之日出，己丑之日得，不知死之日，故舉二日以包也。

又桓公十四年曰：夏五，鄭伯使其弟禦來盟。《穀梁傳》曰：孔子曰："聽遠音者聞其疾而不聞其舒，望遠者察其貌而不察其形。"立乎定哀以指隱桓，隱桓之日遠矣。夏五，傳疑也。

又昭公十二年曰：春，齊高偃帥師納北燕伯于陽。《公羊傳》曰：伯于陽者何？公子陽生也。子曰："我乃知之矣，"在側者曰："子苟知之，何以不革？"曰："如爾所不知何？"《春秋》之信史也，其序則齊桓晉文，其會則主會者爲之也，其詞則丘有罪焉耳。

子曰："巧言亂德，

《中論·覈辨》篇曰：夫利口之所以得行乎世也，蓋有由也。且利口者心足以見小數，言足以蓋巧辭，給足以應切問，難足以斷俗疑。然而好説而不倦，諜諜如也。夫類族辨物之士者寡，而愚闇不達之人者多，孰知其非乎？此其所以無用而不見廢也，至賤而不見遺也。先王之法，析言破律亂名改作者殺之，行僻而堅，言僞而辯，記醜而博，順非而澤者亦殺之，爲其疑衆惑民而潰亂至道也。孔子曰：巧言亂德，惡似而非者也。

《韓非子·外儲説》左上篇曰：虞慶將爲屋，匠人曰："材生而塗濡。夫材生則撓，塗濡則重。以撓任重，今雖成，久必壞。"虞慶曰："材乾則直，塗乾則輕。今誠得乾，日以輕直；雖久，必不壞。"匠人詘，作之。成有閒，屋果壞。《吕氏春秋·别類》篇記高陽應，《淮南子·人閒》篇記高陽魋事同。

小不忍則亂大謀。"

《顔淵》篇曰：一朝之忿，忘其身以及其親，非惑與？

《大戴禮記·武王踐阼》篇曰：武王矛之銘曰：造矛造矛，少閒弗忍，終身之羞。《國語·周語》中曰：富辰曰：《書》有之曰：必有忍也，若能有濟也。韋注云：《書》，逸書，若猶乃也。

《左傳》成公七年曰：衛定公惡孫林父。冬，孫林父出奔晋。十四年曰：春，衛侯如晋，晋侯强見孫林父焉，定公不可。夏，衛侯既歸，晋侯使郤犨送孫林父而見之。衛侯欲辭，定姜曰："不可，是先君宗卿之嗣也，大國又以爲請。不許，將亡。雖惡之，不猶愈於亡乎？君其忍之。安民而宥宗卿，不亦可乎？"衛侯見而復之。

又昭公三十一年曰：公在乾侯，晋侯將以師納公。季孫意如會荀躒于適歷。荀躒曰："寡君使躒謂吾子，何故出君？有君不事，周有常刑，子其圖之。"季孫練冠麻衣跣行，伏而對曰："事君，臣之所不得也，敢逃刑命。君若以臣爲有罪，請囚于費以待君之察也，亦唯君。若以先臣之故，不絶季氏而賜之死，若弗殺弗亡，君之惠也，死且不朽。若得從君而歸，則固臣之願也，敢有異心。”夏四月，季孫從知伯如乾侯。子家子曰：“君與之歸！一慙之不忍，而終身慙乎？”公曰：“諾。”衆曰：“在一言矣，君必逐之！”荀躒以晉侯之命唁公，且曰：“寡君使躒以君命討於意如，意如不敢逃死，君其入也！”公曰：“君惠顧先君之好，施及亡人，將使歸糞除宗祧以事君，則不能見夫人。已所能見夫人者，有如河！”荀躒掩耳而走，曰：“寡君其罪之恐，敢與知魯國之難！臣請復於寡君。”退而謂季孫：“君怒未息，子姑歸祭！”子家子曰：“君以一乘入于魯師，季孫必與君歸。”公欲從之，衆從者脅公不得歸。

樹達按：此魯昭公不肯忍忿，後遂客死於乾侯也。

《説苑·建本》篇曰：趙簡子以襄子爲後，董安子曰：“無恤不才，今以爲後，何也？”簡子曰：“是其人能爲社稷忍辱。”異日，智伯與襄子飲而灌襄子之首，大夫請殺之。襄子曰：“先君之立我也，曰：能爲社稷忍辱，豈曰能刺人哉！”處十月，智伯圍襄子於晉陽，襄子疏隊而擊之，大敗智伯，漆其首以爲飲器。

樹達按：此趙襄子能忍忿之事也。

《逸周書·命訓》篇曰：惠而不忍人，人不勝害，害不如死。

《毛詩·鄭風序》曰：《將仲子》，刺莊公也。不勝其母以害其弟。弟叔失道而公弗制，祭仲諫而公弗聽，小不忍以致大亂焉。

《韓非子·内儲説》上《七術》篇曰：成驩謂齊王曰：“王太仁，太不忍人。”王曰：“寡人安所太仁？安所不忍人？”對曰：“王太仁於薛公；而太不忍於諸田。”太仁薛公，則大臣無重；太不忍諸田，則父兄犯法。大臣無重，則兵弱於外；父兄犯法，則政亂於内。兵弱於外，政亂於内，此亡國之本也。

《新序》《雜事》五篇曰：趙襄子問於王子維曰：“吴之所以亡者，何也？”對曰：“吴君吝而不忍。”襄子曰：“宜哉吴之亡也！吝則不能賞賢，不忍則不能罰姦。賢者不賞，有罪不能罰，不亡何待？”《漢書·外戚孝成趙皇后傳》曰：平帝詔曰：夫小不忍亂大謀，恩之所不能已者，義之所割也。

樹達按：以上謂仁不忍。

《史記·勾踐世家》曰：朱公居陶，生少子。及壯，而朱公中男殺人，囚於楚。朱公曰：“殺人而死，職也。然吾聞：千金之子不死於市。”告其少子，往視之。乃裝黄金千鎰，置褐器中，載以一牛車，且遣其少子。朱公長男固請欲行，朱公不聽。長男曰：“家有長子曰家督。今弟有罪，大人不遣，乃遣少弟，是吾不肖。”欲自殺。其母爲言曰：“今遣少子，未必能生中子也，而先空亡長男，奈何？”朱公不得已而遣長子。爲一封書，遺故所善莊生。曰：“至則進千金于莊生所，聽其所爲，愼無與爭事。”

長男既行，亦自私齎數百金。至楚，莊生家負郭，披藜藿到門，居甚貧。然長男發書，進千金，如其父言。莊生曰："可疾去矣，愼毋留！即弟出，勿問所以然。"長男既去，不過莊生而私留，以其私齎獻遺楚國貴人用事者。莊生雖居窮閻，然以廉直聞於國，自楚王以下皆師尊之。及朱公進金，非有意受也，欲以事成後復歸之以爲信耳。故金至，謂其婦曰："此朱公之金，有如病不宿誡，後復歸，勿動。"而朱公長男不知其意，以爲殊無短長也。莊生閒時入見楚王，言某星宿某，此則害於楚。楚王素信莊生，曰："今爲奈何？"莊生曰："獨以德爲可以除之。"楚王曰："生休矣！寡人將行之。"王乃使使者封三錢之府。楚貴人驚告朱公長男曰："王且赦。"曰："何以也？"曰："每王且赦，常封三錢之府。昨暮王使使封之。"朱公長男以爲："赦，弟固當出也。重千金，虛棄莊生，無所爲也。"乃復見莊生，莊主驚曰："若不去邪？"長男曰："固未也。初爲事弟，弟今議自赦，故辭生去。"莊生知其意欲複得其金，曰："若自入室取金。"長男即自入室取金持去，獨自歡幸。莊生羞爲兒子所賣，乃入見楚王曰："臣前言某星事，王言欲以修德報之。今臣出，道路皆言：陶之富人朱公之子殺人，囚楚，其家多持金錢賂王左右。故王非能恤楚國而赦，乃以朱公子故也。"楚王大怒，曰："寡人雖不德耳，奈何以朱公之子而施惠乎？"令論殺朱公子。明日，遂下赦令。朱公長男竟持其弟喪歸。至，其母及邑人盡哀之，唯朱公獨笑，曰："吾固知必殺其弟也。彼非不愛其弟，顧有所不能忍者也。是少與我俱，見苦爲生難，故重棄財。至如少弟者，生而見我富，乘堅驅良，逐狡兔，豈知財所從來，故輕棄之，非所惜吝。前日吾所爲欲遣少子，固爲其能棄財故也。而長者不能，故卒以殺其弟，事之理也，無足悲者。吾日夜固以望其喪之來也。"

樹達按：以上謂吝不忍。不忍有三義：不忍忿，一也；慈仁不忍，不能以義割恩，二也；吝財不忍棄，三也。故分疏之如上。

子曰："衆惡之，必察焉；衆好之，必察焉。"

《子路》篇曰：子貢問曰："鄉人皆好之，何如？"子曰："未可也。""鄉人皆惡之，何如？"子曰："未可也。不如鄉人之善者好之，其不善者惡之。"

《孟子·梁惠王》下篇曰：左右皆曰賢、未可也；諸大夫皆曰賢，未可也；國人皆曰賢，然後察之。見賢焉，然後用之。左右皆曰不可，勿聽；諸大夫皆曰不可，勿聽；國人皆曰不可，然後察之。見不可焉，然後去之。左右皆曰可殺，勿聽；諸大夫皆曰可殺，勿聽；國人皆曰可殺，然後察之。見可殺焉，然後殺之。如此，然後可以爲民父母。

《管子·明法》解曰：亂主不察臣之功勞，譽衆者則賞之；不審其罪過，毀衆者則罰之。如此則邪臣無功而得賞，忠臣無罪而有罰。如此，則慤愿之人失其職，而廉潔之吏失其治。故《明法》曰：官之失其治也，是主以譽爲賞而以毀爲罰也。

《潛夫論·潛歎》篇曰：范武歸晉而國姦逃，華元反朝而魚氏亡。故正義之士與邪枉之人不兩立。而人君之取士也，不能參聽民氓，斷之聰明，反徒信亂臣之說，獨用污吏之言，此所謂與仇選使，令囚擇吏者也。《書》云："謀及乃心，謀及庶人。"孔子曰："衆好之，必察焉；衆惡之，必察焉。"故聖人之施舍也，不必任衆，亦不必專己。必察彼己之爲而度之以義，或舍人取己，故舉無遺失而政無廢滅也。

《風俗通·正失》篇曰：孔子曰："衆善焉，必察之；衆惡焉，必察之。"孟軻云：堯舜不勝其美；桀紂不勝其惡。傳言失指，圖景失形，衆口鑠金，積毀消骨，久矣其患之也。

《孟子·離婁》下篇曰：公都子曰："匡章，通國皆稱不孝焉，夫子與之遊，又從而禮貌之，敢問何也？"孟子曰："世俗所謂不孝者五：惰其四支，不顧父母之養，一不孝也。博奕，好飲酒，不顧父母之養，二不孝也。好貨財，私妻子，不顧父母之養，三不孝也。從耳目之欲以爲父母戮，四不孝也。好勇鬭狠以危父母，五不孝也。章子有一於是乎？夫章子，子父責善而不相遇也。責善，朋友之道也。父子責善，賊恩之大者。夫章子豈不欲有夫妻子母之屬哉！爲得罪于父，不得近，出妻屏子，終身不養焉。其設心以爲：不若是，是則罪之大者。是則章子已矣。"

樹達按：右爲衆惡之之事。

《漢書·王莽傳》曰：莽羣兄弟乘時侈靡，以輿馬聲色佚游相高。莽獨孤貧，因折節爲恭儉，勤身博學，被服如儒生。事母及寡嫂，養孤兄子，行甚敕備。又外交英俊，內事諸父，曲有禮意。世父大將軍鳳病，莽侍疾，親嘗藥，亂首垢面，不解衣帶連月。叔父成都侯商上書，願分户邑以封莽。及長樂少府戴崇、侍中金涉、胡騎校尉箕閎、上谷都尉陽竝、中郎陳湯皆當世名士，咸爲莽言。上由是賢莽，封莽爲新都侯。爵位益尊，節操愈謙。散輿馬衣裘，振施賓客，家無所餘。收贍名士，交結將相卿大夫甚衆，故在位更推薦之，游者爲之談說，虛譽隆洽，傾於諸父矣。上遂擢爲大司馬。莽既輔政，欲令名譽過前人，遂克己不倦，聘諸賢良以爲掾史。賞賜邑錢，悉以享士。愈爲儉約。母病，公卿列侯遣夫人問疾，莽妻迎之，衣不曳地，布蔽膝，見之者以爲僮使，問知其夫人，皆驚。元壽元年，日食。賢良周護宋崇等對策，深頌莽功德，有司請以新野田二萬五千六百頃益封莽，莽謝，太后許之。吏民以莽不受新野田而上書者前後四十八萬七千五百七十二人，及諸侯王公列侯宗室見者皆叩頭言，亟加賞於安漢公。莽封安漢公。

樹達按：右爲衆好之之事。

子曰："人能弘道，非道弘人。"

《漢書·禮樂志》曰：至成帝時，謁者常山王禹世受河閒樂，能説其義。其弟子宋曄等上書言之，下大夫博士平當等考試。當以爲漢承秦滅道之後，賴先帝聖德，博受兼聽，修廢官，立大學。河閒獻王聘求幽隱，修興雅樂以助化。時大儒公孫弘董仲舒等皆以爲音中正雅，立之大樂，春秋鄉射，作於學官。希闊不講，故自公卿大夫觀聽者但聞鏗鎗，不曉其意。而欲以風諭衆庶，其道無由。是以行之百有餘年，德化至今未成。今曄等守習孤學，大指歸於興助教化。衰微之學，興廢在人，宜領屬雅樂以繼絶表微。孔子曰："人能弘道，非道弘人。"河閒區區小國藩臣，以好學修古，能有所存，民到于今稱之，況於聖主廣被之資，修起舊文，放鄭近雅，述而不作，信而好古，於以風示海内，揚名後世，誠非小功小美也。

又《董仲舒傳》曰：夫周道衰於幽厲，非道亡也，幽厲不由也。至於宣王，思昔先王之德，興滯補弊，明文武之功業，周道粲然復興。詩人美之而作，上天祐之，爲生賢佐。後世稱誦，至今不絶，此夙夜不解行善之所致也。孔子曰："人能弘道，非道弘人也。"故治亂廢興在於己，非天降命不可得反，其所操持誖謬，失其統也。

子曰："過而不改，是謂過矣。"

《韓詩外傳》卷三曰：孔子曰：過而改之，是不過也。

《左傳》襄公七年曰：衛孫文子來聘，公登，亦登。叔孫穆子相，趨進曰："諸侯之會，寡君未嘗後衛君。今吾子不後寡君，寡君未知所過。吾子其少安！"孫子無辭，亦無悛容。穆叔曰："孫子必亡！爲臣而君，過而不悛，亡之本也。"

《春秋》僖公二十二年曰：冬十有一月己巳朔，宋公及楚人戰于泓，宋師敗績。《穀梁傳》曰：《春秋》三十有四戰，未有以尊敗乎卑，以師敗乎人者也。以尊敗乎卑，以師敗乎人，則驕其敵。襄公以師敗乎人而不驕其敵，何也？責之也。泓之戰，以爲復雩之恥，宋襄公有以自取之。伐齊之喪，執滕子，圍曹，爲雩之會，不顧其力之不足而致楚成王。成王怒而執之。故曰：禮人而不答，則反其敬；愛人而不親，則反其仁；治人而不治，則反其知。過而不改，又之，是謂之過，襄公之謂也。古者被甲嬰胄，非以興國也，則以征無道也，豈曰以報其恥哉。

《漢書·成帝紀》曰：詔曰：朕執德不固，謀不盡下，過聽將作大匠萬年言："昌陵三年可成。"作治五年，中陵司馬殿門内尚未加功，天下虛耗，百姓罷勞，客土疏惡，終不可成。朕惟其難，怛然傷心。夫過而不改，是謂過矣。其罷昌陵，反故陵，勿徙吏民。令天下毋有動搖之心。

子曰："吾嘗終日不食終夜不寢以思，無益，不如學也。"

《大戴禮記·勸學》篇曰：孔子曰：吾嘗終日思矣，不如須臾之所學。《荀子·勸學》篇同，不作孔子語。

《韓詩外傳》卷六曰：子曰：不學而好思，雖知不廣矣。

《賈子·修政語》上篇曰：湯曰：學聖王之道者，譬其如日；靜思而獨居，譬其若火；夫舍學聖之道而靜居獨思，譬其若去日之明於庭而就火之光於室也，然可以小見而不可以大知。是故明君子貴尚學道，而賤下獨思也。

《説苑·建本》篇曰：子思曰：學所以益才也；礪所以致刃也。吾嘗幽處而深思，不若學之速。

《論衡·實知》篇曰：聖賢不能知性，須任耳目以定情實。其任耳目也，可知之事，思之輒決；不可知之事，待問乃解。天下之事，世間之物，可思而知，愚夫能開精；不可思而知，上聖不能省。孔子曰："吾嘗終日不食終夜不寢以思，無益，不如學也。"

《吴志·吕蒙傳》注引《江表傳》曰：初，權謂蒙及蔣欽曰："卿今並當塗掌事，宜學問以自開益。"蒙曰："在軍中常苦多務，恐不容復讀書。"權曰："孤豈欲卿治經爲博士邪？但當令涉獵見往事耳。卿言多務，孰若孤？孤少時歷《詩》《書》《禮記》《左傳》《國語》，惟不讀《易》。至統事以來，省三史諸家兵書，自以爲大有所益。如卿二人，意性朗悟，學必得之，寧當不爲乎？宜急讀孫子《六韜》《左傳》《國語》及三史。孔子言終日不食終夜不寢以思，無益，不如學也。光武當兵馬之務，手不釋卷；孟德亦自謂老而好學。卿何獨不自勖勉邪？"

子曰："君子謀道不謀食，耕也餒在其中矣，學也禄在其中矣。君子憂道不憂貧。"

《潛夫論·讚學》篇曰：孔子曰："吾嘗終日不食終夜不寢以思，無益，不如學也。""耕也餒在其中，學也禄在其中矣。君子憂道不憂貧。"箕子陳六極，國風歌《北門》，故所謂不憂貧也。豈好貧而弗之憂邪？蓋志有所專，昭其重也。是故君子之求豐厚也，非爲嘉饌美服淫聲樂色也，乃將以底其道而邁其德也。

又《釋難》篇曰：秦子問於潛夫曰："耕種，生之本也；學問，業之末也。老聃有言：'大丈夫處其實不居其華。'而孔子曰：'耕也餒在其中，學也禄在其中。'敢問，今使舉世之人釋耨耒而程相羣於學，何如？"潛夫曰："善哉問！君子勞心，小人勞力。故孔子所稱，謂君子爾。今以目所見，耕，食之本也；以心原道，即學又耕之本也。"

《國語·晉語》八曰：叔向見韓宣子，宣子憂貧，叔向賀之。宣子曰：

“吾有卿之名而無其實，無以從二三子，吾是以憂。子賀我，何故？”對曰：“昔欒武子無一卒之田，其宫不備其宗器，宣其德行，順其憲則，使越于諸侯，諸侯親之，戎狄懷之，以正晉國，行刑不疚，以免於難。及桓子驕泰奢侈，貪慾無藝，略則行志，假貸居賄，宜及於難，而賴武之德以沒其身。及懷子改桓之行而修武之德，可以免於難，而離桓之罪以亡於楚。夫郤昭子，其富半公室，其家半三軍；恃其富寵以泰于國，其身尸於朝，其家滅於絳。不然，夫八郤五大夫三卿，其寵大矣。一朝而滅，莫之哀也，惟無德也。今吾子有欒武子之貧，吾以爲能其德矣，是以賀。若不憂德之不建而患貨之不足，將弔不暇，何賀之有？”宣子拜，稽首焉，曰：“起也將亡，賴子存之。非起也敢專承之，其自桓叔以下嘉吾子之賜。”

子曰：“知及之，仁不能守之，雖得之，必失之。

《後漢書·劉梁傳》曰：梁著辨《和同論》曰：孔子曰：智之難也，有臧武仲之智而不容於魯國，抑有由也。作而不順，施而不恕矣。蓋善其知義，譏其違道也。患之所在，非徒在智之不及，又在及而違之者矣。故曰：智及之，仁不能守之，雖得之，必失之也。

又《班固傳論》曰：固傷遷博物洽聞，不能以智免極刑，然亦身陷大戮，智及之而不能守之。嗚乎，古人之所以致論於目睫也。

知及之，仁能守之，不莊以涖之，則民不敬。

《爲政篇》曰：子曰：臨之以莊則敬。

《左傳》襄公三十一年曰：北宫文子曰：有威而可畏謂之威，有儀而可象謂之儀。君有君之威儀，其臣畏而愛之，則而象之。故能有其國家，令聞長世。臣有臣之威儀，其下畏而愛之，故能守其官職，保族宜家。故君子在位可畏，施舍可愛，進退可度，周旋可則，容止可觀，作事可法，德行可象，聲氣可樂。動作有文，言語有章，以臨其下，謂之有威儀也。

知及之，仁能守之，莊以涖之，動之不以禮，未善也。”

《荀子·王霸》篇曰：上莫不致愛其下而制之以禮。上之於下，如保赤子。政令制度所以接下之人百姓有不理者如豪末，則雖孤獨鰥寡，必不加焉。故下之親上，歡如父母，可殺而不可使不順。君臣上下貴賤長幼至於庶人，莫不以是爲隆正，然後皆内自省以謹於分。

子曰：“君子不可小知而可大受也，小人不可大受而可小知也。”

《淮南子·主術》篇曰：是故有大略者不可責以捷巧，有小智者不可任以大功。人有其才，物有其形，有任一而太重，或任百而尚輕。是故審毫釐之計者，必遺天下之大數；不失小物之選者，惑於大數之舉。譬猶狸之不可使搏牛，虎之不可使捕鼠也。

子曰："民之於仁也，甚於水火。

《孟子·盡心》上篇曰：民非水火不生活。

水火，吾見蹈而死者矣；未見蹈仁而死者也。"

子曰："當仁不讓於師。"

《春秋繁露·竹林篇》曰：今子反往視宋，聞人相食，大驚而哀之，不意之至於此也。是以心駭目動而違常禮。禮者，庶於仁，文質而成體者也。今使人相食，大失其仁，安著其禮？方救其質，奚恤其文？故曰："當仁不讓，"此之謂也。

子曰："君子貞而不諒。"

《左傳》昭公三年曰：夏四月，鄭伯如晉，公孫段相，甚敬而卑，禮無違者。晉侯嘉焉，授之以策。曰："子豐有勞於晉國，余聞而弗忘，賜女州田，以胙乃舊勳。"伯石再拜稽首受策以出。初，州縣，欒豹之邑也。及欒氏亡，范宣子趙文子韓宣子皆欲之。文子曰："溫，吾縣也。"州本屬溫。二宣子曰："自郤稱以別，三傳矣。晉之別縣不唯州，誰獲治之？"文子病之，乃舍之。二宣子曰："吾不可以正議而自與也。"皆舍之。豐氏故主韓氏。伯石之獲州也，韓宣子爲之請之，爲其復取之之故。七年曰：子產爲豐施歸州田於韓宣子，曰："日君以夫公孫段爲能任其事，而賜之州田。今無祿早世，不獲久享君德。其子弗敢有，不敢以聞於君，私致諸子。"宣子辭。子產曰："古人有言曰：其父析薪，其子弗克負荷。施將懼不能任其先人之祿，其況能任大國之賜？縱吾子爲政而可，後之人若屬有疆埸之言，敝邑獲戾，而豐氏受其大討。吾子取州，是免敝邑於戾而建置豐氏也。敢以爲請。"宣子受之，以告晉侯，晉侯以與宣子。宣子爲初言，病有之，以易原縣於樂大心。杜注云：傳言子產貞而不諒。《疏》云：貞，正也。諒，信也。段受晉邑，卒而歸之，正也。知宣子欲之，而言畏懼後禍，是不信也。

《漢書·王貢兩龔鮑傳》曰：薛方嘗爲郡掾祭酒，嘗徵，不至。及王莽以安車迎方，方因使者辭謝曰："堯舜在上，下有巢由。今明主方隆唐虞之德，小臣欲守箕山之節也。"使者以聞，莽說其言，不强致。贊曰："貞而不諒，薛方近之。"

《淮南子·氾論篇》曰：夫三軍矯命，論之大者也。秦穆公興兵襲鄭，過周而東。鄭賈人弦高將西販牛，道遇秦師於周鄭之間，乃矯鄭伯之命犒以十二牛，賓與擯同。秦師而却之，以存鄭國。故事有所至，信反爲過，誕反爲功。

積微居小學述林全編

自序

我研究文字學的方法，是受了歐洲文字語源學 Etymology 的影響的。少年時代留學日本，學外國文字，知道他們有所謂語源學。偶然翻檢他們的大字典，每一個字，語源都説得明明白白，心竊羨之。因此我後來治文字學，盡量地尋找語源。往年在《清華學報》發表文字學的論文，常常標題爲語源學，在這以前，語源學這個名詞是很少看見的。這是我研究的思想來源，在我著的《積微居小學金石論叢》第一卷《形聲字聲中有義略證》一文中曾經提及，現在我序本書，還是應該首先説明的。

語源存乎聲音，《説文解字》載了九千多字，形聲字佔七千多，佔許慎全書中一個絶大部分；所以研究中國文字的語源應該拿形聲字做對象，那是必然的。前清乾嘉以後，學者們盛倡義存乎聲之説，高郵王氏念孫、引之父子多所發明。道光間，歙縣黄承吉著《字説》一書。直到民國初年的劉師培，都是做過這種研究的。在我同時同輩的文字學者中，如黄侃，如錢玄同，都是治文字學的。不過他們搞音韻方面的功夫多，義訓方面的功夫少。只有沈兼士一人是專治訓詁的。他曾序我的《小學金石論叢》，説我的成就爲超過段、王，這自然是他的過獎。我自愧功力之深邃不及段、王，但以我的成績論，又似乎有比段、王進步了一些的地方。這並非我的學力超過段、王，乃是受了時代的影響。我出生較晚：時代的思想有變遷，因此我的研究方法與前人大有不同。粗略地説來，第一：受了外來影響，因比較對照有所吸取。第二：思路廣闊了，前人所受的桎梏，我努力掙扎擺脱他，務求不受他的束縛。第三：前人只作證明《説文》的工作，如段玉裁桂馥皆是，我却三十年來一直做批判接受的工作。第四：段氏於《説文》以外，博涉經傳，所以成績最高，其餘的人大都在文字本身中兜圈子。我於傳註以外，凡現代語言及其他一切皆取之做我的材料，故所涉較廣。第五：古韻部分大明，甲文金文大出，我盡量地利用他們。第六：繼承《蒼頡篇》及《説文》以來形義密合的方法，死死抓緊不放。以上六項，可以説是我研究方法的總綱。

由此總綱推衍，我得條例若干條。一曰形聲字中聲旁往往有義。二曰文字構造之初已有彼此相通借的現象。三曰意義相同的字，他的構造往往相同或相類。四曰象形指事會意形聲四書的字往往有後起的加旁字。加旁有二，一加形旁，一加聲旁。會意形聲二書的字加形旁往往犯重複之病。五曰象形指事會意三書的字往往有後起的形聲字，而許君或不知。例如互訓可以收繩，箮訓所以收絲，箮爲互之形聲字。亘从古文回，淀訓回泉，淀乃亘之形聲字，是其例也。

拿前舉的六綱爲經，後舉的五事爲緯，交錯推衍，以之説字，往往左右逢源，無往不利。如反字爲小學家久懸未決的問題，我因爲字形从又从厂，當是用手攀山厓，疑心他是𠬞字的或體。這説於形於音皆無疑問，但義訓苦無確證，未敢斷定。後來憶及隱公元年《公羊傳》有“諸大夫扳隱而立之”的語句，何休訓扳爲引。扳字从手从反，从手與反字从又犯複，因此悟到扳是反字的加形旁字。扳字既然訓引，知道初文的反字本當訓引，因此反𠬞二字形音義三事無不密合，反是𠬞之或體便確定毫無疑問了。這個字很顯明地看得出：是用六綱中的形義密合及廣徵傳注和五例中的“會意字加形旁必犯重複”這個條例交錯推衍出來的。馬列主義説：我們由實踐中得出了規律，還要用這個規律去應用於實踐，以證明這規律。我説反字的經過，似乎與這個道理有些相合的地方。

又如辰字辱字，《説文》都説得全無道理。我因爲金文辰字作蜃蛤的形狀，又據《説文》裖字説解，知辰是蜃字的初文。辱字从寸从辰，表示手持蜃蛤。《淮南子·氾論篇》説：“古人摩蜃而耨，”因悟到辱字是耨字的初文，《説文》作槈鎒，是後起的加旁字。這個字又很明白地看得出：是拿六綱中的形義密合及廣徵經傳利用甲金文三事和五例中的象形會意字有加旁字綜合推衍出來的。至於這説形音義三項莫不密合，是大家可以看得出來的。

許君《説文自序》説：“依類象形謂之文，形聲相益謂之字。”原來文是獨體，字是合體，所以許君自名其書，“文”上加一個“説”字，“字”上加一個“解”字，是大有理由的。《説文》説：“解，判也，从刀判牛角。”解字現在我們説“解剖”，説“分解”，因爲“字”是合體，我們才能够加以解剖分解。不過我們看，許君對於字的解剖，似乎還有失之綜合，未能徹底解判的地方，往往因此失却文字構造的真相，文字意思也因此而不明。一篇下《屮部》說："熏，火煙上出也。从屮黑，屮黑，熏象。"我說黑字本从囪古窗字。从炎，我看熏这个字应该是从炎，从囪，从屮。炎是火燄，囪是古窗字，屮《说文》读若徹，是說火燄穿窗透徹上去的意思。《魯語》說："焚煙徹于上，"正是這個屮字的意思。這樣才與"火煙上出"的訓義密合。若說从屮黑，便不密切了。又如三篇《臣部》說："臧，善也。从臣，戕聲。"我們看甲文金文都有从臣从戈的臤字，後來才加上爿聲，知道這個字本來是从爿聲。許君說他从戕聲，又失之綜合了。臧字从臣从戈，當以臧獲爲本義。臧獲就是今日的俘虜，俘虜没有不馴服的，所以引申有善義。許君拿引申義當初義，不單止錯認了字形，連義也説錯了。又如五篇下《亼部》說："僉，皆也。从亼，从吅，从从。"亼吅从三字會合起來，很難得出皆字的意思。我說：亼字訓合，如解剖僉做从二人，从二口，从亼，便是說兩個人兩個口相合，那麼"皆"字的意思一下就明白了。固然這個字不能够說許君是解錯了，但是他的解剖方法，過於綜合，表達得不够明顯，是無問題的了。四篇下《𠬪部》說："受，相付也。从𠬪，舟省聲。"這字甲文作，象一人拿手授舟，别一人用手接受之形。《説文》履字下説舟象履形，舟不一定是船。字形既然兼包授受兩方的意義，所以金文用受字也具兩面的意思。《宂段》說："王受乍册尹書，俾册令宂。"這受字是授予的意思。《盂鼎》說："不顯玟王受天有大命"，這受字是承受的意思。《說文》訓受做"相付"，依然是授予的意思。後世用加旁的授字做授予的用法，受字便專做承受義用了。篆文从爪从又，同甲文的从二又意義是一樣的，許君說爲从𠬪，不知他是从爪从又，又失之籠統了。

以上是說許君解剖過於綜合的地方，以下說許君解剖錯誤的幾個例子。

《說文》二篇上《八部》說："曾，語之舒也。从八，从曰，囪聲。"許君解剖這個字做形聲字，我看是不適合的。我說：曰字从口，象氣上出，囪是古窗字，許君在尒字下說：八象氣之分散。照這樣說，口氣上衝，穿窗而出，氣分散了，這不與"語之舒"的訓解正相合嗎？說字从囪聲，便没却這個字的構造的巧妙了。我著《釋曾篇》說這個字是應兼聲，現在覺得還是不合，我在這裏加以訂正。二篇下《口部》說："启，開也。从户，从口。"又三篇下《攴部》說："啓，教也。从攴，启聲。"我看這兩個字許君都是說錯了。甲文有从又从户的戶又字，象用手開門，正是開字的意思。金文《遂𢼸諆鼎》也有𢼸字，字與甲文同，甲文从又的字，金文多是从攴的。啓字是从口𢼸聲，許君説是从攴启聲，也是錯了的。因爲許君不知道有啟字，所以於晵棨啓綮四個字都説是从啓省聲，便連帶地都説錯了。

七篇下《冃部》説："同，合會也。从冃，从口。"冃口何以會成同字的意思，是没有理由可説的。據甲文金文同字都是从凡从口，這便和咸从悉口，合从亼口，僉从二人二口亼合，構造一致，恰是合會的意思了。又四篇下《𠬪部》説："𤔔，治也。幺子相亂，𠬪治之也。"這個字許君全然説錯了。這字从幺是糸字，不是幺字，許君却説他是幺字，所以説幺子相亂。字从H，象收絲的互，是用來收絲的架子。从爪从又是説人一隻手拿着絲，一隻手拿着絲架子收絲，所以成功治理的意義，這個字做得很巧妙精緻的。許君説做从𠬪，這又和他解受字是一樣地失之綜合了。

以上所説的這些字，都是拿形義密合做出發點推衍得來的。如臧字𢼸字，有甲文或金文作證，同字於甲金文作證外，還有字義同往往構造同一個條例作證的。僉字與同字意義相類，也是用這個條例證明的。熏曾二字雖然没有别的證據，但是字形是明白可據的。雖然兩個字意義不相同，但是一個是口氣上出，一個是火煙上出，還是彼此有一部分相類似，所以兩個字的構造彼此大同，還是可以彼此互證的。

以上所説的都是一些會意字。我治文字學的一個重要目的是在求得一些文字的語源，語源存乎聲音，所以求語源必須拿形聲字做對象，是前面已説了的。現在就這個問題説説我的方法罷！

諝惰《説文》都訓知，古知智二字義不分。我説他的語源是𤴯窗，是疏通，同是疋的孳乳字。壻字从士从胥，便是今語"郎才女貌"的"郎才"。聰朙二字，我説聰受義於囱，古窗字。朙受義於窗牖麗廔闓朙的囧。（賈侍中説囧讀與朙同）憭字訓慧，語源是訓穿訓小窗的字形从穴的寮。《莊子》説："大愚者終身不靈，"今語云伶利，靈字應該别有本字，《説文》未見。此字的語源應該是窗櫺的櫺，《説文》櫺訓楯閒子。這些諝惰，聰，朙，憭，靈，諸字意義一貫，語源的𤴯，窗，囧，寮，櫺，各字的意思也是一貫的。窗有通孔的流氣通光，人心通靈不蔽塞，則多智慧，本是一條鞭的道理。今口語説某人開通，某人不通，又説某人一竅不通，也都是這個道理。我這説法很明顯地得出一個規律來了。便是："文字抽象的意義，往往是从具體的事物來的。"《説文》識訓知，知與識這兩個字都有記識與認識兩種意義。記識之識今讀與志同，古人一字數義，是没有這種分别的。因有記識然後才能有認識，所以識字應該是以記識爲初義。記識是一件事物黏著於頭腦，他的語源是與訓黏土的埴有關聯的。這也是文字抽象的意義从具體的事物來的一件事。

齗字《説文》訓齒本肉，我因《説文》垠或作圻，説齗字从斤猶之从艮，實得義於根。《倉頡篇》齗正訓齒根，齒本即齒根，本根同義。恰好證成我説。麛字《説文》訓鹿子，我據《説文》弭字或从兒作猊，知耳兒雙聲，麛字从弭猶之从兒，語源是兒，而《論語》麑裘字正从兒，又恰可證成我説。這是用《説文》重文做線索推尋語源的。

遯字《説文》訓逃，我據《孟子·盡心》下篇説“如追放豚”，説遯从豚即得義於豚。《釋裕》篇，我據《史記·貨殖傳》説：“畜至用谷量馬牛”，證裕訓衣物饒即得義於谷。許字从午，午是杵字象形初文，我據《淮南子·道應篇》説“舉大木者前呼邪許”，認許字从午从言，應該以送杵聲爲本義，而午字便是語源。這是用古書記載的社會事物狀况來追求語源的。

坻字《説文》訓小渚，我説語源是底字，底，止也。沚亦訓小渚，我説語源即是止，都是水止住的地方。渚訓小洲，我説語源是著字，是説水所附著。坻沚同義，我證以《詩經》“靡所底止”之底止。坻渚同義，我證以《國語》“底著滯淫”之底著。姊字我説語源是次字，姊娣娣訓女弟也。對文，得義於次弟，證以兩壻相謂曰亞，亞次也。妯娌或稱先後而義益明。這是用同義連文做引線推求語源的。

元字《説文》訓始，不是初義，戴侗徐灝都説元應該訓首，是很對的。但是他們都只用經傳用義做證據，不曾從文字構造中找出證明來。我因冠字从元，證明造字時元字已是當首字用的。干字《説文》訓犯，我説這字象兵器之形，犯字決非初義。因爲兵字或作械，从人从収持干，與兵从収持斤構造同；斤爲器名，知干也是器名。這兩個字是用文字偏旁做證明的。

從前的文字學家對於語源是不大留意的。間有留意的，像上面我所用的這些方法，也不曾用過。有人讀了我這本書，説我所用的考證方法，都只是清代乾嘉以來的方法，那是全然不合乎事實的。

發現初文，是我這本書一個重要的收穫。有時候發現了一個字，便一連串地將一些向來没有説明白的字都説通了。譬如卩字罷！《説文》訓他做瑞信，説他的形做象相合之形。我因爲卻字訓脛頭，卩與桼爲同部字，聲也相近，定卩爲厀字的初文，卷字从卩，訓厀曲，知造字時早用卩爲厀，更足爲證。卩字的本義明白了，一切从卩的字《説文》没有説通的便都可以説通了。肥字从卩从肉，訓多肉，説不可通，徐鉉便説是肉不可過多，故从卩，明是强説。知道卩是厀字，厀以上是股，厀以下是腓腸，都是人身中多肉的處所，肥字从卩从肉的道理便明白了。印字从爪从卩，《説文》訓他做執政所持信，我説他是古人用手脚印記代印信。用手模，故从爪，用脚印，故从卩，這個字的説法似乎更通了。卬字从匕从卩，訓望有所庶及，前人都不能説明。我説匕从反人，也就是説人，卩是説脚，這個字與企字義同，卬从匕从卩，與企字从人从止構造也一致，這個字也説通了。危字从卩，乃是跪字的初文，跪是後起的加旁字，所以从足與从卩犯重複的毛病。至于危險的危的本字，正當作产，人在厂上，所以是危險。郤字《説文》訓卩欲，這也是强説。我説卻字是腳字的初文，腳是後起的加形旁字，腳字从卩又从肉，明是重複了。如上所説，説明一個卩字，便一連串説明了肥印卬危郤五個从卩的字，發現了三個初文，便是产爲危險字的初文，危爲跪字的初文，卻爲腳字的初文。

以上都就單字説的。至于説造字時有通借，似乎可以説明許多字的構造。又《説文》讀若問題是一個兩千年來不曾解決的問題。我説經傳因二字同音而有異文與通假，許君便因經傳的異文與通假而悟到同音，所以定讀若，似乎可以解決這個問題了。

不過我的才力不够，讀書也太少，卷中錯誤欠缺的地方一定是很多的。當世的學人如能够賜以詳細的批評，是我所迫切希望的。

一九五三年十二月十日長沙楊樹達書於嶽麓山之耐林廎。

卷一

此卷録文字四十五篇，皆明形聲字之語源者。大别之，可分爲三類。一爲用同音之字或音近之字爲語源者，二爲同一聲類之孳乳字爲語源者，三爲聲旁即語源者。其詳於標題下述之。

釋櫪㯕 一九三九年四月八日

《説文》六篇上《木部》云：“櫪，櫪㯕，柙指也，从木，歷聲。”郎擊切又云：“㯕，櫪㯕也，从木，斯聲。”先稽切《一切經音義》十二引《通俗文》云：“考具謂之櫪㯺。”考今言考供《莊子·天地篇》云：“罪人交臂歷指。”《吕氏春秋·順民篇》云：“於是剪其髪，磿其手，以身爲犧牲。”按《莊子》之歷，《吕覽》之磿，皆櫪之假借字。綜合諸文證觀之，知櫪㯺者刑具，用木爲械，以束罪人之指者也。

今推求二字之語源：《説文》七篇上《秝部》云：“秝，稀疏適秝也，从二禾。”秝孳乳爲磿，爲歷，皆有分離之義，稀疏與分離義相因也。《墨子·非攻》中篇云：“禹既至，克有三苗，焉磿爲山川，别物上下。”磿别對文，磿亦别也。《大戴禮記·五帝德篇》云：“歷離日月星辰。”歷離連文，歷亦離也。故《漢書·東方朔傳·注》云：“歷，離也，”是也。此歷字之義也。《説文》十四篇上《斤部》云：“斯，析也，从斤，其聲。《詩》曰：斧以斯之。”息移切此斯字之義也。歷訓離，二字音近；歷離皆來母，歷錫部，爲支部之入聲，離歌部，支錫與歌古多通。斯訓析，二字音亦近。斯析皆心母，斯支部，析錫部，二字爲平入。以木離析罪人之手指而束之，故謂之櫪㯺，櫪㯺之爲言猶離析也。《論語·季氏篇》曰：“邦分崩離析而莫之知也。”彼以離析爲連文，猶此以櫪㯺爲一物矣。

釋 鏑 一九四一年三月十八日

《説文》十四篇上《金部》云：“鏑，矢鏠也，从金，啻聲。”古書明此字之語源者：《釋名·釋兵》云：“鏑，敵也，言可以禦敵也。”按凡兵器皆可以禦敵，豈惟鏑乎！成國之説失之皮傅，不足據信明矣。近人徐灝撰《説文·段注箋》云：“鏑之言適也，去此適彼也。”按徐氏以鏑同聲類之適爲訓，然去此適彼，矢之全體皆然，何獨限於矢鋒！亦非其義也。余謂鏑从啻聲，啻从帝聲，而帝則从朿得聲，鏑即受義於朿也。《説文》七篇上《朿部》云：“朿，木芒也，象形。”矢鋒鋭利，足以傷害人，與木芒同，故取以爲義。朿啻今音雖殊，古音不異，鏑之从啻，猶之从朿矣。《説文》云：芒，艸耑也，孳乳爲鋩字，《説文》無之。

《金部》又云：“鏠，兵耑也，从金，逢聲。”字或作鋒。《釋名》云：“刀末曰鋒，言若蠭刺之毒利也。”徐灝云：“蠭之命名，以其刺人如鋒耳，非鋒刃有取於蠭刺也。”今按此字成國之説是也。蠭爲自然之物，兵耑之鋒出自人爲，人類制器賦名，恒假天然之物爲比擬，故兵刃之鏠假螫人之蟲以爲名，於事爲順。灝顧倒其先後，乖於理矣。

鋒鏑義近，故古人往往連言。《史記·秦楚之際月表》云：“銷鋒鏑，鉏豪傑，”是也。鋒受義於昆蟲，鏑受義於艸木，皆天然之物也。二字義近，故其受名之故亦相近矣。

余明此義久矣，以啻从朿孳乳，明白易曉，未暇記也。一日與諸生討論及此，故聊復言之爾。

釋　幢　一九四一年六月十四日

《説文》十四篇上《車部》云："幢，陷陳車也，从車，童聲。"尺容切經傳多假衝字爲幢。《詩·大雅·皇矣篇》云："與爾臨衝，"定公八年《左氏傳》云："主人焚衝，"皆其例也。按幢之爲言撞也。《後漢書·光武紀》云："衝輣撞城，"輣下云兵車也是幢有撞之用也。撞字亦或假衝字爲之。《國策·齊策》云："使輕車鋭騎衝雍門，"所謂輕車，幢車之類也。《淮南子·説山篇》云："折衝萬里。"高誘《注》云："衝，兵車也，所以衝突敵城也。"《氾論篇》云："隆衝以攻。"《注》云："衝，所以臨敵城衝突壞之。"又《覽冥篇》云："大衝車。"《注》云："衝車，大鐵著其轅端，馬被甲，車被兵，所以衝干敵城也。"按文云折衝，云隆衝，云衝車，皆謂幢也；《注》云衝突衝干者，皆謂撞也。《説文》十二篇上《手部》云："撞，丮擣也；"《齊策·注》云："衝，突也；"《廣雅·釋詁》四云："衝，㨯也。"幢車有撞擣撞突之用，故謂之幢矣。

《説文》十四篇上《金部》云："鐘，樂鐘也，秋分之音，物種成，从金，童聲。"按許君以種釋鐘，迂遠不切，非其義也。余謂鐘之言亦撞也。《禮記·學記篇》云："善待問者如撞鐘；"《東都賦》云："然後撞鐘告罷；"《東京賦》云："撞洪鍾。"鍾與鐘同鐘爲可撞之物，故受名曰鐘矣。

大抵物之受名，不以其德，則以其業，而業又有施受之殊。幢者，主撞之器也；鐘者，見撞之器也。其用雖殊，受名於撞則一也。

釋　跟　一九四二年二月二十二日

《説文》二篇下《足部》云："跟，足踵也，从足，艮聲。"《釋名·釋形體》云："足後曰跟，在下方著地，一體任之，象木根也。"樹達按《釋名》之説是也。先民之制語言也，近取諸身，遠取諸物，而人身諸名，則多取象於樹木。蓋人身直立，與樹木之象同，足踵在下，有似樹木之根，故曰跟也。《淮南子·主術篇》曰："故枝不得大於幹，末不得强於本；"枝、幹、末、本，皆樹木之事也。而人身中亦有幹稱：《公羊傳》莊公元年曰："齊侯怒，與之飲酒，於其出焉，使公子彭生送之，於其乘焉，搚幹而殺之。"《釋文》云："幹，脇也，"是也。《左傳》昭公二十五年曰："惟是楄柎所以藉幹者，請無及先君，"幹亦指中身言之，猶後世之言軀幹也。蓋人自跟而上，人脅謂之幹，言如樹之幹也。《儀禮·少牢饋食禮》曰："上佐食舉尸牢幹："鄭釋幹爲正脅。《特牲饋食禮》曰："佐食舉幹："鄭釋幹爲長脅。《爾雅·釋畜》曰："回毛在幹，茀方："郭《注》亦釋幹爲脅：此則由人引申及於牲畜矣。手足旁出於人身，則與幹相對而謂之肢，言如樹之枝也。《説文》四篇下《肉部》云："胑，體四胑也，从肉，只聲。"或作肢。《釋名·釋形體》云："胑，枝也，似木之枝格也："其説亦是也。《逸周書·武順解》曰："左右手各握五，左右足各履五，曰四肢。"《孟子·梁惠王篇》曰："爲長者折枝："趙岐釋爲按摩折手節解罷枝，則皆徑以枝爲肢矣。人身最上爲首，有如樹之杪末，故謂之末。《左傳》昭公元年曰："風淫末疾："賈逵釋末疾爲首疾，服虔釋爲頭眩，《武順解》稱元首曰末，是也。曰跟，曰肢，兩皆本字；曰幹，曰末，字屬假借，不見正文。然人體與木體正旁上下，皆稱名密合，不差累黍，古人假物賦名之精，如在耳目間矣。

或曰：末之爲首，既聞命矣，抑末之異訓甚多。《禮記·樂記》曰："粗厲猛起奮末廣賁之音作而民剛毅。"《素問·繆刺論》曰："布于四末。"《管子·内業篇》曰："氣不通于四末。"鄭君王冰房玄齡並釋末爲四肢。《左傳》末疾，杜預亦釋爲四肢，與賈服義異。《莊子·外物篇》曰："末僂而後耳："李頤釋末爲背膂。《淮南子·地形篇》曰："其人面末僂脩頸："高誘釋末爲脊；此並與《逸周書》賈服之義相連，果何説也？應之曰："此無難明也。樹木有幹有枝，幹之杪爲末，擬之人身，則元首是也。枝之杪亦爲末，擬之人身，則手足是也；故末又有四肢之訓也。抑末者與本相對之辭。本在樹曰根，在人曰跟，所居皆最下，以脊膂視跟，則遠在上矣，故亦受末名也。"大抵文字之義訓，緣引申之故，迆邐漸移，有不可以刻畫求，而惟當以意逆之者，此類是也。

或者又曰：本根在下而枝在上，今謂跟肢之名擬於根枝，然跟實在足，足則四肢之二也，然則根豈在枝乎？抑何與木不類也！余應之曰；辨哉問也！抑思古人之象物賦名也，第取其一節之類似而賦以名，不問其全也。就跟肢二文言之，踵於人身爲最下，人見其有似於木之根而賦以跟名，不暇問其爲肢與否也。人之手足旁出於身，人見其有似於木之枝也，而賦以肢名，亦不暇問其有跟與否也。事各得其象類，斯亦已矣，必一一求其合，將十年而不能制一名，古人當未肯以此自縛也，而何疑於根之在枝乎！

釋　誣　一九四一年十一月五日

《説文》三篇上《言部》云："誣，加也，从言，巫聲。"按字从言，《一切經音義》引《説文》作加言也，是也。字从巫者，《韓非子·顯學篇》云："今巫祝之祝人曰：使若千秋萬歲。千秋萬歲之聲聒耳，而一日之壽無徵於人，此人所以簡巫祝也。"《鹽鐵論·散不足篇》云："世俗飾僞行詐，爲民巫祝以取釐謝，堅頟健舌，或以成業致富，故憚事之人釋本相學；是以街巷有巫，閭里有祝。"蓋巫之爲術，假託鬼神，妄言禍福，故誣字从巫从言，訓爲加言，引申其義則爲欺，爲誣罔不信也。

釋　蓄　一九四二年四月四日

《説文》一篇下《艸部》云："蓄，積也，从艸，畜聲。"按畜聲有義。知者：《禮記·王制篇》曰："問國君之富，數畜以對。"夫富由於蓄積，數畜以對富問，是以畜明蓄也。大抵古人財物，自圭璧幣帛而外，以牲畜爲大宗。《左氏傳》閔公二年載：衛侯之廬於曹，齊歸衛以牛羊豕雞狗皆三百；襄公二年載：齊侯伐萊，萊人使正輿子賂夙沙衛以索馬牛皆百匹；哀公七年載：吳徵魯百牢，魯人不可。吳人曰："宋百牢我，魯不可以後宋；且魯牢晉大夫過十，吳王百牢，不亦可乎！"是古人之賄賂徵求皆以畜也：此經傳以畜爲蓄之證也。《史記·貨殖傳》曰："烏氏倮以奇繒物獻遺戎王，戎王什倍以償，與之畜，畜至用谷量馬牛，秦始皇令倮比封君。"又曰："陸地牧馬二百蹄，牛蹄角千，千足羊，澤中千足彘，則其人皆與千户侯等；又馬蹄躈千，牛千足，羊彘千雙，則亦比千乘之家。"又記："塞之斥也，橋姚致馬千匹，牛倍之，羊萬頭以成富："此史傳以畜爲蓄之證也。近日閲劉師培文字，據《王制》證蓄字从畜之義，心善其説，因爲申證之如此。

釋　養　一九四二年八月十七日

《説文》五篇下《食部》云："養，供養也，从食，羊聲。"按養从羊聲者，吾先民之食物，以羊爲主要之品，此不必廣求之於傳記也，即文字之構造大可見之。三篇下《䰜部》云："鬻，五味和鬻也，从䰜，从羔。"或作羹。按：羔者，小羊也。五篇下《亯部》云："䇆，孰也，从亯羊。"按亯爲今之烹字，字形爲烹羊，故義爲孰也；孰即今之熟字也。十四篇下《丑部》云："羞，進獻也，从羊丑，羊，所進也，丑亦聲。"按丑者，手也。八篇下《次部》云："羨，貪欲也，从次，从羑省。"按字从羊，非从羑省。次者，慕欲口液也，羊爲美食，人見之而生慕欲口液，故爲羡也。此皆从羊爲形而取其義者也。三篇下《鬲部》云：“鬺，煑也，从鬲，羊聲：”此兼受羊之聲義者也。先民甘羊之食，故凡美善之字皆从羊。四篇上《羊部》云：“美，甘也，从羊大。”三篇上《誩部》云：“譱，吉也，从誩，从羊。”或作善。今作善《羊部》又云：“羑，進善也，从羊，久聲，”此亦但从羊之形而取其義者也。一篇上《示部》云：“祥，福也，从示，羊聲。”此又兼受羊之聲義者也。養字从食，事涉飲食，字从羊聲，實兼受羊之義，與鬺字正同也。蓋用羊供養，故依羊字之音造養字，此固最自然之孳乳法也。

今吾國西北高原畜牧之事，以羊爲主，説者謂漢族來自西方，徵之前述之文字，殆信而有徵。其人自西北逐漸南侵，故中土固有之苗民皆退處於西南，今湖南西部及貴州雲南諸苗族是也。

《説文·羊部》云：“羌，西戎牧羊人也，从人，从羊，羊亦聲。南方蠻閩，从虫；北方狄，从犬；東方貉，从豸；西方羌，从羊：此六種也。六字似誤西南僰僬僥从人，蓋在坤地，頗有順理之性。惟東夷从大，大，人也，夷俗仁，仁者壽，有君子不死之國。孔子曰：道不行，欲之九夷，乘桴浮於海，有以也。”按許君説羌字，上下不相承貫，羌字从羊从人，故訓爲牧羊人，其説形義密合，可謂審諦矣。乃又云羌从羊，以與蠻閩之从虫、狄之从犬、貉之从豸並舉，可疑一也。从人之字，第舉僰僬僥，而於羌字之从人則不之及，可疑二也。疑此文經後人竄改，非許君本文也。段玉裁改牧羊人爲羊種，尤爲荒謬。羌字所以从人者，漢族來自西方，制字者尊其祖先，故與蠻閩狄貉立文絶異。而西方又稱西戎，戎雖不必爲西方人之本字，古人尚武，戎字从戈从甲，古人以之名西方之人，亦善義，非惡義也：此皆足爲漢族西來説之旁證着也。

卷二

此卷録文字四十篇，凡分二類。一爲明文字之初文者二十一篇，二爲説字義訂正許説者十九篇。其詳於篇題下述之。

釋　甚　一九三九年三月二十八日

《説文》五篇上《甘部》云：“甚，尤安樂也，从甘，从匹，匹，耦也。”常枕切按十二篇下《女部》云：“媅，樂也，从女，甚聲。”丁含切尋二字義同，實一字也。異者：甚爲會意字，媅加義旁女耳。甚从甘匹，與好从女从子者意同，造字之意甚顯。別加女旁，則於義爲贅矣。抑男女互相謂爲匹，甘匹則所從言之者不問男女也。別加女旁，則於義又偏而不全矣。許君不瞭此，故析爲二字。後世二字音讀殊異，甚字爲尤甚義所專，益無知其當爲一字者矣。

釋甬 一九三九年四月五日

《説文》七篇上《马部》云："甬，艸木華甬甬然也，从马，用聲。"余隴切樹達按马訓艸木之華未發圅然，許以甬从马，故以艸木華甬甬然爲説，乃傅合爲之，非正義也。尋金文《毛公鼎》《吴尊》《師兑毁》《彔伯㦤毁》甬字皆作，文不从马，足知許説之非矣。愚謂甬象鐘形，乃鐘字之初文也。知者：甬字形上象鐘懸，下象鐘體，中横畫家鐘帶，此字形可證者一也。《説文》十四篇上《金部》云："鐘，樂鐘也，秋分之音，物種成，从金，童聲。"或作銿，云："鐘或从甬。"今推尋文字孳乳之次第，甬爲純象形文，初字也；於象形字加義旁金而爲銿，後起之字也；最後字爲鐘；从金，童聲，則純形聲字矣。許以物種成説鐘字之源，乃附會之説，不足據也。三篇下《鬲部》云："鬲，鼎屬，實五瀫，象腹交文，三足。"或作䰛，又作歷。按鬲爲純象形文，䰛爲加義旁字，歷則純形聲字也。甬銿鐘三形之孳乳，與鬲字正同，許君知鬲䰛歷三文爲一字，而不知甬銿鐘三文之爲一字，則明於彼而闇於此也。此以或體推求文字孳乳之次第可證者二也。《考工記》云："鳧氏爲鐘，兩欒謂之銑，銑間謂之于，于上謂之鼓，鼓上謂之鉦，鉦上謂之舞，舞上謂之甬，甬上謂之衡。"鄭《注》謂于鼓鉦舞四者爲鐘體，甬衡二者爲鐘柄。按甬本是鐘，乃後人用字變遷，縮小其義爲鐘柄，雖與始造字之義範圍廣狹不同，而事屬樂鐘，絶無疑義，决非如許君艸木華甬甬然之説。此以古書傳記之用字可以旁推者三也。鐘形狹而長，甬字象之，故凡甬聲之字，其物多具狹長之狀。《釋名·釋山》云，"山旁隴間曰涌，涌猶桶，桶狹而長也。"按劉成國《釋名》一書，爲吾國專説語源最古之書，甚爲可貴。惜其所説往往失之皮傅，不盡可依；獨此義甚爲精諦。如其説，涌桶以狹長受名，固矣。更依其説廣求之，五篇上《竹部》云："筩，斷竹也，从竹，甬聲。"十三篇上《虫部》云："蛹，繭蟲也，从虫，甬聲。"按筩與蛹不惟狹長，其形圓，尤與鐘形相似。此以甬聲之孳乳字可證甬之爲鐘者四也。

字之具狹長義者，不惟甬聲之字爲然也，同聲之字亦然，同與甬古音近也。五篇上《竹部》云：“筒，通簫也，从竹，同聲。”十二篇下《女部》云：“㛣，直項貌，从女，同聲。”按器之通簫，人之直項，爲狀皆狹而長者也。二篇下《行部》云：“衕，通街也，从行，同聲。”按衕亦狹長，與《釋名》所稱山旁隴間曰涌者尤相類也。

此文成後，余讀宋薛尚功《鐘鼎彝器款識》，其書卷一載《商鐘》第四器，銘文有甬字，薛氏釋爲鐘。然則甬爲古鐘字，宋人已有知之矣。

釋　辱　一九四四年十一月一日

《説文》十四篇下《辱部》云：“辱，恥也，从寸在辰下，失耕時，於封畺上戮之也；辰者，農之時也，故房星爲辰，田候也。”按許君於字之从寸無説，釋辰爲農時，而云失耕時則戮之，然字形中絶不見失時之義也：其非正義，無可疑矣。余謂：辱者，槈之初字也。《説文》六篇上《木部》云：“槈，薅器也，薅下云：拔去田艸也。从木，辱聲。”或从金作鎒。經典通作耨。《易·繫辭》下篇云：“耒耨之利以教天下。”《釋文》引孟氏云：“耨，耘除草。”《周禮·天官·甸師》云：“掌帥其屬而耕耨王籍。”《注》云：“耨，芸芓也。”《孟子·梁惠王篇》云：“深耕易耨。”趙《注》云：“易耨，芸苗令簡易也。”《左傳》僖公三十三年云：“見冀缺耨。”《韓非子·外儲説》云：“造父方耨。”耨皆謂芸除田草也。許君訓槈爲薅器者，薅爲拔去田草，即芸草也。古人名動往往同辭，許君以字从木，或从金，故主以器言，而《易》《禮》《孟子》《注》則指言其事也。必知辱爲槈之初字者，《淮南子·氾論篇》云：“古者剡耜而耕，摩蜃而耨。”高《注》云：“蜃，大蛤，摩令利，用之耨。耨，除苗穢也。”尋辰字龜甲金文皆作蜃蛤之形，實蜃之初字，辱字从寸从辰，寸謂手，蓋上古之世，尚無金鐵，故手持摩鋭之蜃以芸除穢草，所謂耨也。及後世文物改進，芸之艸之具不用蜃蛤而以金屬爲之，又以木爲其柄，故於初字之辱加金旁或木旁而有鎒槈二文，文字孳乳之次第，大可見社會文物進化之情狀者，此其一事也。

《説文》一篇下《蓐部》云：“蓐，陳艸復生也，从艸，辱聲。”余謂此當與辱爲一字。人手持蜃，所以除艸，故字又从艸，許君訓陳艸復生，恐爲誤説。薅下云：拔去田艸也，从蓐，好省聲。薅字从蓐，義爲拔去田艸，知蓐本是除艸之義矣。

《説文》三篇上《晨部》云：“晨，早昧爽也，从臼辰，辰，時也，辰亦聲。丮夕爲夙，臼辰爲晨，皆同意。”樹達按晨爲會意字，如許説，臼辰二字義不相會，辰時不能以手臼也。蓋吾族以農立國，俗尚早起，農民兩手持蜃往田，爲時甚早，故以兩手持辰表昧爽之義。《説文》八篇上《匕部》云：“卓，高也，早匕爲卓，匕卩爲卬，皆同意。”樹達按匕从反人，亦謂人也，人早爲卓，此俗貴早起之證也。

《晨部》又云：“農，耕人也，从臼辰，囟聲。”今按義爲耕人而字从晨，義不剴切，此字蓋从臼从辰，故有耕人之義。至囟㐫義同，囟讀如㐫，故得農音，前已言之矣。

釋　工　一九四〇年九月七日

《説文》五篇上《工部》云：“工，巧飾也，象人有規榘也，與巫同意。”樹達按許君謂工象人有規榘，説頗難通，以巧飾訓工，殆非朔義。以愚觀之，工蓋器物之名也。知者：《工部》巨下云：“規巨也，从工，象手持之。”按工爲器物，故人能以手持之，若工第爲巧飾，安能手持乎？此一説也。五篇上《左部》云：“左，手相左助也，从𠂇工。”尋二篇上《口部》云：“右，助也，从口从又。”三篇下《又部》重見此字，云：“手口相助也，从又，从口。”按左右二字義同，右爲以口與又手相助，左爲以工與𠂇手相助，若工第爲巧飾而非器物，安能助𠂇手乎！此二説也。四篇下《𠬪部》云：“㞢，所依據也，从𠬪工。讀與隱同。”按𠬪从爪从又，皆謂手也，手持工有所依據，故㞢訓爲所依據。若工第爲巧飾，不惟从𠬪从工之義不明，所依據之訓不將浮泛不切乎！此三説也。又《工部》式下云：“法也，从工，弋聲。”按工必係足爲模範之器物，从工之式，乃有法式之義，若工爲巧飾，事屬技巧，安能爲人法式乎！此四説也。然則工究當爲何物乎？以字形考之，工象曲尺之形，蓋即曲尺也。巨所以爲方，《説文》字或作榘，經傳通作矩，《史記》《禮書》《索隱》訓矩爲曲尺，而巨字形爲手持工，此工即曲尺之明證也。蓋工與巨義本相同，以造文之次第論，初有工文，雙聲轉注，後復有巨。制字者以巨工同物，故即就工字之形爲巨字，後人習用巨字，致曲尺之義爲巨所獨據，工字之初義不明。今據工字之本形及巨左㞢式四文之形義以推求工字之朔義，俟世之精於小學者正焉。

《工部》又有巧字，云：“技也，从工，丂聲。”或當有據此證工訓巧飾爲審諦者，此大不然。蓋技巧必生於規矩，故巧字从工，非工即技巧也。

釋 臧 一九四〇年九月十六日

《説文》三篇下《臣部》云："臧，善也，从臣，爿聲。"按龜甲文有字，《殷虛書契菁華》八葉一版又作，《龜甲獸骨文字》一卷六葉九版周金文有《伯䀜父鼎》，䀜字亦从臣从戈。按此皆臧之初字也。蓋臧本从臣从戈會意，後乃加爿聲，甲文時尚未加聲，故第从臣从戈也。許君説爲从爿聲，誤矣。

《説文》臣訓牽，云："象屈服之形。"《禮記·少儀》云："犬則執緤，牛則執紖，馬則執靮，皆右之；臣則左之。"鄭《注》云："臣謂囚俘。"此臣字之本義也。甲文臧字皆象以戈刺臣之形，據形求義，初義蓋不得爲善。以愚考之，臧當以臧獲爲本義也。《楚辭·哀時命》云："釋管晏而任臧獲兮。"《荀子·王霸篇》云："大有天下，小有一國，必自爲之然後可，則勞苦秏顇莫甚焉；如是，則雖臧獲不肯與天子易勢業。"太史公《報任少卿書》云："且夫臧獲婢妾猶能引決。"按臧爲戰敗屈服之人，獲言戰時所獲，《荀子·注》云："擒得謂之獲，"是也。二字義同，故古人連用也。《漢書·司馬遷傳·注》引晉灼云："臧獲，敗敵所被虜獲爲奴隸者。"此臧字之本義也。獲本義爲獵所獲，引申爲戰所獲。

《方言》三云："臧獲，奴婢賤稱也，荆淮海岱雜齊之間罵奴曰臧，罵婢曰獲；齊之北鄙，燕之北郊，凡民男而壻婢謂之臧，女而婦奴謂之獲；壻奴謂之臧，亾婢謂之獲。"《莊子·駢拇篇》云："臧與穀二人相與牧羊而俱亾其羊。"《釋文》引張揖云："壻婢之子謂之臧，婦奴之子謂之獲。"此皆後起之義，當以晉灼説爲初義也。

戰敗者被獲爲奴，不敢横恣，故臧引申有善義。許君以後起之義爲初義，故與形不合。今據甲文爲其形，以臧獲連文及晉灼之訓定其義，庶幾得其真乎！

釋 物 一九四一年五月五日

王静安著《釋物篇》，見《觀堂集林》卷六據殷卜辭勿牛之文及《詩》三十維物毛《傳》異毛色三十牛之訓，定物字當訓爲雜色牛，其説碻不可易矣。余讀《淮南子》，有足證明静安之説者，因記之。《道應篇》云：秦穆公謂伯樂曰："子之年長矣，子姓有可使求馬者乎？"對曰："良馬者可以形容筋骨相也。相天下之馬者，若滅若失，若亡其一；若此馬者，絶塵弭轍。臣之子皆下材也，可告以良馬，而不可告以天下之馬。臣有所與共儋纆采薪者九方堙，此其於馬，非臣之下也。請見之。"穆公見之，使之求馬，三月而反。報曰："已得馬矣！在於沙丘。"穆公曰："何馬也？"對曰："牡而黃。"使人往取之，牝而驪。穆公不説，召伯樂而問之，曰："敗矣！子之所使求馬者，毛物牝牡弗能知，又何馬之能知！"伯樂喟然太息，曰："一至此乎！是乃其所以千萬臣而無數者也！若堙之所觀者，天機也，得其精而忘其粗，在其内而忘其外，見其所見，而不見其所不見，視其所視，而遺其所不視。若彼之所相者，乃有貴乎馬者。"馬至而果千里之馬。故《老子》曰："大直若屈，大巧若拙。"事亦見《列子·説符篇》按文云毛物牝牡弗能知者，毛謂純色，物謂雜色。蓋牝牡對文，毛物亦對文也。知者：文公十三年《公羊傳》曰："羣公不毛。"何休《解詁》云："不毛，不純色。"《周禮·地官·牧人》曰："凡陽祀用騂牲，毛之；陰祀用黝牲，毛之；望祀各以其方之色牲，毛之。凡外祭毀事，用尨可也。"鄭《注》云："毛之，取純色也；尨謂雜色不純。"此毛爲純色之證也。《淮南》以物與毛爲對文，猶《周禮》以尨與毛爲對文也。

静安云："古者謂雜帛爲物，蓋物本雜色牛之名，後推之以名雜帛。"按静安此説恐未是。知者，甲骨文有觞字，見《殷虚書契後編》下卷廿叁葉陸版當爲雜色帛之本字。經傳於雜色帛之義作物字者，以音同通假爲物，非由雜色牛之義引申所致也。

釋　元　一九四一年五月十七日

《説文》一篇上《一部》云："元，始也，从一，从兀。"按許君以元爲會意字，然一兀義無可説，許説殊不可通。宋戴侗《六書故》云："元，首也，从儿，从二。儿，古文人；二，古文上。人上爲首，會意。"近人徐灝撰《説文段注箋》述戴氏之説，且引《左氏》僖公三十三年《傳》"狄人歸其元，"哀公十一年《傳》"歸國子之元，"《孟子·滕文公篇》"勇士不忘喪其元，"以證明其義，可謂信而有徵矣。愚謂：徐氏所舉古書謂首爲元，用字之例也，愚今更以造字之例證之。《説文》七篇下《冖部》云："冠，絭也，所以絭髮，弁冕之總名也。从冖，从元，元亦聲。冠有法制，从寸。"今按許君冠有法制之説非是。余謂：寸者，手也；冖者，覆也。冠从寸，从冖，从元，謂人以手持覆加於首也。冠加於首，其字从元，此造字時以元爲首之證也。人之去母體也，首先出，故凡首義之字，引申之皆有始義。《爾雅·釋詁》首訓始，今通語謂始爲頭，皆其證也。元本義爲首，引申之亦有始義。許君以引申之義爲造字之初義，故其説不能慝當矣。

釋　眷　一九四一年六月十四日

《説文》四篇上《目部》云："眷，顧也，从目，𠔉聲。《詩》曰：乃眷西顧。"字或作睠。《詩·小雅·大東篇》云："睠言顧之。"按許君訓眷爲顧，乃粗略言之，按之《詩》文，則重複難通。《方言》卷六云："矔，轉目也，梁益之間瞋目曰矔，轉目顧視亦曰矔。"今以音義求之，《方言》之矔字即《説文》之眷，𠔉聲雚聲古音同相通也。《説文》亦載矔字，訓目多精，又云：益州謂瞋目曰矔。《方言》訓矔爲轉目，不惟與从目之義相依，以之訓釋《詩》文，亦有文從字順之美矣。

《説文》齤訓曲齒，二篇下《齒部》觠訓角曲，四篇下《角部》卷訓厀曲，九篇上《卩部》而趯訓行曲脊，二篇上《走部》弮訓弓曲，十二篇下《弓部》此𠔉聲雚聲音同義通之證也。

釋　姑　一九四一年九月七日

《説文》十二篇下《女部》云："姑，夫母也，从女，古聲。"按《爾雅·釋親》云："婦稱夫之父曰舅，稱夫之母曰姑，姑舅在則曰君舅君姑，没則曰先舅先姑。"此《説文》所本也。然《釋親》又云："父之姊妹爲姑。"是姑有二義，並是女子之稱，與字形从女者合。不知許君何由定姑之初義必爲君姑之姑，而非父之姊妹之姑也。愚徵之人事，謂姑之稱當以父之姊妹稱姑者爲先，而君姑之稱在後。蓋父之姊妹，往往人生而即有，人自咳笑能言，即當用此稱名，若君姑則女子嫁後始得相接爲稱者也。《釋親》又云："母之晜弟爲舅，"此亦往往人生而即有者也。蓋人自初能言時，無問男女，稱其母之兄弟爲舅，稱其父之姊妹爲姑。及女子適人，則移其所以稱母之兄弟者稱其夫之父而曰舅，移其所以稱父之姊妹者稱其夫之母而曰姑。又不惟女子然也，男子娶妻以後，與妻之父母相接，不能無稱，則亦移其幼時所以稱母之兄弟者稱其妻之父而曰舅，又移其幼時所以稱父之姊妹者稱其妻之母而曰姑。《禮記·坊記》云："昏禮，壻親迎，見於舅姑，舅姑承子以授壻。"鄭《注》：舅姑，妻之父母也。此直稱舅姑者也。《釋親》云："妻之父爲外舅，妻之母爲外姑："此稱外舅外姑者也。壻之稱外舅外姑，猶婦之稱君舅君姑也，皆後起之詳稱，所以爲别異也。君舅外舅，所以别於母舅也；君姑外姑，所以别於父之姊妹之姑也。以人事稱名之次第，推求文字義詁之次第，當先有父之姊妹之姑而後有君姑之姑，灼然甚明。然則父之姊妹稱姑，始義也，君姑則引申義也。許君以引申義爲初義，違於理實矣。抑許君於舅字下云："母之兄弟爲舅，妻之父爲外舅，”不以夫之父爲專訓，又以母之兄弟居先，妻之父居次，可謂善於抉擇矣，乃於姑字則不然，抑何明於彼而暗於此乎！

大抵古人稱名，皆由内以及外，緣此以及彼，細讀《釋親》一篇，可以見也。宗族有王父、王母、曾祖王父、曾祖王母，推及於母黨，則有外王父、外王母、外曾王父、曾祖王母；宗族有兄弟姊妹，推及於母黨，則有從母𡖖弟、從母姊妹；推及於婚姻，則有婚兄弟、姻兄弟；宗族有孫，則男子有離孫，女子有歸孫，不獨舅姑之稱由於推概矣。

或問：姑之語源如何？曰：此前人已略言之。《釋名·釋親屬》云：“父之姊妹曰姑，姑，故也，言於己爲久故之人也。”《詩·泉水·疏》引孫炎《爾雅注》云：“姑之言古，尊老之名也。”按劉訓姑爲故，孫訓爲古，古故義同，劉説姑爲於己爲久故之人，似非是。蓋姑與己父爲先後生，當謂其出生在世已久耳。

《釋名》又云：“夫之父曰舅，舅，久也，久，老稱也。母之兄弟曰舅，亦如之也。”《白虎通·親屬篇》云：“舅者，舊也，”《詩·渭陽·疏》引孫炎《爾雅注》云：“舅之言舊，尊長之稱。”按劉訓舅爲久，《白虎通》及孫訓爲舊，舊久義亦同，此亦言其生世視己爲久也。蓋舅之爲久爲舊，猶姑之爲古爲故也，舅姑爲對文，猶《釋名》之以久故爲連文矣。《論語·微子篇》曰：“故舊無大故，則不棄也，”以故舊爲連文，猶親族名之以舅姑爲對文矣。

《爾雅·釋親》云：“女子謂兄之妻爲嫂。”《説文》云：“嫂，兄妻也，从女，叜聲。”《儀禮·喪服傳》鄭《注》云：“嫂者，尊嚴之稱，嫂猶叜也，叜，老人稱也。”《釋名》云：“嫂，叜也，叜，老者稱也。”按《説文》云：“叜，老也。”《孟子·梁惠王篇》云：“叜！不遠千里而來。”劉熙《注》云：“叜，長老之稱。”蓋舅姑分尊，而嫂亦年長，故以古故久舊叜老稱之，孫炎所謂尊老尊長之名，鄭君所謂尊嚴之稱者，其義是也。蓋諸字義訓雖異，而語源則相類矣。

余自今年八月，推考文字引申之次第，爲《引申義述》一書，以許君書就形立訓，大抵皆始義也。昨日及姑字，以夫母之訓推之於父之姊妹，則逆而不通；反之，以父之姊妹之姑推之於君姑，則怡然理順：因悟舅姑之號皆以人孩提時交接之稱名移於婚嫁以後。今晨起，秉燭記之。

釋　獸　一九四二年五月二十日

《説文》十四篇下《嘼部》云：“獸，守備者也。一曰：兩足曰禽，四足曰獸。从嘼，从犬。”舒救切按許君以守釋獸，爲聲訓，然義旨殊不明。守備屬獸言之乎？不審獸何所備也。徐鍇云：“獸守山。”段氏注亦以虎豹在山爲説。然虎豹之在山，意果在守備乎？段氏又以《禮記·少儀篇》之守犬説从犬之義，似矣，然於从嘼又何説也？愚按十篇上《犬部》云：“狩，犬田也，犬田謂用犬田獵，段氏改爲火田，大謬。从犬，守聲。”今以獸字之形與音求之，獸蓋狩之初文也。字从嘼者，《説文》云：“嘼，犍也，犍下云：畜牲也。象耳頭足内地之形。”嘼犍今言畜牲，此狩獵之所逐也。从犬者，獵必以犬，此狩獵之所用也。蓋獸之从犬，猶狩之从犬也，以犬逐嘼，狩獵之事，包舉無遺義矣。獸爲會意字，變爲形聲之狩，此余所謂象形指事會意三書之字多變爲形聲者也。獸本獵禽之稱，引申爲所獵之禽之稱，動字引申爲名字，此在文字中爲數見不鮮之事矣。

甲文云：“辛亥，卜，王貞△獸，禽？”《鐵雲藏龜》五葉壹版 金文《宰甫𣪘》云：“王來獸自豆录：”此殷周人用獸本字之證也。《詩·小雅·車攻》篇云：“建旐設旄，搏獸于敖。”《水經注》及《後漢書·安帝紀注》並引作“薄狩于敖，”《東京賦》亦作薄狩，蓋三家詩文如此。今按：《毛詩》字亦當作薄，薄爲語辭，猶《魯頌·泮宫篇》之言“薄采其芹”也。獸狩不同者，《毛詩》爲古文，作獸，用初字；三家爲今文，作狩，用後起字也。鄭《箋》云：“獸，田獵搏獸也。”按《毛詩》若本作搏字，鄭《箋》不當復爲此言，此因後人以鄭《箋》有搏獸之文，故妄改經文之薄爲搏耳。《周禮·天官·獸人》之職所掌，皆田狩之事。《左傳》襄公四年云：“獸臣司原。”杜《注》云：“獸臣，虞人。”此經傳以獸作狩字用之證也。漢《楊君石門頌》云：“惡蟲蔣狩。”《張遷碑》云：“帝遊上林，問禽狩所有：”皆以狩爲禽獸之獸，漢人尚知獸狩爲一字矣。

近世説文字諸家，徐灝知獸狩之義近矣，然其言曰：“獸防人害，善伺守。”不悟守備之訓，本許君牽附之詞，不必因仍也。羅振玉知獸狩爲一字矣，然其言曰：“古者以田獵習戰陳，故獸字从戰省。”《殷虚文字類編》不悟獸字必从犬从嘼，獸獵之義乃全，若从戰省，則支離不切矣。徐氏不知許立訓之誤，而依違其義，羅氏不知許説形之審而欲易其形，皆未達一間也。

嘼字經傳以音近多作畜：《左傳》桓公六年云：“名子不以畜牲。”此以畜牲連言者也；《後漢書·劉寬傳記》寬客駡蒼頭之言曰：“畜產！”犍省作產此以畜犍連言者也。《説文》以犍訓嘼，與《劉寬傳》語正合，蓋經傳云畜牲，漢人言畜犍，許慎漢人，用當時之語爲釋也。《段注》乃改訓罝爲獸牲，殆不免於妄下雌黄之病矣！

余兩月來患肝風失眠，不讀書者逾月。四月十一日晨，臥牀未起，悟獸爲狩之初文，以病不能作字，未及記也。頃來病愈，因追記之云。

釋　反　一九四二年八月十六日

《説文》三篇下《又部》云：“反，覆也，从又，厂，反形。”古文作反。按許君此説，形義不相合。後儒紛紛爲説以申其義，如徐鍇謂又爲反手，厂象物之反覆；段玉裁謂从又，必有覆之者，字从厂聲；林義光謂厂象翩翻形。皆其事也。王筠謂反爲阪之古文，疑字不从又，則致疑許君之訓而於字形別爲異説者也。愚按：許君立訓既乖，則申證者自皆無當。甲文金文反皆从又，知王筠説非是。今按：反者，𠬜之或字也。《説文》三篇上《𠬜部》云：“𠬜，引也，从反廾。”或作攀。今字作攀 反字从又从厂者，厂爲山石厓巖，謂人以手攀厓也。古文所从厂作二畫者，猶磬字古文作硜，所从石字厂形作三畫也。反與𠬜異者，𠬜爲象形字，但示兩手外向援引之形；反爲會意字，能攀之手與所攀之厓二者皆備爾。

經傳有扳字，隱公元年《公羊傳》曰：“隱長又賢，諸大夫扳隱而立之。”何《注》云：“扳，引也。”扳訓引，與《説文》𠬜字訓同。《禮記·喪大記·注》云：“承衾哭者，哀慕若欲扳援。”《釋文》云：“扳本又作攀。”《莊子·馬蹄篇》云：“鳥鵲之巢可攀援而闚。”《釋文》云：“攀又作扳。”攀即《説文》𠬜字或作之撲，此皆𠬜扳同字之證也。按扳實反之後起加旁字。知者，以義言之，何休訓扳爲引，《莊子》及《禮記》鄭《注》並以扳援連文，扳引扳援與反字形體相合，一也。以形言之，凡會意加形旁之字，必蹈重複之病：如益加水爲溢則重水，困加木爲梱則重木，嗇加禾爲穡，則从來又从禾。今反从又，扳更从手，與益溢困梱嗇穡一例：二也。𠬜與扳爲同字，反與扳亦爲同字，反與𠬜當爲一字明矣。

或者問曰：“凡象形或會意加形旁之字，必與原形重複，其故何也？”曰：“此甚易知也。蓋一字因後起之義盛行，原始之義漸晦，於是別造一加形旁字以表其原始之義。然原始之義本爲原始之形所表，今所加之形既與原始之義有關，自不能越出於原始形以外，故不免於複沓也。”

凡字先有義而後有形，制字者先具攀引之義於心，因義賦形，乃制以手援崖之反字，可謂深切著明矣。日久而反爲反覆之義所據，攀引之義漸晦，於是吾先民於有意無意之間以加形旁之扳承受反字扳援之始義。於斯時也，反爲攀引之義雖晦，猶未全失也。及扳字通行，遂專據其義，而反之初義遂化爲烏有，於是後起之形專據其初義，後起之義專據其初形。以圖表之，有如下式。

1. 攀引 初義⋯⋯⋯⋯⋯⋯⋯⋯2. 反 初形

3. 反覆 後義——————4. 扳 後形

此如曹臣漢室，丕篡而獻帝封公；宋主中原，金强而高宗稱姪，事變之遷流，有出於吾人想像之外者。於是通人如許君，亦不能説明反字之義矣。

𠬞反同字，𠬞象反手外向之形，人以手攀压，亦必反其手，故反之引申義爲正之對，爲反覆。許君以引申義爲初義，故其説與形不合也。

以聲韻言之，𠬞反同在古韻寒部。《詩·齊風·猗嗟篇》云："四矢反兮，"反《韓詩》作變。《小雅·賓之初筵篇》云："威儀反反，"反反《韓詩》作板板。《莊子·秋水篇》云："是謂反衍。"《釋文》云："反本作畔。"《説文·水部》汳水即汴水：是二字古聲韻皆同也。今人通讀反字爲上聲，然古自作平音。《漢書·雋不疑傳》曰："每行縣録囚徒還，其母輒問不疑：有所平反，活幾何人？"如淳曰："反音幡，幡，奏使從輕也。"按今云翻案又《張安世傳》曰："何以知其不反水漿邪？"師古云："反讀曰翻。"《廣韻》平聲《十三元》附袁切下有反字，云"斷獄平反："皆其證也。慮始學者致疑𠬞反二字音讀不同，聊復覼縷言之。

余疑反字之説久矣，而未得其義。半年以來，病腦廢書，時時思之，昨夜中寐覺，忽得其義。晨起，因疾書之。

卷三

此卷凡文字三十五篇。細分之，一、説字義申證許説者五篇，二、同一聲類孳乳多字一義貫穿者五篇，三、雜説義者三篇，四、説字形申明許説者五篇，五、説字形修正許説者十三篇，六、説字音訂正許説者一篇，七、説古文字者三篇。詳具篇題下。

釋　先　一九四零年八月二十三日

《説文》八篇下《先部》云："先，前進也，从儿，从㞢。"樹達按古㞢與止爲一文，龜甲文先字多从止，金文《毛公鼎》及《僕兒鐘》亦然。止爲人足，先从儿古人字从止而義爲前進，猶見从人目而義爲視，企從人止而義爲舉踵，鳴从鳥口而義爲鳥鳴，吠从犬口而義爲犬吠也。

十一篇上《水部》云："洗，洒足也，从水，先聲。"按先从儿止，洗从水从先，實乃从水从儿从止，謂以水洒人之足也。

八篇上《人部》云："侁，行貌，从人，先聲。"按《楚辭·招魂》曰："豺狼從目，往來侁侁些。"王逸《注》引《詩》侁侁征夫。今《毛詩·小雅·皇皇者華篇》作"駪駪征夫。"王引作侁侁者，乃《三家詩》，爲許君所本。按行貌與前進義同，先從儿，侁又从人，於形爲複，二字蓋本一文，侁乃先之後起加義旁字也。

《説文》二篇下《足部》云："跣，足親地也，从足，先聲。"按古人室中布席，坐於席上，室外行進，則以足親地，足親地與前進與行實一事也。古止以一从儿从止之先字統此數義，其後孳乳分化，行義之字加人旁爲侁，則與从儿複重也；足親地之字加足旁爲跣，則與从止複重也。

釋　荆　一九四零年八月二十七日

《説文》五篇下《井部》云："荆，罰辠也，从井，从刀。《易》曰：井，法也，井亦聲。"户經切樹達按井與荆罰義不相關，故許君引《易》井法爲説，義出牽附，非正義也。考甲文死字作㭿，象人臥棺中之形。荆字左旁蓋本作井，以形似遂誤作井字，實非井字也。荆罰字無可象，故以棺形表死刑，从刀則示刀鋸之刑，《書·吕刑》所謂劓刵椓黥之屬也。以具體之器物表抽象之意義，此先民智慧之所在也。觀金文《散氏盤》荆字已从井作，知此字之誤已久矣。

《禮記·檀弓》上篇曰："有虞氏瓦棺，夏后氏塈周，殷人棺椁。"蓋殷人始以木爲棺，以代有虞氏之瓦棺與夏后氏之塈周，故棺作交木之形，此可反證《檀弓》殷人棺槨之説爲可信矣。

釋　屰　一九四零年九月三日

《説文》三篇上《干部》云："屰，不順也，从干下凵，屰之也。"今按許君説干下凵屰之之説意義不明。今以龜甲文考之，知許説誤也。尋屰字《鐵雲藏龜拾遺》十二葉十版作¥，《書契前編》六卷四十葉五版作¥，又《後編》下卷十一葉十五版作屰，皆作大字倒文。大象人形，故以倒人之形表順屰之屰也。其从辵屰聲之逆字，《書契前編》三見，四卷二十四葉一版，又五十三葉二版，五卷二十六葉五版。《後編》五見，上卷十六頁十二版，十七頁三版，下卷十一頁十六版，十二頁一版，又二版。《龜甲獸骨文字》一見，一卷二十九葉十版《戩壽堂所藏殷虚文字》一見，十一葉十三版。以上並據《甲骨文編》二卷二十葉所記。屰字皆作大字倒文，並可取證。許君不得其受形之由而强説之，宜其不相合矣。

《説文》十四篇下《𠫓部》云："𠫓，不順忽出也，从到子。"到大爲屰，到子爲𠫓，皆訓不順，字之取象相同，故義訓亦同也。

夫文字之成，形與義未有不密合無間者。若形與義不相密合，必其説有可疑者也。蓋形當矣而義不與之合，則説義有失也；義是矣而形不與之合，則説形有誤也。許説圖从囗啚，形甚諦也，而訓爲畫計難，則義與形舛，今釋爲地圖，則形義密合矣。荆云荆罰，義無可難也，釋爲从井，則形與義乖，今説爲當从甲文𠦝字所从之井，則形義相契也。屰字義訓是而形不合，亦荆字之類也。正其形爲大字倒文，則形與義如符券左右之相合矣。然非有甲文爲據，則荆屰二字之説終古不可得也。然則生當今日，誠吾輩考文者之大幸哉。九月三日正午，辰谿敵機警報聲中書。

羅振玉説此字云："𢆶爲倒人形，示人自外入之狀，與逆同字同意，故卜辭逆字亦如此作。"樹達按羅云𢆶爲倒人形，是矣，不順之義正是从倒人得之，而又云示人自外入之狀者，誤以屰逆爲一字也。然屰訓不順，逆訓迎，截然二字二義，不容混合。甲文逆字有作屰者，逆字从屰聲，二字音同，故通作也。羅强牽合二字爲一字説之，繳繞甚矣。

卷四

造字時有通借證 一九四三年六月三日

六書有假借，許君舉令長二字爲例，此治小學者盡人所知也。然此類實是義訓之引伸，非真正之通假，且以號令年長之義爲縣令縣長，乃欲避造字之勞，以假借爲造字條例之一，又名實相舛矣。余研尋文字，加之剖析，知文字造作之始實有假借之條。

模略區分，當爲音與義通借、形與義通借兩端。名曰通借者，欲以别於六書之假借及經傳用字之通假，使無相混爾。

兹先述音與義通借者，細剖之，仍當分二事：一曰音同或音近借其義，二曰義同借其音。

上　音同或音近借其義

所謂音同或音近借其義者，甲乙二字音同或音近，字雖爲甲，而實用乙字之義也。

甲　見於會意字者

一篇下《艸部》云："若，擇菜也，从艸右。右，手也。"按右爲手口相助，不得訓手，而許云右手者，字借右爲又也。三篇下《又部》云："又，手也，象形。"右與又音同，故借右爲又耳。

二篇上《口部》云："咸，皆也，悉也，从口，从戌。戌，悉也。"按咸爲會意字，然从口从戌，會意之旨不明，故許君又云戌悉以明之。此非訓戌爲悉，謂假戌爲悉也。段氏云："戌爲悉者，音同假借之理。"按段氏謂假借，得之，云同音則偶誤。古音戌在《月部》，悉在屑部，二字雙聲，非同音也。

八篇上《𡈼部》云："𡈼，善也，从人士。士，事也。"按人士義無可會，故許君復云士事以明之，謂𡈼字从士，實假士爲事也。士事二字古韻皆在咍部，故相通借也。

十四篇下《宁部》云："䍜，輴也，所以載盛米也。从宁，从甾，甾，缶也。宁亦聲。"按甾爲菑之或體，菑訓不耕田，無缶之義，而許云甾缶者，明甾假爲甾也。十二篇下《甾部》云："東楚名缶曰甾，"是也。甾甾古音並在咍部，故得相通借。段氏不明造字時有通借，改从甾爲从甾，誤矣。

按以上四字許君説明通借者。

三篇下《支部》云："徹，通也，从彳，从支，从育。"或作徹。今按字从彳支育，意無可會，與《通義》亦不相比附。今謂徹義當如《論語》"三家者以《雍》"之徹，謂食已徹除也。《説文》从支之字甲文多从又，育字从肉聲，肉育古音同，故借育爲肉也。彳謂行，以手持肉而行，故爲徹也。或字作徹从鬲者，肉以肴言，鬲以器言也。

七篇上《片部》云："牖，穿壁以木爲交窗也，从片户甫。譚長以爲甫上日也，非户也，牖所以見日。"按此字許君已不得其會意之旨，故又引譚長从日之説。今按古人在牆曰牖，从片即爿之反文，古文反正之形無别，此以爿爲牆也。从甫者，甫假爲旁，古宫室之制牖在户旁也。水旁曰浦，面旁曰酺，皆其證也。

十篇上《㹜部》云："獄，确也，从㹜，从言。二犬，所以守也。"按二犬守言，義不可通，言實辛之借字也。辛字訓辠，辠古罪字，辛謂罪人也。言字从辛得聲，音近故得借爲辛也。

十篇下《大部》云："奃，瞋大也，从大，此聲。"按字音讀火戒切，此聲之説不合，蓋从大从此，非从此聲也。字从此者，假此爲眥。《説文》云："眥，目匡也，从目，此聲。"奃訓瞋大，瞋爲張目，目張則眥大，故奃从大此，實謂大眥也。門下泰興高松兆云："今泰興語謂人張目怒視爲奃，音如偕，與火戒切之音正相合。"《説文》云："獿，犬惡毛也，从犬，農聲。”奴刀切。余昔寓北京，甘肅權國慶告余：獿字今蘭州語正如此。近世有一輩淺人往往謂《説文》一書中多無用之死字，然如峹如獿及長沙語之䟫，（《説文》，䟫，行曲脊也，今長沙謂俯向前爲䟫腰，讀如觀字陽平。）《説文》中之字，今存於人口中者多矣。附記於此，以見淺人輩之謬妄爾。

十二篇下《我部》云：“義，己之威儀也，从我羊。”按字从我，故訓己，羊與威儀不相涉，而字從羊者，羊爲像之借字也。八篇上《人部》云：“像，象也，讀若養。”按今字作樣，像讀若養，養从羊聲，故義字借羊爲像也。我羊即我像，故訓己之威儀也。十四篇上《𠂤部》云：“官，吏事君也，从宀𠂤，𠂤猶衆也，此與師同意。”按𠂤訓小𨸏，無衆意，而師字《説文》云𠂤四帀衆意，通訓亦釋師爲衆。官字从𠂤，即假𠂤爲師也，𠂤師古音皆在微部。

十四篇下《𠫓部》云：育，養子使作善也。或作毓，云：育或从每。按甲文此字作女子產子之形，字或从女，或从每。然每字無義，乃借爲母也。

按以上七字，許君不説明通借，今以字義推尋得之者。

乙　見於形聲字者

《説文》中之字形聲尤夥，故通借之例見於形聲字者獨多。形聲字可析爲形與聲，形旁之通借雖止一見，而聲旁之通借則數見不鮮矣。此文所記，大都舉余之所明爲前人所未及者，餘不暇悉記也。

上　形旁

五篇上《韋部》云：“韓，井垣也，从韋，取其帀也，倝聲。”按韋字無帀義，而許云从韋取其帀者，段氏云：“説韋同囗，”是也。六篇下《囗部》云：“囗，回也，象回帀之形：”是囗爲帀也。韋字从囗聲，二音相同，故借韋爲囗耳。囗又爲古城字，異字同形。

下　聲旁

形聲字聲旁通借之例至夥，故今析爲三類言之，一爲據《説文》所記重文得之者，二爲許君雖不云重文而實當爲重文者，三爲以字義推求得之者。

一　由説文重文推知者

《説文》所記重文，有形同而聲類異者，故一字有二體，或以甲爲聲類，或以乙爲聲類。甲乙二字皆無義可求則已，苟二字之中有一字有義可求，甲字有義，則乙爲借字也；反此而乙字有義，則甲爲借字也。

三篇上《言部》云：“䛡，今作話 會合善言也，从言，𠯑聲。”或作譮，云：“籒文䛡从會。”按䛡字義爲會合善言，故籒文字从會作譮，字受義於會也。字又作䛡从昏者，昏會音近，古音同在月部，借昏爲會也。八篇上《人部》云：“佸，會也，”似昏字有會義，然許訓實本《詩·王風·君子于役》毛《傳》，毛意乃謂佸爲會之假字，許據以爲本訓，失之。

四篇下《肉部》云：“胑，體四胑也，从肉，只聲。”或作肢。按肢从支者，人之手足如樹木之有枝，故以从支表其義，从支猶从枝也。若胑之从只，第以只與枝音同，借其字書之耳。

六篇上《木部》云：“柄，柯也，从木，丙聲。”或作棅。按棅字从秉者，三篇下《又部》云：“秉，禾束也，从又持禾。”秉有把持之義，柯柄可把持，故字从秉，受秉字之義。柄之从丙，則以與秉同音借其音耳，丙與秉同在古音唐部，聲亦同也。

七篇上《日部》云：“暱，日近也，从日，匿聲。”或从尼作昵。按八篇上《尸部》云：“尼，從後近之也。”日近之字昵从尼，取尼爲義也。暱字从匿，則第以匿與尼音近通借耳。尼古音在微部，匿在鐸部，尼匿之通借，以雙聲爲之，此與䛡譮之从昏會，胑肢之从只支，以韻部相同通借者異矣。

九篇上《首部》云：“䯨，截首也，从斷首。”或作剸。按䯨字从斷，意兼聲，或从刀專聲，專與截首之義全不相會，但取其與斷同音耳。

十篇上《鹿部》云：“麠，大鹿也，牛尾，一角，从鹿，畺聲。”或作麖。按麖字从京，京訓人所爲絶高丘，高大義近，故京有大義。麖爲大鹿，實受義於京；若麠之從畺，畺爲田界，不含大義，第以與京同音借書耳，畺與京同爲見母唐部字也。

十一篇下《魚部》云：“鱷，海大魚也，从魚，畺聲。”或作鯨。按鯨爲大魚，亦受義於京，畺但爲京之音借字，與麖麠同。

按以上凡七字。

二　許不云重文而實當爲重文者

一篇下《艸部》云：“葷，臭菜也，从艸，軍聲。”許云切又云：“薰，香艸也，从艸，熏聲。”許云切按臭菜謂有氣味之菜，非謂惡臭也。香艸之薰，亦謂有臭味之艸，二字蓋本一文。《儀禮·士相見禮》云：“夜侍坐，問夜膳葷，請退可也。”《注》云：“古文葷作薰，”是二字本爲一字之證也。薰从熏聲，即受義於熏。一篇下《屮部》云：“熏，火煙上出也。”香艸臭氣上升，與火煙之上出者事類相同，故薰字从熏。

若葷从軍聲，則第以軍熏音近，假軍爲熏耳。

二篇下《辵部》云："遁，遷也，一曰：逃也，从辵，盾聲。"徒困切又云："遯，逃也，从辵，从豚。"徒困切按遁遯同訓爲逃而音同，實一字也。遯从豚者，豚性喜放逸，《孟子·盡心下篇》云："如追放豚，"通言"狼奔豕突，"是也。有逃亡乃有追逐，故逐字从辵从豕。此知遯字受義於豚，遁字从盾，乃豚之借字也。四篇下《肉部》云："腯，牛羊曰肥，豕曰腯。"腯从盾者，亦豚之借，腯字借盾爲豚而義屬於豕者，豕豚細言有别，統言不分也。

按以上凡二字。

三　從字義推尋得之者

一篇上《士部》云："壻，夫也，从士，胥聲。"按壻从胥聲者，當受其義於諝惰。三篇上《言部》有諝，十篇下《心部》有惰，二皆訓知，擇壻者必以才知，今通俗言郎才女貌是也。諝惰皆从胥聲，故得借胥爲諝惰矣。

二篇上《牛部》云："犗，騬牛也，从牛，害聲。"按此謂牡牛割勢使不能生殖者，字从害聲，害蓋假爲割，謂於體中有所割去也。割从害聲，害割古音同，故假害爲割矣。

二篇上《口部》云："哨，不容也，从口，肖聲。"按《禮記·投壺》云："枉矢哨壺，"此謙言矢不直，壺不大也，不大故許訓不容。字从肖聲者，肖字从小聲，借肖爲小也。

二篇上《辵部》云："遂，亡也，从辵，㒸聲。"按亡與逃義同，《辵部》云："逃，亡也。"遂字从㒸者，《八部》云："㒸从八，豕聲。"㒸與豕古音同，借㒸爲豕也。此字構造與遯字同，以豕與豚喜奔突得義也。

二篇下《齒部》云："齗，齒本肉也，从齒，斤聲。"按斤訓斫木斧，無本字義，齗字从斤聲而訓本者，借斤爲根也。尋斤艮二文古音同隸痕部，二音相同，故可通作。十三篇下《土部》云："垠，地垠也，从土，艮聲。"或从斤作圻。二篇上《走部》云："赾，行難也，从走，斤聲。"二篇下《彳部》云："很，行難也，从彳，艮聲。"赾很二字音義相同，或从斤，或从艮，此皆二聲可通作之證也。本根同義，故齗字《説文》訓齒本肉，《倉頡篇》訓齒根，訓齒根則明著其語源於義訓中矣。

三篇上《言部》云："詩，志也，从言，寺聲。"古文从古文言，从㞢聲。按許以志訓詩，而志字不見於《説文》，蓋偶脱去，大徐及段氏並補之，是也。志字从心㞢聲，詩字从寺，寺亦从㞢得聲，古文詩字則徑从㞢，寺㞢皆志之假也。《書舜典》曰："詩言志，"故造詩字者即以言爲其形，以志之同音字寺㞢爲其聲，意謂志寺㞢音同，本易曉也，不謂偶一狡獪，遂令人迷罔二千年矣。

又云："諝，知也，从言，胥聲。"按胥訓蟹醢，與知義絶不相會，胥乃䟽延疏諸字之假也。二篇下《疋部》云："䟽，門户疏窗也，从疋，疋亦聲，囪象䟽形。讀若疏。"按依許君全書通例，似當云，从囪，从疋，疋亦聲，今解殊未合。門户䟽窗有通孔，故延疏二字皆訓通。凡物通者智而塞者愚，故諝訓爲知，胥實䟽延疏諸字之假。胥字从疋聲，與䟽延三字同，故得相借也。

又云："誂，相呼誘也，从言，兆聲。"按兆字無呼誘之義，此以與召音同，借兆爲召字也，兆召皆豪部字。二篇上《口部》云："召，呼也。"十二篇上《手部》云："招，手呼也，从手，召聲。"三篇下《革部》鞀或作鞉鼗，知制字時召兆通作，有明徵矣。參閲下文七篇下《㫃部》旐。

又云："謚，行之迹也，从言，益聲。"按益字與謚義不相會，益與易古音同在錫部，此借益爲易也。《禮記·檀弓》下篇稱謚爲易名，故謚字取易爲義。金文記賜物通云易，吳榮光《筠清館金文》卷三載《周敦蓋銘》云："隹王三月初吉癸卯，𢦏叔△△于西宮，𧶠貝十朋。"𧶠爲古嗌字，此易益古通之證也。參閲下文六篇下《貝部》賜。

又云："謗，毁也，从言，旁聲。"按譏毁人之字大抵有義可求。諲訓相毁，从言，亞聲，亞訓醜，謂言人之醜惡也。誹訓謗，从言，非聲，謂言人之非也。詆訓訶，从言，氐聲，日部昏下云："氐，下也。"氐即今低字，謂低下視之，猶今人言低估計之也。譏訓誹，从言，幾聲，幾訓微，謂微小視之也。呰訓苛，古書多作訾，凡此聲之字皆含小義，亦謂小視之也。獨謗字從旁聲，似無義可求，細思之，旁蓋借爲薄也。《説文》旁訓溥，榜爲輔弓檠，又䩉爲面旁，浦爲水旁，皆以旁與甫聲之孳乳字雙聲對轉爲義，前舉會意字牖從户甫，借甫爲旁，亦其證也。言其人而薄之，故爲謗矣。

又云："識，知也，从言，戠聲。"按識字有認識之義，亦有記識之義。記識之識通讀如志，惟記識故能認識也。許以知訓識者，知字亦兼認識與記識二義。襄公二十八年《左傳》曰："以其棺尸崔杼於市，國人猶知之，皆曰，崔子也。"此用知爲認識之義也。成公三年《左傳》

曰："齊侯視韓厥，韓厥曰：君知厥也乎？齊侯曰：服改矣。"此用知爲記識之義也：故杜《注》云："言服改，明識其人。"識其人謂記識其人，杜以識訓知，猶許之以知訓識也。人必先有記識而後有認識，今語通謂學問經驗爲知識，亦由記識而來。蓋人全無記識，則其人之所學問所經歷皆不存於胸中，形同白癡，無知識之可言矣。故識字當以記識爲最初義。《易·大畜》云："君子以多識前言往行以畜其德。"《論語·述而篇》云："多見而識之："此經傳用識字之初義者也。《説文》十篇下《心部》云："忘，不識也。"此許君用識字之初義者也。識字之初義明，識字之語源乃可得言焉。蓋識之爲言埴膱也。《説文·土部》云："埴，黏土也，从土，直聲。"《釋名·釋地》云："土黄而細密曰埴，今言黏土，埴，膱也，黏昵如脂之膱也。"《説文》云："黏，相著也。"物之相黏著謂之膱，黏土謂之埴，事著於心不忘謂之識，其義一也。戠直古音同在德部，故多通作，《儀禮·鄉射禮·注》云："膱今文或作植，"是其證也。

又云："讒，譖也，从言，毚聲。"按毚訓狡兔，與讒譖義不相附，而讒字从毚聲者，借毚爲鑱劖也。十四篇上《金部》云："鑱，鋭也，从金，毚聲。"四篇下《刀部》云："劖，剽也。"剽下云："砭刺也："此言：讒言之傷人，猶鋭物砭刺之傷體也。

又云："譖，愬也，从言，朁聲。"按五篇上《曰部》朁訓曾，與譖愬義亦不相附，此實借朁爲兂也。八篇下《兂部》云："兂，首笄也，从儿，⊢，象形。"又云："兓兓，鋭意也。"十四篇下《金部》云："鐕，可以綴著物者，从金，朁聲："按亦鋭物也。又按兓爲物鋭，故譖受義於兂，即鑱劖亦受義於兂也。

三篇下《革部》云："靬，乾革也，从革，干聲。"按義爲乾革而字从干，明借干爲乾也。干與乾古音同隸寒部見母，二字同音，故得相借也。

四篇上《羊部》云："羯，羊羖犗也，从羊，曷聲。"按謂牡羊割去睪丸使不能生育者，字从曷聲，假曷爲割也。曷與割古音同在月部，二音相同，故得相通借也。羯與犗二字雖有牛羊之異，義實相同，然於犗則以害爲聲，於羯則以曷爲聲，以害曷古音本無異，可任意書之也。

四篇下《肉部》云："膞，切肉也，从肉，專聲。"按專字無割切之義，而膞字从專訓切肉者，專與斷音同，借專爲斷也。九篇上《首部》䳠从斷聲，或體作剸。又專从叀聲，叀古文作𢆉，而斷字古文作𠢐，从古文叀之叀：此皆斷專二字古同音通作之證也。

又《刀部》云："劓，刖鼻也，从刀，臬聲。"或作劓。按劓字訓刖鼻而以臬爲聲者，臬从自聲，古音臬自同，借臬爲自也。江沅云："从臬者，从自也，"是矣。四篇上《自部》云："自，鼻也，象形。"甲文有劓字，其明證也。劓或作劓从鼻，劓劓二字構造同。又《角部》云："觿，角傾也，从角，虒聲。"按二篇下《辵聲》云："迆，邪行也。"傾邪義近，觿之从虒，蓋借爲迆也。十二篇下《弓部》云："弛，弓解弦也，从弓，也聲。"或从虒作褫，此也虒二字古通作之證也。

五篇上《竹部》云："簸，榜也，从竹，殿聲。"按字从殿者，殿借爲屍。八篇上《尸部》云："屍，髀也，从尸下丌居几。"或作臀脽。《急就篇》云："盜賊繫囚榜笞臀。"臀與臀同。《漢書·東方朔傳》記武帝令倡監榜郭舍人，朔嘲之云："口無毛，聲謷謷，尻益高。"尻即臀，口無毛謂後竅，此皆榜笞施於臀之證也。從竹表榜笞之具，殿借爲臀，表榜笞之所加也。殿臀之通借不明，段氏乃謂以殿擊爲義，疏矣。

六篇上《木部》云："桎，足械也，所以質地，从木，至聲。"按許以質釋桎，至與質音雖相同，然義殊牽附，余謂至蓋借爲疐也。四篇下《叀部》云："疐，礙不行也，从叀引而止之也。"以木械加於人足，礙止之使不能行，故謂之桎。《詩·小雅·節南山箋》云："氐當作桎鎋之桎。"《釋文》云："桎，礙也，"是其義也。九篇下《广部》云："庢，礙止也，从广，至聲。"庢从至聲而訓爲礙止，亦借至爲疐也。

六篇下《貝部》云："賜，予也，从貝，易聲。"按凡贈賞義之字皆以增加爲義，贈之言增，賀之言加，賞之言尚，尚亦加也。獨賜从易，易無加義，易以同音借爲益也。參閱上文三篇上《言部》諡，下文九篇上《髟部》鬄。

七篇上《日部》云："暍，傷暑也，从日，曷聲。"按曷字無傷害之義，而暍訓爲傷者，假曷爲害也。曷字从匃聲，害字从丰聲，匃丰音同，曷害古音亦同，故古書二字多通作。七篇下《宀部》云："害，傷也，"是其義也。《牛部》云："犗，騬牛也。"《羊部》云："羯，羊羖犗也。"二字雖牛羊有别而義實同，一从害，一从曷，此二字古通用之證也。

又《㫃部》云："旐，龜蛇四游以象營室，攸攸而長，从㫃，兆聲。"按古人用旗幟以召衆。《左傳》昭公二十年云："旃以招大夫。"《孟子·萬章下篇》云："招虞人以皮冠，庶人以旃，士以旂，大夫以旌："是其事也。旐之从兆，借爲召字耳。三篇下《革部》鞀字或作鞉鼗，知製字時召兆多任作不別矣。參閲前三篇上《言部》誂。

七篇上《鼎部》云："鼒，鼎之圜掩上者，从鼎，才聲。"江沅云："才者，始生也，故才聲者爲小鼎。"余按江説恐非是。《爾雅·釋器》舊《注》云："鼒，子鼎。"然則从才者殆假才爲子也，子與才同爲咍部字，故得相通借，子有小義也。

七篇下《疒部》云："疫，民皆疾也，从疒，役省聲。"《釋名·釋疾病》云："疫，役也，言有鬼行役也。"按劉説皮傅無理，殊爲可笑。余謂役與易古音同隸錫部，二字同音，从役實借爲易也。易字有延易之義：《詩·大雅·皇矣》云："施於孫子。"鄭《箋》云："施猶易也，延也。"《爾雅·釋詁》云："弛，易也。"郭《注》云："相延易。"易與延同義，故鄭以易與延解施，郭以延易爲連文也。易有延易之義，故病之蔓延者亦云易。《國語·魯語》云："夫苦成叔家欲任兩國而無大德，其不存也，亡無日矣。譬之，如疾，余恐易焉。"《後漢書·鄧訓傳·注》引《東觀漢記》云："吏士嘗大病瘧，轉易至數十人："轉易猶今言傳染也。此皆謂疾病之延易也。疾病延易，故謂之疫矣。此字足見吾先民文化之卓。

七篇下《巾部》云："帬，繞領也，"今本作下裳也，此从段氏校正。从巾，君聲。按君字無圍繞之義，此假君爲軍也。《説文》十四篇下《車部》云："軍，圜圍也。"君軍同屬痕部見母字，音全相同，故得相通借也。

九篇上《頁部》云："頯，大頭也，从頁，羔聲。"按羔訓羊子，與大字義正相反，頯从羔聲乃訓大者，假羔爲高也。尋高聲字多具大義：《爾雅·釋魚》云："鰝，大鰕，"《説文》同。《廣雅·釋詁》云："顧，大也。"《玉篇》云："顧，大頭也："是其證矣。高大義類同，故高得爲大，此猶京爲絶高丘有大義也。羔與高同爲豪部見母字，古音相同，故得相通借矣。

九篇上《髟部》云："鬄，髲也，从髟，易聲。"或作髢。按髲下云："益髮也。"鬄訓髲，髲訓益髮，則鬄爲益髮可知。易益古音同，鬄从易，假易爲益也。參閲前記六篇下《貝部》賜。

十篇上《鹿部》云："麛，鹿子也，从鹿，弭聲。"按弭無子字之義，麛訓鹿子字从弭者，借弭爲兒也。知者，十二篇下《弓部》弭字或從兒作𢐀，此耳與兒通作之證也。耳兒通作，弭從耳聲，亦可與兒通作矣。《論語·鄉黨篇》云："素衣麑裘，"麛字从兒作麑，亦可證弭之爲兒也。

十篇下《心部》云："慈，愛也，从心，茲聲"。按《禮記·禮運篇》

云：“父慈，子孝。”又《大學篇》云：“爲人父，止於慈。”許君訓愛，泛言不切，切言之當云愛子。慈从茲聲者，茲與子古音同，假茲爲子也。

十一篇上《水部》云：“滓，澱也，从水，宰聲。”按宰聲義不可求，以義核之，宰蓋假爲玆也。四篇下《玄部》云：“玆，黑也。”知者，十篇上《黑部》云：“黕，滓垢也，从黑，冘聲：”《水部》云：“澱，滓垽也，从水，殿聲：”《黑部》又云：“黗，黗謂之垽，垽，滓也。”澱黗同字而黗从黑，滓與黗澱黗爲同義字，故知滓有黑義，而滓實借爲玆也。

十一篇下《魚部》云：“鮞，魚子也，从魚，而聲。”按而字無子義，乃假爲兒也。弓部弭或作，耳兒可通作，而與耳古音同，故亦可與兒通作也。

又云：“魧，大貝也，从魚，亢聲。讀若剛。”按亢訓人頸，無大義，魧從亢聲訓大貝者，亢與京古音同屬唐部見母，假亢爲京也。此與鼃鱷之以畺爲京者爲例正同矣。

十二篇上《耳部》云：“聰，察也，从耳，悤聲。”按悤訓多遽悤悤，無聰察之義，此假悤爲囪也。囪古窗字，窗牖開通則明察也。

十二篇上《手部》云：“掖，以手持人臂也，从手，夜聲。”按此假夜爲亦也。亦者，人之臂亦也。夜从亦省聲，故得相通假也。

十二篇下《女部》云：“姊，女兄也，从女，𠂔聲。”按《白虎通》釋姊爲咨，《釋名》釋姊爲積，謂猶日始出積時多而明，其釋姊字之語源，皆皮傅無理。余謂姊者次也，𠂔與次古音同，故𠂔聲與次聲之字多通作。《儀禮·既夕禮·注》云：“古文茦爲茨。”《易·夬·九四·釋文》云：“次鄭作趀：”皆其證也。《白虎通》釋姊爲咨，亦以次聲字爲釋。《釋名》云：“弟，弟也，相次弟而生也。”劉氏説字多牽强，此義則甚是。《説文》云：“娣，女弟也，从女，从弟，弟亦聲。”女兄爲姊，女弟爲娣，姊娣之言次弟也。《釋名》又云：“兩壻相謂曰亞，言一人取姊，一人取妹，相亞次也。”姊娣以次弟爲義，姊妹之夫相稱曰亞，亦以亞次爲義，其事相近，故語源相同也。妯娌稱先後，亦此意也。

十三篇上《糸部》云：“經，織从絲也，从糸，巠聲。”按經傳用經字皆自經之義，此經字之初義，許説殆非也。經从巠聲者，巠借爲頸。《史記·項羽本紀》云：“大司馬咎長史翳塞王欣皆自剄汜水上。”《集解》引鄭氏曰：“以刀割頸爲剄。”剄爲以刀割頸，知經爲以繩繫頸矣；蓋剄經二字皆借巠爲頸也。

又云："縊，經也，从糸，益聲。"按縊與經同義，字之組織亦同。字从益者，益借爲嗌也。二篇上《口部》云："嗌，咽也。"縊爲以繩懸嗌，猶經之爲以繩懸頸也。

十四篇上《金部》云："鏑，矢鏠也，从金，啻聲。"按啻聲義不可求，啻實借爲朿也，啻字从帝聲，帝字又从朿聲，啻朿古音無異，故以啻爲朿也。朿爲木芒，可傷害人，矢鏠似之，故鏑取以爲義也。

按以上凡三十九字。

下　義同借其音

所謂義同借其音者，甲乙二字義同，今字作甲而實用乙字之音也。

三篇上《晨部》云："農，耕也，从晨，囟聲。"今作農。按囟與農聲殊遠，前人多疑之，吾友沈君兼士云："囟爲頭會匘蓋，與匘義近，匘今作腦，此即假囟爲匘也。"農聲字有獶，讀奴刀切，《廣韻》肴韻有硇字，重文作磠，此囟可讀匘之證也。

十一篇下《雨部》云："需，頦也，遇雨不進，止頦也，从雨，而聲。"讀相俞切，按而爲咍部字，與相俞切讀侯部者音遠，而需讀如是者，九篇下《而部》云："而，頰毛也。"九篇上《須部》云："須，面毛也。"而須二字義近，故以須字之音爲而字之音也。

十三篇下《黽部》云："鼂，匽鼂也，讀若朝，从黽，从旦。"按鼂非會意字，實以旦爲聲，與朝讀音不合者，蓋旦與朝同義，借旦爲朝而用其聲也。

按以上凡三字。

次述形與義通借者，此亦可分爲二事，一曰形近借其義，二曰義近借其形。

上　形近借其義

所謂形近借其義者，甲乙二字形近，今作甲形，實用乙字之義也。

十篇下《夨部》云："吳，大言也，从夨口。"按字從口，故訓爲言，夨訓傾頭，無大字之義，而吳訓大言者，夨字从大而傾其頭，即以夨字爲大字也。吳或作呉，从口，从大，其明證矣。《詩·周頌》云："不吳不敖。"《釋文》引何承天云："吳字誤，當爲呉，从口下大，似不知《説文》吳之古文本从大矣。"

十二篇上《户部》云："肁，始開也，从户聿。"按户聿無義可求，王念孫疏證《廣雅》，謂聿訓始，然始與户義亦不屬，其説非也。余謂聿字从又，肁字從聿，即以聿爲又也，此與甲文戍字从又从户者正同，从又持户，故爲始開也。

十四篇下《𠫓部》云：“育，養子使作善也，从𠫓，肉聲。”按𠫓下訓不順忽出，無子字之義，此育下云養子者，𠫓从倒子，即以𠫓爲子也。

按以上凡三字。

下 義近借其形

所謂義近借其形者，甲乙二字義相類似，義雖爲甲，而形則爲乙也。

十篇上《鹿部》云：“麙，山羊而大者，細角，从鹿，咸聲。”又云：“麢，大羊而細角，从鹿，霝聲。”按二字義爲羊而形皆从鹿者，羊與鹿同爲四足之獸，義類相近，故即借鹿爲羊也，此形聲字形旁通借者。

二篇上《牛部》云：“牭，四歲牛，从牛，从四，四亦聲，”或作𤘸，云：“籒文牭从貳。”按義爲四歲牛，故字从四，當矣。籒文則从貳，貳从弍聲，弍爲二之古文，義爲四而字从貳，由今以數字觀念視之，可謂離奇不合理之至矣。然古人竟有此事者，弍雖非四，然與四同爲數字，其義類相近故也。此形聲字聲旁通借者。

按以上凡三字。

餘 論

或曰：“子往言形聲字聲中有義，自前人所已及外，子所發見亦已多矣，然其不可推求者固仍至夥也，然則聲中有義之説果信乎？”余曰：“此不必疑也。今字之聲旁無義者，得其借字而義明：如旐之借兆爲召，慈之借兹爲子，及以上所明是也。然古人製字通借之條不一，其最切近者，借聲類相同之字，如若字借右爲又，獄字借言爲䇂，詩字借寺爲志，聰字借悤爲囪是也。其次則借同音之字，如遁字借盾爲豚，膞字借專爲斷，賜鬄借易爲益，滓字借宰爲兹是也。再次則以雙聲之字爲借，如麛鮞之假弭與而爲兒，暱字借匿爲尼，是也。大抵愈切近則範疇較狹，尋其所借之字較難，及其既得之，則確鑿而不可易。若以雙聲爲借，則範圍廣漠無涘，尋文雖易，徵信則難。如余言麛字之借弭爲兒，一以經傳麛多作麑，而《説文》弭字有從兒作䚡之或體，故斷知其必當然也。假定暱字不載重文之昵，匿尼通借别無文證，而説者推定匿借爲尼，聞者果信爲必然乎？抑亦否乎？他日文治大進，不使一字無源，或終當持此術爲推論之方，而余今日則姑欲先求其剴切不可易者，猶未暇及之，然終不得據此而疑聲中有義之説也。”一九四三年六月三日初稿，一九四四年一月二十三日增訂。辰谿沅水岸記。

卷五

文字孳乳之一斑 一九四七年九月二十五日

文字之孳乳，其術夥頤，不可方物。然循跡以求，固有事象顯白無疑可以論定者，今約分六類述之，學者隅反可也。欲使學者確識二文之先後，大抵以聲類與其孳乳字言之。然如枝肢根跟之類，雖同爲孳乳字，其後先次第灼然可曉，亦所不棄也。

一 能動孳乳

能動孳乳者，主孳之字爲名字，而所孳乳之字爲動字，此動字所表之動作，示名字之習慣作用或動作也。其被人用爲工具而動作者亦附焉。

兒，孺子也，从儿，象小兒頭囟未合。汝移切孳乳爲鬩，恆訟也。《詩》曰，兄弟鬩于牆。从鬥兒，兒善訟者也。許激切此謂兒鬥。

囟，頭會𡿺蓋也，象形。息進切孳乳爲恖，思容也，从心，囟聲。息之切按𡿺主思，古人固知之而明著於文字矣。

面，顏前也，从頁，象人面形。彌箭切孳乳爲偭，鄉也，从人，面聲。《禮·少儀》曰，尊壺者偭其鼻。彌箭切樹達按偭謂面鄉人也。

口，人所以言食也，象形。苦后切孳乳爲訽，扣也，如求婦先訽叕之。从言，从口，口亦聲。苦后切段君云：《公羊傳》：“吾爲子口隱矣，”當作此字。樹達按訽之言扣問也，《論語·子罕篇》云：“我叩其兩端而竭焉，”叩亦當作此字。今長沙言訽齒。

又，手也，象形，三指者，手之列多略不過三也。于救切孳乳爲右，手口相助也，从又，从口。于救切 右字《説文》兩見，《口部》但云助也，此从《又部》説解。樹達按手口相助者，謂以手助口也。

巫，巫祝也，女能事無形以舞降神者也，象人兩褎舞形，與工同意。武扶切孳乳爲誣，加言也，从言，巫聲。武扶切樹達按加言者，謂巫祝妄言禍福以欺人也，故誣又訓欺，訓罔，訓妄也。

豚，小豕也，从彖省，象形，从又持肉以給祠祀。徒魂切孳乳爲遯，逃也，从辵，豚聲。徒困切按豕豚性喜脱走，《孟子·盡心》下篇云：“如追放豚。”豙下云：“豕走捝也。”豨下云：“逸也。”逐字亦从豕从辵，謂豕脱走而人追之也。逐字甲文作㣥，象豕在前而人足追之。綜合諸義，遯由豚字孳乳明矣。

豕，彘也，竭其尾，故謂之豕，象毛足而後有尾。讀與稀同。式視切孳乳爲㒸，亡也，从辵，㒸聲。徐醉切樹達按亡與逃義同。㒸字从八豕聲，遂之从㒸，猶从豕也，疑逐字之製造在前，故避不从豕而从㒸耳。説詳前條。

雥，羣鳥也，从三隹。但合切孳乳爲雧，羣鳥在木上也，从雥，从木。或作集。秦入切樹達按此謂多鳥聚集於木上。

谷，泉出通川爲谷，从水半見出於口。古禄切孳乳爲容，盛也，从宀，谷聲。余封切樹達按谷廣大能容，故《史記·貨殖傳》云：“畜至用谷量馬牛，”言其多也。谷容以屋鍾對轉得聲。

帚，所以糞也，从又持巾埽冂内。支手切孳乳爲埽，坌也，从土，从帚。穌老切按帚亦聲。坌下云，埽除也。此謂帚除土。

臼，舂臼，古者掘地爲臼，其後穿木石也，象形，中象米也。其九切孳乳爲臬，舂糗也，从臼米。其九切按臼亦聲。舂用臼，故臼孳乳爲臬也。

湯，熱水也，从水，昜聲。土郎切孳乳爲盪，滌器也，从皿，湯聲。徒朗切樹達按滌器以熱水也。

二　受動孳乳

受動孳乳者，一名字，一動字，與能動孳乳同，其與彼異者，彼名字爲動作之主體，此名字爲動作之對象耳。

子，十一月，昜气動，萬物滋，人以爲偁，象形。或作孚，云：“古文子从巛，象髮也。”即里切樹達按子象初生子之形，許君云象形，是矣，而首以十一月爲訓，乃云人以爲偁，似子丑之子爲初義，而人爲假借義者，與其象形之説刺謬，惑之甚者也。子孳乳爲字，乳也，从子在宀下，子亦聲。疾置切按乳下云：“人及鳥生子曰乳，獸曰產。”字爲生子，子爲被生之名也。

元，始也，从一，兀聲。愚袁切戴侗云：“元，首也，从儿，从二。儿，古文人；二，古文上。人上爲首，會意。”徐灝云：“古稱人首爲元，《左氏》僖三十三年《傳》：‘免胄入狄師，死焉，狄人歸其元，面如生。’哀十一年《傳》：‘歸國子之元。’《孟子·滕文公篇》，‘勇士不忘喪其元：’是也。引申之爲凡始之義。”樹達按許説非是，戴徐説是也。元孳乳爲冠，絭也，所以絭髮，弁冕之總名也。从冖元，元亦聲。冠有法制，故从寸。古丸切樹達按：冖者，覆也，寸謂手也。冠从冖，从寸，从元，謂手持覆加於首也。許君冠有法制从寸之説非是。元爲被加物於上之名，故爲受動孳乳也。

口，人所以言食也，象形。苦后切引申爲凡器物口之稱。孳乳爲釦，金飾器口也，从金，从口，口亦聲。苦厚切

耳，主聽也，象形。而止切孳乳爲珥，瑱也，从玉耳，耳亦聲。仍吏切按瑱下云："以玉充耳也。"又孳乳爲刵，斷耳也，从刀耳。仍吏切按耳亦聲。珥爲以玉充耳，刵爲以刀斷耳，耳皆動作之對象，故爲受動孳乳也。

嗌，咽也，从口，益聲。或作[illegible]，云："籀文嗌，上象口，下象頸脈理也。"伊昔切按[illegible]爲象形初文，嗌爲後起形聲字。孳乳爲縊，經也，从糸，益聲。《春秋傳》曰："夷姜縊。"於賜切樹達按：縊从益，猶从嗌也，縊从糸从益者，謂以繩束咽喉也。許君訓經，經即《論語·憲問篇》"自經於溝瀆"之經，段氏改經爲絞，可謂無事自擾矣。又孳乳爲搤，捉也，从手，益聲。於革切按搤从益，亦假爲嗌，搤从手从益，謂以手捉其喉，《史記·婁敬傳》所謂搤其亢，《漢書·楊雄傳》所謂搤其咽也。許君止訓捉，失聲訓之理矣。

手，拳也，象形。書九切孳乳爲杽，械也，从木手，手亦聲。敕九切按杽者，以木械束其手也，手爲對象之名。

亦，人之臂亦也，从大，象兩亦之形。羊益切孳乳爲掖，以手持人臂也，从手，夜聲。羊益切按夜从亦省聲，掖从夜猶从亦也。

止，下基也，象艸木出有阯，故以止爲足。諸市切樹達按止甲文作[illegible]，象人足有指之形，止當以足爲初義，許訓下基，謂象艸木出有阯，以止足爲假借義，非也。止孳乳爲企，舉踵也，从人，止聲。或作定，云：古文企从足。去智切按舉踵猶云舉足，企或作定，知止即足也。止爲被舉之物，乃對象之名，故爲受動孳乳也。

嘼，嘼牲也，象耳頭足厹地之形。古文嘼下从厹。許救切孳乳爲獸，守備者也。一曰：兩足曰禽，四足曰獸。从嘼，从犬。舒救切羅振玉云："《説文》，'獸，守備者，从嘼，从犬，'又'狩，犬田也，从犬，守聲。'按古獸狩實一字，《左氏》襄四年《傳》：'獸臣司原，'《注》，'獸臣，虞人。'《周禮·獸人》之職所掌皆王田之事。《詩·車攻》：'搏獸于敖，'《後漢書·安帝紀·注》引作薄狩于敖。漢《張遷碑》：'帝遊上林，問禽狩所有。'《石門頌》：'惡蟲蔣狩。'皆獸狩通用。

其文《先獸鼎》作□，《員鼎》作□，甲文从□，从丫，並與从□同。古者以田狩習戰陣，故字从戰省；以犬助田狩，故字从犬。禽與獸初誼皆訓田獵，此獸狩一字之證，引申之而二足而羽爲禽，四足而毛爲獸。許君訓獸爲守備者，非初誼矣。”樹達按羅氏駁許義，謂古獸狩爲一字，是也。謂字从戰省，从犬，是以爲从戰犬會意，然戰與犬義不相會也。今按，甲文之□，金文之□，□，皆小篆之嘼形，字雖似單，實非單字。獸从犬从嘼者，狩獵之事，本是以犬逐嘼也。嘼爲被犬逐之對象，故獸字爲受動孳乳也。

羊，祥也，从𦍌，象四足尾之形。孔子曰：牛羊之字以形舉也。與章切孳乳爲鬺，鬻也，从鬲，羊聲。式羊切按謂以鬲煑羊也。又孳乳爲養，供養也，从食，羊聲。古文作羧。余兩切按養从食从羊者，謂使人食羊也。在二字中羊爲被煑被食之對象。

臭，禽走，臭而知其迹者，犬也。从犬自。尺救切樹達按，臭本動字，猶吠从犬口，義爲犬鳴，狊从犬目，義爲犬視皃也。引申爲臭味之義，則爲名字矣。孳乳爲齅，以鼻就臭也。从鼻，从臭，臭亦聲。許救切按以鼻就臭，臭爲動作之對象也。

𣍘，獄兩曹也，从棘，在廷東也；从曰，治事者也。昨牢切今作曹，引申爲曹偶之義。孳乳爲遭，遇也，从辵，曹聲。作曹切按遭从辵曹，謂行而遇見其曹偶也。曹爲動作遇見之對象。

尗，豆也，尗象豆生之形也。式竹切孳乳爲叔，拾也，从又，尗聲。汝南名收芌爲叔。或作村，云：叔或从寸。式竹切樹達按叔从又尗，謂以手拾豆也。收芌乃後起引申之義矣。尗爲手拾之對象，故爲受動孳乳。

𩰲，禮器也，□象雀形，中有鬯酒，又，持之也。所以器象雀者，取其鳴節節足足也。即略切今字作爵。孳乳爲釂，飲酒盡也，从酉，爵聲。子肖切樹達按爵所以盛酒，猶今之杯也，釂从爵爲飲酒盡，即今之乾杯矣。

土，地之吐生萬物者也，二象地之上，地之中，丨，物出形也。它魯切孳乳爲徒，步行也，从辵，土聲。同都切樹達按土聲有義。《論語》記顔淵死，顔路請夫子之車以爲椁，孔子不許，謂從大夫之後不可以徒行。蓋乘車則人載而行，步行則足履土也。

品，衆庶也，从三口。丕飲切按衆庶謂物多，不止一二也。孳乳爲臨，監也，从臥，品聲。力尋切按監字从人从目从品，謂人以目監視庶物也。臥監臨諸字皆从目，不从臣，古文目與臣形近，故許皆誤以从目爲从臣也。品爲監視之對象，故爲受動孳乳。

三 類似孳乳

類似孳乳者，被孳之字與主孳之字相類似也。

士，《論語·泰伯篇》云："士不可以不弘毅。"皇侃《疏》云："士通謂丈夫也。"按丈夫謂男子也。孳乳爲牡，畜父也，从牛，土聲。莫厚切按牡从士聲，許云从土聲者，非也。人男子爲士，牛之雄者爲牡，相類似也。

匕，甲文祖妣之妣字皆作匕，實妣之初文，《說文》訓相與比敘，誤也。孳乳爲牝，畜母也，从牛，匕聲。毗忍切按牝牡二字皆由人之男女推類及於牛也。

天，顛也，至高無上，从一大。他前切按天甲文作，金文作，大象人形，口•示人顛頂，乃指事字，許説爲會意，非也。變易爲顛，頂也，从頁，真聲。都年切此天之後起形聲字。孳乳爲槙，木頂也，从木，真聲。都年切又爲巔，《廣韻·一先》云：山頂也。都年切人頂、木頂、山頂，皆相類似也。

而，頰毛也，象毛之形。《周禮》曰："作其鱗之而。"如之切孳乳爲荋，艸多葉皃，从艸，而聲。如之切樹達按此謂艸多葉如人頰之多毛也。

脣，口耑也，从肉，辰聲。或作顧。食倫切孳乳爲漘，水崖也，从水，脣聲。《詩》曰："寘河之漘，"常倫切按崖下云：山邊也，知漘爲水邊。脣訓口耑，謂口邊也。口邊水邊相類似矣。

嗌，咽也，从口，益聲。或作𦤎，云：籒文嗌，上象口，下象頸脈理也。伊昔切孳乳爲𨺅，陋也，从𨸐，𦤎聲，或作隘。烏懈切段《注》云："𠂤部云：陋，阸陜也，阸者塞也，陜者隘也，此字形聲包會意，如人之咽喉也。"樹達按世所云咽喉之地，此字之謂矣。《文選·東京賦》云："不恃隘害。"薛《注》云：隘，險也。以險爲釋，義似更明。

止，下基也，象艸木出有阯，故以止爲足。諸市切按止甲文作∀，象足有指之形，當以足爲初義，許説誤，前已言之矣。孳乳爲阯，基也，从𠂤，止聲，或作址。諸市切《漢書·郊祀志》上云："禪泰山下阯東北肅然山。"《注》云："阯者，山之基足。"按顔釋阯較許説爲明晰，山下之基似人下之足，故字以止爲聲義也。

吕，脊骨也，象形。或作膂，云：篆文吕，从肉，旅聲。力舉切孳乳爲梠，楣也，从木，吕聲。力舉切《釋名·釋宮室》云："梠，旅也，連旅之也。"又孳乳爲閭，里門也，从門，吕聲。《周禮》五家爲比，五比爲閭，閭，侶也，二十五家相羣侶也。力居切又孳乳爲侶。《廣韻·八語》云："侣，伴侣。"力舉切又孳乳爲櫚，《廣韻·九魚》云："櫚，栟櫚，木名，有葉無枝，引《博雅》曰，栟櫚，椶也。"樹達按脊骨有椎十餘並列，梠閭侣櫚皆象之，故皆以吕爲聲義也。

皮，剥取獸革者謂之皮，从又，爲省聲。或作笈，云：古文皮。又作㞺，云：籒文皮。符羈切引申爲皮膚之義。孳乳爲被，寢衣，長一身有半，从衣，皮聲。皮義切樹達按被以覆人，猶皮之覆肉也。

根，木株也，从木，艮聲。古痕切孳乳爲跟，足踵也，从足，艮聲。或作𧿹。古痕切樹達按人足跟在下，有似木根也。

枝，木別生條也，从木，支聲。章移切孳乳爲胑，體四胑也，或作肢。章移切樹達按此謂人手足似樹枝也。

𠂢，水之衺流別也，从反永，讀若稗縣。匹卦切孳乳爲𧖴，血理分衺行體中者，从𠂢，从血。或作脈衇。莫獲切今通用脈。樹達按此謂血脈分布體中，猶水之分布地上也。

國，邦也，从囗，从或。古惑切孳乳爲槶，匡當也，从木，國聲。古悔切樹達按匡當有界域，與國有界域同。

𩫏，度也，民所度居也，从回，象城𩫏之重，兩亭相對也。或但从囗。古博切經傳相承作郭。《管子·度地篇》云："城外爲之郭。"《釋名·釋宫室》云："郭，廓也，廓落在城外也。"孳乳爲椁，葬有木椁也，从木，𩫏聲。古博切今通作槨。《釋名·釋喪葬》云："槨，廓也，廓落在表之言也。"樹達按棺外有槨，猶城外有郭也。又孳乳爲鞹，革也。《論語》曰："虎豹之鞹。"从革，郭聲。苦郭切樹達按鞹亦在外之物也。又爲廓，《方言》九云："劍削，自河而北燕趙之閒謂之室，自關而東或謂之廓。"樹達按劍削即今劍套，亦在外之物也。

井，篆作丼，八家一井，象構韓形，·，䳋之象也。古者伯益初作井。子郢切孳乳爲阱，陷也，从𨸏，从井，井亦聲。或作穽汬。疾正切又孳乳爲㐻，阬也，从𣦼，从井，井亦聲。疾正切樹達按阱㐻皆與井相類。

屋，凥也，从尸，尸所主也。一曰：尸象屋形，从至，至，所止也。屋室皆从至。或作㞣，云：籒文屋从厂。烏谷切屋孳乳爲楃，木帳也，从木，屋聲。於角切經傳通作幄。《周禮·幕人·注》云："四合象宫室曰幄。"《釋名·釋牀帳》云，"幄，屋也，以帛衣版施之，形如屋也。"

囷，廩之圜者，从禾在囗中。圜謂之囷，方謂之京。去倫切孳乳爲菌，地蕈也，从艸，囷聲。渠殞切江沅云：菌象囷之渾圜，形聲包會意。

裘，皮衣也，从衣，求聲。一曰：象形，與衰同意。或作求，云：

古文裘。巨鳩切孳乳爲莱，椒莱實裹如裘也。从艸，求聲。巨鳩切

帶，紳也，男子帶鞶，婦人帶絲，像繫佩之形。佩必有巾，从重巾。當蓋切樹達按亡友吳承仕云：卅横畫，象束腰之帶，中凵象帶紐，左右二小直象左右佩，冂象紳之垂，字又从巾，位於卅形之中，故垂紳分在兩旁，此由作字之便，非从重巾也。帶孳乳爲蝃，蝃蝀，虹也，从虫，帶聲。都計切樹達按虹形横而長似帶也。

圭，瑞玉也，上圜下方，从重土。楚爵有執圭。或作珪，云：古文圭从玉。古畦切孳乳爲閨，特立之户，上圜下方，有似圭，从門，圭聲。古攜切

丌，下基也，薦物之丌，象形。讀與箕同。居之切樹達按薦物之丌者，如奠字从丌，象置酒於丌上，典字从丌，象置册於丌上，皆是也。孳乳爲基，牆始也，从土，其聲。居之切按其字从丌聲，牆基之承牆，猶丌之承物也。

册，符命也，象其札一長一短，中有二編之形。或作笧。楚革切孳乳爲栅，編豎木也，从木，册聲。楚革切按栅與册形至相類，取象於册也。

耒，耕曲木也，从木推丰。盧對切孳乳爲頪，頭不正也，从頁，从耒，耒頭傾也，亦聲。讀又若《春秋》陳夏齧之齧。盧對切按頭之傾如耒之曲也。

臼，舂臼，古者掘地爲臼，其後穿木石也，象形，中象米也。其九切孳乳爲齨，老人齒如臼也，从齒臼，臼亦聲。其九切

巢，鳥在木上曰巢，在穴曰窠，从木，象形。鉏交切孳乳爲轈，兵車高如巢以望敵也，从車，巢聲。《春秋傳》曰：楚子乘轈車。鉏交切

雲，山川气也，从雨，云象回轉之形。或作云，云：古文省雨。又作𠃑，亦古文雲。于分切孳乳爲魂，昜气也，从鬼，云聲。户昆切按《素問·陰陽應象大論》云："地氣上升爲雲。"《易·小畜》云："密雲不雨。"虞《注》云："坎升天爲雲。"此雲上升之説也。《禮記·郊特牲》云："魂氣歸於天，形魄歸於地。"此魂上升之説也。兩皆上升，故云孳乳爲魂也。章太炎《文始》謂魂取回轉爲義，非也。

莠，禾别下揚生莠也，从艸，秀聲。讀若酉。與久切孳乳爲琇，石之次玉者，从玉，莠聲。《詩》曰，充耳琇瑩。弋久切樹達按此謂琇之似玉，猶莠之似禾也。

母，牧也，从女，象褱子形。一曰：象乳子也。莫后切按許訓二義，後説是也。孳乳爲娒，女師也，从女，每聲。每从母聲讀若母同。莫后切按女師職在教誨，有似於母，故从母受聲義，文从每猶之从母，每从母聲也。

又，手也，象形。三指者，手之列多略不過三也。于救切孳乳爲友，同志爲友，从二又相交。云久切樹達按此謂朋友之互助有如二手之互相助也。

雧，羣鳥在木上也，从雥，从木。或作集。秦入切孳乳爲雜，五采相合也，从衣，集聲。組合切樹達按此謂五采之合，猶羣鳥之集也。

絲，蠶所吐也，从二糸。息兹切孳乳爲兹，艸木多益，从艸，絲省聲。子之切樹達按艸木生長而多益，猶蠶絲之吐出，事象相類也。

朿，木芒也，象形，讀若刺。七賜切孳乳爲策，馬箠也，从竹，朿聲。楚革切樹達按策所以擊馬使痛，與木芒可刺人者爲用同。又孳乳爲鏑，矢鏠也，从金，啻聲。都歷切按啻从帝聲，帝从朿聲，鏑可傷人與朿同。

稺，幼禾也，从禾，屖聲。直利切孳乳爲季，少稱也，从子，从稺省，稺亦聲。居悸切樹達按此謂兄弟之季，猶禾中之幼者也。

熏，火煙上出也，从屮，从黑，屮黑，熏象。許云切按字从炎上出囪，囪古文窗，从屮，言上徹也，許雲从黑，誤。今相承作熏。孳乳爲薰，香艸也，从艸，熏聲。許雲切按香艸香芬四溢，與火煙上出象同，故薰从熏也。

囱，在牆曰牖，在屋曰囱，象形。或作窗囪。楚江切孳乳爲聰，察也，从耳，悤聲。悤从囱聲樹達按此謂耳之通達能聞聲，有如囱之通達能受光通氣也。

兂，首笄也，从儿，匕象形。或作簪。側琴切孳乳爲譖，愬也，从言，朁聲。莊陰切樹達按朁从兓聲，兓从二兂。此謂譖愬之中傷人，猶兂鋭物之傷人也。

屚，屋穿水入也，从雨在尸下，尸者，屋也。盧候切孳乳爲漏，以銅受水，刻節，晝夜百節，从水屚，取屚下之義，屚亦聲。盧後切

閒，隙也，从門，从月。或作閑。古閑切孳乳爲澗，山夾水也，从水，閑聲。古莧切樹達按門从二户，澗爲水在二山之間，猶閒爲月在二户之間也。

軍，圜圍也，四千人爲軍，从包省，从車，車，兵車也。舉云切孳乳爲暈，日光氣也，从日，軍聲。王問切孟康云："暈，日旁氣也。"段《注》云："此以形聲包會意。"樹達按日旁氣以圜圍繞日，猶軍之以兵車相圍繞也。

四　因果孳乳

因果孳乳者，主孳之字爲因，被孳之字爲果也。

分，别也，从八刀，刀，分别物也。撫文切孳乳爲貧，財分少也，从貝分，

分亦聲。或作穷，云：古文从宀分。符巾切樹達按分爲因而貧其果也。

介，畫也，从八，从人，人各有介。古拜切樹達按許說不明。今謂：介，閒也，从人在八之間。孳乳爲齘，齒相切也，从齒，介聲。胡介切又孳乳爲妎，妬也，从女，介聲。胡蓋切樹達按凡物相接近則相磨切，磨切形於物者爲齘，存於心者爲妎，介其因，齘妎皆其果也。

五　狀名孳乳

狀名孳乳者，主孳之字爲狀字，通言形容詞被孳之字爲名字也。

白，西方色也，侌用事，物色白，从入合二，二，侌數。或作皁，旁陌切孳乳爲帛，繒也，从巾，白聲。旁陌切樹達按《後漢書和熹皇后紀·注》云："帛謂縑素，"則帛爲白色也。按白者狀字，帛爲名字也。

黑，火所熏之色也，从炎上出囪，囪，古囱字。呼北切孳乳爲墨，書墨也，从土黑，黑亦聲。莫北切又孳乳爲纆，索也，从糸，黑聲。莫北切《論語·公冶長》云："雖在縲絏之中。"孔《注》云："絏，黑索，絏，攣也，所以拘罪人。"邢《疏》云："古獄以黑索拘攣罪人。"按黑爲狀字，墨纆皆名字也。

丹，巴越之赤石也，·象采丹井，象丹形。或作㫴形。都寒切引申爲赤色之義。孳乳爲旃，旗曲柄也，所以旃表士衆。从㫃，丹聲。《周禮》曰：通帛爲旃。或作旜。諸延切《周禮·春官·司常》云："司常掌九旗之物名，通帛爲旃。"《注》云："通帛謂大赤，從周正色，無飾。"又《巾車》云："建大赤以朝。"《注》云："大赤，九旗之通帛。"《釋名·釋兵》云："通帛爲旃，通以赤色爲之，無文采。"按丹爲赤色，狀字，旃則名字也。

高，崇也，象臺觀高之形，从冂口，與倉舍同意。古牢切引申之，凡物之上者謂之高。孳乳爲膏，肥也，从肉，高聲。古勞切按膏肥爲肉之上者也。

喬，高而曲也，从夭，从高省。巨嬌切孳乳爲橋，水梁也，从木，喬聲。巨驕切樹達按橋架於水上，古式橋皆中高而兩端低，是高而曲也。

安，竫也，从女在宀下。烏寒切孳乳爲案，几屬，从木，安聲。烏旰切又孳乳爲鞌，馬鞁具也，从革，安聲。烏寒切樹達按居室者隱几爲安，乘馬者據鞌爲安也。

空，竅也，从穴，工聲。苦紅切孳乳爲椌，柷樂也，从木，空聲。苦江切按柷形如木桶，中空。

句，曲也，从口，丩聲。古侯切朱駿聲云：字當从丩口聲。孳乳爲鉤，曲鉤也，从金，从句，句亦聲。古侯切又孳乳爲笱，曲竹捕魚笱也，从竹，从句，句亦聲。古厚切又孳乳爲翑，羽曲也，从羽，句聲。其俱切又孳乳爲痀，曲脊也，从疒，句聲。其俱切

八，別也，象分別相背之形。博拔切引申爲八數。孳乳爲馴，馬八歲也，从馬，八聲。博拔切

九，易之變也，象其屈曲究盡之形。舉酉切九爲數名，孳乳爲馗，九達道也，从九首。或作逵。渠追切又孳乳爲尻，脾也，从尸，九聲。苦刀切樹達按尻爲人身屈曲究盡之處也。

六　動名孳乳

動名孳乳者，主孳之字爲動字，被孳之字爲名字也。

引，開弓也，从弓丨。余忍切引申爲導引之義。孳乳爲靷，引軸也，从革，引聲。或作轅，云籀文靷。余忍切《詩·秦風》云："陰靷沃續。"毛《傳》云："靷，所以引也。"又孳乳爲紖，牛系也，从糸，引聲。讀若矤。直引切按紖所以引牛。引爲動字，靷紖皆名字也。

秉，禾束也，从又持禾。兵永切字形从又持禾，引申義爲執，《爾雅·釋詁》云，秉，執也。孳乳爲柄，柯也，从木，丙聲。或从秉作棅。陂病切樹達按柄可執持，故棅从秉受聲義。丙與秉音同，故又作柄，乃借音字也。

北，乖也，从二人相背。博墨切孳乳爲背，脊也，从肉，北聲。補妹切樹達按背與面乖，故字从北也。按北爲動字，背則名字也。

疑，惑也，从子止匕，矢聲。語其切孳乳爲嶷，九嶷山也，舜所葬，在零陵營道，从山，疑聲。語其切《海内經》云："蒼梧之淵，其中有九疑。"《注》云：九嶷，其山九谿皆相似，故云九疑。

采，捋取也，从木，从爪。倉宰切孳乳爲菜，艸之可食者，从艸，采聲。蒼代切樹達按菜謂艸之可采食者。采動字，菜名字也。

戒，警也，从𠬞持戈以不虞。古拜切孳乳爲械，桎梏也，从木，戒聲。胡戒切樹達按桎梏所以戒爲惡者。

翏，高飛也，从羽，从㐱。力救切孳乳爲鷚，天龠也，从鳥，翏聲。力救切字或作鷚。《爾雅·釋鳥》云："鷚，天龠。"郭《注》云："大如鷃雀，色似鶉，好高飛作聲，今江東名之天鷚。"樹達按鷚鳥高飛，故以翏爲其聲義也。

畱，止也，从田，丣聲。力求切孳乳爲罶，曲梁寡婦之笱，魚所畱也，从网畱，畱亦聲。力九切又爲瘤，腫也。从疒，留聲。力求切按氣血留止不行，故爲瘤腫也。

交，交脛也，从大，象交形。古爻切引申爲交會之義。孳乳爲筊，竹索也，从竹，交聲。胡茅切按即今之篾纜，用以牽引船者，交竹爲之。又孳乳爲校，木囚也，从木，交聲。古孝切按此即後世之枷，交木爲之，以加於罪犯之頸者。交爲動字，筊校皆名字也。

䙴，升高也，从舁，囟聲，或作𨙻䙴。七然切孳乳爲僊，長生僊去，从人䙴，䙴亦聲。相然切按真下云："僊人變形而登天也，"僊人登天，所謂升高也。

般，辟也，象舟之旋，从舟，从殳，殳，所以旋也。或作般，云：古文般从攴。孳乳爲鞶，大帶也，《易》曰："或錫之鞶帶。"从革，般聲。薄官切按帶以般旋爲用，故鞶从般也。

飛，鳥翥也，象形。甫微切孳乳爲騑，馬逸足者也，从馬飛。甫微切按謂馬行疾如鳥飛者也。

亾，逃也，从入，从乚"。武方切引申爲無有之無。孳乳爲盲，目無牟子也，从目，亡聲。武庚切

殺，戮也，从殳，殺聲。所八切孳乳爲鎩，鈹有鐔也，从金，殺聲。所拜切按鎩可用以殺也。殺爲動字，鎩爲名字也。

文字中的加旁字 一九五二年七月十一日

《説文》所載文字，象形指事會意形聲四書之字往往有加旁者，今名之曰加旁字。加旁字有兩種，一爲加形旁，一爲加聲旁。象形字加形旁者，云雲爲一字，雲加形旁雨也。丘垄爲一字，垄加形旁土也。𦣝頤𩠐爲一字，頤𩠐加形旁頁與首也。厶厷肱爲一字，厷加形旁又，肱更加形旁肉也。他如它與蛇，朋與鵬，乙與鳦，朮與秫，户與戾，囱與窗，㔾與𨙻，求與裘，方與汸，乂與刈，矛與𢦏，勿與旂，鬲與甂，𠁁與鑘，互與笠，兆與𠧞，册與箣，亢與頏，昔與腊，𣶒與淵，巤與鬣𤡝，巨與榘，彗與篲，一爲初文，一爲加形旁字，此許君所知者也。由許君所已知推及其所未説，則加形旁之象形字此外固尚多也。例如𡗜訓毛𡗜𡗜，𩑶訓頰須，按𡗜正象兩頰有須之形，知𡗜爲初文，𩑶加形旁須也。力訓筋，肋訓脅骨，按力正象人脅骨之形，知力爲初文，肋加形旁肉也。朿訓木芒，茦訓莿，《爾雅》：茦，刺也。知朿爲初文，茦爲加

形旁艸也。來訓周所受瑞麥來麰，訓齊謂麥秝，知來爲初文，秝爲加形旁禾也。豆訓古食肉器，梪訓木豆，知豆爲初文，梪爲加形旁木也。午訓牾，杵訓舂杵，按午象杵形，知午爲初文，杵爲加形旁木也。甬訓艸木華甬甬然，銿爲鍾之或體，按甬象鍾形，知甬爲初文，銿爲加形旁金也。鍾則愈後起之形聲字矣。因訓就，茵訓車重席，或作鞇，按因象席形，知因爲初文，茵鞇爲加形旁艸與革也。厽訓絫坺土爲牆壁，垒訓絫墼，按厽象絫墼之形，知厽爲初文，垒加形旁土也。包訓象人裹妊巳在中，胞訓兒生裹，按包象兒生裹之形，知包爲初文，胞爲加形旁肉也。甲訓東方之孟，柙訓檻所以藏虎兕，按甲《魏三字石經》古文作，象柙檻之形，知甲爲初文，柙爲加形旁木也。丞訓翊，拯訓上舉，按丞甲文作，象人在陷阱中有兩手舉之之形，知丞爲初文，拯爲加形旁手也。毌訓穿物持之，貫訓錢貝之貫，按毌下云：象寶貨之形，知毌爲初文，貫爲加形旁貝也。韋訓相背，違訓離，按韋字甲文作，从口，象國邑，《說文》同下說如此从二止背之他去，知韋爲初文，違爲加形旁辵也。革訓獸皮治去其毛，翱訓翅，按革古文作，象鳥頭足尾左右兩翼之形，此猶眉之作，於象眉形外兼及額理及目，知革爲初文，翱加形旁羽也。𠂢訓水之衺流別，派訓別水，按二義實同，知𠂢爲初文，派加形旁水也。匕訓相與比敘，妣訓歿母，或作𡚸，按妣字甲金文皆作匕，蓋字从反人，謂女子，知匕爲初文，𡚸爲加形旁女也。許訓歿母，乃後起義也。作妣則更是後起之形聲字矣。

象形字加形旁，往往犯重複之病，如㶌中象水形，淵復从水，丞已从廾，拯復从手，毌字象寶貨，貫復从貝，韋从二止，違復从辵，巤象髮在囟上，鬣㲱復从髟从毛，古文革象鳥翅，翱復从羽，皆其例也。

象形字加聲旁者，如厂厈一字，厈加聲旁干也。兒皃一字，皃加聲旁豹也。豹省聲网罔一字，网加聲旁亡也。尢尪一字，尪加聲旁㞷也。此許君所已說也。今日古音韻部大明，知加聲旁之字許君有誤認爲形聲者。火訓燬，燬㷄皆訓火，按火毀尾同是古微部字，知火爲初文，燬㷄加聲旁毀尾也。𦣞訓顄，頤訓廣𦣞，按巳與𦣞同是古咍部字，知𦣞爲初文，頤爲加聲旁巳也。廣𦣞之訓，疑許君强說矣。卩訓瑞信，厀訓脛頭卩，按卩象脛頭卩形，卩與桼同是古韻屑部字，知卩爲初文，厀加聲旁桼也。訓象器曲受物之形，訓骫曲，按曲與玉古音同屬屋部，知爲初文，加聲旁玉也。𠀠𠔃一字，許君已言之，而以丌爲下丌，則非是。按𠀠與丌古韻同屬咍部，知𠀠爲初文，𠔃加聲旁丌也。午訓啎，啎訓逆，按

二字義同，午與吾古韻同屬模部，知午爲初文，啎加聲旁吾也。㞢訓禾麥吐穗上平，齌訓等，按㞢與妻古韻同屬微部，知㞢爲初文，齌爲加聲旁妻也。永訓長，羕訓水長，按二字義同，永與羊古音同屬唐部，知永爲初文，羕爲加聲旁羊也。晶訓精光，曐訓萬物之精上爲列星，按晶與生古韻同屬青部，知晶爲初文，曐加聲旁生也。鬥訓兩士相對兵仗在後，象鬥之形，鬭訓遇，按鬥與斲古韻同屬侯部，知鬥爲初文，鬭爲加聲旁斲也。雨訓水从雲下，霸訓雨貌，按二字義同，雨與禹古音同屬模部，知雨爲初文，霸加聲旁禹也。片訓判木，版訓判，按片與反古音同屬寒部，知片爲初文，版爲加聲旁反也。以上諸文，許君不知其爲加聲旁，皆説爲形聲，非也。”加聲旁字與形聲字貌相似而實不同者，形聲字如江河，水與工可，一爲形，一爲聲，互相對待，如車之兩輪，鳥之兩翼，缺一不可。加聲旁字如燬焜，毁尾與火音同或音近，毁尾所以示火字之音，火字爲主，而毁尾爲附屬，非對立也。燬焜二字中之毁尾，有如今日之注音符號，有之固佳，雖無之，於火之形義無害，不如江河二字，去其工可聲旁，則失其江河之義也。本字加聲旁，故聲旁之音必與本字音同或音近。如毁與火，桼與卩是也。若形聲字之江河，工可二字之音與水字之音不相涉也。加聲旁字與形聲字本質不同如此，而許君乃時時誤認加聲旁字爲形聲，謂非大錯，不可得也。

加形旁字往往犯重複之病，前既言之矣。加聲旁亦犯重複乎？曰：加形旁字其重複在形，加聲旁字其重複在聲，重複在形者易知，在聲者難見。雨音王矩切，禹亦音王矩切，霸爲雨加聲旁禹，以形聲字之錯覺，只據禹字讀音，雨字恍類形聲字之形旁者，故其聲音重複之象人不易覺察也。

指事字加形旁者，一與弌，二與弍，三與弎，皆同字，弌弍弎皆加形旁弋也，此許君所已説也。其許君所未及者，曰訓詞，欥訓詮詞，按二字實同義，知曰爲初文，欥加形旁欠也。乎訓語之餘，評訓召，按甲金文皆用乎爲召字之義，許君訓乎爲語之餘，非也。知乎爲初文，評加形旁言也。久訓從後灸之，灸訓灼，知久爲初文，灸加形旁火也。許君於繼下云：反㡭爲𢇍，知本當有𢇍字，則𢇍爲初文，繼加形旁糸也。

指事字較少，加聲旁者未見。

會意字加形旁者，喜歖一字，歖加形旁欠也。或域一字，域加形旁土也。休庥一字，庥加形旁广也。㝵得一字，得加形旁彳也。他如典與籅，容與溶，或作濬叡與壑，欶與瘶，圭與珪，印與抑，皆一爲初文，一加形旁，此許君所已説也。其許君所未及者，或國同訓邦，本是一字，知或爲初文，國加形旁囗也。隶訓及，逮訓唐逮及，按二字義同，知隶爲初文，逮加形旁辵也。叜訓老，傁訓求，按叜从又从火从宀，謂手持火於屋下有所求，蓋叜爲初文，傁加形旁手也，罙訓深，探訓遠取之，按罙字从又从火从穴，謂手持火於穴中有所取，許君云从求省，非是。蓋罙爲初文，探加形旁手也。辱訓恥，槈訓薅器，或作鎒。按《淮南子·氾論篇》云："古者摩蜃而耨。"辱字从辰，辰爲蜃之初文，从寸，謂手持之，手持蜃，所謂摩蜃而耨也。辰爲初文，槈鎒加形旁木與金也。舀訓抒臼，搯訓搯，按二字義同，舀爲初文，搯加形旁手也。𤔔亂同訓治，知𤔔爲初文，亂加形旁乙也。臭訓禽走臭而知其迹者犬也，齅訓以鼻就臭，按二字義同，知臭爲初文，齅爲加形旁鼻也。啚訓嗇，鄙訓五鄼爲鄙，按鄙字金文只作啚，知啚爲初文，鄙加形旁邑也。益訓饒，溢訓器滿，按益从水在皿上，正是器滿之義，知益爲初文，溢加形旁水也。許君訓益爲饒，非也。困訓故廬，梱訓門橜，按困从口木，正謂門中有橜，知困爲初文，梱加形旁木也。嗇訓愛濇，穡訓穀可收，按嗇从來从㐭，納麥於㐭，正收穀之義，知嗇爲初文，穡加形旁禾也。㝕訓入水有所取，湛訓湛，按二義實同，知㝕爲初文，湛爲加形旁水也。票熛同訓火飛，知票爲初文，熛爲加形旁火也。畟訓治稼畟畟進，稷訓齋，按畟从夂與麥从夂同，知畟爲初文，稷爲加形旁禾也。甚訓尤安樂，媅訓樂，按二字義同，知甚爲初文，媅加形旁女也。奄訓大有餘，俺訓大，按二字義同，知奄爲初文，俺加形旁人也。沓訓語多沓沓，誻訓譅誻，知沓爲初文，誻加形旁言也。誩訓競言，競訓彊語，按二字義同，知誩爲初文，競加形旁儿也。哥訓聲，歌訓詠，或作謌，按二字義同，知哥爲初文，歌謌加形旁欠與言也。步訓行，踄訓蹈，按二字義同，知步爲初文，踄加形旁足也。劦訓同力，脅訓兩膀，按劦从三力，力爲肋之初文，劦亦力也，此與三屮爲芔卉屮義同爲例正同，知劦爲初文，脅加形旁肉也。黹訓箴縷所紩衣，𧝓訓紩衣，按二字義同，知黹爲初文，𧝓加形旁衣也。敬訓肅，憼訓敬，按二字義同，知敬爲初文，憼加形旁心也。爰援皆訓引，知爰爲初文，援加形旁手也。㐁从人从㐁，㐁爲古簟字，人在簟上，是宿也。知㐁爲初文，宿加形旁宀也。許君以㐁爲夙之或字，非也。

會意字加形旁，亦往往犯重複之病。如叜已从又，傁復从手，罙已从又，探復从手，舀已从爪，搯復从手，臭已从自，齅復从鼻，啚已从口，口象國邑，鄙復从邑，益已从水，溢復从水，困已从木，梱又从木，嗇已从來，穡復从禾，回已从回象回水，滲復从水，票已从火，熛又从火，甚已从匹，媅又从女，沓已从曰，誻復从言，步从二止，踄又从足，爰已从爪从又，援復从手，皆其例也。

會意字加聲旁者，歸帰同字，歸加聲旁𠂤也。惠憓同字，憓加聲旁卉也。処處同字，處加聲旁虍也。此許君所已説也。其許君所未及者，亟訓敏疾，鞕訓急，按二字義同，亟與革古韻同屬德部，知亟爲初文，鞕爲加聲旁革也。許君謂鞕从革亟聲，非也，革無急義，字不當从革也。告訓牛觸人角著横木所以告人，嚳訓急告之甚，按二字義近，告與學古韻同屬覺部，知告爲初文，嚳加聲旁學也。嚳从學省聲炎訓火光上，燄訓火行微燄燄，按炎與臽古音同屬添部，知炎爲初文，燄加聲旁臽也。

形聲字加形旁者，菹薀同字，薀加形旁皿也。巩挙同字，挙加形旁手也。雁鴈同字，鴈加形旁鳥也。康穅同字，穅加形旁禾也。闍壒同字，壒加形旁土也。匡筐同字，筐加形旁竹也。此許君所已説也。其許君所未及者，叢訓聚，藂訓艸叢生貌，按二字義同，藂加形旁艸也。待訓竢，偫訓待，按二字義同，知待爲初文，偫加形旁人也。卻字从卩，卩者膝之初文，卻乃腳訓脛之初文，腳加形旁肉也，危字从卩产聲，乃跪之初文，跪加形旁足也。

形聲字加形旁，亦往往重複之病。如巩已从丮，挙復从手，雁已从隹，鴈復从鳥，康已从米，穅復从禾，叢已从丵，藂復从艸，卻已从卩，腳復从肉，危已从卩，跪復从足，是其例也。

形聲字加聲旁者今未見，然如竊字許君云禼廿皆聲，𩐂字許君云次𠦅皆聲，一字不當有二聲，或者竊𩐂二字本來一聲，以加聲旁之故，故成二聲歟！

初文加形旁必犯重複之病，故吾人可據形體重複之字以推得初文。《公羊傳》隱公元年云："諸大夫扳隱而立之。"何《注》云："扳，引也。"按扳字《説文》未見，然其字从又復从手，顯爲重複，余因此認扳爲反之加旁字。反字形義，本久成問題，余因扳訓引，悟反亦當訓引，與𠬜訓引者音義皆同，當本爲一字，字形从又从厂，示以手攀厓巖，形又密合也。以手攀厓巖，必翻其手，故反引申訓覆，許君以覆訓反，誤以引申義爲初義也。辯證法謂由實踐得規律，仍用規律於實踐以證明規律。余説初文加形旁恆犯重複，今由扳字形重複而得反字之本義，以明此規律之可信，不知與辯證法之説有相類似之處否也。

凡字加形旁，往往犯重複之病，除象形字加旁與初文所象之形複見，及指事加旁字太少，皆無類可分外，其會意形聲二書加旁之字，時時與其初文之字犯複，詳悉分之，得三類焉。

一曰同字：如益字篆作𥁞，字已从水，溢復从水；或已从囗，國又从囗；困已从木，梱復从木；票本作㶾，字已从火，熛復从火：是其例也。

二曰同義：如𠨍从反印，印本从爪，抑復从手，舀已从爪，搯復从手，爪手同義；爪下云：覆手曰爪。変罙二字已从又，揜探復从手，又手同義；爰字从爪从又，援復从手，爪又手同義；臭已从自，齅復从鼻，自鼻同義；啚已从囗，鄙復从邑，囗邑同義；冋下云：囗象國邑。㝵已从回象回水，洄復从水，回水同義；步从二止，踄復从足，止足同義：步从𣥂，𡳿爲反止。是其例也。

三曰義近：如嗇已从來，穡復从禾，禾與來義近；甚已从匹，媅復从女，女與匹義近；沓已从曰，誻復从言，言與曰義近；巩已从丮，𢹌復从手，手與丮義近；丮下云：象手有所丮據也。康字本作穅，字已从米，糠復从禾，禾與米義近；叢已从丵，藂復从艸，艸與丵義近；丵，叢生艸也。卻已从卩，腳復从肉，肉與卩義近，危已从卩，危復从足，足與卩義近：皆其例也。

至於會意形聲字加形旁不犯重複者仍有之，如欮加疒旁爲瘚，圭加玉旁爲珪，辱加木旁金旁爲槈鎒，待加人旁爲偫，是也。蓋犯複者其常，而不犯者爲偶也。

象形字加旁爲象形之加旁字，指事字加旁爲指事之加旁字，會意字加旁爲會意之加旁字，形聲字加旁爲形聲之加旁字，加旁字蓋六書以外獨特之一種字矣。前人亦頗有明加旁字者，特未嘗總合言之，故今詳述之以曉後生，醒迷惑云爾。

卷六

論小學書流別　一九四一年七月二十九日

世人分別小學書，謂《爾雅》主義，《説文》主形，《切韻》主音，是固然矣。然小學本以義訓爲主，《説文》開卷元訓始，丕訓大，非説義乎？《廣韻》篇首東訓春方，又訓東風菜，又非義乎？故知以義專屬《爾雅》者，乃踦頗之説，非篤至之論也。愚謂小學書皆所以説義，而其所由説義之方式不必同。語其流別，大要分爲四宗。故書四品，品各一宗，而《切韻》不與焉。第一曰《爾雅》。《爾雅》首《釋詁》，詁爲訓故言，不煩論矣，《釋言》亦《釋詁》之別也。《釋詁·疏》引《爾雅敍篇》云：

《釋詁》《釋言》通古今之字，其説是也。豈惟《釋詁》《釋言》然哉！《釋訓》以下皆是矣。故《爾雅》者，以今語釋古言，主於時者也：此一宗也。第二曰《方言》。吾家子雲篤生西京末季，殫精小學，見《爾雅·釋鳥》有“伊洛而南”云云“江淮而南”云云特異之例，知語言不止有今古之殊，尤有方域之異。故懷鉛握槧，咨訪郡國計吏，齊魯秦晉，東西殊語，燕趙楚越，南朔異言，包舉六合，囊括一編，而以四方共曉之語釋之。此以通語釋殊言，主於地者也：此又一宗也。《淮南子》曰：四方上下曰宇，往古來今曰宙。宇者地也，宙者時也，二者相對，一縱一横，《爾雅》《方言》各主其一，自爲一偶。第三曰《説文》。自籀篆易爲秦隸，字形殊矣，馬頭人爲長，人持十爲斗，異説蠭起，無所據依。許君起而溯古文，考籀篆，形必麗於義，義不違其形，形義相比，不失累黍，此以形説義者也：此一宗也。第四曰《釋名》。乾健離麗，著於《易象》，校教庠養，説於孟子。劉熙本此，撰述《釋名》，謂語必有柢，皆寓於音，得其本源，義詁斯顯，此以音説義者也：此又一宗也。夫文字之生也，有義而後有音，有音而後有形，三事遞衍，而義爲之主。許劉二君，一求之形，一求之音，復爲一偶。自此而降，作者百族，大都糅合宇宙，混同形音，脈理殽亂，不復可紀。張揖志廣《爾雅》，而徧采《方言》，則時地混也。法言標題《切韻》，而多本《説文》，則形音亂也。此如儒墨名法，老莊申韓，憂世著書，各有宗主，逮至晚近，胸無獨見，意欲垂文，於是秦相《吕覽》，書懸國門，《淮南鴻烈》，文成衆手，大都剽剟儒墨，裁翦道法，説雜九流，義非一貫，小學支流，亦猶是矣。

《方言》自吾家子雲而後，缺者千餘年，近世余杭章君妙解語言，精通雅故，撰《新方言》一書。顧題品雖同，體裁各異。何則？子雲之作，以通語釋殊言，義主於横。章氏之書，以古訓稽今語，義主於縱故也。然章君以雅詁通殊語，志在貫縱於横，與前人之糅合宇宙者殊科，此其所以爲獨絕也。

就形求義者，形有界域，自非妄誕之士，猶能率履不越。許君而後，戴侗周伯琦以逮晚近王筠朱駿聲徐灝之徒，稍事補苴，時有勝義；及近日龜甲文出而道益宏，業益精矣。若夫循聲説義者不然。蓋聲音之爲物也，廣漠無涘，未可準依。故自成國《釋名》，已多鑿空之論。獨清儒高郵王氏，跬步不失，嚴而有節，精詣所至，二千年來未之有也。余杭章君創爲《文始》，尋音求義，間有善言。然其皮傅失真，未能免也。後之學者允宜擷前人之善説，仿王氏之精思，以擴及全文，其不可知者，則姑闕焉，庶循音求義之學得其指歸，斯可矣。

温故知新説　一九三九年七月十二日

凡人天稟之美有二事焉：一曰强識，二曰通悟。學者能兼之，上也；如不得兼也，則寧取通悟而舍强識。孔子謂子貢曰："女與回也孰愈？"對曰："賜也何敢望回！回也聞一以知十，賜也聞一以知二。"子曰："弗如也！吾與女，弗如也！"《論語·公冶長篇》此以通悟之强弱爲詮衡之準則也。若夫强識之事，曰某也識二，某也識十，未之聞也。孔子曰："多見而識之，知之次也。"《論語·述而篇》以多見而識爲知之次，則知之上者不在多識也。《禮記·學記篇》曰："記問之學，不足以爲人師。"《論語·爲政篇》曰："温故而知新，可以爲師矣。"記問之學，多識之事也；溫故而知新，通悟之事也。一曰不足爲人師，一曰可以爲師，此先哲重悟解輕記誦之明證也。徵之人事，有過目成誦，一字不遺，而不能作一尋常之簡札者矣。與其如此也，固不如記誦不豐而屬文條理明達者矣。

夫曰溫故而知新者，先溫故而後知新也。優遊涵泳于故業之中，而新知忽涌焉，其新出乎故，故爲可信也，此非揠苗助長者所能有也。

清儒以治雅學顯名者得二人焉：一曰高郵王氏，一曰棲霞郝氏，然郝氏非王氏比也。王氏精通聲韻，條理粲然，其聲義通貫之美，前人所未有也，讀其書者令人想見其悠然自得躁釋矜平之象焉。郝氏於聲韻本無通解，郝書所舉雙聲疊韻多誤説不足據經傳義訓足以甄明雅詁者既未能博采；間有聯貫，則矜躁之氣溢於文詞。又其人嘗見王氏書，成書遠在其後，不能追美，顧反劣焉，尤可愧也。郝書曾引王氏《廣雅疏證》余謂今之欲治雅故者，當略依王氏之法爲之，經傳義訓與雅訓相涉者，自常語外必盡録之，而尤在廣貫聲義相近之字。郝氏書自草木蟲魚嘗經目驗足取者外，餘殆不足録也。余往年讀《釋詁》，見弘宏皆訓大，因悟雄字得義於大，又因雄而知雌受義於小，遂得《釋雌雄篇》。海寧王國維撰《草木蟲魚釋例》，於聲義相通之故，摘發無遺，又其至精者也。近二十年來，研治雅故，如王氏之創通大義，卓然能自立者，他未見也。乃有寖饋郝氏之書，於其所稱引爲之補苴罅漏，其用力固已勤矣，於義訓之大端何涉也！故曰：温故而不能知新，其病也庸。

清儒考證之業精矣，而淺人爲之，則病於瑣，若臧琳所爲書，瑣之尤甚者也。至若東吳顧氏之言古韻，嘉定錢氏之論古聲，舉百千例證以明一義，古人所謂推十合一謂之士者，蓋庶幾焉，顧清儒中不數數覯也。

西儒治學亦尊通則，以其差能識大也。海通以來，學者艷羨夫通則之可貴也，務欲强爲之，偶見《論語》《左傳》《莊子》諸書有吾我並用，數事皆吾在主位，我在賓位，遂謂吾國文字亦有如歐洲文法分位者焉，其與彼説相違之例，巧以例外屏之，其他代字絶無位可言者，若未見也。又如名代動静諸字有同義變文用之者，益不之顧矣。不悟古人行文尤忌複疊，故務避而不用，此修辭之事，非文法之事也。夫中國文字，名字無位别，對稱之爾汝，他稱之彼夫，皆無位别，惟獨吾我有之，世豈有此牴跛不全之文法乎！故曰：不温故而欲知新，其病也妄。

讀尚書堯典　一九四一年五月十日

《堯典》曰：帝曰：“咨！四岳！朕在位七十載，汝能庸命，巽朕位！”岳曰：“否德，忝帝位。”曰：“明明揚側陋！”師錫帝曰：“有鰥在下，曰虞舜。”帝曰：“俞！予聞，如何？”岳曰：“瞽子，父頑，母嚚，象傲，克諧以孝，烝烝乂不格姦。”帝曰：“我其試哉！女于時，觀厥刑于二女。”釐降二女于媯汭，嬪于虞。”《史記·五帝紀》記“帝曰我其試哉”以下云：“堯曰：吾其試哉！於是堯妻之二女，觀其德於二女，舜飭下二女於媯汭，如婦禮。”按史公誤以女于時二句爲記事之辭，又誤以釐降二句屬舜言之，二千年來未有悟其失者。清儒段氏玉裁撰《古文尚書撰異》，乃云：“女于時，觀厥刑于二女，當連上我其試哉俱爲四岳語。時，是也，謂舜也。刑于與《大雅》刑于寡妻同。我將使二女事之，觀其刑法于二女者何如，釐降二女于媯汭，嬪于虞，此二句自堯言之。上三句記言。此二句記事。降，下也，《詩序》言王姬下嫁于諸侯，與《大雅》自彼殷商，來嫁于周，曰嬪于京，文法正同。若如《本紀》釐降自舜言之，聞逆王姬矣，聞尚公主矣，未聞人臣婚帝女而曰降之者也。”按段氏推本經文，獨能於二千年後悟太史公之誤釋，謂上三句記言，下二句自堯言之爲記事，其識可謂卓矣。顧猶有所蔽者：“我其試哉”上今文有“帝曰”二字，而馬鄭王本無之，段氏因以“我其試哉”三句爲四岳之語。不悟堯試舜則可，四岳豈可試舜也。女于時觀厥刑于二女，堯自言之則可，四岳豈能創議及此哉！此於情理必不可通者也。愚謂此文必當從今文有“帝曰”二字，我其試哉以下三句皆帝堯之辭，釐降二句别爲記事之辭，如此則文從字順，無結轖不通之病矣。

大抵古人文字有形似複重，不得其意，則似嫌複沓，若得其立言之由，乃知其決非複沓也。試更舉一例言之。《史記·陳丞相世家》云：“漢王謂陳平曰：‘天下紛紛，何時定乎？’陳平曰：‘項王爲人恭敬愛人，士之廉節好禮者多歸之；至於行功爵邑，重之，士亦以此不附。今大王慢而少禮，士廉節者不來。然大王能饒人以爵邑，士之頑鈍嗜利無恥者亦多歸漢。誠各去其兩短，襲其兩長，天下指麾則定矣。然大王恣侮人，恣《漢書·陳平傳》作資，顏《注》云：“資謂天性也，”資義較長。不能得廉節之士。顧楚有可亂者，彼項王骨鯁之臣，亞夫鍾離昧龍且周殷之屬，不過數人耳！大王誠能出捐數萬斤金行反間，間其君臣以疑其心，項王爲人意忌信讒，必内相誅，漢因舉兵而攻之，破楚必矣。’”按此文初云“大王慢而少禮，士廉節者不來，”繼又云“大王恣侮人，不能得廉節之士，”文若似複重。細尋其義，則首節所言，等視楚漢兩方，論衡大勢，陳指麾即定之策，其詞屬於假設者也。次節所言，則專爲漢王畫計，就當前之事實以立論者也。云大王恣侮人不能得廉節之士者，謂漢王侮人出於天性，短無由去也。漢王不能去其短，則指麾即定之事無可望，而楚漢各具一短一長，勢乃相持，事無由決，故陳述反間之計。其計若行，則漢王縱餘一短，猶有一長，項羽乃並一長而失之，而事乃可決也。此文與《尚書》一記言一記事者不同，然其爲文似複而實非複則一也。

駁公羊傳京師説 一九四一年三月十六日

桓公九年《公羊傳》曰：“春，紀季姜歸于京師。京師者，何？天子之居也。京者何？大也。師者何？衆也。天子之居必以衆大之辭言之。”文公九年《穀梁傳》、《白虎通·封公侯篇》、蔡邕《獨斷》文並略同。以余考之，京本地名，不當訓大也。知者，《詩·大雅·公劉》三章云：“篤公劉，逝彼百泉，瞻彼溥原，迺陟南岡，乃觀于京。京師之野，于時處處，于時廬旅，于時言言，于時語語。數語與《禮記·檀弓》下篇，歌於斯，哭於斯，聚國族於斯，義略同。四章云：“篤公劉，于京斯依，蹌蹌濟濟，俾筵俾几。”此記周先人公劉初發見京邑營築居之之事也。六章云：“篤公劉，于豳斯館。”于豳斯館與于京斯依句例同，豳爲地名，決知京爲地名也。又《大明》二章云：“摯仲氏任，自彼殷商，來嫁于周，曰嬪于京，乃及王季，維德之行。”《思齊篇》云：“思齊大任，文王之母，思媚周姜，京室之婦。”此記文王之母大任嫁于周爲婦于京之事也。《大明》六章云：“有命自天，命此文王，于周于京，纘女維莘，長子維行，篤生武王。”此記天命文王于京之事也。《下武》云：“下武維周，世有哲王，三后在天，王配于京。”此言武王配三后于京之事也。京爲地名，屢見者辭以病，今日弔，或者不可乎！’曰：‘昔者疾，今日愈，如之何不弔？’”《莊子·齊物論》云：“今日適越而昔至也。”按二文或言昔者，或單言昔，皆與今日對言，故趙岐向秀均釋爲昨日，是也。昔所以爲昨日者，先儒説者不一。焦循《孟子正義》云：“昔之訓爲久，爲舊，爲往，則通隔日以前俱謂之昔。孟子辭疾僅隔一宵，故云明日出弔。下計隔日爲明日，上計隔日爲昨日，故以昔者爲昨日也。”段玉裁《説文·日部》昔下《注》云：“昔肉必經一夕，故古假昔爲夕；又引申之，則假昔爲昨；又引申之，則以今昔爲今古矣。”愚謂昔假爲昨，乃以音同，不關義訓。蓋古音昔乍同，故昔聲與乍聲之字多通作。《説文》二篇下《齒部》云：“齰，齧也，从齒，昔聲。”或从乍作齚。此昔聲乍聲通作之證一也。此以字之重文爲證者也。《易·繫辭》云：“可與酬酢。”《釋文》云：“酢京本作醋。”此昔聲乍聲通作之證二也。《儀禮·特牲饋食禮》云：“尸以醋主人。”《注》云：“古文醋作酢。”又《有司徹》云：“尸以醋主婦。”《注》云：“今文醋曰酢。”此昔聲乍聲通作之證三也。《禮記·内則》云：“魚曰作之。”《爾雅·釋器》則云：“魚曰斮之。”此昔聲乍聲通作之證四也。《墨子·非樂篇》云；“厚措斂乎萬民。”又《辭過篇》云：“厚作斂於百姓。”措斂作斂皆謂賦斂，字或作措，或作作。《節用》上篇又云：“其使民勞，其籍斂厚，”字又作籍。籍从耤聲，耤亦从昔聲也。此昔聲乍聲通作之證五也。《淮南子》《繆稱》、《詮言》二篇並云：“猿狖之捷來措。”《説林篇》則云：“蝯狖之捷來乍。”此昔聲乍聲通作之證六也。又《氾論篇》云：“履天子之籍。”高《注》云：“籍或作阼。”此昔聲乍聲通作之證七也。此以經籍之異文爲證者也。《漢書·文三王傳》云：“李太后與爭門，措指。”晉灼《注》引許慎云：“措置字，藉以爲笮耳。”此昔聲乍聲通作之證八也。《周禮·春官·典同》云：“侈聲筰。”杜子春云：“筰讀爲行扈唶唶之唶。”此昔聲乍聲通作之證九也。又《秋官·序官·柞氏》，鄭司農《注》云：“柞讀爲音聲唶唶之唶。”又《考工記·輪人》云：“轂小而長則柞。”鄭司農《注》云：“柞讀爲迫唶之唶。”此昔聲乍聲通作之證十也。《史記·商君傳·集解》引《新序》云：“周室歸藉。”《索隱》云：“藉音胙，字合作胙，誤爲藉耳。按《本紀》周歸文武胙于孝公者，是也。”樹達按《新序》假藉爲胙，非字誤也，《索隱》説非是。此昔聲乍聲通作之證十一也。此以古書文字之通假爲證者也。《説文》三篇上《言部》云：“諎，大聲也，从言，昔聲。讀若笮。”又十四篇上《矛部》云：

“稓，矛屬，从矛，昔聲，讀若笮。”昔聲乍聲字音讀相同，許書固有明證也。此昔聲乍聲通作之證十二也。此以《説文》之讀若爲證者也。

至於假昔爲夕，亦以昔夕二字音同通假，不因義訓，未聞昔肉必經一夕也。知昔假爲夕與假爲昨之皆由於同音，則段氏説由昔假爲夕又引申假爲昨者，其説良不足信矣。昔假爲昨，由昨更引申爲古昔之昔，則知訓久訓舊訓往之昔乃昨義之引申，焦氏之説爲前後倒置矣。

爾雅略例 一九四八年三月十七日

《爾雅》爲書，採擷諸經傳注而成。同一義也，經文或用本字，或用假字，故《爾雅》於一義中往往兼列本字假字。試舉例言之：《釋詁》嘏假同訓大，以《説文》勘之，嘏訓大遠，假訓非真，知嘏爲本字，而假爲嘏之假字也。京景同訓大，《説文》京訓人所爲絶高丘，高大義近，景訓日光，知京爲本字，而景則京之假字也。菿濯亦同訓大，《説文》菿訓艸大，濯訓澣，知菿爲本字，而濯爲菿之假字也。謨漠同訓謀，《説文》謨訓議謀，漠訓北方流沙，知謨爲本字，而漠則謨之假字也。敵知同訓匹，《説文》敵訓仇，知訓詞，知敵爲本字，而知乃敵之假字也。矢雉尸同訓陳，《説文》尸象人臥形，故有陳義，矢訓弓弩矢，知尸爲本字；而矢爲尸之假字也。雉爲鳥名而亦訓陳者，雉从矢聲，又假爲矢也。自郭《注》云雉未詳，而説者紛紛强説，所謂失之眉睫者也。務鶩同訓强，《説文》敄訓彊，彊與强同務訓趣，務字从力，與彊義近，鶩訓亂馳，知務爲本字，而鶩爲務之假字也。竺篤同訓厚，《説文》竺訓厚，篤訓馬行頓遲，知竺爲本字，而篤爲竺之假字也。底厎同訓止，《説文》底訓止居，止居今本作山居，誤，茲从段校正。厎訓柔石，知底爲本字，而厎爲底之假字也。曷遏亦同訓止，《説文》遏訓微止，曷訓何，知遏爲本字，而曷爲遏之假字也。騭陟同訓陞，《説文》陟訓登，騭訓牡馬，知陟爲本字，而騭則陟之假字也。《爾雅》登亦訓陞，實則《爾雅》之陞乃登之假音也。供共皆訓具，《説文》供訓供給，與具義同，共訓同，知供爲本字，而共乃供之假字也。

《釋言》篇本字假字並列者：試式同訓用，按《説文》試訓用，式訓法，知試爲本字，而式爲試之假字也。蓋割同訓裂，《説文》割訓剥，與裂義近，而蓋訓苫，知割爲本字，而蓋爲割之假字也。

又有不關本義，而一爲常見之訓，一爲此常見之訓之假字者。如穀縠同訓善，穀善常訓，縠則穀之假字也。申神同訓重，申重常訓，神則申之假字也。夷弟同訓易，夷易常訓，弟則夷之假字也。

又有二字一爲本字，一爲假字，而以本字訓假字者。《釋詁》云：錫，賜也。《説文》錫訓銀鉛之間，無賜義，錫即賜之假字也。係，繼也。《説文》係訓絜束，無繼義，係即繼之假字也。采，事也，《説文》采訓捋取，無事義，采即事之假字也。藎，進也。《方言》藎訓餘，無進義，藎即進之假字也。昌，當也。《説文》昌訓美言，無當義，昌即當之假字也。歇，竭也。《説文》歇訓息，無竭義，歇即竭之假字也。神，慎也。《説文》神訓天神，無慎義，神即慎之假字也。又有與此相反以假字訓本字者。于，於也，於乃于之假字也。登，陞也，陞即登之假字也。接，捷也，捷即接之假字也。

《釋言篇》以本字訓假字者：敖，傲也。《説文》敖訓出游，無傲義，敖即傲之假字也。憮，撫也。《説文》憮訓愛，無撫義，憮即撫之假字也。矢，誓也。《説文》矢訓弓弩矢，無誓義，矢即誓之假字也。葵，揆也。葵《説文》訓菜，無揆義，葵即揆之假字也。《説文》揆訓葵，乃誤訓，郝氏《疏》己言之。務，侮也。務《説文》訓趣，無侮義，務即侮之假字也。甲，狎也。《説文》甲無狎義，甲即狎之假字也。粲，餐也。《説文》粲訓稻重一秝爲米六斗大半斗曰粲，無餐義，粲即餐之假字也。訛，化也。訛《説文》作吪，動也，無化義，訛即化之假字也。畛，殄也。《説文》畛訓井田閒百，無殄義，畛即殄之假字也。諗，念也。《説文》諗訓深諫，無念義，諗即念之假字也。郝氏《義疏》於葵揆務侮甲狎粲餐諸條明言葵務甲粲諸字爲假借矣，而其他則多强説以相傅合，可謂知二五而不知一十也。

《釋詁》例舉單文，釋訓盡臚駢字。然《釋詁》先載亹亹，繼出晊晊、皇皇、藐藐、穆穆，知兩篇時有後先，撰《釋詁》者不知有《釋訓》也。《爾雅》之輯，出自周秦閒儒士，其人不必聖者，故爲例不純，罅漏閒出。後人務極推崇，於此等皆避而不説，又不知本假錯見之例，疏釋者往往捨近求遠，勞而無獲。今故表而出之，亦欲豁從來之塵霧，示後學以津塗云爾。

楚辭耿介説 一九三七年十一月十四日

《離騒》云："彼堯舜之耿介兮。"王逸《注》訓耿爲光。樹達按光與介義不相屬，王説非也。余謂耿介之耿殆假爲冂。《説文》五篇下《冂部》云："邑外謂之郊，郊外謂之野，野外謂之林，林外謂之冂，象遠界也。"或作同坰。二篇上《八部》云："介，畫也，从八，从人，人各有介。”十三篇下《田部》云：“界，境也，从田，介聲。”H象遠界，即有界義，故古以H介連文，耿乃借字也。耿介者廉潔自持，不妄取與，猶今人言界限分明也。嚴忌《哀時命》云：“夜炯炯而不寐”，此蓋用《三家詩》，《毛詩》云：“耿耿不寐”，字作耿。《詩·邶風·柏舟篇》《衛風·碩人篇》《鄭風·豐篇》並云：“衣錦褧衣”，《禮記·中庸篇》則云：“衣錦尚絅”，以絅爲褧。此皆耿H古通作之證也。

余於一九四零年撰《釋H篇》，説H爲扃之初文，非遠界之義，以遠界之義屬之冋坰。此文之作在彼前，故仍用許説，今當謂此耿字爲冋坰之假字也。

司徒司馬司空釋名　一九三六年十一月九日

《尚書》《牧誓》《梓材》《立政》諸篇屢言司徒司馬司空，《周禮》六卿，司徒司馬司空居其三。今考官稱受名之由爲《司徒司馬司空釋名》云。

司徒者，《白虎通·封公侯篇》云：“司徒主人，不言人，言徒者，徒，衆也，重民衆。”鄭君《周禮目録》云：“名徒，主衆徒。”《書·周官》僞孔《傳》云：“主徒衆，教以禮義。”《國語·周語》云：“司徒協旅。”韋《注》云：“司徒掌合師旅之衆。”按諸説並釋徒爲徒衆，竊謂非其義也。夫用徒衆者莫過於軍旅，其次莫過於營造。果如諸説，司徒之稱當屬之夏官冬官，何以屬之與徒衆不相涉之地官乎！今考《周禮·大司徒》以天下土地之圖周知九州之地域廣輪之數，辨其山林川澤邱陵墳衍原隰之名物，而辨其邦國都鄙之數，制其畿疆而溝封之。又以土會之法辨五地之物生，以土宜之之法辨十有二土之名物，以土均之法辨五物九等，制天下之地征，以土圭之法測土深，正日景，以求地中，又分地職，奠地守，制地貢，而頒職事焉，以爲地法而待政令。然則司徒之職以土地爲主，《周禮》以《大司徒》屬地官，非無故也。《説文》徒从土聲，竊謂司徒即司土，非徒衆之謂也。

司馬者，《白虎通·封公侯篇》云：“司馬主兵，不言兵，言馬者，馬陽物，乾之所爲，行兵用焉，不以傷害爲文，故言馬也。”鄭君《周禮目録》云：“馬者，武也，言爲武者也。”《藝文類聚·職官部》引韋昭《辨釋名》云：“大司馬，馬，武也，大總武事也。”今按鄭韋二説是也。《説文》十篇上《馬部》云：“馬，武也。”《左傳》襄公六年云：“司武而梏於朝，難以勝矣，”稱司馬爲司武。考之《周禮》，大司馬之職主以九伐之法正邦國，正爲武之事也。《白虎通》釋馬爲兵馬之馬，偏而不備，非其義矣。

司空者，《韓詩外傳》八云：“司空主土。”《古文苑》楊陶《司空箴》云：“空臣司土。”《白虎通·封公侯篇》云：“司空主土，不言土言空者，空尚主之，何况於實，以微見著。”鄭君《周禮目録》云：“冬閉藏萬物，天子立司空，使掌邦事，亦所以富立國家，使民無空者也。”《初學記·職官部》引應劭云：“空，穴也。司空主土，古者穴居，主穿土爲穴以居人也。”《續漢書·百官志》劉《注》引馬融云：“司空掌營城郭，主空土以居民。”余謂司徒主土，則司空不當復主土，韓嬰楊子雲及《白虎通》之説並非也。應劭釋空爲穴，夫穴居野處，乃上古獉狉之事，非周代文治大進之時所宜有。鄭謂使民無空，馬云掌營城郭，似爲近之，而又云空土居民，皆立説膚泛，與徒之言土馬之言武不倫，非也。愚謂：《説文》空从工聲，司空即司工也。今請以八證明之。《禮記·王制》曰：“司空執度度地，居民山川沮澤，時四時，量地遠近，興事任力。”其證一也。《太平御覽·職官部》引《尚書大傳》云：“溝擁遏水，爲民害，田廣不墾，則責之司空。”其證二也。《韓詩外傳》云：“山陵崩阤，川谷不通，五穀不殖，草木不茂，則責之司空。”其證三也。《左傳》宋有司城之官屢見，所以代司空。桓公六年《傳》云：“宋以武公廢司空。”杜《注》云：“武公名司空，廢爲司城，”是也。以司城代司空者，築城爲工事之大者也。其證四也。《周禮·冬官·司空》之篇亡，西漢人以《考工記》一篇與《冬官》職事相應，取以補之。其證五也。《史記·五帝本紀·集解》引馬融《書》《注》説垂爲共工云：“爲司空，共理百工之事。”是季長固知司空爲理百工之事也。其證六也。鄭君注《考工記》云：“司空掌營城郭，建都邑，立社稷宗廟，造宫室車服器械，監百工者，唐虞以上曰共工。”是鄭君亦知司空爲主百工之事也。其證七也。馬鄭皆説司空即古之共工，明後起之空爲假字，其證八也。可異者：馬鄭二君既知司空所掌爲百工之事，而其釋司空也，或云空土居民，或云使民無空，自相歧異，爲不可解耳。

司徒司馬司空爲古代要職，然其定名也，徒之言土，馬之言武，空之言工，皆主聲而不主形，古人之於文字，重音而不重形如此，治文字之學者亦可以觀矣。

近讀吳大澂《字説》，據《散氏盤》《𢦏敦》《牧敦》《司工彝》諸器字皆作司土司工，謂司土本掌土地，司工掌營造工作，其説是矣。顧謂空字由於後人字形之誤釋，又以司馬爲掌戎馬，不知古人假馬爲武，假空爲工，皆由於音近，此其惑也。又既謂司土掌土地矣，又於司徒掌徒役徒衆之説信而不疑，則又進退失據矣。一九四零年三月二十二日記於辰谿之馬溪。

秦漢坐次尊卑考 一九四零年五月二日

秦漢坐次，自天子南面不計外，東鄉最尊，南面次之，西面又次之，北面最卑，其俗蓋承自戰國。

《説苑·君道篇》：燕昭王問於郭隗曰："寡人地狹人寡，齊人削取八城，匈奴驅馳樓煩之下。以孤之不肖，得承宗廟，恐危社稷，存之有道乎？"郭隗曰："有，然恐王之不能用也。"昭王避席，願請聞之。郭隗曰："帝者之臣，其名，臣也，其實，師也。王者之臣，其名，臣也，其實，友也。霸者之臣，其名，臣也，其實，賓也。危國之臣，其名，臣也，其實，虜也。今王將東面，目指氣使以求臣，則廝役之材至矣。廝役即所謂虜也。南面聽朝，不失揖讓之禮以求臣，則人臣之材至矣。此霸者之臣賓也。西面等禮相亢，下之以色，不乘勢以求臣，則朋友之材至矣。此王者之臣，其實友也。北面拘指逡巡而退以求臣，則師傅之材至矣。"此帝者之臣實師也。

其見於朝儀者，以天子南面，故羣臣首東鄉，而西鄉次之。

《漢書·叔孫通傳》：漢七年，長樂宮成，羣臣朝十月。功臣、列侯、諸將軍、軍吏以次陳西方，東鄉；文臣丞相以下陳東方，西鄉。按時天子南面，故羣臣首東鄉，次西鄉也。

其見於宴饗者，

如蓋寬饒之東鄉特坐，

《漢書·蓋寬饒傳》：平恩侯許伯入第，丞相、御史、將軍、中二千石皆賀，寬饒不行。許伯請之，迺往，從西階上，東鄉特坐。許伯自酌曰："蓋君後至。"

樓護之東鄉正坐，

《漢書·游俠·樓護傳》：成都侯商子邑爲大司空，貴重，商故人皆敬事邑，唯護自安，如舊節，邑亦父事之，不敢有闕。時請召賓客，邑居樽下，稱賤子上壽，坐者百數皆離席伏，護獨東鄉正坐，字謂邑曰："公子！貴如何？"王邑字公子。

此獨舉尊坐者也。

田蚡自坐東鄉，坐其兄蓋侯南鄉，此自居尊坐，以次尊之席坐其兄也。

《史記·魏其武安侯傳》：嘗召客飲，坐其兄蓋侯南鄉，自坐東鄉，以爲漢相尊，不可以兄故私橈。按南鄉《漢書·田蚡傳》作北鄉，北乃南之誤字。蚡自居尊席，以最卑之席坐其兄，無是理也。

鴻門之宴，項王項伯東鄉，亞父南鄉，沛公北鄉，此楚君臣自居尊坐，故以卑坐坐沛公也。

《史記·項羽紀》：項王即日因留沛公，與飲。項王項伯東嚮坐，亞父南嚮坐。亞父者，范增也。沛公北嚮坐，張良西嚮侍。

其見於集會者，匡衡南鄉，韋賞西鄉，此以官之尊卑爲席次者也。衡更爲賞布東嚮席，則特令居己上以示惠也。

《漢書·王尊傳》：尊劾奏丞相（匡）衡，正月行幸曲臺，臨饗罷衛士，衡與中二千石大鴻臚賞等會坐殿門下，衡南鄉，賞等西鄉。衡更爲賞布東鄉席，起立，延賞坐，私語如食頃。衡知行臨，百官共職，萬衆會聚，而設不正之席，使下坐上，相比，爲小惠於公門之下，動不中禮，亂朝廷爵秩之位。

若桓榮東面，天子所以尊師；

《後漢書·桓榮傳》：拜爲太常，顯宗即位，尊以師禮，甚見親重。乘輿常幸太常府，令榮坐東面，設几杖，會百官、驃騎將軍、東平王蒼及榮門生數百人。天子親自執業，每言，輒曰："太師在是。"

周勃東鄉，列侯所以抗己。

《漢書·周勃傳》：勃不好文學，每召諸生說士，東鄉坐，責之，趣爲我語、其椎少文如此。如湻曰："勃自東鄉責諸生說士，不以賓主之禮也。"

他如項羽欲招王陵，故東鄉坐陵母；

《漢書·王陵傳》：項羽取陵母置軍中，陵使至，則東鄉坐陵母，欲以招陵。按欲招陵，故尊陵母也。

韓信欲諮軍略，故東鄉坐李左車。

《漢書·韓信傳》：信乃令軍毋斬廣武君，有生得之者，購千金。頃之，有縛而至戲下者，信解其縛，東鄉坐，西鄉對而師事之。於是問廣武君曰："僕欲北攻燕，東伐齊，何若有功？"

知雖在軍旅之中，亦以東鄉爲尊矣。

我國古代之文法學　一九三〇年

歐洲文法之學創始於希臘。希臘何以產生文法學？此與希臘先賢之哲學有關，而與論理學關係尤切。論理學貴分析，尚別類，以論理學爲出發點，一切科學皆由此產生，乃有近世紀之科學出現，文法學特爲無數科學中之一端耳。反觀吾國，先民果無論理學之觀念乎？曰：否，否。古代所謂九流，名家實居其一，即今日吾輩讀莊周墨翟荀卿之書，其論理之精核，決不後於古代希臘之哲人。本文非述吾國名學史，似不必爲之引證。惟以吾先民有精核之文法知識，欲推求此等知識之來源，不能不涉及古代之名學也。試觀《荀子·正名篇》云：

故萬物雖衆，有時而欲徧舉之，故謂之物。物也者，大共名也。推而共之，共則有共，有與又同至於無共然後止。有時而欲偏舉之，故謂之鳥獸。鳥獸也者，大別名也，推而別之，別則有別，有亦同又至於無別然後止。

別則又別，至於無別然後止，非今日科學界分類之金科玉條乎？吾先民固早言之於二千年前矣。

吾先民惟有此科學精神也，故今日所謂文法之學，在周代已有其萌芽。其尤顯著者，爲孔子之《春秋》及傳《春秋》之《公羊》《穀梁》二傳，蓋孔子本以正名爲主旨者也。今舉《春秋》五證明之：

證 一

一 僖公元年，夏六月，邢遷于陳儀。

二 僖公三十一年，十有二月，衛遷于帝丘。

三 成公十五年，許遷于葉。

四 昭公元年，許遷于夷。

五 莊公十年，三月，宋人遷宿。

六 閔公二年，春王正月，齊人遷陽。

右舉六例，同以“遷”爲動字，但一二三西自遷者爲一類，五六我遷人者爲一類，此明示同一動字有内動外動二用法之不同也。僖公元年《公羊傳》云：遷者何？其意也；遷之者何？非其意也。解釋二事之不同，至爲精確。蓋自遷者出於己意，故云其意；我遷人者，人被我遷，不由被遷者之意，故云非其意也。夫科學之事，其最初起點爲發現差異，其次則爲研究其差異之故而説明其所以然。《公羊傳》發現《春秋》之差異，而付以如此精確之説明，謂非吾先民科學精神之表現，得乎？

或謂此二類書法之有別，乃由於事實之本殊，則請更舉一例明之：

成公元年，秋，王師敗績于貿戎。《公羊傳》曰：孰敗之？蓋晉敗之。或曰：貿戎敗之。然則曷爲不言晉敗之？王者無敵，莫敢當也。《漢書·五行志》曰：《春秋》曰：王師敗績于貿戎，不言敗之者，以自敗爲文，尊尊之意也。

按此事實晉敗王師，敗字本當作外動用法。第以尊王之故，改其事作王師自敗，而以内動字之用法書之，然則書法之不同，不必盡根於事實。同一動字可以有内動外動二用法，而此二用法又可以互相變易，古人固明知之矣。

證二

僖公十六年春王正月戊申朔，隕石于宋五。是月，六鷁退飛，過宋都。《穀梁傳》曰：後數，按謂隕石于宋五，數詞五字在石字之後。散辭也；六鷁退飛過宋都，先數，按謂六鷁數詞六字在鷁字之先。聚辭也。

按靜字有二用法：一置於名字之上，一在句中爲補足語，則置於名字之後，令通行文法皆言之。然在吾國，傳《春秋》者早巳留意及此，而分賦以聚辭散辭之定名矣。

證三

桓公七年，夏，穀伯綏來朝，鄧侯吾離來朝。

隱公十一年，春，滕侯薛侯來朝。《穀梁傳》曰：犆與特同言，同時也；累數，皆至也。范《注》云：犆言，謂別言也，若穀伯綏來朝，鄧侯吾離來朝，同時來，不俱至。累數，總言之也，若滕侯薛侯來朝，同時俱至。

按此二例同爲二諸侯來朝，而《春秋》書法不同，一分敍二人，一總敍之，傳《春秋》之穀梁子又發見其差異，而付以合理之説明焉。

證四

僖公五年，公及齊侯宋公陳侯衛侯鄭伯許男曹伯會王世子于首戴。秋八月，諸侯盟于首戴。《公羊傳》曰：諸侯何以不序？一事而再見者，前目而後凡也。何《注》云：省文，從可知。

按此亦因比較而發現差異之問。蓋上文首戴之會，既歷敍公及齊侯宋公陳侯衛侯鄭伯許男曹伯，又春秋他盟，無不歷敍與盟之人，而秋八月首戴之盟獨不敍及，故作傳者設問，而與以合理之解答。前目後凡，猶今言前詳敍，後總敍也。

證五

宣公元年，公子遂如齊逆女。三月，遂以夫人婦姜至自齊。《公羊傳》曰：遂何以不稱公子？一事而再見者，卒名也。何《注》云：卒，竟也，竟但舉名者，省文。

按此經上文稱公子遂，下文單稱遂，故傳《公羊春秋》者又設問，而以極合理之説明答之。此文例與第四證異，而解答之理由則同，皆前詳而後略也。《穀梁傳》説此事云：其不言氏，喪未畢，故略之也。説不及《公羊》之善。又成公十四年經，秋，叔孫僑如如齊逆女。九月，僑如以夫人婦姜氏至自齊。《左傳》以前文之稱叔孫爲尊君命，以後文之不稱叔孫爲尊夫人，亦不及《公羊》此傳義長也。

金文《女嬃彝》云：女嬃堇覲于王。癸日，商賞嬃貝朋，用乍作嬃隮彝。

按此文首稱女嬃，下文兩見皆單稱嬃，與《春秋》同。

以上五證，皆據《春秋》《公羊》、《穀梁》二傳證明我國古代文法觀念之精確者也。今再舉一證以說明古代文法學改進之跡。

證 六

《春秋》莊公二十八年，春王正月甲寅，齊人伐衛。《公羊傳》曰：《春秋》：伐者爲客，伐者爲主。《何注》云：伐人者爲客，讀伐長言之；見伐者爲主，讀伐短言之。

按外動字有主動被動二式，此今日盡人皆知者也。古人於此有不分別者。《公羊傳》此文伐者爲客之伐者爲被伐者，伐者爲主之伐者爲伐人者，二事不同，文却同言伐者，含混無別，實爲文病。《公羊傳》以伐字長讀短讀爲別，欲救此病，煞費苦心，然此見於讀音，與吾人視官所接之文字無關係，病仍不能救也。

《老子》六十一章云：故大國以下小國，則取小國，小國以下大國，則取大國。故或下以取，或下而取。大國不過欲兼畜人，小國不過欲入事人，夫兩者各得其所欲，大者宜爲下。

按取小國謂取得小國，取爲主動式；取大國謂見取於大國，取爲被動式；二義不同。或下以取二句承上文爲言。或下以取指上文之取小國，取謂取他；或下而取，指上文之取大國，取謂被取。但文同言取，略無區別，亦文病也。

《墨子·耕柱篇》云：大國之攻小國，攻者農夫不得耕，婦人不得織，以守爲事；攻人者亦農夫不得耕，婦人不得織，以攻爲事。

攻者農夫不得耕，婦人不得織，此攻者謂被攻者，攻字爲被動式，與《公羊傳》被伐者言伐，《老子》被取者言取同。然下文言攻人者亦農夫不得耕，婦人不得織，此攻字爲主動式，似與《公羊傳》伐人者言伐，《老子》言取人者言取同，然攻字下著一賓詞“人”字，以與上文攻者指被攻者相分別，則兩義分明，與《公羊傳》《老子》主動被動兩式全同者有別矣。

《孟子·盡心篇》云：盆成括見殺。

《韓非子·說難篇》云：昔者鄭武公欲伐胡，故先以其女妻胡君，以娛其意。因問於群臣：吾欲用兵，誰可伐者？大夫關其思對曰：胡可伐。武公怒而戮之，曰：胡，兄弟之國也，子言伐之，何也？胡君聞之，以鄭爲親己，遂不備鄭。鄭人襲胡，取之。宋有富人，天雨，牆壞，其子曰：不築，必將有盗；其鄰人之父亦云。暮而果大亡其財，其家甚智其子，而疑鄰人之父。此二人者説皆當矣，厚者爲戮，薄者見疑，則非知之難也，處之則難也。

按見殺謂被殺，爲戮謂被戮，見疑謂被疑，此文《孟子》《韓非子》皆於被動式之動字上加“爲”或“見”以表明被動之義，此又一別白之方式，視《公羊傳》《老子》之有文病者大異矣。（《詩·褰裳·序·疏》云：見者，“自彼加己之辭，”謂其表被動也。）

《戰國策·趙策》一云：趙王封孟嘗君以武城，孟嘗君擇舍人以爲武城吏，而遣之，曰：鄙語豈不曰：借車者馳之，借衣者被之哉？皆對曰：有之。孟嘗君曰：文甚不取也。夫所借衣車者，非親友，則昆弟也，夫馳親友之車，被兄弟之衣，文以爲不可。

按此文“借車”“借衣”之借，主動式也。云“借車，”“借衣，”動詞借字下加賓詞車字衣字，與《墨子》之“攻人”方式同。“所借衣車者，”借字爲被動式，動字上加“所”字，與《孟子》《韓非》稱“見殺”，“爲戮”，“見疑”，動字上加“爲”字“見”字者同。於是兩式意義分明，毫無混淆之病矣。

《漢書·高帝紀》云：高祖被酒，夜徑澤中，令一人行前。行前者還報曰：“前有大蛇當徑，願還。”高祖醉，曰：“壯士行，何畏！”乃前，拔劍斬蛇，蛇分爲兩，道開。後人來至蛇所，有一老嫗夜哭。人問：“嫗何爲哭？”嫗曰：“人殺吾子。”人曰：“嫗子何爲見殺？”嫗曰：“吾子，白帝子也，化爲蛇，當道，今者赤帝子斬之，故哭。”……高祖乃立爲沛公，祠黄帝，祭蚩尤於沛廷，而釁鼓，旗幟皆赤，由所殺蛇白帝子，殺者赤帝子故也。

按“嫗子何爲見殺，”言“見殺，”與《孟子》言“見殺”《韓非子》言“見疑”者式同。“所殺蛇白帝子，”“所殺蛇”與《趙策》言“所借衣車，”方式同。吾國文法被動助動詞中最通用之二字，全具於此文矣。“所殺蛇白帝子，殺者赤帝子，”二句文以“所殺蛇”與“殺者”相對，“殺者”殺字下雖不加賓詞“蛇”字，意義甚明，略無妨礙矣。

觀以上所舉六例，吾先民文法逐步改進之跡固至明顯易見也。

卷七

讀逸周書　一九四二年十月十四日

余因治周金文，頗復參稽羣籍，數日來温尋《逸周書》一通，有可以證明經義者數事，因記之以備遺忘云。

宣公二年《左傳》云："宋城，華元爲植，巡功。"杜《注》云："植，將主也。"《周禮·夏官·大司馬》云："大役，屬其植。"鄭司農云："植謂部曲將吏，"引《左傳》爲證。今按《大匡篇》云："庶人不獨葬，伍有植，"足證《左傳》與《周禮》植字之義。

《詩·大雅·皇矣》云："度其鮮原，居岐之陽。"毛《傳》云："小山別大山曰鮮。"鄭《箋》云："鮮，善也。"今按《和寤篇》云："王乃出圖商，至于鮮原，召邵公奭畢公高。"知鮮原爲地名，與《大雅·公劉篇》云"瞻彼溥原，"溥原爲地名者正同。克鼎云：錫女田于陾原，陾原即《詩》之溥原。《毛傳》"小山別大山"之釋，蓋説鮮原受名之故，康成訓鮮爲善，非也。

《書·舜典》云："帝曰：夔！命汝典樂，教胄子！"胄子或作育子，《史記》作穉子，爲説者紛紛。今按《大子晉篇》云："人生而重丈夫，謂之胄子。"是男子子謂之胄子，舜命夔教天下之男子耳，無他甚深之義如後人所説也。

讀方言書後 一九四六年四月二十三日

常璩《華陽國志》敍楊雄所作書云："典莫正於《爾雅》，作《方言》。"孔氏《左傳正義》亦云："楊雄以《爾推》釋古今之語，作書擬之，采異方之語，謂之《方言》。"知子雲著作擬則《爾雅》，事無可疑。然《爾雅》訓説古今語，義在通古今之郵，而子雲采自輶軒，意在明四方之語。雖云倣法，而別具規橅，劉子元所謂貌同心異者，庶乎近之，此子雲所以爲豪傑之士也。然《方言》爲書效法《爾雅》，前人知之，其體裁本自《爾雅》，前人不知也。余按《爾雅·釋鳥》云："伊洛而南，素質五彩皆備成章曰翬，江淮而南，青質五彩皆備成章曰鷂，南方曰𠷎，東方曰鶅，北方曰鵗，西方曰鷷。"《爾雅》他文皆訓説古今，獨此節別四方之異語，與其他殊異，子雲蓋有見於此，故取其意擴充之而有專書之作也。

余嘗謂古今小學書有二偶四宗。《爾雅》通古今語，意主時；《方言》記殊方語，意主地：此一偶也。《説文》以五百四十部統九千三百五十三文，意主於形；《釋名》以聲音説字，意主於音：此又一偶也。此四書者，各有宗主，不相蹈襲，自餘之書，則雜糅不別，無復如四宗之純粹者矣。

金文編書後 一九四八年五月四日

一九二四及二五年間，此書初出，亡友沈兼士君以一册貽余。近年來余治鐘鼎文字，時取以供參考，未暇細讀也。兩月前在長沙細校一通，私心頗多不愜之處，以未細讀改訂本，不欲有言也。比來廣州，借得一改定本，日來籀讀，知前此余心未愜之處已多改訂。如穌與勄，苟與敬，前此皆誤認爲一字者，今已各析爲二字；厤字前誤云《説文》所無者，今已釋爲榜字；逐字前誤釋爲遂者，今已改正。類此者尚多有之，是其改進之處也。

古人文字往往以聲音通假，經傳如此，鐘鼎文字亦然。故余意以爲：凡治金文者，必先據形以識其字，次循音以通其義，循序漸進，乃爲得之，否則轇葛不清，必無是處。例如旛字本是从㫃斷聲，《説文》無斷字，然《艸部》薪字从艸斷聲，知本應有斷字。當爲旂字之或作，此據形識字之事也。《王孫鐘》云："用旛眉壽。"此與《師咢父鼎》"用旂眉壽，"《邾公釛鐘》"旂年眉壽，"假旂爲祈者正同。蓋旛與旂祈同爲斤聲之孳乳字，得相通假也。此循音通義之事也。吳清卿羅叔言讀《説文》未審，以旛爲古祈字。羅氏云：字从單从旂，乃古人戰時禱於軍旂之下。圄於用字之義，乃杜譔事實以説字形，貽誤後生，莫此爲甚！本書修正吳氏《説文古籀補》之處頗多，而圄義失形之弊，尚未能免。如卷六朱下列宩字，宩字从穴，與朱赤之義絕不相關，其爲同音假借之字，毫無疑義。列之穴部，注云假作朱，可矣，不得徑以爲朱字也。又同卷賸字下有朕媵塍三文，明是以聲類相同，假此三字爲賸。朕塍在本書已見舟土二部，則此二字自當併入彼中，以免一字分見數處之病。媵字《説文》作倂，本書於倂字下已列一媵字，是也，則此媵字亦當併入彼條，注云：假爲賸，可也。自餘哲下之質，當改入貝部，各下之徭，當改入彳部，皆此例也。如此，則每條之内，無意義遠隔之異文，同形之文，不致散見於數處。記字一準字形，通假詳於小注，不因用義致失字形，全書體例嚴謹多矣。本書卷一祜字下引《伯其父簠》祜字，注云："假爲簠。"《五篇簠》下即不載此字，正是此法，最爲審諦，惜未能徧用於全書耳。

彝銘之作，制自本人，其時早；經傳記載，出自後人，其時晚。二者相校，寧舍傳記而信彝銘，此必然之理也。金文有《康侯丰鼎》，知衛康叔本名丰，經傳作封者，丰之同音假字也。本書列丰於封字之下，以封爲本字，是信後起之傳記，而輕早出之彝銘也。且本書列字皆以《説文》爲次，丰字見六篇《生部》，今不列之於《生部》而列之於《土部》，又與全書體例相剌謬矣。金文又有《宋公䜌》戈，銘文作䜌，核之名从主人之例，認宋公爲名䜌可矣，經傳作欒者，䜌之同音假字也。本書於《言部》載䜌字，當矣，而《木部》又載之，云：“欒不从木。”是認經傳宋公欒之欒爲宋公之本名，而彝銘之䜌，爲欒之省略也。此先後倒置，與事理不合者也。

《説文》一書所以可貴者，以文字多説本義故也。本書《凡例》云：“古有專字，假借行而專字廢。”其尊重本字之意，情見乎辭，可謂善矣。二卷記《郕王劍》之郕字，六卷記《大鄴鼎》之鄴字，又記《余義鐘》之𨛱字，其字皆从邑，此國名越梁楚之本字，可謂一字千金，足以補《説文邑部》之缺佚者也。而本書乃附此三字於後世經傳假借字越梁楚三字之下，輕視本字，重視假字，輕重失其倫矣。且《邑部》多列不从邑之字，而从邑之字反不與焉，名實乖舛，抑又甚矣！附假字於本字，理尚可説；附本字於假字，無理可説矣。”彝銘文字可以訂正許書，此今日治古文字學者之公言也。晶爲曐星之初文，孫仲容之説碻不可易矣。《敔𣪘》有鼎字，與《晶部》曐曑曟三字形同，乃今字昴之初字也。鼎省爲昴，猶曐省作星，曟省作晨也。《説文》第載昴字，是録其後起之省字，而失其初字也。本書記鼎於昴字下，自非違誤。若改置於《晶部》，既足表形義密合之美，兼可正許君得末忘本之非，不愈足見彝銘之功用乎！”本書立説有可酌者。卷四賜下云：與賜爲一字，又通錫。按《説文》賜訓目疾視，賜訓予，義訓不同，非一字也。金文以賜爲賜者，以聲類同通假耳。又經傳多以錫爲賜者，亦通假也。云賜通賜可也，云通錫，則非也。卷十一淖下云：“與朝爲一字。”按《説文》朝訓旦，淖訓水朝宗于海，非一字也。金文以淖爲朝者，淖字从朝省聲，同聲通假耳。卷十三㚼下云：“義爲女孩。”按經傳皆作出，義同今之外甥，非謂女孩也。

彝銘文字，往往任意排列，不主故常，故形體不同，實爲一字。卷十二之姛與婀，一字也，本書析爲二字。又形有繁簡之異，音實無殊，則二字當爲一字。《同𣪘》有𢀩字，即𢀩字也，从𠂇與从左，形雖不同，其音無異，本書不列𢀩於五篇𢀩字之下，而列於三篇𠂇下，非也。《説文》⿱𢀩目齹⿱𢀩韋三字皆云𢀩省聲，據金文有𢀩字，則許説非是。《説文》爾从尒聲，妳與嬭亦一字也，本書引《集韻》妳同嬭之説，當矣，仍析爲二字，何耶？

彝銘字見於《説文》者，依《説文》之次録之，此吳氏書及本書通例也。金文有彶，應列於二篇《彳部》，而本書列於及字之下。又有复字，應列於五篇《夊部》，而列於二篇復字之下：此皆自亂其例者也。

卷七寬字釋宂。按《麥盉》云："𩰫于麥寬，"知當釋宮。卷八昏字釋視。按《目部》云："眂，視貌也，"當改入《目部》。卷九顳釋顛。按《説文》頂或作顳，知是頂字，非顛字。又卷五𣪘下載廄字，余疑是馬廄之廄，當改入《广部》。

附録載闕疑之字，似尚有可識者。下卷十二葉[illegible]，孫仲容釋揩，是也。余讀爲勳。《毛公鼎》"揩勤大命"，《录伯𣪘》"有揩於周邦，"文皆可通也。二十九葉[illegible]字，前人釋楮，是也。四十二葉𩿈字，乃《説文·鳥部》之鷎字，字从爻，季字本从爻聲也。五十三葉有𨏥字，乃《説文·車部》之𨏥字也。《楚王酓忎鼎》差字所从之左字，皆作ナ，可以證也。此省《説文》之孪爲ナ耳。

擬整理經籍計劃草案　一九四五年

我國經籍，經漢唐宋清各代儒先之注釋考證以至今日，讀之文從字順者固多，而扞格難通之處仍復不少，此無可諱飾之事也。推求其故，一由於文字之扞格，二由於制度文物之不明。如欲求古籍之大明，非從此二事下手不可。愚意，今日應著手編纂之書有三種。凡整理云者，尋常皆指取固有之物事整理而言，不含創造制作之義。今云編纂三書，似與整理之義不合，而今乃云然者，以此三書爲豫備工作，非有此，整理將無從下手也。

一　編纂經籍異文假字誤字考

本文所云經籍，與阮元《經籍纂詁》之經籍義同，不限於十三經。經籍文字之扞格有二事：一曰文字之通假，二曰誤字。明通假賴乎小學，訂訛誤賴乎校勘。清儒於此二事成績卓絶者爲高郵王氏父子，其所著《經義述聞》《讀書雜志》犂然有當之處最多。俞曲園私淑高郵，論其精詣，則遠不逮。王氏《述聞·通説》内有經文假借一條，歷舉經典中通假之字爲前儒所未及者，亦既美且富矣。然經籍至博，非一家一人所能盡也。據個人數十年來之經驗及多年之思考，覺欲令古籍大明，非廣用此術不可。故竊謂宜取古籍之有異文者，以及清儒説經諸家之卓然可信者，將其説通假之處逐字臚列，爲《經籍異文假字考》一書，令學者得此可以觸類旁通，或者文字之阻礙可以少減乎！《纂詁》每字之末附載異文，然不完備，清儒説更未及。

自宋及清，研究金文之風頗盛。清末甲骨出現，治之者亦盛極一時。以余所見，立説者雖多，尚不能全部審確可信。何者？甲金文已盛行通假，此關不破，終無是處故也。故余常謂今日學者當以王氏治經子之法治甲骨金文，然後甲金文始盡其史料之用。如有《經籍異文假字考》一書，其價值與作用或當在阮氏《纂詁》之上，不惟經籍可以大明，甲文金文之學亦必放大異彩。此個人經驗有得之言，非憑虛妄論也。

訂三豕爲己亥，子夏早已爲校勘之學。漢儒解經，恆言某當爲某，皆訂誤也。《老子》“佳兵不祥”之語，承訛襲謬，至高郵王氏訂佳爲《説文》訓短尾鳥之隹，讀如後世書傳之惟，而文義安。《書·酒誥》之“越百姓里居，”《大誥》之“前寧人，”至清儒治金文，乃知“里居”爲“里君”之誤，“前寧人”爲前文人之誤，而文始可讀。故應取古籍中誤字一一録之，附諸異文假字考每字之末，此通經之助也。

二 編纂名物制度通考

章實齋嘗有言：“文字事物見於古書者，逐字逐事彙爲一處，此其事中材優爲之，而智者得此，可以融會貫通，其有助於學術甚大。”從文字方面言之，阮氏《經籍纂詁》即用此法編成，其沾溉士林，爲益無量，盡人知之矣。由今日言之，阮書亦當訂補。余謂名物制度之事，決當依此法爲之，唐宋以來類書及清儒《五禮通考》《禮書通故》之類，性質相近，但不完備。又彼等書多加斷制，而今則一切移録，不加斷案，爲異耳。亡友吴承仕曾爲《三禮名物》一書，即用此法爲之，最爲可學。今宜盡取古書材料，不論其説異同甚或矛盾，皆一一録之，後儒考釋之説，一一附入。如此，學者欲考求一事，得此遂得全貌，豈非大佳事乎！此類書龐大已極，一時或不易付印，則可先爲一長編目録，試記卷數葉數，俾學者自檢得之，亦爲簡捷之善法。

三 編纂新經義叢鈔

戴東原云：“不通天文，不可以讀《堯典》；不通地理，不可以讀《禹貢》。”其言甚大，士人初讀其言，未有不作色驚駭者。然以事實言之，一人精力有限，豈能百學皆通，此治學所以貴分科也。吾輩幸生於二十世紀之今日，各種專門之學，日見發皇，時時有專門學者討論涉及古經。例如竺可楨以歲差定《堯典》四仲中星之年代，其一例也。故謂今宜徧搜全國各種專門雜誌，一有涉及古籍者，則迻録其文，匯爲一册，使治學者有所參稽，庶可使經籍與科學相與映證而日見發皇，非難事也。昔阮氏《經解》有《經義叢鈔》，今名此種曰《新經義叢鈔》可矣。

補編

彝銘中之本字（節選）

敘 例

本字者，造字時因義賦形，形義密合之字也。許叔重書據形説義，求其吻合，所説之義大抵皆初義，故其字皆本字也。然許君生於東漢，去古已遠，所采不能無漏失。余讀彝銘文字，往往見有本字初義爲《説文》所未載，或雖載而誤説者。宋儒治古器銘者不盡通小學，罕能明之。清代《説文》之學臻於極盛，阮伯元許印林粗見端倪。同光之際，治彝銘者大都嫻於小學，如張文襄之説祀，孫仲容之説㦰䜭旃衣姒鏷，方子聽之説葡邛嫡媿旻妃妊銉鍺午，吴愙齋之説啚卿媿𡯁，皆擘肌析理，奏刀砉然，有解頤之美，以及近日王靜安郭鼎堂皆續有所明。余承諸家之後，補苴罅漏，亦時窺見一二。取校許叔重書，可大別爲五事。一曰字爲許書所未見，如示部之礼祟禀，玉部之瑟，口部之㖃，辵部之逨，革部之鞣，曰部之㫗，貝部之賫貿，邑部之鄸鄰郲郘邩鄘，日部之䜭，㫃部之旃旟，宀部之㝏，衣部之衣，馬部之騆，耳部之耶，女部之姒嬭旻嫊嫿，金部之鏷銉鍺鏢鏁鎗，自部之皞，凡三十五文是也。二曰許書載其文而誤説其義，如収部之𢍏，爪部之孚，隹部之隻，兮部之乎，豈部之豈，亩部之啚，之部之㞢，貝部之貰，邑部之郐邛，匕部之匕，卯部之卿，女部之妃奺妊媿，弜部之弜弼，午部之午，酉部之酉，凡二十文是也。三曰許書載其文而誤其形，如女部之妃，車部之𡯁，二文是也。四曰許書載其文而説形義並失，如艸部之若，口部之各，正部之正，異部之異，用部之用葡，章部之章，貝部之賓，马部之甬，辟部之辟，凡十文是也。五曰許書雖載其文，而其形視彝銘爲後起，如収部之𢍏，臣部之𦣞，晶部之曟，凡三文是也。曩寓廣州，旅居多暇，最録成説，益以新知，凡得七十文，以貽同好，諗後學。聞見不周，容多遺漏，世有達者，進而教之。

一 都字不見於《説文》，然見於《春秋傳》，非彝銘所獨有，不録。

二 金文多後加形旁字，如鐘盄錳之類，此不得以本字論，不録。

三 甲文既出，訂許者多，甲文有之而彝銘未見者不録，不關本字者不録。

四《殷虚書契考釋》一書，舊題羅振玉著，世人皆云實王靜安代撰，余初聞之，未深究也。近年治彝器銘文，時時讀羅氏晚年所撰《貞松堂集古遺文》一書，卷中有尞篚正系諸字古文，爲《書契考釋》所已言者，羅氏乃皆闕疑不釋，然後知世論之不誣也。此卷中所引羅説，大抵出自《考釋》，以久已寫訖，不復追改，讀者知其事可爾。

一九四九年十一月二十六日長沙楊樹達書於嶽麓山齋

六篇下之部

㞷

《陳逆𣪘》云：冰月丁亥，𨻰氏裔孫逆乍爲生皇祖大宗𣪕，以貿羕永令命𩒨眉壽，子孫是保。按甲文往來之往皆作㞷，羅振玉云：《説文解字》：㞷，艸木妄生也，从之在土上。又，往，之也，从彳，㞷聲。卜辭从止从土，知㞷爲往來之本字。許訓㞷爲艸木妄生而別以𨑒爲往來字，非也。《文字編》弍之玖下今按羅説是也，往乃㞷之後起加形旁等。

六篇下貝部

貸

《公貿鼎》云：隹十又一月初吉壬午，叔氏吏使貸安真白，賓貸馬轡乘。公貿用對休𩁹，用乍寶彝。按貸字从貝父聲，《説文》未見，余疑爲泉布之布本字也。泉布字經傳通作布，乃假布帛之布爲之，此字从貝，乃與泉布義密合。據銘文，貸與公貿爲一人，盖泉布爲貿易必須，《詩》云：抱布貿絲。古人名字義必相關，名貸字貿以此。古幣貨布錢文，皆作布字，不用本字，賴有此器存其文字，雖非用其本義，猶得於其字之形聲及銘文名字相關之義訓推求其始義，或亦考文者所樂聞歟！余三十一年十一月十四日跋《公貿鼎》，明貸爲泉布本字。時避寇辰谿，羣書不備，復員後讀郭君沫若《彝銘名字解詁》，知其先余有此説。惟郭君謂貸爲資斧之斧本字，古多假布爲之，似不如余説爲泉布本字之直截，故今仍用余説，而附記郭説於此。

貿

《陳逆𣪘》云：冰月丁亥，陳氏裔孫逆乍作爲生皇祖祖大宗𣪕，以貿羕令命𩒨眉壽，子孫是保。吴式芬云：貿疑匃異文。《攈古》弍叁之肆拾下樹達按《説文·亡部》云：匃，乞也，亾人爲匃，逯安説。説者謂人逃亡餬口則爲匃乞，説自可通。然貣字訓從人求物，字从貝，以彼例此，貿殆匃之本字也。《説文·貝部》無此字。

賓

《睘卣》云：隹十又九年，王才厈。王姜令乍册睘安夷白，夷白賓睘貝布。《史頌毁》云：隹三年五月丁子，王才宗周，令史頌徲穌，友里君百生帥韝盩于成周，休又有成事。穌賓章璋馬四匹，吉金，用乍彝。王國維云：古者賓客至，必有物以贈之，其贈之之事謂之賓，故其字从貝，其義即禮經之儐字也。後世以賓爲賓客字，而别造儐字以代賓字，實則宾乃賓之本字，賓則儐之本字也。朱芳圃《甲骨學文字編》陸之柒引樹達按王説是也。《説文》貝部有賓字，訓所敬也，乃賓客之義，與从貝不合。

賫

《曶鼎》云：我既賫女△△△五夫效父，用匹馬束絲。又云：用倩𢓊賫絲兹五夫。用百寽。按賫字，錢坫阮元吴式芬皆誤釋爲賣，近日劉心源謂賣字不从目，始釋爲賫，《奇觚》关之弍伍下郭沫若于省吾並讀爲贖，《考釋》中玖捌，《文選》上弍之拾壹下其説是矣。今按《説文》賣訓衒，衒下云：行且賣也。贖訓貿，貿下云：易財也。二字義近，賣已从貝，贖又从貝，於義爲複。據金文用義，賫即贖之初文，贖乃後起加旁字，彝銘所用乃初文本義也。

六篇下邑部

鄌

《晉公𥂴》云：晉公曰，我皇且鄌公△受大命：左右武王。鄌公吴式芬釋爲唐公。《復古》叁叁之弍玖下方濬益云：《説文》唐古文作啺，此文上从杏，下从昜，右从邑，自是唐之異文。《綴》弍捌之捌郭沫若云：鄌字从邑，鄌聲，𩰫，古觴字，从爵省，昜聲。按見《説文》鄌公爲晉之祖而左右武王，自即唐叔虞也。《考釋》下弍叁壹樹達按《説文》云：唐，大言也，从口，庚聲，或作啺，無國邑之義，唐虞唐叔作唐字者皆假字。器銘作鄌，其字从邑，乃本字也。唐或作啺，鄌从杏昜聲，皆昜聲之孳乳字，故經傳假唐爲鄌，方説鄌爲唐之異文，非是。異文者，二文本一字，而形體互異，唐啺是也。若鄌之與唐，一从邑，爲國名，一从口，訓大言，形固是二，義亦互殊，但音同耳。古人以其音同，偶然假用，不得以其假用遽認爲一字也。前人於此，多不明晰，故特言之。《説文·邑部》無此字。

鄦

《徲兒鐘》云：曾孫徲兒曰：余義鄦之良臣而徲之字慈父。阮元云：

此銘中多古異文，如和爲詠，謌爲訶，先爲侁，楚爲鄦，皆是。《積古》叄之伍樹達按《説文·林部》云：楚，叢木，一名荆也，从林，疋聲，字形無國邑之義，用爲楚國者，乃假借爲之。器銘从邑作鄦，乃楚國之楚本字也。阮云鄦爲楚之異文，非是。《説文》邑部無此字。

梨

《大梨鼎》云：梨廿又七年，大梨司寇△乍△△爲量△四分。樹達按梁國字經傳皆作梁，梁字从木从水，刅聲，《説文·木部》訓水橋，無國邑之義。此銘字从邑，从梁省，梁國之梁本字也。《説文·邑部》無梨字。

郘

《郘黛鐘》云：郘黛曰：余異畀公之孫，郘白伯之子。周悦讓云：僖公十年《左傳》晉有吕甥，蓋以邑爲氏，郘宜即吕之别文。晉於春秋初實别稱翼，見隱公五年《左傳》，此郘黛爲翼之公族，故曰異公之孫，謂翼侯也。《攈古》上陸王國維亦云：郘即吕甥之吕。《觀》拾捌之伍樹達按經傳作吕，省形存聲假字，此字从邑，形義密合，乃本字也。周説固是，而謂郘爲吕之别文，則非，實吕甥之吕本字也。《説文·邑部》無郘。

邚

《越王劍》云：邚王者旨於賜。見容庚《頌齋吉金續録考釋》弍拾葉樹達按越器越字大抵皆只作戉，惟此器从邑作邚，吴越之越本字也。越字从走，乃度越之義，與國名之義不合，經傳用越，彝銘多用戉，皆同音假字也。《説文·邑部》無邚。

鄺

《鄺侯毁》云：隹五年正月丙午，鄺侯小子析乙孝孫。孫詒讓云：鄺字古書未見，疑當讀爲籚。《説文·竹部》：籚，積竹矛戟矜也，从竹，盧聲。《肉部》臚籀文作膚，是盧聲膚聲可互通也。鄺爲國名，故增邑形，古文往往如是。鄺國當即《書·牧誓》之盧，亦見《左傳》桓十三年文十六年，《釋文》：本或作廬，《史記·周本紀》作纑，與籚並聲近字通。《餘論》中壹王國維云：《隸釋》録《魏三字石經春秋》：莒之古文作䱷，篆隸二體作筥䱷者，簷或盧之譌略。上虞羅氏所藏《鄺侯敦》，鄺侯亦即筥侯。又《臧闖丘△△戈》，亦即閭丘，足證筥盧之爲一字矣。《觀堂》拾捌之玖《王子嬰次盧》跋樹達按王説是也。《説文·邑部》無鄺字。

郐

《沇兒鐘》云：郐王庚之惄子沇兒嬰其吉金，自乍龢鐘。吴大澂云：

郐，古徐字。《周禮·雍氏·注》：伯禽以出師征徐戎。《釋文》：徐劉本作郐。大澂所得《魯公伐徐鼎》亦作郐。《説文》：郐邾下邑地，魯東有郐城，讀若塗，此又一説也。《賸稿》上玖下

《郐王鍴》云：郐王義楚睪余吉金，自酢祭鍴。按郐王義楚即《左傳》昭公六年之徐儀楚。劉心源云：郐从邑，《説文》以爲邾下邑地，實徐之本字。《奇觚》拾柒之叁伍下樹達按經傳通假作徐，徐字从彳，義爲安行，不關國邑，用徐爲郐，以音同通假耳。劉云郐爲徐之本字，是；吴云郐爲古徐字，非也。

邛

《邛君婦壺》云：邛君婦龢乍其壺，子孫永寶用，方濬益云：邛國不見於經傳，其字从工，當即春秋之江國。籀文於國邑名類皆从邑，經傳以同聲通假作江也。江國近楚，與楚婚媾。《左傳》文公元年：潘棨曰：享江羋而勿敬也。杜《注》：成王妹，嫁於江。薛氏《欵識》有楚王作邛仲嬭南龢鐘，邛仲嬭盖亦楚女之嫁於江者。薛氏《欵識》又有邛仲之孫伯戔盤盦二銘，與此並爲一國之器，故文字亦相近。邛爲江國之本字，雖無明證，要可即《左氏傳·注》及諸器銘以斷之也。《綴遺》拾叁之式拾下

《邛伯戔盤》云：邛中之孫伯戔自乍顯沫盤。郭沫若云：邛當即江黄之江，其故地在今河南息縣西南。《説文·邑部》：邛，邛成，濟陰縣，此別一地。（《考釋》下壹柒零下）

漢書窺管

自序

《漢書》經始於班叔皮，孟堅承業，蕙班補遺，集一門父子兄妹三人之力以成一書，可謂艱矣。其書乍出，馬季長一代大儒，伏閣從蕙班受讀，爲書簡奧，略可測知。東京末葉，服子慎應仲遠之倫競爲注釋，魏晉以後，釋者多家，東晉蔡謨爲之集解，書今不存。李唐開國，顏師古承其諸父游秦之業，裒集舊訓爲之《注》，一時號爲班氏功臣。然至宋世，三劉吳仁傑等糾舉違誤，刔摘猶未盡也。清代朴學雲興，鴻生鉅儒多肆力此書，及其末造，同邑先輩王葵園先生從事采輯，爲之補注，奥義益明，《地理》一志尤爲卓絕。自是讀《漢書》者人手一編，非無故也。大抵清儒治此書者惟高郵王氏爲最富，亦最稱，然已不免疵纇。漢末荀悦據班書撰《漢紀》，往往以不瞭班義而妄改，故顧亭林云：荀紀小異《漢書》，必荀非而班是，此有得之言也。高郵王氏識不逮此，往往據仲悦之妄竄，改不誤之班書，此其大蔽也。蓋高郵雖好學而不肯深思，故所校時有不能心知其意者。茲舉二例言之。《郊祀志》曰："臣望東北汾陰直有金寶氣。"師古以汾陰直連讀，訓直爲當，謂正當汾陰，是也。蓋氣在天空，方所無由確指，故舉汾陰而云直，謂當汾陰地面之天空也。高郵駁顏説，以直有金寶氣連讀，訓直爲特，則似汾陰地面有金寶氣，於事理不可通矣。《金日磾傳》曰："賞爲奉車，建駙馬都尉。"高郵於奉車下校增都尉二字，不知班氏因下有都尉二字省略也。《儒林傳》云："上於是出龔等補吏，龔爲弘農，歆河内，鳳九江太守。"弘農河内下並當有太守字，因下文太守字省略也。《王莽傳》云："又置六經祭酒各一人，琅邪左咸爲講《春秋》，潁川滿昌爲講《詩》，長安國由爲講《易》，平陽唐昌爲講《書》，沛郡陳咸爲講《禮》，崔發爲講《樂》祭酒。"講《春秋》講《詩》講《易》講《書》講《禮》下亦各當有祭酒字，亦因下文講《樂》祭酒省略也。高郵必增都尉二字，不惟不能心知其意，亦暗於全書通例矣。此類誤説，理宜在屏棄之列，而《補注》一一迻録，不加駁正，非也。凡著書者稱引前人成説，但可翦裁，不宜改易，致失立説人本意，此至要也。然《補注》於此似未注意。《王子侯表》湖鄉伊鄉兩侯同名開，金鄉就鄉兩侯同名不害，四人皆東平思王孫也。陳景雲疑湖鄉與伊鄉同時受封，金鄉與就鄉亦同時受封，不應彼此同名，當有一誤。《補注》改易陳校之文入湖鄉侯下，云：此與金鄉伊鄉就鄉並思王孫，同時封，不應二人同名，必有一誤。如此則將四侯混合爲一，同名兩起之事實末殺無餘，全失陳氏立説之初意矣。《景武昭宣元成功臣表》：李譚稱忠鍾祖訾順四人並以捕得反者樊並封，李譚封於永始四年七月己巳，稱忠封於十一月己酉，鍾祖訾順同封於七月己酉，錢大昕校謂四人同以得反者樊並封，其封當同月，而《表》記譚封於七月己巳，忠封於十一月己酉，祖順封於七月己酉，前後失倫，七月不當記於十一月之後。據《成帝紀》，事在永始三年十一月，疑十一二字誤合爲七，而四年當作三年也。按此錢氏據《成紀》校李譚條下四年四字之誤及李譚鍾祖訾順三條七月七字之誤也。《補注》不置錢校於有四年及七月兩處誤字之李譚條下，而置於十一月封文並不誤之稱忠條下，何耶？此又違反錢氏立言之意者也。據《補注》全書觀之，葵園先生用心不失審慎，而此二事《補注》憒憒如此，疑先生於諸表假手他人，不及覆校也。余四十年前，偶讀《蘇武傳》，有“蹈其背以出血”語，心疑背不可蹈，況在武受傷時耶！而師古及《補注》並無説，余因讀蹈爲訓輕叩之搯，文乃可通。緣此知《補注》篇帙雖富，遺義尚多。時居鄉里，設教中學，文卷猥集，改竄非需時，意欲精究而不果。嗣後北遊，校課清簡，於《補注》研讀數通，頗能了其得失。時時氾濫文籍，凡與班書有涉，輒加纂述，歲月稍久，記述遂多。初於北方大學講授班書，倭寇之變，適返里門，旋亦設教於大學。嘗先後取所記粗事印布，未竟全書。癸巳之歲，僻處麓山，賓朋希簡，發憤補苴，遂終全帙。卅年精力，幸資小結。稟質頑愚，見聞苦陋，管窺蠡測，差誤必多，大雅宏達，進而教之。

一九五五年五月十日樹達書於岳麓山之耐林廎。

漢書窺管卷六

司馬相如傳第二十七上（漢書五十七）

卓王孫僮客八百人，程鄭亦數百人，迺相謂曰：令有貴客，爲具召之。（一下）

樹達按：吕公客沛令所，沛人以令有重客，皆往賀，與此事正同，可見秦漢間風俗。

相如爲不得已而强往。（二上）

樹達按：爲與僞同。

故相如繆與令相重而琴心挑之。（二上）

師古曰：寄心於琴聲以挑動之也。挑音徒了反。

樹達按：相重謂相引重。《灌夫傳》云："兩人相爲引重，"是也。挑假爲誂，相呼誘也。此謂以琴心誘之。

相如時從車騎，雍容閒雅，甚都。（二上）

韋昭曰：都邑之容也。師古曰：都，閑美之稱也。韋言都邑，失之遠矣。

樹達按：都鄙對文，都謂都邑，鄙謂鄉邑也。由都邑引申之，則都訓皆美義。《廣雅·釋詁》云：都，大也。《詩·有女同車傳》云：都，閑也。《史記相如傳索隱》引郭璞云：都，雅也。又《集解》引韋昭云：都，姣也。及此注顔訓美，皆美義也。鄙爲鄉邑，引申之，鄙訓皆惡義。《廣雅·釋詁》云：鄙，小也。《孟子·盡心篇·注》云：鄙，狹也。《史記·樂書》云：鄙，陋也。《昭公十六年左傳注》云：鄙，賤也。《文選·嵇叔夜·幽通詩》注云：鄙，俚也。《一切經音義》二十五引《廣雅》云：鄙，猥也。本書《董仲舒傳》注云：鄙，不通也。皆惡義也。本書都固訓美，韋云都邑之容者，乃探語源爲説，以都邑之容無不美也。顔不知其意而斥之，妄矣。

及飲卓氏，弄琴，文君竊從户窺，心説而好之，恐不得當也。（二上）

師古曰：當謂對偶之。

樹達按：周壽昌云：當音丁浪切，言恐不得當其意也。《禮記·學記》：水無當於五色。《哀公》問：求得當欲，不以其所。《昏義》：而後當於夫。注：當，合也。一曰稱也。不當如顔説。

獲多乎？曰：少。（四上）

樹達按：《説文》十篇上《犬部》云：獲，獵所獲也。

樝梨梬栗。（九下）

樹達按：梬即曾子所嗜之羊棗也。今北京俗呼爲黑棗。

右夏服之勁箭。（十一上）

伏儼曰：服，盛箭器也。師古曰：箭服即今之步叉也。

樹達按：如注説，字當作箙。《説文》五篇上《竹部》云：箙，弩矢箙也。

洞智達掖，絕乎心繫。（十二下）

樹達按：《説文》十二篇上《手部》云：掖，臂下也。

衯衯裶裶，揚衪戌削。（十三下）

張揖曰：衪，衣袖也。師古曰：揚，舉也。衪，曳也。或舉或曳，則戌削然見其降殺之美也。錢大昭曰：《説文》：衯，長衣貌。裵，長衣貌。先謙曰：《史記》戌作恤。衪《史記》《文選》並作袘。《玉篇》：衪，衣緣也。

《士昏禮》：纁袘。《注》：袘謂緣。袘之言施，以纁緣裳，象陽氣下施也。《類篇》：褫，裳下緣也。衪袘義同一字，訓爲裳緣。

樹達按：文言揚衪，裳緣不可揚，《王》説非也。下文云："曳獨繭之褕袣，眇閻易以恤削。"張揖曰：褕，襜褕也。袣，褏也。郭璞曰：閻易，衣長貌也。勘校兩文，旨義相同，則張訓衪爲衣袖者是也。

浮文鷁。（十五下）

樹達按：鷁字《説文》四篇上《鳥部》作鶂，又或體作鶃，云：司馬相如説從赤。然則此賦原文當作鶃字，後人改耳。

榜人歌，聲流喝。（十六上）

郭璞曰：言悲嘶也。先謙曰：喝讀若曖，所謂曖迺之聲，即櫂歌也。曖迺與欸乃同，參諸郭説，若今歌之尾聲羨字，激楚含哀矣。

樹達按：《莊子·庚桑楚釋文》引崔撰云：喝，啞也。《後漢書·張酺傳》云：王青被矢貫咽，音聲流喝。然則流喝謂音聲澌散，郭王説並非也。

泊乎無爲，澹乎自持。（十六下）

師古曰：泊澹皆安靜意也。先謙曰：泊澹《文選》作怕憺。

樹達按：澹借字，憺乃本字。《説文》十篇下《心部》云：憺，安也。

二者無一可，而先生行之，必且輕於齊而累於楚矣。（十八上）

師古曰：言楚使者失辭，自爲累重，而於齊無所負擔，故云輕也。先謙曰：《文選注》：使者失辭爲輕於齊，使非其人，爲累於楚也。較顔説爲長。

樹達按：輕於齊謂見輕於齊。《吕氏春秋·審分篇注》云：累猶負也。按累又有害義，《論衡》有《累害篇》。顔云累重，非是。

射乎之罘。（十八上）

樹達按：閻若璩《四書釋地》云：秦始皇三十七年，自琅邪北至榮成山，射巨魚之罘，此暗用秦皇事。

橫流逆折，轉騰潎洌。（二十一下）

孟康曰：轉騰，相過也。

樹達按：騰當讀爲滕。《説文》十一篇上《水部》云：滕，水超涌也。轉滕謂或轉或滕，非相過也。孟説非。

明月珠子，的皪江靡。（二十四上）

樹達按：的皪本字當爲玓瓅。《説文》一篇上《玉部》云：玓瓅，明珠色。

隨風澹淡。（二十五下）

樹達按：《説文》十一篇上《水部》云：澹，水搖也。

黄甘橙楱。（三十四下）

樹達按：沈欽韓云：香櫞即楱也。

亭奈厚朴。（三十四下）

張揖曰：厚朴，藥名也。

樹達按：張文虎云：此文所舉皆爲果。李時珍注《本草》云："厚朴實如冬青子，有核，七八月采之，味甘美，"是亦果也。注以爲藥名，失之。

沙棠櫟櫧。（三十五下）

樹達按：櫧味苦，長沙呼苦櫧子。

柴池茈虒，旋還乎後宫。（三十七下）

郭璞曰：柴音差。

樹達按：柴古音在支部，差在歌部，二部音近多通。《詩·君子偕老》云：玼兮玼兮。《周禮·内司服注》引作瑳兮瑳兮。是此聲差聲相通之證也。

偃蹇杪顛。（三十九上）

師古曰：杪顛，枝上端也。

樹達按：顛假爲槙。《説文》六篇上《木部》云：槙，木頂也。

江河爲阹。（三十九上）

樹達按：《説文》十四篇下《𨸏部》云：阹，依山谷爲牛馬圈也。

絝白虎。（四十二上）

張揖曰：著白虎文絝也。師古曰：絝，古袴字。先謙曰：《集解》引郭璞曰：絝謂絆絡之，不如張説爲合。

樹達按：《説文》三篇下《䰜部》云："䰛，羽獵韋絝。"是獵絝以韋爲之。此蓋謂以白虎之皮爲絝耳。張説非。

罥要褭。（四十二下）

師古曰：罥謂羅系之也。

樹達按：罥《説文》四篇下《网部》字作䍦，云：網也。《聲類》云：䍦，以繩系取獸也。《楊雄傳》：絹嘄陽，以絹字爲之。

流離輕禽，蹵履狡獸。（四十三上）

師古曰：流離，困苦之也。先謙曰：《文選注》：張揖曰：流離，放散也。案流離當如顔説，與蹵履意對。

樹達按：流離張訓放散，是也。王說非是。困苦與鑋履意對，放散獨不對乎？

彎蕃弱。（四十三下）

文穎曰：彎，牽也。蕃弱，夏後氏之良弓名。

樹達按：《說文》十二篇下《弓部》云：彎，持弓關矢也。文訓牽，非是。

揜焦明。（四十四下）

先謙曰：《文選》作焦朋，《楚辭·遠遊》："從玄鶴與鷦朋。"《王注》："鷦朋，俊鳥。"《吳都賦》作鷦鵬。《廣雅·釋鳥》又云：焦明，鳳凰屬也。是明朋互寫，其來已久，疑以朋爲正。此鳥鳳屬，朋鵬二字並鳳之異文，且非焦朋，《吳都賦》無緣作鷦鵬也。

樹達按：《楚辭》作鷦明，《吳都賦》作鷦鵬，王據誤本爲說，殊爲疏失。且本文以凰明羊鄉爲韻，《說文》四篇上《烏部》鸛字下亦以明明鵯昌皇爲韻。皆古韻唐部果如王說明字作朋，朋爲登部字，與唐部不相通，豈不皆失其韻耶！且《吳都賦》以鳴鶩鵬鶬爲韻，惟漢人讀明入青部，與今讀同，故可相葉，若朋則漢時與青部亦不相通也。

鏗槍闛鞈。（四十六下）

師古曰：闛鞈，鼓音也。先謙曰：及古本《史記》作鏗鏘鐺鼙。《文選注》：《毛詩》曰：擊鼓其鏜。《字書》曰：鞨，鼓聲。闛與鏜，鞨與鞈，古字通。

樹達按：《說文》五篇上《鼓部》云：鼞，鼓聲也。鼛，鼓聲也。古文鼛从革作鞈。《毛詩》之鏜，《史記》之鐺，及此文之闛，皆以音近通假耳。

實陂池而勿禁。（四十九上）

師古曰：實謂人滿其中，言恣其有所取也。先謙曰：《文選注》引司馬彪曰：養魚鼈滿陂池，而不禁民取也。與顏說異，於義並通。

樹達按：陂池不可實人，司馬說是。

僕恐百姓被其尤也。（五十下）

師古曰：尤，過也。

樹達按：《說文》三篇上《言部》云：訧，過也。尤乃省借字。

司馬相如傳第二十七下（漢書五十七）

發巴蜀之士各五百人以奉幣，衛使者不然。（二上）

樹達按：《墨子·辭過篇》云：府庫實滿，足以待不然。

唐蒙已略通夜郎，因通西南夷道，發巴蜀廣漢卒，作者數萬人。治道二歲，道不成，士卒多物故。（三下）

樹達按：《食貨志》云：作者數萬人，千里負擔餽饟，率十餘鍾致一石，數歲而道不通。

蜀民及漢用事者多言其不便。（三下）

樹達按：用事者言其不便，公孫弘其一人也，時弘爲御史大夫。

且因宣其使詣。（六上）

錢大昭曰：詣當作指，《史記》及閩本俱作指。先謙曰：官本作指。

樹達按：景祐本作指。

耆老大夫搢紳先生之徒二十有七人儼然造焉。（六上）

樹達按：《秦策》云：今先生儼然不遠千里而庭教之。《高注》云：儼然，矜莊貌。

今割齊民以附夷狄。（六下）

何焯曰：附，附益之也。割齊民謂賂以巴蜀吏幣物。先謙曰：《文選注》：附謂令之親附也，非是，當從何說。

樹達按：附字《文選注》說是也。

僕尚惡聞若說！（六下）

師古曰：尚，猶也。若，如也。言僕猶惡聞如此之説，況乎遠識之人也。惡音一故反。宋祁曰：若，汝爾也。《莊子》“予語若”之類，不容詁爲如。先謙曰：宋説是。《索隱》引張揖云：惡聞若曹之言也。

樹達按：惡，於何也，顔音誤。若字張宋訓固可通，惟語氣較促。今按：若當訓此，文言巴蜀不變，則君等至今爲夷人，僕無由聞此論也。

夏后氏戚之，乃堙洪原。（七上）

樹達按：《説文》十篇下《心部》云：慼，憂也。經傳通假戚爲之。

常稱疾閒居，不慕官爵。（十上）

樹達按：《嚴助傳》云：“其尤親幸者，東方朔，枚皋，嚴助，吾丘壽王，司馬相如，相如常稱疾避事。”與此文合。

信讒不寤兮，宗廟滅絶。（十二上）

師古曰：信讒，謂殺李斯也。

樹達按：信讒但謂信任趙高耳，不必專指殺李斯事言。

魂亡歸而不食。（十二上）

樹達按：《文心雕龍·哀弔篇》云：相如之弔二世，全爲賦體，桓譚以爲其言惻愴，讀者歎息。

乃遂奏《大人賦》。（十二下）

先謙曰：《史記》奏作就。案上文云：“嘗爲《大人賦》未就，請具而奏之。”後文云：“相如奏《大人賦》，”則此處作就者是，疑涉下奏《大人賦》而誤耳。

樹達按：《史》作就，班改《史》作奏，於義爲長。上文“請具而奏，”

猶未奏也。下文"既奏《大人賦》，"則已奏也。此云奏，與上下相承，最適宜爾。

靡屈虹而爲綢。（十三上）

張揖曰：綢，韜也。

樹達按：《爾雅·釋天》云："素錦綢杠。"郭《注》云："以白地錦韜旗之竿。"以綢爲韜，爲相如所本。

踁踱輵螛，容以骫麗兮。（十四上）

張揖曰：踁踱，互前卻也。師古曰：踁音丑日反。踱音丑略反。先謙曰：《集解》引徐廣曰：踁踱，乍前乍卻也。

樹達按：踁踱《説文》作彳辵。二篇下《彳部》云：彳，小步也。又《辵部》云：辵，乍行乍止也。

吾欲往乎南娭。（十五下）

先謙曰：娭《史記》作嬉。《楚辭·招魂注》：娭，戲也。《廣雅·釋詁》：嬉，戲也。義得兩通。

樹達按：娭嬉同字，上卷"娭游往來"《補注》引王念孫説已詳言之。此處忽忘前説，作此游移之詞，非也。

騷擾衝蓯其相紛挐兮。（十五下）

樹達按：《史記·衛霍列傳正義》引《倉頡解詁》云：紛拏，相牽也。

杭絕浮渚涉流沙。（十六下）

張揖曰：杭，船也。

樹達按：《説文》八篇下《方部》云：斻，方舟也。此與下文"躍魚隕杭"皆假杭爲之。

其遺札書言封禪事，所忠奏焉，天子異之。（十九下）

樹達按：武帝奇其書，以問兒寬，後因封禪，詳寬傳。

伊上古之初肇，自顥穹生民。（十九下）

樹達按：此文多以訓詁之字代通用之字，爲楊子雲文所自昉。

皇皇哉斯事，天下之壯觀，王者之卒業，不可貶也。（二十四上）

師古曰：皇皇，盛貌也。卒，終也，字或作本，或作丕。丕，大也。先謙曰：《史記》作丕。

樹達按：王念孫云：《爾雅》云："壯，大也。"壯觀丕業，皆承上皇皇哉斯事言之，則作丕者是也。作卒作本，則非其旨矣。隸書丕或作平，本或作夲，卒或作卆，三者皆相似，故丕訛作卒，又訛作本。《史記》正作丕，五臣本《文選》同。

滋液滲漉，何生不育？（二十五下）

樹達按：滋液連言，滋亦液也。鄒陽《酒賦》云："甘滋泥泥。"楊雄《羽獵賦》云："上獵三靈之流，下決醴泉之滋。"滋皆謂液也。

蓋聞其聲，今視其來。（二十六上）

師古曰：來合韻音郎代反。瞿鴻禨曰：來與之哉喜態皆葉，顔讀非也。

樹達按：之古韻在咍部，與哉喜態固爲同韻，然上文匪唯雨之以下六句乃以古韻模鐸部之雨澤護慕爲韻，之字不入韻也。名山顯位以下十二句以來哉囿喜態來爲韻，瞿不舉囿字，亦非也。瞿氏不瞭古音，故出入兩失之如此。

厥之有章，不必諄諄。（二十六下）

文穎曰：天之所命，表以符瑞，章明其德，不必諄諄然有語言也。

樹達按：《孟子·萬章上篇》云："萬章曰：天與之者，諄諄然命之乎？孟子曰：否。"此爲相如語意所本。之字當與《萬章篇》下文"天下諸侯朝覲者不之堯之子而之舜，訟獄者不之堯之子而之舜"諸之字義同，當訓爲往。此謂龍之所往，即所以章顯天意，不必由天諄諄然命之也。文説未是。

采其尤著公卿者云。（二十七上）

樹達按：武帝命相如作詩頌，見《李延年傳》。

相如雖多虚辭濫説，然要其歸引之於節儉，此亦《詩》之風諫何異。（二十七下）

樹達按：亦當作目，目，與也。音近誤耳。景祐本亦誤作亦。

楊雄以爲：靡麗之賦勸百而風一，猶騁鄭衛之聲，曲終而奏雅，不已戲乎！（二十七下）

張揖曰：不亦輕戲乎哉。宋祁曰：已當作亦。先謙曰：謂楊雄之論過輕相如也。

樹達按：已，太也，過也。宋謂當作亦，非也。文謂先騁淫聲，曲終奏雅，不太輕戲乎！王説誤。

中國文字學概要

第一章　文字史及文字學

第一節　結繩

《易・繫辭》下篇曰："上古結繩而治，後世聖人易之以書契，百官以治，萬民以察，蓋取諸夬。"按：《易》言上古結繩，不確言其始於何世。許慎《説文解字・序》云："及神農氏結繩爲治而統其事，"以結繩屬之神農，未詳所本。結繩者，孔《疏》引鄭康成《注》云："事大，大結其繩；事小，小結其繩。"其詳今不可得矣。

第二節　古文

一　何謂古文

《説文解字・序》云："黃帝之史倉頡見鳥獸蹏迒之跡，知分理之可相別異也，初造書契。倉頡之初作書，蓋依類象形，故謂之文。其後形聲相益，即謂之字。文者，物象之本；字者，言孳乳而浸多也。"按倉頡所造，是爲古文。《説文・序》又云："孔子書《六經》，左丘明述《春秋傳》皆以古文。"又云："及亡新居攝，時有六書：一曰古文，孔子壁中書也。二曰奇字，即古文而異者也。壁中書者，魯恭王壞孔子宅而得《禮記》《尚書》《論語》《孝經》，又北平侯張蒼獻《春秋左氏傳》，郡國亦往往於山川得鼎彝，其銘即前代之古文，皆自相似。"按壁中書今已無存，然如殷墟龜甲文刻辭、周代彝器款識、《説文》及《三字石經》所記古文，皆古文之可見於今日者也。

二　古文之作者

《吕氏春秋・君守篇》云："蒼頡作書。"蒼同。《淮南子・本經訓》云："倉頡作書而天雨粟，鬼夜哭。"皆以作書之事專屬於倉頡。即實言之，作書者不止倉頡一人。《荀子·正論篇》云：“作書者衆矣，而倉頡獨傳者壹也。”晉衛恆《四體書勢》云：“昔在黃帝，創制造物。有沮誦倉頡者，始作書契以代結繩。”則倉頡外尚有沮誦。此皆作書者不止倉頡一人之證也。

第三節　史籀

一　籀文即古文

《漢書·藝文志》云：《史籀》十五篇。班固自注云：“周宣王大史做《大篆》十五篇，建武漢光武年號。時亡六篇矣。”又云：“《史籀篇》者，周時史官教學童者也。與孔氏壁中古文異體。”《説文·序》云：“宣王大史籀著《大篆》十五篇，與古文或異。”按班云《史籀篇》與孔氏壁中古文異體，許君亦云大篆與古文或異，後世遂析大篆與古文爲二事，又別稱大篆爲籀文，儼若籀文爲字體之一種者，其實非也。許云大篆與古文或異，或異謂偶有殊異，非書異也。此猶古文之有奇字，小篆之有重文，乃古文自身之異體，非籀文別爲書體也。《説文》載四字籀文作三匚籀文作𠥫，登籀文作䒴，系籀文作𢇁，今驗之龜甲，已有三𠥫䒴𦃃諸文。知《籀篇》本述古文，非自爲書體。許君載字時以古籀對言者，古文做某，猶言壁中書做某，籀文做某，猶云《史籀篇》做某耳。説出羅振玉《殷商貞卜文字考》。孟康注《藝文志》云：史籀所作十五篇爲古文，斯不刊之定論也。

二　史籀非人名

《説文》云：籀，讀也。讀，籀也。《周禮·春官》：大史掌大祭祀讀禮書，小史掌大祭祀讀禮法，内史掌讀四方之事書。知讀書爲史之專職也。《史籀篇》殆以史籀二字發端，古書恆以書首二字爲書篇之名號，今存《急就篇》，其明證也。許君云：“宣王大史籀著大篆十五篇，”以史爲官名，籀爲人名，實爲誤説。近日王國維著《史籀篇疏證》，始辨明之，其説碻不可易矣。

第四節　小篆

一　小篆與作者

《説文·序》云：“孔子書《六經》，左丘明述《春秋傳》，皆以古文，厥意可得而説。其後諸侯力政，不統於王。惡禮樂之害己，而皆去其典籍。分爲七國，言語異聲，文字異形。秦始皇帝初兼天下，丞相李斯乃奏同之，罷其不與秦文合者。斯作《倉頡篇》中車府令趙高作《爰歷篇》，太史胡毋敬作《博學篇》，皆取《史籀》大篆或頗省改，所謂小篆者也。”按古文或名大篆、小篆之稱，對大篆而言也。

二 李斯統一文字

前人多以撥去古文爲秦人及李斯之罪，其實不然。今觀殷墟龜甲及周代鼎彝銘刻，字畫增益無定，一字異形，多不勝紀。當時迷惘，可以測知。秦既統一天下，則整齊文字，實爲切要之圖。《史記·秦始皇紀》載始皇東巡琅邪，刻石，頌秦德曰：“普天之下摶心揖志，器械一量，同書文字。”以同書文字爲功德之一，良有其因。且其時任統一文字之責者爲李斯，斯者，荀卿之弟子也。荀子既嘗留意於作書之人，《正論篇》文，見前引。而韓非亦爲荀卿之弟子也。非者著《五蠹篇》曰：“古者倉頡之作書也，自環者謂之厶，背厶謂之公。公厶之相背也，乃倉頡固已知之矣。”觀李斯師友之注意於文字如此，則以李斯任統一文字之責，實可謂適當之人。斯所著《倉頡篇》，書雖已佚，就其遺文觀之，訓昡爲目視不明，訓顙爲頭大，訓聆爲耳聽，知許君依形求義之術，實創自斯。事既切要，人亦適宜，著意衡量統一之業，蓋有功而無過。前人之言，非篤論也。

第五節 隸書

《漢書·藝文志》曰：“秦始造隸書，起於官獄多事，苟趨省易，施之於徒隸也。”《説文·序》曰：“秦燒滅經書，滌除舊典，大發吏卒，興戍役，官獄職務繁，初有隸書，以趨約易。”又曰：“亡新居攝，時有六書。四曰左書，即秦隸書，秦始皇帝使下杜人程邈所作也。”晉衛恆曰：“秦既用篆，秦事繁多，篆字難成，即令隸人佐書，曰隸字。”按事涉徒隸，故名隸書。以隸佐篆，故又曰左書，左即佐也。今觀秦代遺物，秦權詔版，字在篆隸之間，已漸由篆而入隸。而繹山等刻石仍用小篆，知其於典重之文固用篆而不用隸。輕重之意固灼然可見也。

近世行用楷書，又由隸書而變者也。萌芽於六朝，而極盛於唐代。

第六節 草書

漢趙壹撰《非草書》曰：“草書起秦之末。”《説文·序》曰：“漢興，有草書。”二説不同，未知孰是，晉衛恆曰：“草書不知作者姓名。”

第七節　許慎説文解字

《説文·序》云：“壁中書者，魯恭王壞孔子宅，而得《禮記》《尚書》《春秋》《論語》《孝經》，又北平侯張蒼獻《春秋左氏傳》，郡國亦往往於山川得鼎彝，其銘即前代之古文，皆自相似。雖叵復見遠流，其詳可得略説也。而世人大共非訾，以爲好奇者也，故詭更正文，鄉壁虛造不可知之書，變亂常行，以耀於世。諸生競逐説字解經誼，稱秦之隸書爲倉頡時書，云父子相傳，何得改易？乃猥曰馬頭人爲長，人持十爲斗，虫者屈中也。廷尉説律，至以字斷法，苛人受錢，苛之字止句也。若此者甚衆，皆不合孔氏古文，謬於史籀。俗儒鄙夫翫其所習，蔽所希聞，不見通學，未嘗覩字例之條，怪舊藝而善野言，以其所知爲秘妙。其迷誤不諭，豈不悖哉！蓋文字者，經藝之本，王政之始，前人所以垂後，後人所以識古。今敘篆文，合以古籀。博采通人，至於小大，信而有證。稽譔其説，將以理羣類，解謬誤，曉學者，達神恉。分別部居，不相雜厠也。”按人類先有事物在心，欲名此事物，則必賦之以聲音，則語言是也。語言不能久留，又不能行遠，於是人類更進而賦語言以形態，於是文字生焉。文字以三事爲要素，曰形，曰音，曰義。而其次第，則先有義而後有音，有音而後有形。文字之作，始則因義而賦形，繼則即形而表義。故本始之字形，其於義也，必相密合。此碻定不移之理也。時至秦漢，文字通用隸書，字形既非本始，則義無可求。於是字例不明，野言日熾。許君戚然憂之，於是溯其形於古籀，探形體之真源。上承倉頡，博訪通人。既就形以求義，復即義以説形，而音義之相關，亦時時闡明而不廢。可謂握文字之機鈐，洞藝術之旨要者也。向無許君，則馬頭持十之論，屈中止句之言，日肆披昌，文字之真，將晦盲千古。雖有晚出之龜甲，日出之鼎彝，研究者將無從措手，文道之阨尚可言哉！嗚呼！此許君所以爲聖道之功臣，《説文》所以爲故書之鴻寶也。

第八節　金文

古人鑄鐘鼎以銘功勳，紀光寵，書約劑。楚靈王求鼎以爲分，見昭十二年《左傳》漢武帝得鼎以紀元，鼎之見珍，由來舊矣。至於摹繪圖形，考釋文字，以爲專門之學，則事始於北宋，而極盛於遜清。蓋自宋歐陽修著《集古録》，劉敞著《先秦器物記》，此書今不傳。搜求考釋，餘力不遺。嗣是而有吕大臨之《考古圖》、王黼等之《博古圖録》、王俅之《嘯堂集古録》、王厚之之《鐘鼎款識》、薛尚功之《歷代鐘鼎彝器款識法帖》，學風流衍，著述如林。及於遜清。官書有《西清古鑒》《寧壽鑒古》諸編，私家有阮元之《積古齊鐘鼎彝器款識》、吴榮光之《筠清館金文》、吴式芬之《攈古録金文》、吴大澂之《愙齋集古録》、方濬益之《綴遺齊彝器考釋》、孫詒讓之《古籀餘論》，其尤著者也。民國以來，王國維考釋銘文，最爲卓絕。大抵吉金之學，可以證經，可以考史，而文字之學，所關尤大。所以然者，鐘鼎鑄於周代，遠在漢前，摹拓勝於傳鈔，必無訛誤，故許書偶然誤説，勘校可以了然。《説文》解有字从又从月，訓爲不宜有，此强説也。金文有字从又持肉，則有字之義躍然矣。《説文》解尋字从見从寸，此誤解也。金文㝵字从寸从貝。而㝵字之義如見矣。故余謂原始之字形，其於義也，必相密合，此其顯證也。及字形差誤，義不可求，則以形違而失其義也，或義失本初，形難吻合，則以義失而徒具其形也，於是妄説起而大道乖矣。精究金文，補苴許説，或訂其字形，或糾其説義。本洨長之師法，復倉頡之本原。非吾輩後起者所當有事乎？自吴大澂著《説文古籀補》，續撰者數家，大抵訂形體之功居多，訂説義者尚少見。

第九節　龜甲文

遜清光緒二十五年己亥，河南省安陽縣西五里小屯地方發見龜甲獸骨，其上皆有刻辭，福山王懿榮得之。明年庚子，北京義和團事起，八國聯軍入京，懿榮死難，所藏轉歸丹徒劉鶚。鶚編印《鐵雲藏龜》一書，是爲龜甲文字有書之始。瑞安孫詒讓清季大師，據劉氏所藏，撰《契文舉例》，所見未融。越十年宣統庚戌，羅振玉著《殷商貞卜文字考》一卷，雖尚有漏義，然考釋詳慎，實奠此學之基。是爲甲骨專學有著書之始。嗣是作者無慮數十家，王國維最爲傑出。蓋自清代以來，許氏《説文》及彝器款識之學已臻極盛，故龜甲發見，治之者本其《説文》吉金之學，由流而溯原，故爲力易而所得多也。至若王氏博通經史，精治音韻小學，天才既卓，學力尤深，其成績特優，非偶然矣。

彝器文字足以訂正《説文》，前既言之矣。龜甲爲殷商文字，其足以糾後起之誤説，與彝器正同。《説文》説屰字云："屰不順也，從干下凵屰之也。"干下凵屰之不能索解。甲文作屰，从倒大，則字義不言而喻矣。倒人即屰，羅振玉説示人从外入之狀，非是。此義是而失其形者也。《説文》説丞字云：“翊也，从廾从卩从山，山，高奉承之義。”此不可通之説也。龜文作𡵂，像人陷入阱中，上有二手引之，則丞爲拯救字之初文，又不説而可明矣。此因失其形而遂失其義者也。

第十節　文字表

綜上來所説，以表示之合如下表：

文字＼作者		製作者	作品	遺物及書
以前文字		神農氏？	結繩	無
文字	説文所記	倉頡沮誦等	古文 大篆	殷墟龜甲、商周彝器、《説文》載古籀、《魏石經》古文
		李斯 趙高 胡毋敬	小篆 篆文	秦代刻石、《説文》載篆文、《魏石經》篆文
	説文所不記	程邈	隸書 左書	漢金銘文、漢熹平石經、漢魏石刻《魏石經》隸書
		秦末某	草書	法帖中晉張旭書、唐孫過庭《書譜》等
		漢劉德升？	行書	晉王羲之《蘭亭序》等

第二章　六書

第一節　緣起

人類既作，厥有語言。然語言聲出即消，不能垂久行遠，欲彌此缺，文字乃生。文字之作，不由於一人，荀子曰：作書者衆矣，是其證也。亦不局於一地，各憑意匠爲之，初非有定則也。六書之起，乃後人尋繹文字，得其條理，爲之類別焉爾。核實言之，文字之製造在先，六書之分類在後，非先有六書定則，而後造文字也。

《周禮·地官》曰："保氏掌諫王惡，而養國子以道，乃教之六藝：一曰五禮，二曰六樂，三曰五射，四曰五馭，五曰六書，六曰九數。"此六書之始見於古書者也。

第二節 定義

許君《説文解字·序》曰："周禮八歲入小學，保氏教國子，先以六書：
一曰指事。指事者，視而可識，察而見意，上下是也。
二曰象形。象形者，畫成其物，隨體詰屈，日月是也。
三曰形聲。形聲者，以事爲名，取譬相成，江河是也，
四曰會意。會意者，比類合誼，以見指撝，武信是也。
五曰轉《注》。轉《注》者，建類一首，同意相受，考老是也。
六曰假借。假借者，本無其字，依聲托事，令長是也。"

第三節 體用

明楊慎曰："六書者，象形、指事、會意、形聲四書爲經，轉注、假借二書爲緯。"清戴震曰："指事、象形、形聲、會意四者，字之體也。轉注、假借二者字之用也。按許君舉考老爲轉注之例，舉令長爲假借之例，老令同爲會意，考長同屬形聲，知轉注假借二書本無自性。楊戴二君之説，不可易矣。"

第四節 差別

象形、指事二書謂之文。

象形者，圖畫也。爲客觀的、模仿的、具體的。先有形而後有字，是爲字生於形。

指事者，符號也。爲主觀的、創造的、抽象的。先有字而後有形，是爲形生於字。

會意形聲二書謂之字。

會意者，合二文或數文以成字者也。其所合之文互相融和、互相貫注、而別成一意。其字之音義超然於所合之文之外。

形聲亦合二文或數文以成字者也。其所合之文，或表義，或表聲，各自獨立，不相融合。所造成之字之音義，即寓於所合之文之中。

- 文字
  - 文
    - 象形（圖畫）：客觀的、模仿的、異體的　字生於形
    - 指事（符號）：主觀的、創造的、抽象的　形生於字
  - 字
    - 會意（所合之文互相融合，字之音義在所合之文之外。）
    - 形聲（所合之文不相融合，字之音義含於所合之文之中。）

第五節　次第

許君於六書，以指事象形形聲會意轉注假借爲序，既如前述矣。漢儒述六書者，自許君外，尚有鄭衆班固二家，次第各異。

鄭玄《周禮·地官》保氏注引鄭衆説曰：六書，象形會意轉注處事假借諧聲也。

班固《漢書·藝文志》曰：古者八歲入小學，故《周官》保氏掌養國子，教之六書。謂象形象事象意象聲轉注假借，造字之本也。班書《藝文志》本劉向《七略》，此蓋劉氏之説。

表之如下：

人／次	鄭衆	班固	許慎
一	象形	象形	指事
二	會意	象事	象形
三	轉注	象意	形聲
四	處事	象聲	會意
五	假借	轉注	轉注
六	諧聲	假借	假借

造文之次，似當先文而後字。鄭衆糅合字文，又混淆體用，最爲難解。

文有二書。象形以圖畫表其體之形，其事於初民爲易。指事以符號表抽象之事，非術智大進，殆不易爲。則班固首象形次指事，指事班名象事。其説視許君爲勝矣。

字亦二書。會意難作而易窮，形聲易爲而無盡。形聲之作，蓋所以救會意之窮，其次第蓋當在會意後。若然，班氏二書次第亦優於許矣。

轉注因字而造字，假借以不造字爲造字。造者在前，不造者在後，二者次第瞭然自明。班許同符，非無故矣。

上來所述，乃就六書發生之次第爲言，非謂此書字造訖，始制彼書也。讀者無誤解可爾。

第六節　名義

論次第則班優於許，論名稱則許勝於班，蓋事本無象，象事不如指事之恰也。會意字本緣會合而成，且意無可象，象意不如會意之確也。形聲二事兼舉，象聲則單隻不該，則像聲又不如形聲之備也。或謂形象義同，象聲即形聲，義無軒輊。然以班稱象事象意例之，則像乃虛指之動詞，非實指之名詞也。

蓋許君生鄭班之後，故能斟酌盡善，後來居上歟？考《後漢書》，鄭衆卒於章帝建初八年，班固卒於和帝永元中，許君自敍作於永元十二年庚子，至安帝建光元年辛酉。許君尚存遣子沖詣闕獻書，故知許君生在鄭班二君之後矣。

積微居讀書記

讀國語小識

周語中

武不可觀

樹達按："觀"當讀爲"黷"，褻也，數也。韋訓見，非是。

晉語三

其靡有征兮

樹達按：別本"征"作"徵"，是也。此以懷、歸、哀、微、依、妃爲韻，作"征"則失韻矣。

晉語七

柳人之有元君

樹達按："元君"猶書言元首，韋訓善，非也。

晉語八

民志不厭

樹達按："不厭"猶今言不滿，訓極非。

忠自中而信自身

樹達按：以"中"訓"忠"，以"身"訓"信"，聲訓也。

晉書九

獻子執而紡於庭之槐

樹達按："紡"當讀"縛"。

魯孟獻子有門臣五人

樹達按：與孟子說近。

越語下

日困而還月盈而匡

樹達按：韋讀“匡”爲“虧”，雙聲可通，愚疑當讀“康”，“濂”，虛也。

莊子拾遺

逍遙遊第一

宋人資章甫而適諸越

樹達按：“資”當讀爲“齎”。《説文》六篇下《貝部》云：“齎，持遺也”。《廣雅·釋詁三》云：“齎持也”。二字古多通作。李訓“貨”，司馬訓“取”，並非是。

子獨不見狸狌乎卑身而伏以候敖者

“敖”，《釋文》云：“徐、李五到反。支云，伺彼怠敖，謂承夫閒殆也。司馬音遨，謂伺遨翔之物而食之”。樹達按：諸説皆非也。《説文》六篇下《出部》云：“敖，出遊也。从出，从放”。此“敖”字正用本義。

齊物論第二

今之隱机者非昔之隱机者也

郭《注》云：“子游嘗見隱机者，而未有若子綦也”。樹達按：“也”與“邪”同。此亦問詞，與上二句同，故下文子綦善其問也。郭《注》誤解。

夫大塊噫氣其名爲風

樹達按：《説文》二篇上《口部》云：“噫，飽食息也”。此謂大塊出息之聲。

厲風濟則衆竅爲虛

郭《注》云：“濟，止也。烈風作，則衆竅實；及其止，則衆竅虛”。樹達按：郭訓“濟”爲“止”，是也；字實假爲“𠂢”。《説文》六篇下《𣎵部》云：“𠂢，止也”。“𠂢”、“濟”古音同，故泲水通作濟水也。郭釋“厲”爲“烈”，“厲”、“烈”音同字通。《詩·思齊》云：“烈假不瑕”，唐公房碑作“厲蠱不瑕”；《禮記·祭法》“厲山氏”，昭二十九年《左傳》作“烈山氏”，並其證也。

其厭也如緘以言其老洫也

樹達按：“老洫”義頗難明。“洫”疑當讀爲“或”，《説文》十二篇上《門部》：“閾”或作“閾”，是“或”、“洫”字通之證。古“或”、“惑”字同，“老洫”即“老惑”，猶言“老誖”也。“老悖”見《漢書·疏廣傳》。

聖人愚芚

樹達按：“芚”當讀爲“鈍”。

養生主第三

已而爲知者殆而已矣

郭《注》云："已困於知而不知止，又爲知以救之，斯養而傷之者，真大殆也"。樹達按：郭釋"已"爲"已既"之"已"，非也。《爾雅·釋詁》云："已，此也"。"已而爲知"猶云"如此而爲知"也。

批大卻

樹達按："卻"與"隙"同，《説文》十四篇下《𨸏部》云："隙，壁際也"。

今臣之刀十九年矣所解數千牛矣而刀刃若新發於硎

郭《注》云："硎，砥石也"。樹達按：《淮南子·齊俗篇》用莊此文云，"庖丁用刀十九年而刃如新剖硎"。許《注》云："新剖，始制也。硎，磨刀石"。此郭《注》所本。然許《注》淮南之説實不可通。果如其説，刃如新制磨刀石，文尚可通乎？愚謂"硎"當讀爲"型"。《説文》十三篇下《土部》云："型，鑄器之法也"。"新發"、"新剖"謂新從模型中取出。"刀十九年而刃若新發於硎"，極言刃鋒之鋭利也。訓硎爲磨砥之石，則與"發""剖"之義不相貫矣。或曰：《吕氏春秋·精通篇》云："宋之庖丁好解牛，用刀十九年，刃若新磨研"，則許郭似不誤。不悟吕文自作"磨研"，與《莊》、《淮南》作"硎"者不同，不得援彼以證兩注"硎"訓之不誤也。

動刀甚微謋然已解

《釋文》："謋，化百反，徐又許百反"。樹達按："謋"疑當假爲"捇"，《説文》十二篇上《手部》云："捇，裂也。从手，赤聲"呼麥切。宣六年《公羊傳》云："趙盾就而視之，則赫然死人也。趙盾曰，'是何也？'曰，'膳宰也。熊蹯不熟，公怒，以斗摮而殺之，支解，將使我棄之'"。傳文"赫"亦"捇"字之假。何注云："赫然，已支解之貌"是也。""已支解之貌"爲"赫然"與莊稱"謋然已解"義正同。

老聃死秦失弔之三號而出弟子曰非夫子之友邪曰然然則弔焉若此可乎曰然始也吾以爲其人也而今非也向吾入而弔焉有老者哭之如哭其子少者哭之如哭其母彼其所以會之必有不蘄言而言不蘄哭而哭者

樹達按："弔焉若此可乎"者，疑"三號"爲太簡也。始以爲其人，今知其非，故三號而已足也。始以爲其人今非也者，即指老聃而言。莊生稱老子爲"博大真人"，而此於老聃有所不足者，所謂"寓言十九"也。成疏不了此，謂此二句指哭者而言，於文理不可通矣。

人間世第四

回嘗聞之夫子曰治國去之亂國就之醫門多疾願以所聞思其則庶幾其國有瘳乎

《釋文》引崔、李云："則，法也"。樹達按："思其則"文義難通，"思"疑當爲"侍"，音近而誤；"則"當作"側"。

凡事若小若大寡不道以懽成

樹達按：道，由也。"寡不道以懽成"，鮮不由以懽成也。

夫兩喜必多溢美之言兩怒必多溢惡之言凡溢之類妄

郭《注》云："嫌非彼言，似傳者妄作"。樹達按："凡溢之類妄"者，謂凡過溢之類，不問美惡，必爲妄作也。《注》訓"類"爲"似"，非是。

獸死不擇音

樹達按："音"假爲"陰"，郭《注》以本字讀之，非是。

汝不知夫養虎者乎不敢以生物與之爲其殺之之怒也不敢以全物與之爲其決之之怒也時其飢飽達其怒心

《注》云："知其所以怒而順之"。樹達按：恐虎之怒而不以生物與全物與之，而文云"達其怒心"，文義上下不貫。"達"當爲"違"，字之誤也。《國語·晉語》云："違周難於晉國"。韋昭注云："違，避也"。"違其怒心"謂避其怒心也。"違"與"達"形近致誤耳。《淮南子·主術篇》云："故夫養虎豹犀象者，爲之圈檻，供其嗜欲，適其飢飽，違其怒恚"，本《莊子》此文，字作"違"，其明證也。郭《注》就誤文爲釋，非是。又按："怒心"文雖可通，疑亦當從《淮南》作"恚"，"恚"字脱落其半，遂爲"心"字耳。

德充符第五

無趾語老聃曰孔丘之於至人其未耶彼何賓賓以學子爲

《釋文》引司馬云："賓賓，恭貌"。張云"猶賢賢也"。崔云："有所親疏也"。簡文云："好名貌"。樹達按："賓"當讀爲"鬪"，《説文》三篇下《斗部》云："鬪，鬥也。从鬥，賓省聲，讀若繽"匹賓切。"鬩，鬥連結鬪鬩相牽也。從鬥，燹聲"撫文切。按"鬪鬩"疊韻連語，字或作繽紛，《淮南子·俶真篇》云，"繽紛蘢蓯"，高《注》："繽紛，雜揉也"。《孟子·滕文公篇》云："何爲紛紛然與百工交易，何許子之不憚煩"？"繽""紛"二字義同。《莊》云"賓賓"，猶《孟子》云"紛紛"矣。《釋文》諸説並非。俞樾讀爲"頻頻"，亦未是。

無君人之位以濟乎人之死

樹達按：《齊物論》云，"厲風濟則衆竅爲虚"，郭《注》，"濟，止也"。此文"濟"亦當訓"止"。

無聚祿以望人之腹

樹達按：李楨讀"望"爲"朢"，訓爲"滿"，是也。"聚"當讀爲"芻"，

《孟子·告子上篇》云:“禮義之悦我心,猶芻豢之悦我口”。趙《注》云:“草食曰芻”。“芻”、“聚”古音同,故可通用。《盗跖篇》云“今謂臧聚曰”,孫詒讓讀“聚”爲“騶”,與此正可互證。

日夜相代乎前而知不能規乎其始者也

樹達按:“規”假爲“窺”。

大宗師第六

人特以有君爲愈乎已而身猶死之而況其真乎

成疏云:“人獨以君王爲勝己尊貴,尚殞身致命,不敢有避”。樹達按:成疏讀“已”爲“人己”之“己”,“有君爲愈乎己”,文不可通,其説非也。此“已”字當爲“已止”之“已”,已,止也。“人特以有君爲愈乎已”者,人特以有君爲愈乎無君也。《論語·陽貨篇》云:“不有博奕者乎,爲之猶賢乎已”。《莊》云“愈乎已”,與《論語》言“賢乎已”正同。

夫藏舟於壑藏山於澤謂之固矣然而夜半有力者負之而走昧者不知也

樹達按:“昧”,郭《注》如字讀之,非也。當讀爲“寐”。《説文》七篇下《寢部》云:“寐,臥也”。負走者以夜半,故臥者不知,義正相貫。“昧”、“寐”聲類同,故得通假。如字讀之,則失其義矣。《淮南子·俶真篇》字作“寐”,其明證也。

特犯人之形而猶喜之若人之形者萬化而未始有極也

郭《注》云:“人形乃是萬化之一遇耳,未足獨喜也”。樹達按:“犯”當讀爲“笵”,《説文》五篇上《竹部》云:“笵,法也。從竹,氾聲”。“犯”“笵”聲類同,故通用耳。《淮南子·俶真篇》用此文云:“一範人之形而猶喜”,又假“範”爲“笵”。高《注》云:“範猶遇也,遭也;一説,範,法也,言物一法效人形而猶喜也”。高訓“範”爲“遇遭”,是郭《注》所本,然其説非是。一説訓“範”爲“法”,是也,然云法效人形,亦非。蓋模法謂之法,爲名字;取物入模法中以鑄造器物,亦謂之法,爲動字。“犯人之形”猶言鑄造人之形耳。下文云:“今一犯人之形”,王先謙讀“犯”爲“笵”,是也。

善妖善老善始善終人猶效之

郭《注》云:“此自均於百年之内,不善少而否老,未能體變化齊死生也,然其平粹,猶足以師人也”。樹達按:郭釋“妖”爲“少”,本字當作“枖”,或“幺”,《説文》六篇上《木部》云:“枖,木少盛貌”。四篇下《幺部》云:“幺,小也”。“少”、“小”義同。郭慶藩云正字作“夭”,非也。

已外生矣而後能朝徹

《釋文》:郭司馬云:“朝,旦也”。樹達按:“朝”當讀爲“周”,

"朝徹"即"周徹"也。《詩·周南·汝墳》云"未見君子，惄如調飢"。毛傳："調，朝也"。謂假"調"爲"朝"也，故《鄭箋》云："未見君子之時如朝飢之思食"。《莊》假"朝"爲"周"猶詩文之假"調"爲"朝"矣。郭司馬以"朝旦"爲釋，非是。

跰𨇤而鑑於井

樹達按：《史記·平原君傳》云："民家有躄者，槃散往行汲"。"跰𨇤"猶"槃散"，一聲之轉耳。

嗟來桑户乎嗟來桑户乎

樹達按：《莊子》恆用"來"爲語已詞，《人間世篇》云："嘗以語我來"，又云，"子其有以語我來"，與此"來"字皆是。

魚相造乎水人相造乎道

樹達按：《説文》二篇下《辵部》云："造，就也"。

且彼有駭形而无損心有旦宅而无情死

樹達按："駭"當讀爲"改"，有改形而無損心，謂形態有變易而精神無損也。"旦"當讀爲"輟"，止也。有輟宅而無情死，謂所寄寓之宅有休止之時而精神不死也。《淮南子·精神篇》云："且人有戒形而無損心，有綴宅而無耗精"，用莊子文，亦假"戒"爲"改"，假"綴"爲"輟"。高《注》云："戒或作革，革，改也，言人形骸有改更而作化也。心喻神，神不損傷也。綴宅，身也。精神居其宅則生，離其宅則死，言人雖死，精神終不耗滅，故曰無耗精也"。按高説甚諦。郭釋"駭"爲"駭動"，"旦宅"爲"旦宅之日新"皆非也。

整萬物而不爲義

樹達按："整萬物"不得爲義，"義"字文不可通，《天道篇》作"戾"字，是也。此字誤。

應帝王第七

汝又何帛以治天下感予之心爲

樹達按："帛"字不可識，蓋"假"字古文之誤字也。《説文》三篇上《又部》云："假，借也"。或作叚，云，"譚長説如此"。蓋字本作"叚"，隸誤爲"帛"，遂不可識。莊子書屢言"何暇"，《天地篇》云，"而身之不能治，而何暇治天下乎"？此"何叚"即"何暇"也。

是於聖人也胥易技係勞形怵心者也

樹達按："怵"當讀爲"訹"，《説文》云："訹，誘也"。成疏以"怵惕"爲義，似非。

駢拇第八

多方乎仁義而用之者列於五藏哉而非道德之正也

樹達按："仁義列於五藏"者，《白虎通·性情篇》云"肝仁，肺義，心禮，腎智，脾信"也。此蓋周季學士通行之説，故莊生稱之。

是故駢於明者亂五色淫文章青黃黼黻之煌煌非乎而離朱是已

樹達按："而"與"如"同。

駢於辯者纍瓦結繩

《釋文》云："一云，瓦當作丸"。樹達按：字當作"丸"。《達生篇》云："纍丸二而不墜，則失者錙銖"。"纍"、"累"同。"累丸"喻巧。

馬蹄第九

編之以阜棧

樹達按："阜"正字當作"槽"，《説文》六篇上《木部》云："槽，畜獸之食器"。

饑之渴之

樹達按：《韓非·右儲説下》云："造父爲齊王駙駕渴馬服成"。《注》云："以渴服馬，百日服習之故成也"。是"渴之"之事也。

胠篋第十

擢亂六律

樹達按：下文云，"皆外立其德而以爚亂天下者也"。"擢亂"與"爚亂"同。

皆外立其德而以爚亂天下者也

樹達按：《説文》八篇下《見部》云："覦，視誤也"。"爚"蓋假爲"覦"。

知詐漸毒頡滑堅白解垢同異之變多則俗惑於辯矣

樹達按：《説文》十三篇上《糸部》云："縎，結也"。《漢書·息夫躬傳》云："心結愲兮傷肝"。"頡滑"疑與"結縎"同。

在宥第十一

於是乎天下始喬詰卓鷙而後有盜跖曾史之行

《釋文》："崔云，喬詰，意不平也"。樹達按：崔説近之。《天運篇》云，"且子獨不見夫桔槔者乎？引之則俯，舍之則仰"。《天地篇》云："鑿木爲機，後重前輕，挈水若抽，數如泆湯，其名爲槔"。《釋文》云："槔本作橋。司馬李云，桔槔也"。"槔"本或作"橋"，故"桔槔"倒言之爲"喬詰"。

後重前輕俯仰不平謂之桔槔，意不平謂之喬詰，其義一也。

說禮邪是相於技也說樂邪是相於淫也

《釋文》云：“相，助也”。樹達按：“相”訓爲“助”，與上文“淫於色，淫於聲，亂於德，悖於理”文例不協。“相”疑當讀爲“傷”。《詩·采蘋》云，“于以湘之”。“湘”韓詩作“䰜”，是“相”、“傷”可通用之證。

上下囚殺

樹達按：《禮記·樂記》云：“是故志微噍殺之音作而民思憂”，疏釋“噍殺”爲“噍蹙殺小”，“囚殺”與“噍殺”同。

吾與日月參光

疏云：“参，同也”。樹達按：《周語》云：“王御不参一族”。章《注》云：“参，三也”。古書“参”字頗多是“三”義。《中庸》云：“可以與天地参矣”，謂人與天地並而爲三也。此文“與日月参光”，謂與日月三其光也。成訓同，未得本義。

當我緡乎遠我昏乎

《釋文》云：“緡，郭音泯。泯，合也”。樹達按：如郭義，“緡”正字當爲“㝠”，《說文》七篇下《宀部》云：“㝠，冥合也”。

倘然止贅然立

樹達按：《說文》二篇下《足部》云：“䟃，䟃足也”。“贅”以同音字通假。

天地第十二

行不崖異之謂寬

樹達按：“崖異”猶“岸異”也。《荀子·勸學篇》云：“淵生珠而崖不枯”，楊《注》：“崖，岸也”。“岸”，說文訓“水崖而高”，“岸異”猶言高異。

不拘一世之利以爲己私分

樹達按：“拘”當讀爲“鉤”，謂鉤致之。疏以“拘束”爲釋，誤。

其心之出有物採之

疏云：“採，求也。”樹達按：疏說不可通。“採”疑當讀爲“宰”，“采”、“宰”古通作。《方言》十三云：“冢，秦晉之間或謂之埰”。僖三十三年《公羊傳》云：“宰上之木拱矣”。《何休注》云：“宰，冢也”。此“采”聲“宰”聲字通之證。

封人曰始也我以女爲聖人邪今然君子也

樹達按：“然”猶“乃”也。《外物篇》云：“吾得升斗之水然活耳”，義同。

孔子曰彼假修渾沌氏之術者也

樹達按："假"讀爲"遐"，遐，遠也。郭釋爲"真假"之"假"，非是。

夫明白入素無爲復樸

樹達按："入"字無義，字當爲"太"，形近誤也。《淮南子·精神篇》云："處其一不知其二，治其內不識其外，明白太素，無爲復樸，體本抱神以遊於天地之樊"，襲用此文，字正作"太"。

蠢動而相使不以爲賜

樹達按：僖二年《公羊傳》云："虞郭之相救，非相爲賜"。何休解詁云："賜猶惠也"。

謂己道人則勃然作色

樹達按：郭慶藩謂"道人"即"諂人"，是也。"道"之爲"諂"，猶"導服"之爲"禫服"也。

天道第十三

萬物無足以鐃心者故靜也

樹達按："鐃"假爲"撓"。《説文》十二篇上《手部》云："撓，擾也"。

辯雖雕萬物不自説也

樹達按："彫"與"周"同。

萬物化作萌區有狀

樹達按："區"當讀爲"句"，《禮記·月令》云："季春之月，句者畢出，萌者盡達"。《莊》云"萌區"，即《月令》所云"萌者句者"也。"句""區"音近相通。"萌區"倒之則爲"區萌"，《禮記·樂記》云："草木茂，區萌達"；《管子·五行篇》云，"然則冰解而凍釋，草木區萌"是也。

於是繙十二經以説老聃中其説曰大謾願聞其要

樹達按："中"疑當讀爲"終"，止也。"謾"與"曼"同，長也。

鼠壤有餘蔬而棄妹之者不仁也

樹達按："妹"字無義，疑字當作"姝"，"姝"與"投"古音同。

審乎無假而不與利遷

樹達按："利"字義不可通，字當爲"物"，形近誤也。《德充符篇》云："審乎無假而不與物遷"，字正作"物"；《淮南子·精神篇》云，"審乎無瑕而不與物糅"，字亦作"物"，並其證也。

天運第十四

孰居無事推而行是

樹達按："居"，詞也。《詩·日月》云："日居月諸"，《禮記·檀弓上篇》云："何居，我未之前聞也"，又云，"一日伐鼓，何居"，"孰居"與"何居"正同，疏釋爲"安居"，非也。

刻意第十五

語仁義忠信恭儉推讓爲修而已矣

樹達按："語仁義忠信恭儉推讓"，不得目之爲"爲修"，"語"字殆衍。下文云："語大功，立大名，禮君臣，正上下，爲治而已矣"。此"語"字即因下文而衍。

夫有干越之劍者柙而藏之不敢用也寶之至也

樹達按：《淮南子·精神篇》云："夫有夏后氏之璜者，匣匱而藏之，寶之至也。夫精神之可寶也，非直夏后氏之璜也"。《淮南》襲此文意，有"精神可寶"二句，文意較完，疑此文下有敓文也。

秋水第十七

至大不可圍

樹達按：計樹之大，舉其量曰圍。《人間世篇》云："見櫟社樹，其大蔽數千牛，絜之百圍"。又云："三圍四圍，求高名之麗者斬之；七圍八圍，貴人富商之家求樿傍者斬之"。此作名字用者也；因而以圍量樹之大亦曰圍，此云"至大不可圍"，《則陽篇》云"大至於不可圍"，此作動字用者也。孫氏《札迻》不得"圍"字之義，謂是"囿"之誤，殊謬。

故曰蓋師是而无非師治而无亂乎是未明天地之理萬物之情者也

樹達按："蓋"與"盍"通，何不也。《説文》，蓋從盇聲，故可通用。《禮記·檀弓上篇》云："子蓋言子之志於公乎"？又云："子蓋行乎"？鄭《注》云："蓋皆當爲盍，盍，何不也"。此二文通用之證。

道无終始物有死生不恃其成一虛一滿不位乎其形

樹達按："滿"當爲"盈"，與"生"、"成"、"形"爲韻。下文云"消息盈虛"即其證，此漢人避惠帝諱所改。

至樂第十八

烈士爲天下見善矣

樹達按："見"猶被也，"爲天下見善"與"爲天下所善"同。

與人居長子老身

樹達按："長子老身"，"身"謂己身，不謂妻，成疏説誤。

達生第十九

至人潛行不窒

樹達按：《方言》十云："潛，沉也。又游也"。郭《注》云："潛行水中亦爲遊也"。《説文》十一篇上《水部》云："潛，涉水也"。"潛行不窒"謂潛行水中呼吸不窒，與下文"蹈火不熱"文正相對。疏云"潛伏行世"，非也。

彼視淵若陵視舟之覆猶其車卻也覆卻萬方陳乎前而不得入其舍

郭《注》云："覆卻雖多而猶不以經懷，以其性便故也"。樹達按："萬方"猶言"多方"《天下篇》云："惠施多方"。猶今言百樣也。此古人恆言。《淮南子·齊俗篇》云："伐梗楠豫章而剖梨之，或爲棺槨，或爲柱梁，披斷撥檖，所用萬方，然一木之樸也"。《漢書·外戚傳》云，"惠帝即位，吕太后欲爲重親，以公主女配帝爲皇后，欲其生子，萬方，終無子"。郭《注》"覆卻雖多"，"多"字正釋"萬方"二字。俞樾不識"萬方"二字之義，欲據《列子》於"萬"下校增"物"字，不悟《列子》"物"字正是衍文，校書者當據《莊子》衍彼文，不當據《列子》增此文也。

祝宗人玄端以臨牢筴

《釋文》："李云，筴，木欄也"。樹達按：如李訓，"筴"當爲"柵"。《説文》六篇上《木部》云："柵，編豎木也"。"筴"、"柵"古音近，故通用耳。二字同在錫部又按：《列子·仲尼篇》《釋文》引《莊子》"以臨牢柵，李《注》，柵，木欄也"。然則殷敬順所見《莊子》本作"柵"也。

工倕旋而蓋規矩指與物化而不以心稽

樹達按：《漢書·賈誼傳》注引應劭云："稽，計也"。

昭昭乎若揭日月而行也

樹達按：語又見《山木篇》，彼集釋引司馬云："揭，擔也"。此本文成疏訓"揭"爲"擔揭"所本。如司馬説，則"揭"字乃假爲"竭"，《説文》下篇下《立部》："竭：負舉也"。《説文》"揭"訓"高舉"，義相近，説亦通。

山木第二十

雖飢渴隱約猶旦胥疏於江湖之上而求食焉

疏云："隱約猶斟酌也"。樹達按："飢渴斟酌"文義不貫，疏説非也。愚謂"隱約"猶窮約也。《荀子·宥坐篇》云："奚居之隱也"，楊《注》："隱謂窮約"。樹達按：《禮記·坊記》云，"小人窮斯約"，《注》云："約猶窮也。"《論語·里仁篇》云："不可以久處約"，皇疏云："約猶貧困也"。魏文帝《典論·論文》云："西伯幽而演周易，周旦顯而制禮，不以隱約而弗務，不以康樂而加恩”。以“隱約”與“康樂”爲對文，義即本於《莊子》也。

吾願去君之累除君之憂而獨與道遊於大莫之國

《疏》、《釋文》並云：“莫，無也”。樹達按：“莫”當讀爲“漠”，本書屢言“漠”，説文：“漠，清也”。“大莫”猶言“太清”耳。

絕學捐書弟子無挹於前其愛益加進

樹達按：《説文》十二篇上《手部》云：“挹，抒也”。此謂孔子絕學捐書，故弟子於孔子之前無所取得；文言“抒”者，以水爲喻耳。《田子方篇》云：“夫子不言而信，不比而周，无器而民滔乎前”，滔當讀爲“搯”與此文義相同，可以互證。郭云“去飾任素”，成云“無揖讓之禮”，李云“無所執持”，皆非也。

故曰鳥莫知於鷾鴯

樹達按：“鷾鴯”即上文之“意怠”也。“意”、“鷾”聲類同，古“而”與“能”字通，“台”與“能”字亦通，故“而”聲、“台”聲字可通。《禮記·樂記》云：“故人不耐無樂”。鄭《注》云：“耐，古書能字也，後世變之，此獨存焉。古以能爲三台字”。據此，尤足證“而”與“台”之可以相通。説又詳余《意怠鷾鴯一鳥説》。

田子方第二十一

夫子不言而信不此而周无器而民滔乎前而不知所以然而已矣

樹達按：“滔”當讀爲“搯”，《説文》十二篇上《手部》云：“搯，捾也”。《廣雅·釋詁二》云：“搯，抒也”。此言夫子並無盛物之器而民抒挹於其前而不自知也。《山木篇》云：“弟子無挹於前，其愛益加進”。此云“搯乎前”猶彼云“挹於前”也。《齊物論篇》云：“注焉而不滿，酌焉而不竭，而木知其所由來”。此云“民滔乎前而不知其所以然”猶彼云“酌焉不竭而不知其所由來”也。疏釋“器”爲“爵位”，釋“滔”爲“蹈聚”，並非是。

慹然似非人

樹達按：《達生篇》云：“輒然忘吾有四枝形體也”。“慹然”與“輒然”同。

於是旦而屬之大夫

樹達按：“屬”，會也。《周禮·州長》云：“各屬其州之民而讀灋”。《孟子·梁惠王篇》云：“乃屬其耆老而告之”。《注》並云：“屬，會也”。“之”與“其”同。“屬其大夫”猶《孟子》云“屬其耆老”矣。

典法无更偏令无出

樹達按：“偏”讀爲“篇”，“篇令”猶云“策令”也，與“典法”爲對文。疏釋爲“偏曲敕令”，殊誤。

知北遊第二十二

汝瞳焉如新生之犢而无求其故

樹達按："瞳"當讀爲"惷"，《説文》十篇下《心部》云："惷，愚也。從心，舂聲"。新生之犢惷愚無所知，故云"惷焉如新生之犢"也。《淮南子·道應篇》云："惷乎若新生之犢而無求其故"，正用此文。

天知予僻陋慢訑

樹達按："慢"讀爲"謾"，"訑"與"詑"同。《説文》三篇上《言部》云："謾，欺也"。又云："詑，沇州謂欺曰詑"。《急就篇》云："謾詑首匿愁勿聊"。"謾訑"倒言之曰"訑謾"，《楚辭·九章》云："或忠信而死節兮，或訑謾而不疑"是也。疏云"慢訑不專"，非是。

於是泰清中而歎曰

樹達按："中"字無義，字當作"仰"，形近誤也。《釋文》云："崔本中作卬"，"卬"即"仰"。《淮南子·道應篇》用此文正作"仰"。

知形形之不形乎

樹達按：文義不完，"知"上當有"孰"字。《淮南子·道應篇》作"孰知"，是其證矣。

予能有无矣而未能无无也及爲无有矣何從至此哉

樹達按："无有"當作"无无"，此淺人妄改致誤也。《淮南子·俶真篇》云："若光耀之問於無有，退而自失也，曰，予能有無，而未能無無也；及其爲無無，至妙何從及此哉"？又《道應篇》用《莊子》此文，亦云"及其爲無無，又何從至於此哉"，皆其證也。此蓋淺人以"光曜問乎无有"，故改爲"无有"，而不知其不可通也。

庚桑楚第二十三

十日自愁復見老子

樹達按："愁"當讀爲"揫"。《説文》十二篇上《手部》云："揫，束也"。此謂南榮趎自加束斂往見老子，非謂悲愁也。成疏以"悲愁"釋之，非是。

至信辟金

樹達按：《注》訓"辟"爲"除"，非也。今謂"辟"當讀爲"闢"，開也。"至信闢金"即"精誠所至，金石爲開"之意。

一雀過羿過，本作適，此依孫丘札迻校改羿必得之威也以天下爲之籠則雀無所逃

"威"，《釋文》云："崔本作或"。樹達按：作"或"者是也。"或"者，不必然之辭。《墨子·小取篇》云："或也者，不盡也"。是其義也。文言一雀飛過羿所，羿射而得之，乃偶然之事，非能常然也。《韓非子·説林下篇》云："下言而上用者，惑也"。孫詒讓讀"惑"爲"或"，謂

上言而下用之者爲事之常，下言而上用之者爲事之偶見札迻卷七，其説是也。此文句例正與韓非同，孫氏校《莊子》此文謂“或”當讀爲“惑”，殆非。

徐無鬼第二十四

君將黜耆欲掔好惡則耳目病矣

《釋文》云：“掔，苦田反，又口閑反。《爾雅》云：固也。崔云，引去也。司馬云，牽也”。

樹達按：音口閑反，崔釋“引去”者是也。“掔”蓋假爲“遣”。

武侯超然不對

樹達按：“超”讀爲“惆”，《説文》十篇下《心部》云：“惆，失意也”。

君亦必无盛鶴列於麗譙之間

郭《注》云：“鶴列，陳兵也；麗譙，高樓也”。樹達按：文云“麗譙之間”，而《人間世篇》云：“求高名之麗者斬之”；《秋水篇》云：“梁麗可以衝城”，以“麗”與“梁”連言，則“麗譙”不當訓爲高樓，高樓亦非陳兵之所，郭《注》殆非。“麗”當讀爲“欐”，《説文》六篇上《木部》云：“欐，江中大船名”。《秋水篇釋文》引司馬云：“梁麗，小船也。”司馬蓋亦讀彼“麗”爲“欐”，但“大船”“小船”異耳《越絕書》云：“欐溪城者，闔廬所置船官也”。段氏《注》説文謂“欐”與“欐”古通用，是也。《莊》以“麗”爲“欐”，與《越絕書》以“欐”爲“欐”，正可互證。“譙”當讀爲“轈”，《説文》十四篇上《車部》云，“轈，兵車高如巢以望敵也”。《漢書·陳勝傳》顔注云：“譙亦呼爲巢，譙巢聲相近”。其説是也。“麗譙之間”猶言舟車之間耳。

招世之士興朝

樹達按：成疏謂“招世之士”爲“招致人物之士”，非也。“招”當讀爲“翹”，《説文》四篇上《羽部》云：“翹，尾長毛也”。尾長毛則高舉，故“翹”引伸訓爲“舉”，《淮南子·修務篇注》及《廣雅·釋詁》並云，“翹，舉也”。“翹世之士”謂“翹出於世之士”。《漢書·禮樂志》云：“兼雲招”，《注》云：“招讀與翹同”。是二字通作之證。

顔成子入見曰夫子物之尤也

樹達按：昭二十八年《左傳》云：“夫有尤物足以移人”，杜《注》云：“尤，異也”。

則陽第二十五

君以意在四方上下有窮乎

樹達按：《爾雅·釋詁》云：“在，察也”。

客出而君惝然若有亡也

樹達按：“惝”，《説文》字作“悵”，十篇下《心部》云“悵，望恨也”。

夫靈公有妻三人同濫而浴

《釋文》云：“濫，浴器也”。樹達按：“濫”蓋假爲“鑑”，《説文》十四篇上《金部》云：“鑑，大盆也”。

外物第二十六

已而後世輇才諷説之徒皆驚而相告也

《釋文》云：“李云，輇，量人也。本或作軨；軨，小也；又或作輕”。樹達按："量才”於此文無義。《説文》十四篇上《車部》云：“輇，蕃車下庳輪也”。段《注》云：“因以爲凡卑之稱”。“輇”字義可通，不必作“軨”、“輕”。

夫揭竿累趣灌瀆守鯢鮒其於得大魚難矣

《釋文》：“司馬云，灌瀆，溉灌之瀆”。樹達按：“竿累”、“鯢鮒”皆二事，則“灌瀆”亦當爲二事；如司馬説，文例不合。竊疑“灌”當讀爲“巜”，《説文》十一篇下《巜部》云：“巜，水小流也，或作甽、畎”。“巜”“瀆”皆水之小者，文正相類。

莊子曰人有能遊且得不遊乎人而不能遊且得遊乎

樹達按：“遊”假爲“汓”，《説文》十一篇上《水部》云：“汓，浮行水上也”。

讓王第二十八

王謂司馬子綦曰屠羊説居處卑賤而陳義甚高子綦爲我延之以三旌之位

俞樾云：“此昭王自與司馬子綦言，當稱子，不當稱子綦，綦字衍文”。樹達按：文本作“子其”，誤作“子綦”。

顔色腫噲

樹達按：“噲”當假爲“黵”，《説文》十篇上《黑部》云：“黵，沃黑色也”。

重傷之人無壽類矣

樹達按：“壽”當讀爲“疇”，《齊策》：“夫物各有疇”。高《注》：“疇，類也”。“疇”“類”同義，故以連文。《管子·樞言篇》云：“十日不食，無疇類盡死矣”。亦以“疇類”連文。

盜跖第二十九

不亦拂乎

樹達按：“拂”假爲“悖”。

説劍第三十

王曰子欲何以教寡人使太子先

樹達按："先"假爲"詵"。《説文》三篇上《言部》云："詵，致言也"。

漁父第三十一

禄禄而受變於俗故不足

疏云："禄禄，貴貌也"。《釋文》云："禄音録，謂形見爲禮也。司馬云，録，領録也"。樹達按：疏説望文爲義，釋文二説亦不可通。今按《老子》云："不欲琭琭如玉"。"禄禄"與"琭琭"同，正字疑當作"娽"，《説文》十二篇下《女部》云："娽，隨從也"。

子路旁車而問

樹達按："旁"當讀爲"傍"。

列禦寇第三十二

達大命者隨達小命者遭

樹達按：此疑即三命之説。《白虎通·壽命篇》云："命有三科以記驗，有壽命以保慶，有遭命以遇暴，有隨命以應行"。《禮記·祭法》疏引《援神契》云："遭命謂行善而遇凶也，隨命謂隨其善惡而報之"。"達大命者隨"，謂放情任物，無有成心，隨其所遇者也。"達小命者遭"，謂孜孜爲善，然而情有不可測，凶禍歘至，任其所遭，行其在我而已。

天下篇第三十三

禹親自操橐耜而九雜天下之川

《釋文》："九音鳩，本亦作鳩，聚也"。樹達按："雜"當讀爲"集"，《説文》八篇上《衣部》，"雜"从"集"聲，故得通假。"九雜"即"鳩集"也。

宋鈃尹文聞其風而悦之作爲華山之冠以自表接萬物以別宥爲始

疏云："宥，區域也。區別萬有，斯爲本也"。《釋文》："崔云，以別善惡宥不及也"。樹達按：《吕氏春秋·去宥篇》云："夫人有所宥者，固以晝爲昏，以白爲黑，以堯爲桀，宥之爲敗亦大矣。亡國之主，其皆甚有所宥耶？故凡人必別宥然後知，別宥則能全其天矣"。按吕不韋鳩集前人之説以成書，《去宥》一篇篇末明標"別宥"，殆即宋鈃尹文之遺説。據其文，則"宥"爲"蔽宥"，非如崔成之説也。

將薄知而後鄰傷之者也

樹達按："鄰"當讀爲"磷"。《論語·陽貨篇》云："磨而不磷"，集解引孔云，"磷，薄也。"

書信　回憶録

積微居小學金石論叢

與黃季剛書 一九二七年一月

昨於公鐸兄招飲席上獲承明教，謂吳摯甫《代陳伯之答邱希范書》文中有“元歸狄人”之語，於文理未融，深佩明察。惟鄙意以爲古人文字往往喜略介詞，常用如“於”、如“以”，恆見省略，無論矣。即不常用之“從”之“自”，古文亦恆從省略。《左傳》僖七年云：“女專利而不厭，予取予求，不女疵瑕也，”此謂從予取從予求也。《漢書·景十三王傳》云：“師受《易》《論語》《孝經》，皆通。”《霍光傳》云：“孝武皇帝曾孫病已，年十八，師受《詩》《論語》《孝經》。”師受者，從師受也。此從字之見略者也。《漢書·高帝紀》：“陳平亡楚來降。”《韓信傳》云：“信亡楚歸漢。“亡楚”者，亡自楚也。又云：“塞王欣翟王翳亡漢降楚。”“亡漢”者，亡自漢也。此自字之見略者也。吳君之文似可以“歸自狄人”略去自字爲解。鄙見如此，未審公以爲是否？如辱進而教之，幸甚！

與章行嚴書 一九二七年一月十二日

程叔文回京，見告公近校《論衡》，聞之甚喜。竊謂公才性長於治學，拙於從政，如自今以往專事著書，甚幸事也。樹達往於此書頗嘗用力，曾爲校注數卷，以事中輟，不復能續爲。近數年用力《漢書》，偶覺仲任有誤記二事，今以寫呈。如公以爲可采，令得廁名尊著，所欣幸也。一事：《講瑞篇》云：“張湯之父五尺，湯長八尺，湯孫長六尺。”按《史記》、《漢書》《張蒼傳》，此是蒼事。蓋仲任家貧無書，從市肆借讀，又蒼湯音近，故誤記蒼爲湯爾。二事：《命祿篇》云：“趙子都明經，階甲科至郎博士。”按《漢書·趙廣漢傳》，廣漢字子都，不言其明經爲郎博士，蓋“趙”字乃“鮑”字之誤爾。《漢書·鮑宣傳》：宣字子都，好學明經，舉孝廉爲郎，與仲任言正合。此條拙著《漢書補注補正》曾及之。“趙”“鮑”音近致誤，與《講瑞篇》張蒼誤爲張湯者正同。記前作校注時，亦尚有校正誤文多事，此時不能悉憶，容俟他日再奉質耳。

與陳援庵論史諱舉例書 一九二八年七月十二日

承示大著《史諱舉例》，搜采弘博，條理精嚴，自有此書，而避諱之學卓然成爲史學中之一專科，允爲不祧之名著，甚盛甚盛。日來粗讀一過，輒嘆觀止，殆不能復讚一辭。惟既承下問，輒復貢其管蠡。然涓涘一勺，必無補於江海之大也。一事：《左傳》桓六年申繻對問名一條不以國云云，全爲避諱而發，立義甚精，爲避諱學上最古最重要之材料。大著雖於避諱改官名例中引及晉以僖侯廢司徒二語，其餘則未及徵引，鄙意宜將其文全引，而於改官名改地名改物名諸條複分引不以官不以國不以山川不以器幣諸語，始足見古人預防避諱慎於命名之意也。二事：《禮記·曲禮上篇》卒哭不諱一節，亦爲避諱學上最古最好之材料，而“禮不諱嫌名二名不偏諱”二語，尤爲古人預防濫諱流弊所定之二大原則，後世避諱日繁，此二原則全然破壞，既諱嫌名，二名又復偏諱。大著於第五章既特設避嫌名一例，似應補設二名偏諱一例，始爲該備。三事：避諱之起，由於古人尊君敬親之意。大著惡意避諱一條，如唐肅宗惡安祿山“安”字，盡改諸邑名安字者，卻正與古人避諱之意相反，特設一例，與全書意旨逕庭。鄙意即不删削，亦當作爲附設一條，理論上較爲完密。即宋禁人名寓意僭竊例及清初避夷狄字例，亦當作爲附録以示謹嚴。以上三事關於體例者也。四事：因犯諱斷定訛謬例中引《漢書·遊俠陳遵傳》一條，謂二進字犯史皇孫諱，應以荀悦《漢紀》作數負遂，償遂博進者爲是。愚按原文云：“制詔太原太守，官尊祿厚，可以償博進矣。妻君寧時在旁知狀。遂於是辭謝。因曰：事在元平元年赦令前。其見厚如此。”官尊者，指太守而言，官尊祿厚可償博進，乃宣帝與遂戲狎向之索債之詞。謂君寧在旁知狀者，舉證人也。及遂謝罪，乃曰在赦令以前，皆所以爲戲狎也。若如荀氏所改，似謂宣帝當以博進償遂者，上下文不可通矣。蓋皇孫本未登帝位，漢世諱制亦不及後世之嚴，《宣紀》地節四年霍禹謀反事詔書有進藥字，又宣帝不諱進之明證也。此關於斷案者也。又鄙意凡史家公諱之字，宜以部首分類列爲一表，下注明何代何人之諱以便讀史者及校勘家之檢查，不知先生以爲然否？此外鄙見所及足以補充大著者數事，亦附寫於後，統希進而教之，幸甚幸甚！援庵説本顧亭林，俞蔭甫已糾之。説詳余漢書窺管伍柒壹葉。一九五五年八月二十日校字時附記。

原書避諱改諸名號例云：代祖即世祖，唐之代宗即世宗。

按明人惟不知此，故兩有代宗世宗廟號矣。

文人避家諱例云：《史記》改張孟談爲張孟同。

按《史記》又改趙談爲趙同，史公《報任少卿書》云："同子驂乘，袁絲變色。"同子即趙談也。又淮南王安著書避其父名"長"曰脩，引老子"可以長久"作"可以脩久"，亦文人避家諱之例。改常語例曾及長脩之例，然可互見。

因避諱一人前後異名例云：儒家有《莊助》四篇，縱横有《莊安》一篇，賦有《莊葱奇賦》一篇。

按《嚴助傳》作嚴助，及"嚴安""嚴葱奇"皆諱"莊"作"嚴"，而《藝文志》皆作莊，蓋《藝文志》録自劉氏《七略》，《七略》在前，不避"莊"字。班仍其文，故異也。

二人誤爲一人例

按柳子厚名宗元，有弟名宗玄，見《永州遊記》中。若如清諱玄字，改作元字，則二人同名矣。

秦漢諱例雉野雞

按《漢書》卷八十五《杜鄴傳》云："野雞著怪，高宗深動。"用殷高宗雉雊鼎耳事，改雉爲野雞。

與曾星笠書 一九三〇年八月十五日

過奉相訪，以同遊者牽率，未能細談，至爲悵恨！時局不定，嫂夫人想未南歸。漫遊返後，託庇平安。暑中作何研究？能見示一二否？弟恆疑今日文字音讀，不惟韻與古殊，即聲亦與古不相合。例如所字從户得聲，古與許通，《説文》所下引《詩》"伐木所所"，《毛詩》作"許許"，户爲匣母字，許爲曉母字，觀此古人蓋無曉匣之分。則所字古音當屬曉匣母，而《廣韻》疎舉切，爲審母字，今音又入心母則與古不合矣。又如臣字，以聲爲訓之《釋名》訓以牽字，《説文》亦爾。又臤字從臣得聲，牽臤音同，皆溪母字，然則臣字古音當與牽臤相近，而《廣韻》作植鄰切，屬禪母，又與古不合矣。又如滅字，《説文》從威聲，而威字《詩正月》釋文引《説文》從戌聲。《淮南子·道應篇》云："相天下之馬者，若滅若失，若亡其一。"此文出《莊子》，而《莊子·徐無鬼篇》作"若卹若失，若喪其一。"按戌卹古本同音，故劉熙《釋名》亦以"恤"釋"戌"，然則滅字古讀當與卹同。而《廣韻》作亡列切，又與古讀不合矣。凡此皆證據灼灼可以考見者，以此類求，他當甚夥。頗擬搜索，作爲一編，不知能如志否。吾兄篤精音韻，卓有發明，未審有以教之否？

復徐仁圃書 一九三五年八月二十四日

去冬致艾宇眉兄一緘後，隨即南歸。到家半月，猝遭先母之喪。三月北來，奉到大著《漢書·藝文志注》一冊。比時清理校課，頗爲匆迫，又心緒惡劣，於尊著未能即讀。比者暑中少事，取大著匆匆瀏覽一過，心思之細，考辨之精，無任傾服。然亦有一二事欲獻疑及補證者：尊著引《禮含文嘉》："咸伏貢獻，故曰伏犧。"謂貢獻當作其化，鄙意似覺可酌。古音歌寒通轉，《周禮·春官·司尊彝注》云："獻讀爲犧。"《禮緯》乃以獻釋犧，似非誤字。《公勝子》五篇，尊箸引葉郎園先生及姚氏之説，鄙意皆覺未安。竊疑公勝與公乘同。勝乘古音同在蒸登部《説苑·善説篇》記："魏文侯飲酒，公乘不仁爲觴政。"《漢書·張耳傳》："公乘氏以女妻陳餘。"皆其證也。房中條下尊著駁周壽昌之迂説，信爲卓識，引鄭文焯説，理論雖精，惜無左證。鄙意《白虎通》解釋古人易子而教之義，與《孟子》不同，謂古人當以男女之道教人，父不可以授子，故必易子而教。然則今人所謂性教育者，古人確已有之，房中何陋之有乎？讀尊著偶有觸發，附寫呈正，知不足以益高深也。

積微居小學述林全編

與人論詩經言字書 一九三七年二月十八日

前者公園聚首，承諭指導北大研究諸生研討虛詞，欲有以匡益拙著《詞詮》，甚幸甚幸。拙著雖較王伯申書爲有進，然不備之處仍多，極願得他山之錯。惟當譔著之初，卻非略無主指。蓋牽合之説，雖王氏有所不免，至於孫經世之《經傳釋詞續編》，吳昌瑩之《經詞衍釋》，尤爲泛濫無節。拙著於此類，去取頗爲矜慎，意謂與其能通其一曲而不能通之于全，毋寧缺之之爲愈也。故拙著多所闕疑，不能令人快心者在此，而不至過濫無節者亦在此。近有著《古書虛字集釋》者，亦頗見用心，而無語不解，無字不釋，幾於古書無一句不可通。初學讀之，必當快意無疑。然以愚觀之，恐未足爲真是也。又承諭大著有《詩經言字》解，記《詞詮》初出，以之呈教，公即以《言字解》爲言。彼時歸後，細讀大著，即未能釋然於心。比者歸來，再爲檢讀，仍有不能不置疑者。學術至尊，不敢復存依違之見，敢就所疑呈之左右，惟公進而教之，幸甚！夫漢人釋言爲我，誠有結轖難通之病。大著於言字立三解，除第三解釋言爲之，公尚未能自信，不必論外，第一解以言字居二動字之閒，釋爲連詞，謂用法與而字相似，舉陟彼南山言采其蕨等爲例。於此有疑者，“翹翹錯薪，言刈其楚，之子于歸，言秣其馬。”“楚楚者茨，言抽其棘。”“觱沸檻泉，言采其芹。”言刈其楚，言抽其棘，言采其芹，與言采其蕨語例全同，上文三句並無動字，之子于歸，歸雖爲動字，乃謂之子將歸而秣馬，非謂歸後始秣馬也。敢問此諸言字仍爲連詞乎？抑否乎？仍當釋爲而乎？抑否乎？此一事也。公又舉願言思伯爲例，然“寤言不寐，願言則嚏，”寤而不寐，文順可通，願而則嚏，文不可通。公亦有見於此也，於是別設第三解，謂言可訓爲之，如是則不惟上下二句言字當異訓，即兩處願言亦當異釋。而公又自言第三解尚不能自信，公之彌縫牽補，盡極苦心，而於說仍未圓也。此二事也。又公舉“受言藏之”爲例，然矦於二字亦前人所謂語詞，若有人以公言字爲例，釋應矦順德爲應而順德，釋亶矦多藏爲亶而多藏，公將以爲是乎？否乎？又遠於將之，亦與公所舉靜言思之句例同，若有人釋爲遠而將之，公又當以爲是乎？否乎？此三事也。第二說以言作乃字解，似較第一說爲安。然細繹公文，亦有足疑者。公文云：言告師氏，言告言歸，皆乃字也。既云皆乃字，然則釋之當云：乃告師氏，乃告乃歸，始爲相合。然公則又曰：猶言乃告師氏乃告而歸耳。夫告歸兩皆動字，何以告上之言則釋爲乃，而歸上之言則釋爲而，以公初言皆乃字及所舉乃寢乃興乃佔我夢之例旁推之，似初意三言字皆釋爲乃，繼又以第三言字介於二動字之間，與公第一解條件相合，遂不能不棄乃字之訓而釋爲而，得非一二兩解皆非確詁，故不免左支右屈，致行文上下不復貫注乎？此四事也。於此公或當曰：“句首言字宜釋爲乃，句中言字宜釋爲而。”若有人依公之例釋“載馳載驅”爲乃馳而驅，釋“載笑載言”爲乃笑而言，釋“矦作矦祝”爲乃作而祝，公將以爲是乎？否乎？此五事也。且“言告師氏，言告言歸，”連用三言字而釋爲二義，然則“于以采蘩，于沼于沚，”“爰居爰處，爰喪其馬，”“以享以祀，以介景福，”三于字三爰字三以字亦可作二義解之乎？記昔年與公討論于以采蘩，公初亦以上下文于字不必同義爲說，而愚則謂上下文必同義。此事到今十五年，故步自封，愚仍守前說，殊爲可哂。然心之所安，又未能苟舍，此六事也。以上六疑，反覆思維，皆不能得其究竟，敢直陳之於公，惟公恕其直率，進而教之，令得犂然渙然，不復有疑，不勝厚幸！

古人言我之訓，本不可通，而某君糾駁古人說，亦殊多未協。某君云：“受言藏之，”若以言作我解，則何不云言受藏之，而必云受言藏之乎？按《詩·衛風·河廣》云：“跂予望之，”與“受言藏之”句例正同，予在跂字之下，不云予跂望之也。某君又云：漢文通例，凡動詞皆位於主名之後，如“王命南仲，”“胡然我念之，”王與我皆主名，皆位於動詞之前，是也。若以我字位於動字之下，則是受事之名，而非主名矣。如“父兮生我，母兮鞠我，拊我畜我，長我育我，顧我復我，”此諸我字皆位於動字之後者也。”按某君此說亦止言其常，未能盡其變。《小雅·伐木》云：“有酒湑我，無酒酤我，坎坎鼓我，蹲蹲舞我，”我字皆在動字之下，並非受事之名也。某君又云：“彤弓弨兮，受言藏之，我有嘉賓，中心貺之。”我有嘉賓之我是主名，故在有字之前，若言字亦作我解，則亦當位於受字之前矣。且此二我字同是主名，作詩者又何必用一言一我，故爲區別哉！《秦風》"言念君子，"詩人見兵車之盛，乃思念君子，若作我解，則下文又有胡然我念之，又作我矣，可見二字本不同義也。"按某君意以上下文有我字者，則不能有同義之字，此語大爲可商。不知古人最喜變文，他書姑不論，以《詩》文言之。《邶風·匏有苦葉》云："人涉卬否，卬須我友。"卬我非同義乎。《小雅·巷伯》云："豈不爾受，既其女遷，"爾女非同義乎？余不從漢人言我之訓，故於《詩》中言字皆釋爲助語之詞，特某君糾駁之説破綻甚多，聊言之耳。

答人論文字學書　一九三八年五月二十三日

樹達去夏以父病告假南歸，歸後得家人書，知有手諭見教，家人第録大意見示，訖未獲見原書。嗣盧溝變作，聞公出獄，即欲奉復，苦無可遞寄，是以未果。昨舍姪伯峻從武昌歸，具承從者已來夏口，聞之欣慰。樹達近年研討文字之學，於許書不肯過信，亦不欲輕詆，可信者信之，疑而不能決者闕之。其有訂正許説者，必於故書雅記廣求徵證，確見其不然，然後言之。若單文孤證，則姑以爲假定，不敢視爲定論也。大著《實庵字説》業已拜讀，其中獄字説與鄙見適同，謂監臨二字從目不從臣，碻足糾正許君，最爲精確不磨之論。惟文中排詆六書之説，鄙意似覺不然。今人動稱科學，凡學問皆爲類別。六書亦前人研考文字現象加以類別之稱，苟必盡去象形會意之名，有人問日月與武信差別若何，將何以置答乎？若謂文字複雜，非六書所能盡括，此由於後人分析之未精，非昔人之罪也。即以西人各種科學分類論，何嘗能潔淨精微，盛水不漏乎？聞將有長沙之行，果否？如能面聆教益，所深企也。呈近作二十餘首，惟指其疵謬爲幸！

與友人論文字學書　一九四〇年八月十六日

往者流寓北京，聞黄季剛以文字之學名天下，及觀其所流布之文字，私心乃不謂然。何則？文字之學，析爲形音義三端，而義實爲其主。許叔重《説文》每字之下首説義訓，次乃舉形及聲，次弟先後，輕重昭然，可覆按也。夫説義者不能舍形音，舉其全也；治形音者可不説義，事其偏也。季剛文字乃專説聲音，無一言半語及義訓者，知其所擅長者乃音韻之學，非文字之學也。再有一事，弟與時流所見亦有不同者。《説文》

一書，中多罕用之字，近人多詆爲死語，謂不足存，弟意亦殊不謂然。蓋《倉》《雅》故訓，周漢古音，往往散在四方，播於人口。惡毛之犬爲�，蘭州今存其語；牛羊無子曰�，平江今有其言。往往一字在八方爲廢語，在一地爲恆言。行讀如杭，向謂古音如此耳。弟避寇寓寧鄉十月，長沙人送客説“慢走”者，寧鄉乃曰“慢行”，行音正如杭。長寧相距不及百里，寧鄉存此古音，長沙人乃不知之。蓋一語爲死爲活，非全國通都大邑窮鄉僻壤之語言普遍調查以後，未易定也。謂行讀如杭者爲古語，寧鄉人聞之，必將哄然大笑矣。

復馬叔平論漢磚書　一九四一年八月十七日

五月間奉到手示，並承惠寄江北縣出土漢延光磚拓片一紙，僻處窮鄉，遠蒙嘉貺，有同拱璧。銘文云：“延光二年七月造作牢堅。”末一字作銍。尊札云：“牢堅疑是工人姓字。”弟意銍字不可確識，暫付不論外，牢堅蓋仍指造作而言，蓋猶今人言加工製造也。他漢器有作牢工者：《西清古鑑》卷三十三十五葉載《漢獸耳洗》，銘文云：“建康二年，堂狼造，牢工。”《古鑒》但釋“建康二年四字，餘未釋。又原模文“狼造”二字皆缺泐，茲據阮氏《款識》九卷二十二葉《漢安魚鷺洗》銘文字推定得之。按《詩·車攻》云：“我車既攻。”《毛傳》：“攻，堅也。”此工字與攻同，是牢工即牢堅也。又有省略止作牢字者。漢樂浪郡王盱墓中漆盤銘文云：“永平十二年，蜀郡西工夾紵行三丸治，千二百，盧氏作，宜子孫，牢。”羅振玉《古鏡圖録》所載《漢鏡》銘文，亦有云“樊氏作牢”者。弟昔讀日本國人《樂浪》一書，疑牢字當釋爲用字。今以磚銘“牢堅”及洗銘“牢工”觀之，則牢自是堅牢之意無疑。又以諸器銘合考之，知此等文字乃漢人習慣用之也。懷此意已久，以校課迫促，未及參檢，暑中少事，始得爲之，今寫以奉質。惜避難荒山，無多書可供參證，莫由暢論耳，仍求高明裁正而督教之，幸甚幸甚。蜀中古墓甚多，近日有何新獲，仍希賜示及之，不勝企望之至。

復沈兼士書　一九四一年八月二日

前奉二月大示，論以《説文》重文中有同義通讀之例，鋭籒文作㓹，即剡字，剡，鋭利也。握古文作𡹎，即釋名臺持也之臺。識俗作誌，即《集韻》漾韻諒誑也之諒。精義入神，得未曾有，至佩至佩。弟近翻檢《説文》，又得二事，頗足證成尊説。三篇下《又部》及古文作逢，逢即逮字也。《説文》："逮，唐逮，及也。"五篇下《會部》會古文作𢓸，𢓸即合字也。《説文》："會，合也。"又弟前説鼂字从旦，旦朝同義，鼂即得聲於朝。需字從而，而須同義，需即得聲於須。近又得一新證。木部栝訓炊竈木，從木舌聲，音他念切。前人疑者紛紛，不悟西訓舌貌，讀他念切，栝從舌聲，實讀舌爲西也。段氏欲改栝爲栖，從西聲，不悟古人本有通讀之例，不必改也。又弟前據《詩經》同義通讀之例以證鼂需二文，如《小旻篇》之讀集爲就，《文王篇》之讀躬爲身，是也。近亦加得一證。《小雅·雨無正》四章曰："戎成不退，飢成不遂，曾我暬御，憯憯日瘁，凡百君子，莫肯用誶，誶今誤作訊聽言則荅，譖言則退。"荅對義同，此讀荅爲對，以與上下文退遂瘁誶退爲韻也。或疑此爲詩文第七句，不必諧韻，然本章首句以退諧韻，知此第七句亦諧韻也。且《大雅·桑柔》之十三章曰："聽言則對，誦言如醉，"同一句也，此篇作荅，彼文作對，益知此文之當讀荅爲對也。又此二句與《桑柔》詩二句文例恰同，彼文以對醉爲韻，又證知此文之當以對退爲韻也。大抵同義通讀之例，以今日所得文證論之，約可析爲三宗。一曰《詩》文，韻不諧協，以同義字求之，則毫無礙閡，如上舉《小旻》《文王》《雨無》正三篇是也。二曰形聲聲類，音不相近，以同義字讀之，則涣然冰釋，如尊説農从囟聲，讀囟爲䜌，弟説鼂字讀旦爲朝，需字讀而爲須，栝字讀舌爲西，是也。三曰《説文》及韻書重文，如尊説鋭或作㓹，握或作台，諒或作諒，弟説及或作逢，會或作𢓸，是也。昔魏淵謂陸法言云："我輩數人定則定矣。"同義通讀之事，乍聽似足駭人，然得此三宗爲證，左右逢源，略無乖隔，此事或可由吾二人定之乎！

與陳寅恪書 一九五〇年十二月二十三日

昨承賜寄大著《元白詩箋證》，敬讀一過，語詳事核，欽服無已。蓋自有詩注以來，未有美富卓絕如此書者也。前於《嶺南學報》讀大著説《唐詩》諸篇，即嘆其精絕，謂必深入如此而後有真正之文學史可言，向來編文學史者大都浮光掠影，去真象不知幾千萬里，真可嗤也。今讀此册，益見其然，除歡喜贊歎外，不復能讚一辭矣。竊嘗私謂古來大詩人，其學博，其識卓，彼以其豐富卓絕之學識發爲文章，爲其注者亦必有與彼同等之學識，而後其注始可讀，始可信。否則郢書燕説，以白爲黑，其唐突大家已甚矣。杜公《秋興》八首，此向來士子人人誦習之詩也。“匡衡抗疏功名薄，劉向傳經心事違，”二句杜公寓意何在，不可確知，若其本事，至顯明也。匡衡在元帝時上疏言政治得失，成帝時復上疏戒妃匹，其言皆甚美，若豫知有趙飛燕姊妹之禍者。及其居相位，乃阿比宦官恭顯以自固，此所謂抗疏功名薄也。劉向傳不記其有開門授徒之事，所謂傳經，傳於其子歆也。向上封事極諫外家之過寵，深慮王氏之將代漢，而歆乃助莽篡漢，此所謂傳經心事違也。姑不論杜公何指，但就其議論史實處觀之，著眼之鋭，持論之正，已足令人驚服。仇兆鰲乃引舊注云：功名薄，心事違，杜公自歎，錢牧齋《詳説》亦本此意詳加申述。果如此説，不惟七字句上下兩截文意不貫，其視杜公爲歎老嗟卑之人，其侮辱杜公不已甚乎！陳後山挽司馬溫公云：“時方隨日化，身已要人扶。”山谷見此句，亟稱其美，其美何在，向來無言之者。弟謂此蓋惜溫公見用之晚也。北宋新舊政爭，今不必深論，第以詩論，後山真得婉而諷之旨者矣。弟於詩學未嘗用功，讀書亦至儉，惟於此等名句，偶然想到，因贊大著之美，輒附及之，惟公教之爲幸。

與錢玄同論詩經於以書　一九二二年十月

前承見告胡適之先生歸納《詩經》於字，謂于字與焉字相同，有在那裏與在何處二義。如“黄鳥于飛”之“于”爲在那裏之義，“于以采蘩”之“于”爲在何處之義，釋“于飛”之“于”爲在那裏。語氣既頗確當，而訓“于”爲在，亦非無根。謂“于以采蘩”爲疑問句，語氣亦極拍合。但訓“于”爲何，頗嫌無據，又不知“以”字胡君當如何安頓。弟意則謂“于以”之所以爲疑問，當在“以”字而不在“于”。《尚書》：“夏罪其如台”“今王其如台”，如台《史記》皆譯作奈何。《法言》：“顏氏之子其如台”，《漢書·敘傳》：“如台不匡”，如台亦皆奈何之義。“台”字既有何義，《説文》台從㠯聲，則“以”當爲“台”之假借。(以爲㠯之隸變)如此則“于”字仍當訓在。“于以采蘩”“于沼于沚”“于以采藻”“于彼行潦”“于以求之”“于林之下”諸文上下文“于”字既可解釋一律，而“以”字又實有着落，不致如胡君之説成爲贅疣。不知兄與胡先生以爲如何。

再“于”“於”二字本可作“以”字用，説見拙著《古書疑義舉例續補》。“于”可訓“以”，則“以”似亦可訓“于”。但釋《詩》之“于”爲在何處，既嫌無據，又既將“于”字釋爲何處，又訓“以”爲于，亦未免糾纏，不如前説之爽快耳。

與胡適之論詩經於以書 一九二二年十月二十三日

玄同兄轉到先生給他的信，知道您對於我的“于以”説還有疑義，現在我來説明他。

一、疑問詞作司詞必在介詞的前面，前天和劭西玄同談這問題時，劭西便曾談及。但是《詩經》裏面像《小宛》“自何能谷”，自字，介詞，亦在何字的前面，與平常先司詞後介詞的次序不同。又如：

于焉逍遥 于焉嘉客 （《小雅·白駒》）

于何從禄 （同《正月》）

于何不臧 （《十月之交》）

于何其臻 （《菀柳》）

伊于胡底 （《小旻》）

“于”字介疑詞“焉”“何”“胡”，都在他們的前面。又古書中有“惡乎”的例，如《檀弓》“惡乎哭諸”，絕無“何于”“焉于”“胡于”……等等的例。那麼，我們可以知道“于”字這個介詞和旁的介詞有一個大不相同之點，便是旁的介詞用疑問詞作司詞的時候，介詞一定在司詞的下面，在上面者爲例外。“于”字卻不然，他介紹疑問詞作司詞，一定在他的前面。“于以”的次序，“于”在“以”前，也是這個特別例之一，絕沒有“不古”的嫌疑了（韓文“於何考德而問業焉”也用於何，不用何於，可見古人讀書精細）。

二、您説上下文相同的字解釋不必一律。他處誠也可説，但“于以采藻，于彼行潦”等句，既是上句問詞，下句答詞，自然不能不做同樣的解釋。譬如《詩經》裏“終南何有，有紀有堂。”“終南何有，有條有梅”。句例正和“于以采蘩，于沼于沚”相同。若説者將上下文的二有字作異義的解釋，豈非笑話！而況這些文句“于”字作同義解，“以”字便有著落；作異義解，“以”字便成贅疣啊！

三、我們看了《詩經》“于以奠之？宗室牖户。誰其尸之？有齊季女。”四句，下二句是一問一答，知道上二句也是一問一答。釋“于以……”句爲疑問句，這也恐怕應該是一個有力的證據。由此例推，則《天保篇》

“俾爾單厚，何福不除？俾爾多益，以莫不庶？”四句是排偶句，上兩句是疑問語氣，下兩句也當然是疑問句。那麽這“以”字也應該作何字解了。下文“以莫不興”“以莫不增”也當作同這樣的解釋。

四、您説“于以”是複詞。《詩經》中誠有複詞，但多是靜字，如“参差”“猗難”之類，沒有名字，而且多是雙聲疊韻字，介詞代詞是絕沒有復字的。

五、您説《詩經》中有三種“於”字都可以用“焉”字解釋。但是這三種之外，于字有只當“在”字解的，如“我出我車，于彼郊矣”；有當倒裝“是”字解的，如“獫狁于襄”。這些“于”字，“焉”字都包括不了。那又何必定用“焉”字去統括呢？

按胡君得書後，遂從余説，服善之公，世所希見也。去歲胡君北來，曾告余謂余此兩札猶存篋中云。一九三〇年二月記

積微翁回憶録

自序

余生平無他嗜好，惟喜讀書。心有所會，則筆之於書，以爲至樂。憶公元一千九百年，即前清光緒庚子年，余入求實書院，有讀書日記。續爲之者四、五年，得六、七冊；至一九〇五年（乙巳）遊日而輟。旅日時見書坊每於歲末備明年當用日記。年購一冊，取以記每日作業；計當有六、七冊。此兩種今大都散佚，僅存辛丑《讀書日記》一冊，丁未、戊申《當用日記》二冊而已。一九二〇年（民國九年）再遊北京，八月廿九日始續書日記。自此以來，除偶因病缺記外，日日有記。今方寫日記第四十八冊也。此《録》除無記追憶者外，大抵皆出自此五十冊日記中也。（一九三一年一月日記云，見有庚子、壬寅、癸卯《讀書日記》三冊，今又皆失之矣。）

余譔文字，必于文題下記年、月、日。《積微居文録》及《小學金石論叢》皆可見也。故有所譔文字，日記中偶遺未記者，則據文題下之月日載入《録》中。

余譔文字，往往印成講義。亦偶布于諸雜誌，必以其余份寄呈友人求教。諸友意在勵余，時時加以奬藉。亦有貢獻己意，加以商榷，而余遂據以芟薙或改正者；以此余得益甚宏。至奬藉之語，友人既在勵余，余便姑取以自勵；故卷中存者頗多。阿好之辭，自多溢美，非語語信爲誠然也。

余性不喜談政治。中年涉世，見純潔士人一涉宦途，便腐壞墮落，不可挽救；遂畏政治如蛇蠍。由今日觀之，人在社會，決不能與政治絕緣。余往時所見，實爲錯誤。至仕途腐爛，亦國民黨及軍閥之政權時如此，非所語于今日人民政府之時代也。昔年在京，往復論學之人有喜談政治者，而政治上凡大錯誤之人如陳獨秀者，與余雖未謀一面，然以討論文法學之故，亦會有書札往還。此等皆屬學問上之因緣，與政治絕無關涉也。慮或誤解，聊復言之。

一九四二年 （民國三十一年壬午），年五十八歲。

一月。

四日。閱《王湘綺年譜》。王先生長於文學，而論世事則迂疏可笑。而自許特甚，殊可哂也。庚子年記先生在杭州，梁卓如來訪。梁先生戊戌政變後亡命海外，何能在杭州訪人乎？甲辰記王心培（啟原之兄）輯《詩苑》，自上古至六朝，單辭斷句無不搜采，謂可與嚴輯古文相匹。癸丑記《説文》字謂“天神即申”，申即電，與余説相合。又云地示字从古文上，从氣，氣能上爲地；殊爲附會。袁世凱稱帝，湘綺確曾致電勸進。譜中飾詞，非其實也。

六日。閱廣播佈告。知進犯長沙寇已崩潰；爲之喜慰。

十七日。送人入蜀云：“兩年詩境馳千里，萬種牢愁塍此行。好爲後生作元氣，憑君吾道有干城。文章寫我他無事，花鳥逢人别有情。分手去來休作惡，吟人長愛蜀江清。”

廿日。范治學來書，自稱弟子。

廿九日。余新築看屋人來書告室已燬，僅留平房數間。爲此屋負債受氣，如此結局，可謂數奇矣。

二月。

四日。劉任萍由馮芝生介請受業，求閱定其文字。

八日。成《有觸》云：“已死終當懸佩劍，此生何意伍屠刀。張弓手欲彈烏鵲，愛惜金丸未忍拋。”

十二日。諸生約夏曆元旦會合，各具禮品一事，探籌取之。余備筆一管，塍之以詩云：“遨遊二十載，憑此作三軍。慚愧生花種，探懷付與君。”

十三日。周漢南（蔭棠）自成都來，來訪。周，桐城人，習政治史，曾讀余所著書。據云，金陵大學積美金數十萬元而苦於無可用。陳景唐極希望余就聘，主持其研究院事云。

廿二日。撰《釋跟篇》。申《釋名》受義於根之説，兼及肢受義於枝及幹訓脅、末訓首以爲旁證。

廿三日。撰註《爾雅臣舍人考》。據古人稱臣某，某必爲其名，定舍人爲人名；糾錢竹汀“姓舍名人”，孫頤谷“舍人官名”之説。○閱俞理初《癸巳存稿》。理初博洽而行文殊不條暢。

廿四日。讀《爾雅》“山一成坯”。“坯”即部婁之部。《説文》

分爲部、坯二字，似未及其源。水潦所止曰泥丘，《釋詁》：“尼，止也。”故泥丘爲水所止。方丘，胡丘，以簠字金之作匿，器形方爲證。○撰《釋簠篇》。甫方爲對轉，簠或作匿，而胡丘爲方丘。撰《讀詩大雅文王篇書後》。據《孝經》，定此詩爲宗祀文王於明堂以祀上帝之詩。

廿七日。撰《記俗語二事》。一事，“説風涼話”。“涼”當作諒；説文云，“諒，事有不善言諒也”，正謂此。二事，“出風頭”。“風”當作鋒，以刀刃言之；平原君所謂“錐處囊中其末立見”者也。

三月。

三日。撰《淮南子證聞自序》。

四日。撰《小學金石論叢簡端記》。

八日。撰《爾雅舒訓緒考》。謂“舒”乃序字之假。説文“敘”訓次第。序爲序次，經傳註屢見：《詩·周頌·閔予小子》書“繼序思不忘”，《魯頌·閟宮》言“纘禹之緒”，《中庸》言“武王纘大王、王季、文王之緒”。繼序即纘緒；故毛釋《周頌》云，“序，緒也”。序與敘、緒二字同義，經傳皆有明徵。舒、序同从予聲，故得通假。邢、郝《疏》以展舒、舒緩爲説，故不得其義矣。○撰《爾雅妃合會對也解》。會爲配偶之義，曩跋《漢相府小史夏堪碑》已言之。（見《小學金石論叢》卷五）。茲據《儀禮·士昏禮》“婦醬”稱對醬；《後漢書·梁鴻傳》言“擇對不嫁”，證對亦配偶之義。

九日。撰《春秋大義述附註》。

十一日。和熊雨生《感事》韻云：“偉矣達人《齊物論》，鴻毛未比泰山輕。好從丘壑娱真我，莫向文章乞久生。月有盈虧天好事，世多饑溺帝忘情。何須便問停驂處，暫駐溪頭聽水聲。”贈宗子威（威）云：“是翁真矍鑠，應叩大鐘鳴（君講授聲如洪鐘）。詩與人同健，心偕水共清。廿年會幾日（與君識面今廿年矣），四海盡哀聲。會見中原復，相隨詣舊京。”

十二日。撰《公羊傳君不使乎大夫解》。“使”謂見使。逢丑父使齊頃公取飲，是君見使乎大夫也。故傳云：“此其行使乎大夫何？佚獲也。”何註既誤，清儒亦未能正之。

廿二日。撰《讀春秋傳》。襄公七年鄭伯髡原欲從晉，其大夫欲從楚而弑之。二傳賢鄭伯。襄公二十年，蔡公子燮欲從晉，蔡人殺之。《左傳》譏燮不與民同欲。二義正相反，知左氏不明攘夷大義也。

廿四日。在圖書室見三十年四月份之《清華學報》，載余所投寄之

《易牙非齊人考》。

廿六日。閱戴子高《謫麐堂集》，有費此度、陳碩甫、劉申受、劉楚楨、周鄭堂、徐有壬、凌堃傳狀；詩中有贈吳南屏、何子貞諸篇，又有薦柳興宗書，足資掌故。

四月。

二日。三月下旬起，時患失眠，近日益甚，手不能作小字。自二日至十六日日記皆改用大字書之。十七日以後，遂命豫兒代記。

四日。撰《釋蓄篇》。

五日。恐一旦不測，豫爲遺命，書於日記冊末。

十八日。夢一人手持黑豆，謂余云："汝應食此。"是後遂進此。

十九日。廣播言：美機大炸倭京，各處大火。聞之至快。報載教育部學術審議會獎勵著作名單：一等獎二人，爲華羅庚、馮友蘭；二等十人，首金岳霖，次爲余；三等十七人，有陳銓、黎錦熙、陸懋德、羅倬漢等。二十九人中屬文史科目者十一人。

廿四日。夜不能寐，遂起坐。乍以身倚床後木板，忽覺有物如冰針刺頭頂，有冷氣由頂門下降，入睡遂安。

廿七日。昨今兩夜寐皆佳，近數十日所未有也。

三十日。因年來生活艱窘，去冬起改用菜油治蔬肴。此與先世遺傳及數十年來習慣相反。余遂日漸消瘦，以未生病，不自覺也。菜油性燥，冬間伏熱，到春發出，失眠之癥實由於此。近日體驗日間進肉食，則夜眠較適。知體中需脂肪，故於今日起仍用豬油治菜蔬。

五月。

八日。從浦市通訊兵團借得驗血壓器來。驗余爲百二十至百四十度，不爲高。王大夫查驗身體各部，亦無病狀。蓋余本身原無病，乃飲食不合習慣所致。此由外緣，非內在也。

十二日。始自書日記。

十五日。閱北平圖書館《圖書季刊》新第二卷三、四兩期及第三卷一、二期合刊。各冊中書評皆及余名。一讚《高等國文法》，一稱《助字辨略跋》，一述美國《東方學會會報》耶魯大學教授兼尼地《論助字焉字》，主焉爲"於是"。余於《詞詮》焉字第二條即已明之，惟彼謂《論語》"既庶矣，又何加焉？"《左傳》"民之服焉，不亦宜乎？"糾余說，謂二焉字亦當訓"於是"。說固可通，惟焉字自有語末助詞表疑問及提挈二用法，不能謂余說爲誤也。又趙元任君著一文，介紹美國人潘欣文字學説，謂有與余及太炎、兼士之説相合者。

十八日。自《小學金石論叢》出版後，續得文字數百篇。病前會略事裒集，請友人序之。今日曾星笠以序文見付，文甚佳。

十九日。阅《楞嚴經》。論理精闢，得未曾有。

二十日。撰《釋獸篇》。“獸”爲狩之初文。字从嘼，《説文》“犍也”，即牲畜之畜初字。此狩獵對象。从犬，謂獵犬，此狩獵所用之工具也。

三十日。阅報，知陳仲甫逝於江津，年六十四。二十六年余歸里後，陳有書投余北平寓居。余婦曾録其書見寄，讚余文字之學，謂爲好學深思，一時無兩，惜其信許君太過，又不以六書之別爲然。余廿七年曾覆書與之討論。去年余致書郭鼎堂，問其蹤跡。郭覆書言陳居江津，生活甚困，亦未暇與通書也。陳君治小學，時有獨見。如謂臥、監、臨諸字从目不从臣，至爲審諦。惜心不甚細，多武斷處耳。

六月。

失眠癥時作。廿一日服鄭遇安醫士養陰方，頗有效。

七月。

八日。學術獎金五千元寄到，距發表時八十日矣。

廿三日。陳子展昨來電請任復旦大學教授，今日覆書辭不能往，介紹魯實先、張舜徽二君。

八月。

十日。復旦大學校長吳南軒來電仍請任教，電謝之。

十五日。陳子展又來電申前請。

十六日。撰《釋反篇》。字从又从厂，謂以手攀厓，乃𠬞之或體。攀厓必翻手，故引申義爲覆。許以引申義爲制字之初義，故形義不能密合。𠬞訓引，《公羊傳》隱公元年扳亦訓引，乃反之加義旁字，故既从又、更从手，復重之象也。

十七日。撰《釋養篇》。字从羊聲有義，蓋先民以羊爲主要食品，故羞、羨、羑、善諸字皆以羊爲形；而羹亦从羔，養及鮝、祥皆以羊爲聲。今西北高原多牧羊，於此知漢族來自西方之説，於文字上有明證，固審確可信也。○今日始停服藥。凡服鄭遇安藥方四十五貼矣。

十八日。近日悟初字、初義爲後起加旁字所據一通則，如正、征；韋、違；困、捆；盇、榼；反、扳；益、溢（加形旁）；晶、星（加聲旁）；皆是也。

廿一日。廿九年冬、三十年春頗習金文，旋以書不備，中輟。頃來大病新愈，復重理之。《師旅鼎》云：“使厥友弘以告于白懋父在莽。”此猶言告於在莽之白懋父也。《史記·尉佗傳》云：“乃爲佗親冢在真定置守邑。”句例同。

廿二日。《跋矢令彝》。釋夾爲爽，謂與《康誥》“爽惟”之爽同，讀爲尚，表希望之辭。“爽左右于乃寮以乃友事”，即“尚左右于乃寮與乃友事”也。○跋《睘尊》。文云：“君命余作冊睘安夷伯。”既云余，又云作冊睘，乃文法所謂同位辭，與《左傳》僖公九年之“小白余”同。

廿三日。跋懋父毀。“《懋父》賞御正衛馬匹自王”，“賞”爲見賞，“自王”猶言于王，謂王以御正衛之馬賞懋父也。

廿四日。以楚圖南之請撰《楚曉堂墓誌銘》。彭甥淑端之君舅也。○麥尊云：“已夕”，按夕見謂之夕。昭公十三年《左傳》云，“右尹子革夕”是也。

廿六日。跋《格伯毀》。“析”謂析券。“安”讀爲按，謂按行。“零谷杜木，遌谷旅桑”，皆封樹也。“立”讀爲涖。“盟”讀爲矢，誓也。

廿七日。跋《鬲攸从鼎》。“鬲从以攸衛牧告於王”，謂鬲从訟攸衛牧之罪於王也。曶鼎云：“曶使氏小子黢以限訟於井叔”，句例同。“攸衛牧則誓”，“誓”即《周官·司盟》有獄訟者則使之盟詛。

廿九日。阅王靜安《毛公鼎考釋》。說因爲古席字，甚核。其他説字處頗失之穿鑿，未能稱也。○跋《毛公鼎》。圝字兩見，貈當是貉之或字。《説文》之貉，《論語》作貉。然則圝當讀爲窓，“圝夙夕”猶上文之虔夙夕，《克鼎》言“敬夙夜”也。“翔小大楚賦”，即《書·多方》之“越惟有胥伯小大多政尔罔不克臬”。“胥伯”，《尚書·大傳》作“胥賦”，“翔”、“臬”音同。“胥賦”、“楚賦”又即《詩·大雅·綿》之“疏附”，“小大楚賦”猶後世言大小臣工矣。○教育部聘教授名單發表，余與焉。陳寅恪、吴宓、吴有訓、莊前鼎，皆清華同事；周鲠生、楊端六、梁希皆一高同學也。曾星笠落選而黎錦熙得之，其爲不公昭昭然矣。

三十一日。跋《矢人盤》。“即散用田”，謂予散以田。《曶鼎》“迺或即曶用田二”，句例同。“邊柳敄城楮木”亦封樹，與《格伯毀》“零谷杜木、遌谷袜桑”同。封樹見《周禮·地官·封人》。又“根木道左”，此《周禮·地官·司徒》所謂“以野之所宜木名其野”者也。《左傳》莊公四年：“王遂行，卒于樠木之下”，樠木亦以木名也。○復旦大學以余介紹，來電請魯實先任教授，書告實先。

九月。

一日。跋《兮甲盤》。“淮夷舊我員晦人”，“員”與帛同，“晦”讀爲賄；“員晦人”謂以相交易之人。《禹貢》：“海岱及淮惟徐州，厥篚玄纖縞。”帛即玄纖縞之類。“員其積，進人其貯”，“其”並與之同。讀此銘，周政治之窳敗，軍紀之廢壞可見一斑。○桃源女子中學校長蘇劍秋（清卓）來訪。蘇，北大哲學系畢業，有志治佛教史。告余：天台開宗之智顗乃華容人。

三日。跋《邾公華鐘》。王靜安以“元器其舊哉”爲句，郭沫若糾之，是也。而謂“舊”爲幽部韻，則非是。《詩經》《卷阿》、《召旻》“舊”字皆與咍部字協。銘文乃以舊與上文忌、祀、子爲韻也。（臼聲在幽，而舊自在咍。）

四日。悟“各”爲佮、假訓至者之初文。甲文作𠨘，象足有所至也。

六日。報載教育部聘教授名録，余與其列，感賦云：“平生萬事不關情，身似蟫魚老伴經。衹有青山來好夢，可憐白髮换浮名。驚心骨肉稀人在（男女兄弟六人，今僅存女兄弟二人），放眼山河有淚傾。喜道孫通逃虎口，亂來玄鬢幾星星（畏友陳寅恪名在録中，近聞其從香港脱險）。”

十一日。跋《王孫遺諸鐘》。趩即趯字。趩、德、飤，德部。喜、友，咍部上聲。德、國，德部。趩、諆、之，咍部平聲。德本咍之入。此銘四節，以同一部之入上、入平相次協韻，用韻特精。此鍾與《沇兒鍾》同。彼爲徐器，知此亦同。而《徐王義楚錨》“用亯於皇天”四句，第一句天與三句身韻，二句攷與四句寶韻。用韻亦特精。由此可知徐之文治殆欲跨越中原而上之。宜强楚忌而欲滅之以爲快也。傳言徐偃王行仁義，由今觀之，實敷文治，文化卓犖之謂耳。漢淮南王招客著書，王辨博，善爲文辭，自謂行仁義；田蚡亦以行仁義面譽之，正其比也。○跋《邾公牼鐘》。《左氏經》襄公十七年作“邾子牼”，與此銘文同。而《公》、《穀》二經皆作“瞯”。金文有《郚伯鼎》，與《左氏經》合，而《公羊》則作“詩”，此皆古文經勝於今文經之證。

十二日。跋《工師俈鐈》。疑“咸”謂“戌月”，“酓”謂“酉月”；謂夏正九月與八月也。

十六日。跋《秦公毀》。“鼏”字從𠙽，當讀爲迥。近人皆以莫狄切之鼏字讀之，大誤。“在帝之矿”，疑當讀爲覆。“𡗗”字从古文業，“去”蓋聲旁，猶怯、劫之去也。𡗗當讀爲艾，《爾雅》：“艾，相也。”

十七日。跋《郾侯庫彝》。“庫”乃《說文》雇字之或作。吴榮光誤釋載，近人从之，誤也。“禴祀”疑郊祀。魯行郊祀，疑燕亦然。“永台馬母”，“台”，《說文》訓說，經傳皆作怡，此銘用義與《說文》同。○跋《韋父丁鼎》。口外作四足形，上下二足趾左向，左右二足趾上向。余定爲韋字，字象足離城邑他去之形。韋本違離之違初字也。

十九日。跋《叔夷鐘》。“泜漘”即泜垂，謂泜水之濱。“師旟”，旟與輿人之輿同，衆也。“妣”爲訓姊妹之出之初字；《說文》失載，應補。“皇母皇考”取與下“壽、老”爲韻，故先母後考。銘文多襲《詩經》文。“虩虩”讀赫赫，三十年二月十八日明之，今併入此文。

二十日。魯實先書來，云不日赴渝就復旦之聘。寄示郭沫若《青銅器銘文研究》及葉玉森甲文二種。

廿二日。跋《洹子孟姜壺》。“彔喪其毁”，彔乃語詞。此文乃記齊侯自爲陳文子服喪之事。大子，乃齊侯大子，非田氏子。“齊侯既毁洹子孟姜喪”，“遡”讀爲濟，止也。“洹子孟姜喪”謂洹子孟姜家之喪。春秋時事多不合禮制，不得以此爲疑。莊公過寵陳桓子，爲田氏篡齊張本。“齊侯拜嘉命”，齊侯請而天子許之，故爲嘉命。“璧二備，王一嗣”，“備”當讀琲，“嗣”讀笥。

廿五日。跋《苗㕯毁》。“萛”，余定爲苗字。

廿六日。再跋《毛公鼎》。“虩許上下若否雩四方”，“四方”下亦當有“若否”字，承上文省去。“俗我弗作先生羞”，“俗”字當讀爲裕。《方言》云：“裕，道也。”謂誘道。

廿八日。撰《詩克咸厥功解》。“咸”訓終訖。僖公二十四年“昔周公弔二叔之不咸”，“咸”亦當訓終，以金文《毛伯彝》、《史懋壺》咸字用法爲證。

廿九日。撰《肇爲語首詞證》。

三十日。阅鄭業斅《獨笑齋金石文考》。說多精審，湘中先輩罕治金文，鄭君爲特出矣。

十月。

六日。撰《詩袞職有缺解》。“職”，與《左傳》成公十六年“識見不穀而趨”之識字同，適也。“袞”爲衣，故下云補。士季說《詩》，毛公作《傳》，袞職皆不連讀。《鄭箋》連讀者非也。○報載政府褒揚梁任公師命令。此事張公道，洽人心，早應爲之者也。又載英國大學盛獎研究我國語文之學，亦殊可嘉。

七日。跋《盂爵》。銘云“王令盂寧登伯”，知《書·洛誥》“乃命寧予以秬鬯一卣”當連讀。《僞孔》以“乃命寧”爲句，誤矣。

十一日。跋《不嬰𣪘》。“戎大同逨追女，逨乃事”，二“逨”字併當讀爲用。《書·多方》“尚永力畋爾田”，“永”亦當讀用。

十二日。再跋《叔夷鍾》。“簞其先舊”，“簞”謂數典。“襄公之妣，鹹公之女”，“襄公”謂宋襄公，“鹹公”乃杞成公。“是辟於齊侯之所”，“辟”謂事君。《師望鼎》：“用辟於先王”；《盠盨》：“用辟我一人”；《逸周書·祭公篇》：“自三公上下辟於文武”；用義並同。○跋《曶鼎》。“賞曶禾十秭，遺十秭，爲二十秭”；據《詩》《北風》《毛傳》及成公十二年《左傳》“加遺”連文，讀“遺”爲加。

十三日。跋《全盂鼎》。“叡”爲經傳之嗟。三十年一月跋《縣改𣪘》已明之。兹更以《書·費誓》之“徂兹”證明之。“徂兹”即嗟兹。《僞傳》訓徂爲往、兹爲此者非也。《詩·巧言》云：“悠悠昊天，曰父母且。”《褰裳》云：“狂童之狂也且。”“且”亦與叡同。此猶《節南山》云“憯莫懲嗟”也。

十四日。唐藝青告余：樹葉形式有四，研究十余年始得之。余謂，《詩》云：“有物有則”，言有物必有則也。○撰《讀逸周書·大匡篇》。“庶人不獨葬，伍有植。”足證《左傳》宣公二年“宋城華亢爲植”、《周禮·大司馬》“大役屬其植”二植字之義。《和寤篇》“王乃出圖商，至於鮮原”，可證《詩·皇矣》之“鮮原”亦地名。《太子晉篇》“人生而重丈夫，謂之胄子”，可證《書》《舜典》“教胄子”之義。

十六日。跋《師艅鼎》。“王夜功，錫師艅金”；疑夜當讀爲度。○跋《善夫克鼎》。銘文可大别爲二：一，記事；二，記言。記言又可分爲二：一，記君上之言；二，記作器者之言。此器分二節，首節“克曰”發端，記言；次節記王命克之事。一言一事爲罕見之例。

十九日。書庫送新到《四部叢刊續編·王俅嘯堂集古録》來，地僻無書，得此令人神旺。

廿二日。跋《伯克尊》。文多誤字，壴當是壺字。《孟交壺》壺字作㱿也。○跋《宛卣》。銘文“𡢁”，余釋爲宛，从女與从卩同。○《高卣》蓋云：“亾競在服”，“競”當讀爲疆，“亡疆在服”與《書·文侯之命》“俊在厥服”義同。

廿六日。茶陵周生郵寄曹載奎《懷米山房古金圖》來，借予讀之也。○跋《甫人匜》。“萬人用”，“人”假爲年。

廿七日。前以金跋數首寄郭鼎堂，間有糾駁渠説處。今日得覆書云："考釋一一拜讀，卓識明辨，甚爲感佩。"並言《青銅器銘文研究》及洋裝本《周金文大系》爲初入門時之試作，中多紕繆。蓋余文所糾渠説皆據洋裝本《大系》也。

廿八日。《曾侯簠》云："叔姬邛嬭"余謂叔姬爲女君，邛嬭爲媵女。

十一月。

五日。跋《豆閉𣪘》。"用倂乃祖考事"，讀"倂"爲承。承，繼也。《釋名·釋親屬》以承釋媵，倂、媵古今字。

七日。曾星笠來，以所著《國語詞尾音轉來母考》見示，其説頗精。例如：李字从子聲，本讀精母，尾音如兒；重讀之，音轉如今音之李，而前音遂失。《爾雅》："接慮，李。"接本精母，慮本語尾，其明證也。

八日。聞張蔭麟逝去，可惜之至！

十一日。跋《師虎𣪘》。"王在杜居。"蔡𣪘云："王在雝居。"以《詩·篤公劉》"豳居"證之，知杜、雝皆地名。

十四日。跋《公貿鼎》。"叔氏使貧安㠱伯"，"貧"字从貝父聲，疑泉布之布本字。○跋㺇𧯛鼎。謂𧯛爲《説文》訓黍稷器之鬳之或體。《季㚸鼎》云："季㚸作宮伯寶隮𧯛"，是𧯛爲器名之證。鬳爲方鼎，此器形方，又其證也。孫仲容謂𧯛爲鬳字，王靜安題爲㺇妻方鼎，皆誤。

十七日。跋《父癸彝》。銘云"△作父癸宗尊彝"，宗謂宗廟。阮伯亢云祭器稱宗，誤矣。○記俗語五事。《説文》："亢，人頸也。"長沙呼頸爲"頸亢"，讀"亢"爲庚。此猶呼坑儒之坑爲客庚切也。《説文》："犗，牛羊無子也。"今平江呼牛無子曰犗。"行"古音如杭。今寧鄉送客曰"慢行"，言行如古音。《説文》云："娭，戲也。"許其切。今多作嬉字。辰谿人言戲如亥，娭之古音也。《説文》云："獸足謂之番。"今長沙言"手板、脚板"，板當作番字。

廿七日。《元年師兑𣪘》云："易女乃祖巿"，巿當爲旂之借字，"旂"从斤聲，斤、申古音同也。《善鼎》、《盂鼎》皆云"錫乃祖旂"，可證。

廿九日。跋《史頌𣪘》。"帥䍙盩於成周"，"䍙"讀如偶，謂曹偶，"盩"讀爲朝。

十二月。

五日。昨以近著請曾星笠評閱。星云："金文跋發明甚多，十得八、九，成績出孫仲容之上。"至友阿好過獎，令人愧汗。

六日。黄伯軒告余：倫哲如（明）國難後返東莞，前數年逝去，藏書爲諸妾瓜分散去。聞之太息。

七日。撰《研究金文計劃書》，分識字、通讀、考史、證經、組成科學五事説之。教育部告部聘教授，謂如有研究計劃，可給資研究。故以此應之。

十三日。前以近著金文跋若干篇寄陳寅恪求教，並請爲《小學金石論叢續稿》撰序。連日得其先後二覆書，云："承示金文跋尾，讀之欽佩至極。論今日學術，公信爲赤縣神州文字、音韻、訓詁學第一人也。囑爲大作撰序，爲此生之榮幸。他年賤名得附以傳，乃公之厚賜也。"良友獎藉，令人感愧。其執詞謙退，尤令人惶悚之至。又言渠有《隋唐制度論》、《唐代政治史》二書，已付印云。

十四日。四月間，余未知寅恪何在，曾以廿六年以後文稿一冊寄馮芝生，請其轉寄寅恪。今日得芝生覆，云已寄去桂林。又言同人取余文輾轉傳觀，莫不欽服云。

十五日。撰《釋□篇》。據《三體石經》定此字爲弔字，糾吳大澂、羅振玉叔字之釋。又以字形與音疑爲繳字之初文。勝利後讀郭沫若《金文大系考釋》（上柒伍葉），謂之繳字，與余説同。

十六日。撰《釋干篇》。以兵从𠬞持斤，或作俙，从人从𠬞持干。斤爲兵，知干亦兵也。

十八日。跋《女嬃彝》。"女嬃堇于王"，讀"堇"爲覲。"癸日之文"與《小雅》"吉日惟戊"同。"女"爲氏。《左傳》莊公二十五年《經》有"陳女叔"，成公十三年《傳》有"秦女父"，襄公二十六年晉有"女齊"。銘文首稱"女嬃"，繼兩見皆只稱嬃，知一事再見卒名者，古文皆然，不惟《春秋》如此也。

廿日。跋《𢦏叔𣪘蓋》。文云"□貝十朋"，假嗌字籀文爲錫，爲余廿三年撰《釋贈篇》益、易互假之説添一證，爲之大快。

廿二日。撰《釋□□篇》。第一字蓋"酌"字之初文，酉象盛酒之器，□所以薦之；从𠬞，持之；从臼，以手挹取也；召聲。第二字从月，蓋照字也；从月，與明字同。○賦詩寄桂林陳寅恪謝其許序余書云："朋交獨畏陳夫子，萬卷羅胸不肯忘。一別五年縈寤寐，辱知三世豈尋常？攻金敢望追荀羕（彝銘考釋近代孫仲容最精。章太炎先生亡命東京時，仲容與通書，自署"荀羕"），請序猶思效懋堂（段氏爲《説文註》，請王懷祖敘之，余愧學不逮段，而君則今之懷祖也）。聞道蒼梧好山水，不知游蓋幾回張。"君先德中丞公撫湘，丁酉年設時務學堂，録取諸生，先兄及余皆與焉。校閲文卷者散原丈也。故有“辱知三世”之句。

廿三日。周生寄孫仲容《古籀拾遺》來。昔年曾讀一過，皆已忘之。今日重讀，勝義紛披，不可指數。就中朝夕、甲胄、昧爽之釋，尤爲精確絕倫。余近年跋文頗有與之相合者，亦有一、二事説勝於彼者。如《叔夷鐘》“篾其先舊”，孫訓“典”爲經，余釋爲數典；《令鼎》（即《大毁》），孫不知“眔”訓及，誤以爲人名；“僕”當訓御，而以爲田僕；《單豈卣》銘文左行，孫不知而誤讀；《白晨鼎》虎冟，孫从阮釋爲虎韔，余則讀冟爲幦，皆是也。然其恰當人意處至多，迥非阮、吳諸家所可及。其爲金文開闢一新天地，無可疑也。○再跋《𤔲攸从鼎》。“王在周康宮𢓨大室”，“𢓨”讀爲莊公二十一年《左傳》“鄭伯享王於闕西辟”之辟，“辟”，偏。

三十日。再跋《洹子孟姜壺》。“用鑄爾羞銅，用御天子之吏”，“御”讀爲《詩・小雅・六月》“飲御諸友，炰鱉膾鯉”之御，御，享也（趙岐注《孟子・梁惠王》“以御於家邦”云：“御，享也”）。《毛傳》訓御爲進，非是。

三十一日。跋《邾大宰簠》。“余諆龏子惠”，讀“子”爲慈，此自贊之辭。與《邾公華鐘》“余襄龏威忌”該例同。○跋《曾伯霥簠》。“元武孔黹”，“黹”，孫仲客釋黹是也。銘文全用韻，黹與下句夷字韻，阮釋業，則失其韻矣。

一九五四年 （甲午），年七十歲。

一月。

一日。草《漢書窺管》補五條：《白帝子》、《家人》、《公勝》、《子遂》、《陳欽》。危克安、孫秉瑩、李俊、向玉階、李繁、涂西疇來賀。午，文玄夫婦來山，慶兒亦來。文玄已升三三一工廠副廠長。

五日。《吕刑》“苗民弗用靈”，“靈”假爲“令”，故《緇衣》作“弗用命”，《詩》“令終”金文多作“霝冬”。

七日。習《左傳疏》，得小箋五條，以“踰年即位”之“踰年”證孔疏“踰月與三月同”之誤。

八日。閲仰天湖墓所出竹簡。閲《兩周大系攷釋序》，頗能見其大。檢《大豐毁》諸家攷釋，悟“王凡三方”爲封邶鄘衛。“天亡”疑是大顛，似新而碻。〇陳毖濤來，力主余入京，謂係報國之事，所見甚大。〇編局寄《小學述林》、《甲文説》合同兩份來，隨簽字寄還。

九日。草《大豐毁再跋》，悟“不克三殷王祀”爲祝周家長久之辭，極以爲喜。〇科學院書告《卜辭瑣記》郭沫若已閲過，同意附在《甲文説》後。

十一日。改《大豐毁跋》，據《麥尊》“王乘於舟，爲大豐”，定大豐爲游娱之事。此云“王凡三方”，“凡”叚爲“般”，謂遊般也。“三方”，地名。〇草《𥧂叔毁跋》，定“皀”爲“毁”字，叚爲“[illegible]”，獻皀連文，以《説文》《淮白鼎》爲證。久不作金跋，連日遂得兩篇，皆審核，殊可喜。

十二日。習《攈古金文》第七册，《篖侯少子毁》讀“盫”爲“合”，“妳”爲“乃”。

十三日。改《𥧂叔跋》，草《篖侯少子毁跋》。

十五日。草《弭中簠三跋》，明“𨚵”爲“即”字，“[illegible]”兩耳字，亦有二耳。

十七日。草《庚羸卣再跋》，説明“宮”字秦漢以前貴賤無別，及解“蔑曆”爲“解甲”之不確。又草《庚季鼎跋》疑白俗父與庚季爲父子或長屬。

十八日。連日爲《工師𠑹鐪》“四秉”二字，思索不能決。今日借出《寶藴樓圖釋》讀之，器圖有四耳，乃始恍然，因草其跋。

二十日。改《工師跋》主“甂”無定量，糾王念孫説。於“四秉”特詳言之。〇習《捃古金文》，識出《無惠毁》“虎臣”上一字，是“卿”字，此易从“[illegible]”，爲从“鼎”也。

二十二日。草《散季毁跋》，合諸器觀之，知栿爲姬姓國，疑散宜生爲散國始封之君，似頗審確。又草《無惠鼎跋》，定“[illegible]”疑“卿”字，讀“逌”爲正。

二十三日。草《六年琱生毁跋》，讀“典”爲田，“名典”謂名田，即定田主之名，於是全銘通順毫無阻礙。

二十五日。增補《琱生毁跋》，説明據“邑”、“封”二字定讀“典”爲田之經過，可謂度盡金針矣。此亦不奇，科學方法而已。因涉及《鬲从盨》，一見通辭，遂爲其跋。原文平易近人，郭沫若鑿深爲高，恍如夢囈矣。

二十九日。趁車渡湘入市，訪籽老司馬里新居，作賀。

三十一日。草《周代姬姓封國考》，虢仲虢叔，文王之弟，姬姓無疑。吳其昌《金文世族譜》以金文有虢妃之稱，謂虢爲妃姓，不知虢妃乃虢婦，非虢女也。吳之鹵莽如此！○編局書告《淮南證聞》印八百部，現只存二十二部。售出之多如此，非所料也。士喜讀書，殊可喜也！《金文説》不知印若干，現存百四十九部。此書太專門，宜其少售矣。

二月。

二日。統戰部送年敬百萬元來。

六日。看胡厚宣《甲骨集凡例》，查《姬姓封國考》，計得二十七國。郬爲姬姓，由《郬造鼎》得之。○《春秋大事表》不記樊國姓，楚莊王有樊姬，則姬姓也。

八日。草《郳友父鬲再跋》，莊六年《左傳疏》引《世本》，郳顔之子肥別封郳，社《譜》云是友封；《疏》云：肥、友當是一人。觀彝銘，友字是，肥字非也。○又草《彔白𢦏段三跋》，釋“[illegible]”爲“韔”字，形藏弓也。“惠[illegible]天命”，則當讀爲“當”（去聲），“惟當天命”與《𠦪白段》“有𢆶大命”字異而義同。

九日。日本立命館大學白川靜信寄所著殷周史論文來，久疏日文，閱之吃力。

十日。入市訪陳書農，少坐。到文史館晤耔老，則蘊三適在，因以《論語疏證》後十卷請其標點，余正擬訪蘊相托也。

十一日。草《鄧瑾珊會考行卷題詞》，引吳南屏以落卷獲鄉舉爲説。鄧恰是吳鄉里後進也。又草胡厚宣《京津甲骨集跋》。○峻姪告驤云：科院覓屋不易，余或當以科院名義留湘工作，如此亦佳。

十四日。今日爲先君子見背之日，不聞謦欬倏忽十六整年矣，思之慘沮。

十五日。閱《攈古金文》，《京姜鬲》云：“京姜庚女乍隮鬲”，庚女亦女字，知王靜安以母爲字，爲有母道之説，確爲附會也。

十六日。草《京姜鬲跋》，京姜庚女是古女子字，稱女之例，王靜安女字説引此例，作庚母，誤也。外有丝女帛女繼女之女例同。○草《黃尊跋》，“肈”字不从聿，而从又，足證聿借爲又之説。又跋《白孝盨》，以“鼓鑄旅盨”四字當連讀。

十八日。閱《攈古金文》。跋《[illegible]角》，以角銘及癸未尊蓋、𨚕彝三器均有“征貝”之文。余往釋“征”爲“侍”，疑“征貝”爲賞侍臣之貝。○校理關涉周史彝銘五篇：《𠦪白》、《大豐》、《散季》、《湁司土》、《六年琱生》，擬投《歷史研究》。

二十一日。草《國書鼎跋》舊釋戎都，余前釋“戜”爲“或”。今日覺“或”非國族之名，細思乃是“域”字，即國字者，叚爲書乃是國書也。○柏林蘇、英、法、美四國外長會議決議：四月二十六日在日内瓦召開中、蘇、英、法、美五國外長會議，討論朝鮮與越南問題，此事甚可喜。世界和平漸露曙光矣。

二十三日。偕毅攜外孫周碩朋趁車入市，訪馬宗霍、陳右鈞、柳敏泉，遇蘊三，與楊岳雲久談。

二十六日。涂西疇來，言京中有電來，邀余到科學院，詢余意見。午王平默來，見示公文，非電也。余云年老不能多受拘束，書籍頗多，房須能容納家口六人，以預備令嫻女來京也。

三月。

四日。以病靜臥北屋數日。袁醫來，量血壓176/134，晚服安眠藥，睡安。○近日日記家袚代寫。

十五日。移居至善村。○近日看望者絡繹，王嘯蘇、蔡伏三、劉虛、唐寅陔、陳書農、田、彭兩助教、龍文尉、周鐵錚、王原一夫婦、郭胡、吳文楊、蕭禮衡、鄧瑾珊夫婦、彭祖智夫婦、楊開勁、陳嶷濤、陳佑鈞、危克安、向玉階、李蕃皆來。

二十日。夜得七絕三首，答蕭鄧二老也。

二十一日。四助教來清書，分類列之，遂竟日。

二十三日。閱《段氏年譜》，遂竟日。

二十五日。閱《經韻樓集》竟日，盡二冊。

二十八日。姚薇元書來，云寅恪以多病辭不北行，舉陳垣自代。且謂寅老不滿意於科院，謂解放數年，絕不重視史學，至此老成彫謝之際，乃臨時抱佛腳，已有接氣不上之象云云。

三十一日。王平默來，見示教部公文，余請其覆緘，以病暫不能去北京。

四月。

一日。王疏安來，見示壽余七十五律四章，工整之至。

八日。借新華書店《新書内容介紹》閱之。於《小學述林》揭出“囪聰娙婿諝婿寮憭”等四事，並謂定出文字學許多定律，都是確鑿不移的。

十一日。記《四寸學》方言諸條於手冊。閱《松崖筆記》竟日，三卷訖。

十二日。以《述林》贈師院、曹耔翁、寥海廷、范炳星，又與鐵錚及豫兒，凡六冊；京送于思泊、孫蜀丞與伯峻，凡三冊。

十五日。阅《交翠軒筆記》訖，説宋人綏來之綏爲左傳之私，甚碻。○耔翁得余贈書，云余近十餘年治學之勇，非俞、章晚年所可及，聞之增愧。

十六日。記惠沈筆記涉語言者於手冊，始記語言雜録，寫面般賠備二條。

二十日。閱《紮樸》，録筆記語書六條。

二十一日。阅浦江清推屈原生平文字，似於曆法頗了解也，較前時有進矣。

二十三日。近日失眠，不事事。陳蘭陔醫師來，謂余肝腎兩家虧損。

五月。

二日。阅《讀書叢録》不能快人意。

三日。與純女久談，同遊愛晚亭，兩月餘不到矣。○檢金文講義，擬再投稿也。

七日。録《廣雅疏證》所記今語，知今語之“罩”即“焘”字。○應疏安、原一、宗霍三君壽余七十之宴。

十日。悟飯局乃畧字，經傳作具。

十一日。阅龍輯《蒼頡篇》及《通俗編》。

十三日。阅《通俗編》，“青天白日”見韓文，而翟引朱子，偶失之。《蒼頡篇》，單土除疫人也，可證桂馥單祭宗，單主儺祭之説。此昨日所記二則，今補記之。“婁”《角弓箋》訓斂。“摟”爲曳聚（《説文》）；“瞜”爲貪貌（《廣韻》）；“簍”爲竹籠，“蔞”爲笱（皆《説文》）；“慺筦”爲囊（《廣雅》），皆所以斂也。

十四日。阅《儀禮漢讀考》，“閾”爲“戚”，此以戚與切音近，假“戚”爲“梋”。段云“言其迫近，謂之戚”。从假音字求本字之義，誤也。漢人多假“切”爲“梋”，知“梋”音當與“切”同，今音先結切，非也。“肙”訓動作切切，“齺”讀若切，皆可證。

十五日。胡書告《卜辭求義》群聯社可出版，亦可喜也。

十八日。以六證説“梋”當讀切，入今語源。“肙”訓動作切切，“齺”讀如切，漢人以切爲“梋”。士冠禮閾或作戚，柣郭（璞）千結反，《匡謬正俗》門楄。先結反乃隋唐音。

十九日。群聯出版社寄《戰後京津新獲甲骨集》來，余序文幸無誤字，惟標點有置行首者，太不講究。

二十一日。今日余七十初度，親友欲來者皆懇辭之。王原一夫婦、馬宗霍來祝，原一致曹翁步余六十自壽韻五章，此公精力彌滿，令人愧汗。

二十三日。記《古書句讀釋例》各例番號，以便檢查，依從審查意見，分爲：類型、貽害、原因、特例四類。

二十四日。到醫室就診，因左肋近日有異感故，吳醫云：此由神經，心肺二部皆頗好。余問須照愛格司光否，大小便須檢查否。吳云皆可不必，血壓百至百六十度。

二十五日。阅《新方言》，信多勝義。群聯書告《卜辭求義》可予出版，因以文字六首付之，屬其附入。《多介父》、《沃甲奭匕庚一再》，《妣日名與夫不同》、《釋載》、《開𠀠》，此郭沫若所强删也。

三十日。得陶孟和復書云：《金文餘説》、《漢書窺管》已催審，希望月内審畢；《高等國文法》、《詞詮》、《中國修辭學》(增訂本)、《小學金石論叢》業已審畢，可以再印。惟出版總署對商務、中華有指示，令其重印佳書，故此時未便與之商洽云云。以《修辭學》亦屬商務，殊覺糊塗，隨作書與編局告之，以書屬世界，又作與商務書，問其詳情。

三十一日。檢書籍録《修辭學》補充材料。彭耀文來，余問以太炎説，粵語謂"何"爲"蓋"，彭云無之，粵語云"何"爲"吻嘢"。

六月。

一日。阅《把一切獻給黨》訖，此書令人興奮，令人慚愧。○《積微居甲文説》寄到，錯誤甚多，深悔未小校一次也。

二日。收到《歷史研究》第二期矣，余文佔五六葉之多。得編局寄款，並云：已寄《甲文説》八冊來，並已發行，與昨待余復再發行之説矛盾矣。

四日。録《甲文説》勘誤表，以《甲文説》寄還編局。

七日。群聯社書告：同意將《耐林庼甲文説》與《卜辭求義》一併出書，此時正在用石印寫《求義》，約八月内可出書。

八日。王了一書告：乍從京歸，知商務、中華均改公私合營，商務改高等教育出版社，中華爲財政經濟出版社，但不屬於高教及財經之書，仍由商務、中華名義出版，稿費辦法與科學院略同，但定額非三千冊，而爲二萬冊耳。

十日。編局書告：《論語疏證》審查意見極端讚譽，殊以爲慰，余亦極喜，此種猶恐時代關係難於通過，今有此，大放心矣。(三月三十一日寄去，經七十日即復，可謂迅速。)

十二日。昨悟"渠"之詞源爲"其"字，因寫其文。"渠"指他者，"其"之轉音，《詩》何其，《禮記》何居可證。

十四日。寫《甲文開礦文字後記》，所以解郭沫若之惑也。

十八日。報載日内瓦五大會議，因美帝力謀破壞，朝鮮問題竟毫無結果，結束討論，令人憤恨之至。然周恩來到最後一刻，猶努力爭取和平，固足多也。

十九日。峻寄《湘江評論》毛公記健學會文字。來文已注意湖南人之思想性，惟似尚不接受馬列主義。○孔子謂《韶》盡美，《武》未盡美，此主禪讓反對武力也。季札謂湯濩有慚德，則孔子此義仍前有所承。孟子"聞誅一夫紂"之説，思想已與孔子不同，以此知《易》革卦湯武革命，順天應人之説，當是戰國時人説話，《易傳》晚出之説大可信矣。

二十日。憲法草案公佈，今日報載廢大區憲法，中無大區也。

二十三日。王疏安來，見告入市後所聞各事，曾見劉通叔，告劉以余佩服其詩篇，劉云近見遇翁絕句甚好，但略生耳。蓋見余答蕭鄧三絕句也。疏安言通叔於唯識研究頗深，亦能古文，爲今日不可多得之士。其書翰之美，則余所見所知也。

二十六日。胡厚宣來書謝贈《述林》及《甲文説》，云："拜誦之下，深覺解放以來，惟先生著作最富，發明最多，其貢獻之大蓋突破以往所有之學者，傾仰至極"云。良友阿好如此，令我愧汗。又云："七戊爲武丁之配，我完全同意尊説。由拓片觀之，蓋極清楚爲晚期之卜辭也。所云郭某乃上海文化局一職員，其人勤於拓墨而已。"此又可證郭沫若之粗心輕信也，蓋心有成見，必欲推翻余説，遇有可爲之助者，乃急不暇擇也。余往言：做學問必須誠意正心，信也。

二十七日。今日思以所録今語及向來《長沙方言考》，歸納爲若干通則，作中國語言學試探工作。覺極有意義，當即著手爲之。○草《耐林廎甲文説自序》。

七月。

三日。思泊書言："讀到《甲文説》，義證精塙，發揮透闢，併世研契諸公無與抗衡，欣佩之情，匪言可喻。前聞病，故未奉書，希善自攝養，少用腦力爲望"云云。

四日。編録《今語》，加標題，如切轉爲茜（真眉），偉轉爲懣爲們（徽痕）之類。他日即可按此分類也（枚謎之同音）。録分二冊：一古義，二古音（父變爸，無變嗎，存古音）。擬書名爲《古今通語》。

五日。編局書告，《國文法》、《詞詮》，高教社出版；《論疏》、《金石論叢》，科學院出版；《修辭學》由科學院新設之科學出版社出版。《小學述林》已贈蘇聯。

八日。始草《我所認識之孔子》，訖一章。

九日。續寫《孔子文字社會個人說》訖。

十三日。前書與陳寅恪，請其標點《論語疏證序文》，今日寄還，並見告，以畏人畏寒，故不北行，有《謝北客》七絕一首。又云："屢承寄示大作，今日有此等純學術性箸述之刊行，實爲不可多得之事。先生平生著述，科學院若能悉數刊佈，誠爲國家一盛事，不識當局有此意否。"老友阿好如此，令人感愧。

十五日。補孔子文字材料，以子叔姬與哀姜同是犯淫，然子叔姬禍不及國，則閔之；哀姜禍及魯國，則主殺之，證孔子確是重社會而輕個人。又謂儒家最高之學說爲權，似今日之辯證法，此等似皆合拍。

十九日。改《句讀釋例》二條：一，《詩·天作》當以"彼徂矣岐"連讀；二，《禮記》"寡人固不固"，當於"寡人固"讀斷。一入當屬上而誤屬下，一入當讀而失讀也。

八月。

十二日。悟ㄅㄞ開之字當作副，因《周禮》疈辜或作罷，《西京賦》作櫂，《鬼谷子》作捭，及《廣雅》捭訓開，音爲補買反，與今字掰音正合故也，因記之。

二十日。孫作雲來，語多憤慨，年四十二矣。據云曾請求學校許其來湘從余，學校不允，現任上古史課，欲治甲金也。作雲向從一多學，今渠言一多先生於《詩經》、《楚辭》貢獻皆不多，蓋皆初入門，而遂遭難，其言可謂不阿所好矣。

二十九日。作信與科學社，說《小學論叢》沈序應存之，理由疑過段王之說不實者，非也。○貼《新方言》，加題目（即說文）與標點。

九月。

二日。科學社來書，欲去祭梁先生文，余主不去。以時務對中國有歷史關係也，一千九百年庚子反清之役，民四倒袁之役，皆時務師生合心爲之，以一短命之學堂而能有如此事業者，古今罕見也。

十日。南京圖書館寄到《操風瑣録》，讀之，首二卷皆說字音，第三卷始記《方言》，得"嬦"、"稟"、"枝"三字。"嬦"《新方言》已及，"稟"字則新穎已極。○修文堂寄來原刻本《越言釋》二卷，著者茹敦和，乾隆進士，官知縣，著有《周易二間記》，《李越縵日記》曾記之，茹，會稽人也。

二十七日。校《高等國文法》，删去與時代不合處，作記，告科學出版社，並及修辭補料事。

二十八日。杭治平來，以《古代之文法學》一文交其抄寫，擬加入《國文法》也。〇人民代表會昨日選舉毛公主席，朱德副之（只一副），劉少奇任人會常委長，董必武最高法院長，張鼎丞檢察長；毛公提周恩來總理通過，前副主席宋、張、李，皆任人會常委副委長，此正式國家領導幹部也。

十月。

七日。録《直語補證》訖，凡得六字。

八日。録越諺，修綆堂寄《木犀叢書》、《雙硯齋筆記》及徐行可見贈《燕説》來。鄧記精刻，説《方言》者在第四卷，太炎擇録未盡也。録其六字未訖。

九日。録鄧廷楨書今語訖，得二十三字，鄧書甚精，所言皆可信也。

十日。翻閱《燕説》一遍，“庨牙”不合，乃“齟齬”也，餘可取者頗多。

十一日。録《桂馥札樸鄉言》十餘字。出門注射組織液，已用二月餘，昨往取藥未發，周女士言須間歇也。

十二日。録《吳下方言》字，此書頗劣，慎取之。

十八日。到人民醫院就診。戴云：初診眼光爲百分之四二，次爲百分之六，今爲百分之七、八，已有進也，仍發組織液。

二十日。《吳下方言》考十二卷，自十二日始録，凡費時九日，除十七、十八日未録，實費七日。

二十一日。擬《耐林甲説》、《卜辭求義》兩書提要，寄群聯社，作信與中科社。

二十五日。“掣”字爲今“扯”之初字，《説文》無之，當訓牽引。《鹽鐵論》“掣頓”，《説苑》記“制肘”，漢時確有此字，而許慎失之。

二十六日。閱《圖書集成》第六百五十四冊（中華書局景印）方言部，録山西臨晉語三字：斛、饋、�季。

二十九日。録涇縣方言，前録止於《國學叢編》二集，今則三集也。〇閱汪容父《舊學蓄疑》訖，汪容父云：吳人稱罌爲捧，是甂字也；泰州興化人呼我代你、代是等字也。得今語新字八。

十一月。

一日。翻閱王倫《文字學》，轉注用太炎説，與余同。以聲中有義者爲"形聲"變體，如"薪"、"嫁"。又於會意，別立會意兼聲一條，不知區別何在。復書告之，且謝因衰病不能作序。○閱《醴陵縣誌序》知方言卷乃朱芳圃所爲，宜其尚可矣。龔曼甫爲余檢閱圖書館中縣誌，今日了河北一省，嘉慶束鹿、道光鹽山、同治内邱（三志）有方言，但不多耳，此殊可喜。

三日。閱《順天志》首冊，知方言爲德清傅雲龍撰，亦間以今語證之。

四日。京人民出版社陳原（副總編輯）、湖南人民出版社黄華（副社長）及一舒君、張若南女士來，意欲了解各處研究情況，以馬列、歷史、語文爲主，並詢及文史館情況。余以王啟湘有著述，及周四維君長於明史告之。○録史夢蘭《燕語》，"啢嗐"訓大言，即《説文》訓譀之"詷"，訓大言之"唐"，"庤房"爲不相合，即《説文》之"齟齬"，皆有意思。

八日。翻閱閩《方言》二種，録《閩語》。

十四日。葉俊生《閩方言》録訖，續録謝章鋌書。李思安、張國基、周敦祥及華僑青年數人來。張爲舊一師同學（民國五年余任一師課），在印度尼西亞辦教育三十五年，年六十二矣，此次因被選爲人民代表，歸國返鄉，不日仍返印尼。在印尼受其教育之青年達千人以上，各大都市無不有其弟子。臨別主客全體拍照。

十五日。杭君送抄件來，閱之，寄余明象，補材料四條入《修辭學》校樣（改竄一分承三）。

十八日。學校送滬科學社電來，速《修辭》校樣，擬復電送院代發，並作一信告知，又囑寄《論疏》底稿，以便校改。○驤自廣州來山，與談竟日。驤奔走各處，皆解決各廠技術問題，殊可喜也。

二十二日。檢《四庫提要》漏録《古今圖書集成》，亦可怪也。此書經始於康熙，至雍正始告成書，首有雍正帝四年序。

二十三日。午二時同鍾佩藏步到松桂園市協商委員會，出席座談會。劉樂揚説話頗長，意在鼓勵館員們研究。余亦説話，希望政府速建圖書館。五時散會，劉告余：政府已定於明年或後年建圖書館，當費數十億元云。

二十五日。晨校《論疏》。到李俊寓談電燈事。録謝章鋌書附卷所録黄宗彝閩語。飯後小寢，交際處朱文典科長來，云：周小舟政委有事相商，特派車來迎，因同入市。到處，唐副主席（生智）、周世釗先生在，久候無耗，旋附唐車至容園程頌公官邸，少坐，忽執事人入報毛主席來，隨同出迎。毛問尚相識否，又云："得君二信，曾作一復。"余告以後信文改會已復。旋劉少奇、周恩來亦來。少頃有人高聲言毛主席請吃飯，請赴車站，遂相偕至東站登車，客室少坐，旋入餐室。飲食中西合璧，余進麵包二片，魚肉各數片。車七時開，余等下車，劉公立車門周旋。余回交際處與熊子烈處長談。此次三公由粵來，蓋佈置海防也。

二十七日。《論疏》前十卷校訖，寄還科社。到校取加薪，此次加薪以百分之五爲准，而余竟加八十分，本七百五十分，今爲八百三十分，超過百分之十，此同人之鼓勵，殊可感也。

十二月。

三日。近補《古書疑義》一則（大夫稱人例），分寄財經社及余明象。

四日。草《疏安自傳跋》。○法院送洪婚判決書來，爲之不怡，此或舊習太深，不慣于新事物乎。款分兩期付：十一月底，五月底，共千零三十六萬六千元，甲孫歸舜芝養，洪不供給費用。書中明云：舜芝月入九十餘萬，撫一子夠用也。此事可告一段落，雖不幸，亦無可如何，蓋久延，於洪兒身體有妨，於工作亦有害也。

五日。校《漢書窺管》，此書確有功力，頗自喜，惟新史家或看不起耳。

七日。晨忽覺胸中作逆，嘔血數升。袁勛安來，扶臥床上，並打針。幸血爲淤血，非鮮血；後斷知爲胃出血云。多人皆來候疾病，多驚動也。

二十一日。學校新購得甲骨一片，凡十許字，余不能別其真僞也。

二十二日。看《春在堂隨筆》。閱黃肇平關於《方言詁林》文字中記方言書多種，皆余所不曾知者也。

三十一日。一九五四年余出版新著四種：一、《小學述林》；二、《積微居甲文說》；三、《耐林廎甲文說》；四、《卜辭求義》。外重印舊著一種，爲《詞詮》。年末國家任余爲政治協商會議委員。余向不明政治，所以有此者，國家認余爲學人耳。此皆可喜之事也。惟身體日衰，三月因觸火盆而失眠，十二月又患嘔血。今雖好轉，精神尚未復元，此爲可歎耳。

詩文

積微居詩文鈔

積微居詩鈔

王葵園先生九十生日公祭詩以志感 一九三二年十一月二十七日

不廢江河吸萬流，一燈孤照費冥搜。涼塘謁後成千古，我亦星星白上頭。

遊嶽麓絕頂與嘯蘇同作 一九三二年十二月二十七日

一別二十年，山色依然好。惟有看山人，少壯欲爲老。老去安足悲，所傷未聞道。平生千載志，常恐遂潦倒。高山立我前，不進那能到？《詩》《書》有至味，相期各一飽。

紹周屬題湘綺翁手篆圓明園詞卷偶成二絕 一九三三年五月十一日

亂後園池遍棘荆，當年興感幾書生！那知五季紛紛日，卻憶開天是太平。

曾見宮門與苑牆，七年一瞬又滄桑。余初到清華時，尚見園門與照牆，今皆毀矣。詞人莫更懷憑眺，裸國時時一作“朝朝”迫禹皇。

書吳夢舟（蔭雲）古歡室詩集後兼追懷郭耘桂先生 一九三五年七月十五日

戊歲曾偕學院場，卌年白日去堂堂。新詩幾卷天孫錦，省識孤吟費七襄。

郭園雅集幾經時，座上林宗是我師。一別無端成永訣，天涯何處覓鍾期？十七年南歸，與耘桂先生及蔭雲納涼郭園，曾呈所譔《漢書札記》于先生，有青出於藍之目。允爲作序，又承批識多條，此本今尚存篋中。余北來後，先生亦旋逝。

感興 一九三五年七月十六日

幾篇祭酒復蘭臺，把卷如逢故友來。即此已逾南面樂，不妨門外長蒿萊。《説文》、《漢書》爲余平生最嗜讀之書，故云。

逸興 一九三五年九月八日

逸興飛來思不禁，放懷天地一長吟。幸無歎老嗟卑句，猶有提戈躍馬心。清夢幾曾忘遼海，高歌時復想山陰。覆氈草檄慚無分，莫怨人間白眼侵。

題胡綏中老人雪夜校書圖即送其歸吳中 一九三六年九月十二日

萬卷琳琅插架盈，袁安庭院冷無聲。瑤華照耀虛生白，老眼無花一樣明。

辨章學術劉中壘，思索誤書邢子才。吳中子弟真多幸，葑漢初亡安定來。

多士江南挺巨儒，績溪胡後更三吳。鯫生頗一作“嚮”。有窮經志，立雪龜山恨未如。

贈高田真治教授用倫哲如韻 一九三七年四月十一日

便便君是漢家邊，觀國西來一作“征”領衆賢。嘉惠已承分典冊，蒙以所著孔子學説見贈。高談況喜接華筵。羣經本自尊喬嶽，大海從來納百川。且共泛舟拚一醉，招飲北海留別，故云。清風明月不須錢。

次和劉腴深詩二首 一九三八年四月二十五日

寧有空虛徑一作“信”可逃，眼看金雀舞湘皋。焚書那復來秦李，殺士居然效一作“用”晏桃。數仞宮牆危自撼，十方遊屐命同遭。微君道力降龍虎，大地真成一狴牢。

浮生掠過一炊煙，上智端能性自全。菩薩本來忘有我，將軍任汝下從天。心存魏闕身江海，目送飛鴻手管弦。暫欲隨君習禪定，不辭雕鬢與華顛。

依韻答肖聃兄見贈　一九三八年八月十日

君是安州宋子京，文章富麗若天成。相期直上青雲路，不道徒聞豎子名。舊事卅年如夢過，新詩千首定風行。猶當與子追前輩，那惜華顛種種生。

再依韻示肖聃兄　一九三八年八月十二日

意氣如雲客島京，那知垂老百無成。莫將苾苾杯中物，去換悠悠身後名。春夏秋冬寧我有？東西南北任天行。少顏能駐吾思學，覓取當年兩後生。

次和威謀過長沙感事　一九三九年四月二日

國破城春草木萋，燹餘塵土沒歸蹄。新丘曾見連華屋，敗瓦無緣認雪泥。城郭又非悲化鶴，賢豪安在舞聞雞。幽人搔首樓頭望，煙柳斜陽正挂西。

偶成次鶴松韻

萬事浮雲過，惟餘大患身。不須論黑白，寧復計冤親。廿載燕山外，三年沅水濱。滿頭成白雲，且自樂陽春。

聞德國倂丹麥挪威書感用紹熙韻　一九四〇年四月十二日

見説非攻昔締盟，如何師出每無名。寧聞天意甘殘殺，是處江濤怨不平。黃白人謀推劫運，東西地角動哀聲。一家天下嗟何日，熱淚涔涔涔瀉海傾！

特翁招遊丹山寺賦謝　一九四〇年四月十四日

獨立千岩上，神偕宰昊通。衆山成拱抱，一水效朝宗。巨穴傳丹竈，危樓倚翠松。我來憑眺久，疑入白雲中。

故人敦宿約，佳日復相招。撫事心多慨，登山興轉豪。揹危憑越石，折鋭看倭刀。太息驪歌近，還期醉濁醪。特翁不日入蜀，同人約爲餞局。

送何特循遊蜀中 一九四〇年四月二十日

壯歲論交今皓首，故園無分共巒方。乍揩夢裹憂時淚，又斷尊前惜別腸。三峽猿聲催早暮。一作"日月"五溪鴻爪有文章。歸舟好句兼新釀，愛晚亭邊醉夕陽。

白菊花 一九四〇年十月二十六日

姑射仙人此脱胎，肌膚如汝信奇哉！戴將頭上驚年老，插滿胸前喜酒來。但願傍籬供采擷，莫教入世染塵埃。冰心玉骨誰爲耦，指日寒梅冒雪開。

辰陽秋晚 一九四〇年十月二十七日

兩度逢秋晚，辰陽客思驚。黄花搖瘦影，孤雁咽商聲。諸子咸分散，他鄉卜死生。洪驤兩兒在重慶，鑫見流離河北，一年無音問。西風添百感，況此別離情。

日暈歌 二十韻 一九四〇年

東海西海彌兵氛，上感真宰天爲昏。日旁縈繞赤黑氣，四環分布如車輪。萬方久驚烽火急，況有異象懸天文。兒童變色走相告，老儒危坐稽《三墳》。十煇古掌眡祲職，背穴抱珥何紛紜。衆烏夾日記盲左，周圍靜謐無非雲。聯珠昔開五星耀，仰視杲杲非星辰。望氣徒聞王翔術，《漢書·天文志》：王翔所候，決於日旁。占驗欲叩滑堪門。漢成帝時，光祿大夫滑堪有《日旁占驗》，見《漢書功臣表》。我聞七國祖龍恣威暴，眈眈欲並八荒吞。咸陽宮中動匕首，白虹射彩穿朝暾。比鄰有國如狼虎，得毋壯士持兵環柱逐其君。又聞白水真人剔羣盜，炎精再起收中原。西州丸泥塞函谷，赤烏四匝環濃雰。石頭今傳反側子，得毋天象戒覆垂殷殷。吁嗟乎！玄黄血戰今四載，八州原野號英魂。抗兵相加哀者勝，苦縣聖人夙有云。人事分明已如彼，天象顯赫增歡欣。"抱且戴"者國有喜，《漢書·天文志》云："抱且戴，有喜。"《晉書·天文志》亦略同。故書歷歷傳前聞。近三十日遠六十，《天文志》云："日暈制勝，近三十日，遠六十日。”妖氛掃盡無遺痕。白日重光慶雲爛，彼圍繞者徒紛紛。

送春 社集題，分得君字韻。 一九四一年四月二十四日

吾生五十七，一歲一迎君。舊德相從久，清光忍便分。尚留枝上綠，應帶別餘溫。高閣怱怱去，明年共小醺。

橘花 社集題 一九四一年四月二十五日

不同桃李斗紛華，開向三春日已賒。芳氣撩人魂欲醉，落英鋪地玉無瑕。羞從淮北年年變，行到江南處處家。卻恐詩人忙聽取，誤將素蕊作黃花。橘、菊俗音同。

五十七初度書懷 一九四一年五月十二日

天上雙丸西復東，我生五七祇怱怱。鬢邊早作秋霜白，鏡裏難回笑靨紅。問世文章空好語，成行兒女仰衰翁。年年家國無窮事，賸倚危樓看碧松。

初夏即事 社集得千字 一九四一年五月十五日

荒陬歷日千，夏景又成妍。積雨寒猶峭，新晴倦欲眠。風輕憎柳絮，米貴羨荷錢。花事應如舊，一作“未識花何似”淒涼憶故燕。北平花事正盛。

重九 社集題 一九四一年十月二十一日

辰陽又重九，劫後念鄉關。菊色經霜淡，蟲聲帶露寒。風高吹帽易，愁重舉杯難。且喜峯巔住，無勞上遠山。

重九 一九四一年十月二十五日

沅濱九日已三過，如此江山且浩歌。酒爲黃花斟盞滿，人如紅葉放顏酡。傷心故國塵污血，翹首殘年海息波。莫道隴頭纔培塿，當將太華意云何？

報載教育部聘教授名録余與其列感賦　一九四二年九月六日

平生百事不關情，身似蟫魚老伴經。衹有青山來好夢，可憐白髮換浮名。驚心骨肉無多在，男女兄弟六人，僅餘二女兄弟。放眼河山有淚傾。喜道孫通逃虎口，亂來玄鬢幾星星？畏友陳寅恪，名亦在部聘録中，近始聞其從香港脱險。

陳寅恪自桂林來書允爲余序小學金石論叢續稿賦此報謝

一九四二年十二月二十二日

朋交獨畏陳夫子，萬卷羅胸不肯忘。一别五年縈夢寐，辱知三世豈尋常。君先德中丞公甄録時務學堂諸生，先兄及余皆與其選，而校閲文字者散原公也。攻金僭欲追荀兼，太炎亡命時，孫仲容貽書，自署荀兼。説籀頻思補懋堂。聞道蒼梧富山水，未知遊蓋幾回張。

自題春秋大義述　一九四三年九月二十八日

一生兩見倭侵國，頭白傷心寫此書。且一作“卻”喜人間公理在，漸看斜日落西隅。軸心三國意已投降，德日挫敗不已。

題春秋韻語　一九四三年十一月十七日

宣尼筆削具“麟經”，萬代人倫此典型。誰使詩歌明大義？望雲山下老經一作“書”生。

讀韓信傳　一九四四年一月二十日

鴻門誚羽辭何厲，排闥非君事亦一作“足”豪。漢室幾人能有此，淮陰底事耻同朝？

六十自述　一九四四年三月十七日

浮生六十逮今茲，往日真如電火馳。文史三冬初鼓篋，海波萬頃遠居夷。故書到老還成癖，甘寢方知勝啜飴。一事報君差足喜，正逢周甲茁孫枝。

投荒寂處冷如冰，夢裏春明忘未曾。走馬西山雲撲面，泛舟北海月爲燈。酒邊慣聽催詩鼓，户外時過問字朋。何意國門來越寇，參天兵氣九州騰。

恩勤教誨記庭一作"重"闈，投老猶傷未報暉。差幸壯男能自食，卻愁乳燕不成飛。平生述作塵封字，晚歲河山淚溼衣。辛苦營巢嗟一炬，欲謀歸去問何歸？

西征避地隴頭峯，剝啄聲稀便養慵。日對山光看飛鳥，偶隨天籟響秋蟲。老來骨肉歧生死，亂後妻孥視雇傭。攬鏡沈吟還自詫，壯心渾不稱龍鍾。

平生貪誦《劍南稿》，不道衰遲境與同。卻喜健兒能殺賊，故探聖典記攘戎。百年積辱隳前約，上將衡心策反攻。身及弧張看日落，未須家祭告阿翁。

偶成 一九四五年十月十二日

閱此人間六十年，晚來胸次轉陶然。乾坤浩蕩能容我，庭宇淒清自有天。千頃澄潭明月上，萬重危嶺碧雲穿。且思抱膝終吾老，不效秦皇苦覓僊。

積微居聯鈔

挽范士榮 一九二六年三月二十日

楊君死於醫，今君死於盜，吾黨縱多才，何以堪此？楊鄂生去歲死。二君皆國文系生。

異類既殺之，同氣復殺之，容身無片土，天乎痛哉！

挽王祖繩 字直哉 一九二七年三月十一日

居近太平橋，載筆恰同胡玉縉。

神臻聖通境，感亡今見鄭康成。

王有糾正《四庫提要》著作，又夢知當死。

挽劉半農 一九三四年七月二十一日

噩耗忽驚傳，何處更尋湖海士？

論文曾異趣，無心重答秣陵書。

挽顧頡剛之母　一九三四年九月二日

僊蹤歸趁星河會。卒於七夕日。
子舍名成景范才。頡剛近治地理。

挽黃季剛　一九三五年十月二十二日

猳䝞未終鴻雁杳。
虎鬚可捋狻猊雄。余近寄文字與季剛，季剛復書云：因病未及讀；俟病瘉後，“當三熏三沐，拜復來書”。

再挽黃季剛　一九三五年十一月三日

平上義相違，朝聞夕死君何恨。
艱辛期自得，人亡響寂世同悲。

挽章太炎先生　一九三六年六月十四日

許鄭是經師，恨我因循遲奉手。
精專承謬贊，惟餘黽勉答真知。
二十二年先生答余書，有“於治學可謂精專”語。

挽朱師晦翁　一九三六年七月十六日

書詩雙絕追魯直。
山水真知哭子期。

挽錢玄同　一九三九年十月十一日

爲人友善柔以招損。
治許舍義訓以逃難。

挽王季果　一九四〇年九月七日

明德有達人，妙以玄修繼名父。
梁園成永訣，賸思風采對賢郎。

挽劉腴深　一九四九年二月八日

定慧早雙修，千里驚傷摩詰逝。
別離會幾日？一書悔答秣陵遲。

挽徐紹週　一九五二年十二月二十日

湖外幾詩人，天隱云亡公又逝。
新邦珍古物，子高一貫目無靈。

挽方叔章　一九五三年二月十四日

定慧早雙修，晚來詩境增深穩。
晤言才七日，方期臂助痛分歧。

積微居文鈔

郎園全書序

吾師湘潭葉郎園先生，早歲登朝，謝榮歸里，廞門卻掃，述作自怡。於時長沙耆宿有湘陰郭侍郎玉池先生、湘潭王孝廉湘綺先生、長沙王祭酒葵園先生，皆東南物望，壇坫主盟。先生於諸老傾挹有加，宗風各異。就中祭酒谷虛成德，見先生會試闈作，擊節歎賞，忘其年輩，投謁先施。謂往者視學江南，續儀征阮氏經編。江皖耆彥，經術紛綸，湘士卑卑，懷慙抗手，今得吾子，湘學其有幸乎！頗聞祭酒刊誤《世説》，緣先生一言指謬，索還贈本，隳板重鐫。他如理董班史，甄録精言，沓輯駢詞，多資攻錯。盡言虛受，學林魚水，識者兩歸美焉。

樹達年幾志學，獲侍坐隅，飫習緒論，殆逾卅載。綜覽吾師之盛業，殆於網羅四部，囊括九流，鑽仰有年，彌嗟卓爾。曩者先生六十攬揆之歲，曾貢蕪詞。粗引耑末，未煩覼縷。今哲嗣尚農世兄都縷遺文，屬題首簡。聊因蠡測，略寫葵傾。

蓋先生之於經也，推本雅故，馳貫衆家，追跡段王，自標獨得。晚歲篤精小學，史籀有疏，讀若有考。遠人問字，稽譔六書，亦其選也。其於史也，淹通目録，識別版藏。凡雕刻源流，傳本真贋，莫不駢列在胸，指數如畫。即今《讀書》一志，聲重寰中，《書林》二話，遍流海外，其明徵也。其於子也，述作餘閒，遊心藝術，跋書畫則上撿翁王，詠古幣則俯視劉鮑。至於研深星命，推本漢師，則又自來儒者所未言，術家所不喻也。其於文也，則早攻儷體，壯業古文，餘事爲詩，亦臻絕響。意罔幽而不顯，章無體而不新，有唾皆珠，靡篇非玉。嘗謂自來經術，莫盛有清，先生生丁末季，殿彼一朝，大可理初，愧其博洽，淵如西莊，遜其專詣。信學林之偉業，曠代之鴻儒矣。

樹達忝廁門牆，未窮涯涘，望若止於興嘆，傳業邈其難期。近者因緣緒論，研討許書，時有隙窺，輒思壤益。而玄亭人渺，請益末由，循覽遺編，祇增忉怛。嗚乎！梁木云壞，空懸後堂之音，楚寶無光，寧止寢門之痛。萃兹叢刻，用待方來。民國二十四年四月二十二日，長沙受業弟子楊樹達敬譔。

葵園先生著作述所聞

十餘年前，余由北平暑期歸省，晤見黃麓森先生山，因叩葵園先生著述事。黃先生見告云：葵園師之著《漢書》，亦如劉寶楠諸君撰新經疏故事，本與友數人，約定分撰四史補注，師任《漢書》，湘潭王理安先生啟原任《三國志》，尚有分任《史記》《後漢書》二人，其人爲誰，今忘之矣。後來理安先生《三國志》，草就稿本甚多，未能付刻。而任《史記》及《後漢書》者，乃未能成書。獨師任《漢書》成後付刊。師晚年因任撰《後漢書》者，既未成，又爲《集解》云。黃先生之言如此，今記之，亦書林之掌故也。往年余讀李越縵《日記》，見先生時時取所譔各傳《補注》爲之商榷。先輩用功之勤，真是爲今日後生之模楷也。石庵兄頃囑余爲文紀念先生，因書此。

平江蘇厚庵先生墓誌銘

先生諱輿，字嘉瑞，號厚庵，晚號閑齋，湖南平江人，係出眉山蘇氏。先世饒於財，清道咸間以富名一邑。封翁淵泉公，性喜佈施，斥錢建蘇氏義山，助育嬰，修古墓之崩陊者逾千所，於是資產略盡。

先生幼穎悟，從封翁受讀，年才十二，畢《十三經》句讀，大義初舉，一時號爲聖童。年十三，應郡試，太守文公喬生拔冠其曹，遂補縣學生。湖南學使者爲候補官張公亨嘉，雅負知人鑒，尤重先生。逾年，食稟餼，補湘水校經堂肄業生，巴陵宿儒杜孝廉仲丹時爲主講，以先生高才，介之謁長沙王益吾祭酒，祭酒一見，則曰："此偉器也，吾學有傳人矣。"由是從祭酒受學，學日益進。逮乎晚歲，所造益深且大，祭酒傾服甚至，賜詩有"溫故知新是我師"之贊云。

歲丁酉，學使元和江公標選充貢生，旋舉於鄉，甲辰成進士，入翰林。時值日俄戰後，國事危急，清廷遣重臣出遊日本歐美，諮考憲法政治，先生志存救世，思欲有所借鏡，以私費請與諸重臣偕。遂至日本東京，周歷大小學校，諮訪教育行政，留數月而歸。丙午，入貲爲分省補用道。將出都，郵傳部尚書陳璧聞先生之賢於張侍郎亨嘉，奏請內用，遂補郵傳部郎中。初先生遊東京，下榻余齋，至是寓書於余，屬余諮訪日本郵政電信行政實況，廣購法規，欲有所建白。又嘗奉令考察粵漢鐵路行政利弊，頗有所興革云。辛亥革命軍興，清帝遜位，先生投劾去。部有要人某，素重先生，諷其勿行，先生不顧，竟去。先是先生病肺久，及市朝變易，黨人披猖，國政敗壞，不可收拾，先生鬱鬱不自得，病益劇，遂以民國三年甲寅四月十四日卒於煙舟故里，春秋四十有一。初娶同縣周氏，生一子先毅。繼娶貴築黃智舟，故翰林編修國瑾女，工書畫，歲乙巳淵泉公壽六十，嘗繪《鯉庭獻壽圖》，題詠遍海內者也。生子先培，上海某大學畢業；女瑱文，適徐師舟。孫幾人。以某年某月某日祔葬於煙舟香爐山祖塋之右。

先生孝友敦篤，持躬廉介，接人以和，遇有不可，則不少寬假。博聞強記，於書無所不讀。古今政治制度利弊興革大要，羅列於胸，而歸極於禮。官京師時，嘗請立禮學館，編製禮義教本，頒行天下，使國人習之。清吏闒冗，莫之省也。通羣經，尤精於《春秋》。光緒甲午、乙未間，南海康氏以經術塗附政治，爲《春秋董氏學》、《孔子改制考》諸書，橫決武斷，略無友紀，先生見之而大非之，謂《春秋》之學不如是也，益取《春秋》及董生書潛心玩索，參伍比類，以求其實，成《春秋繁露義證》十七卷。既頗辨其真僞，訂其僞說，盡取漢唐宋清諸家之言以及歷朝國典刑章，爲之疏通證明，以究其蘊奧，別其同異，於是董生說《春秋》之旨，豁然如在人耳目。自清乾隆時紀昀修《四庫書目》排抵宋儒義理之學，嘉道間江藩爲《漢學師承記》，益張漢學之幟，桐城方東樹起而駁難，而吾鄉孫鼎臣至謂咸同兵事起於漢學。門户分張，互相詆詰，幾若二家之學各爲壁壘，終古不可溝合者。有識者既病之，番禺陳澧乃著《漢儒通義》，取漢儒之說義理者以傅合於宋儒，思以解兩曹之紛，承學者雖許其用心，意不謂是也。先生之書，嚴謹篤實，不作一浮詞之語，令學者知義之所在，漢宋同歸。其體雖因而義實創，蓋真能通漢宋之郵，百年來紛爭之局，自是遂定云。蓋先生平生持論，以謂漢儒治經有二體：注經者重訓詁名物，毛公之於《詩》，鄭君之於羣經是也；説經者重大義，董生之於《春秋》是也，董生之書實爲言義理之宗。世儒以訓詁、義理分漢宋，以訓詁名物盡漢學者，皆非也。漢儒經學，當首舉董生，次及鄭君，知漢儒兼有義理、訓詁二宗，則無漢宋門户可分矣。又嘗言，董生之學在《春秋》，鄭君之學在《禮》，朱子之學在《四書》，兩漢多用董生學，魏、晉、南北朝多用鄭君學，宋以後多用朱子學。二千年來學術政治之流變，先生以數語盡之，其深識眇慮，皆此類也。初，先生既精治董生書，深窺其説《春秋》之旨，欲更爲《公羊董義述》，以病劇未就，故學者尤痛惜之。他所著書，有校定《晏子春秋》七卷，《自怡室詩存》四卷，《辛亥濺淚集》四卷，皆行於世。《自怡室文存》四卷，稿藏於家。少時嘗爲《史記校注》。民國後，注顧亭林詩，皆未成云。

先生既沒之三十二年，其弟德鄰命余追念先生之墓，因舉先生學行之大者，而系以銘曰：孔子之志在《春秋》，《春秋》固所以經世也。窺絕學於二千年之後，進欲經世而不得，退欲更著書而天不與以歲也，豈先生一人之窮，傷大道之終蔵也。嗚呼！神龍露一鱗於雲端，人固將測其大也。

周邦式澶洄集序

余始識邦式於北平。一二面後，君去北而南，遂闊絕十餘年，不相聞知。倭寇難作，余避地辰谿，君亦寓居沅陵，時時從新聞紙上讀君所爲詩篇，乃知其工詩，寄聲贊之。二十九年夏，君訪余於辰谿，互道契闊。君告余：南行後，授書上庠，主文報社。治事之暇，未嘗一日不諷少陵詩。故其所爲詩，清新婉約，言近而指遠，卓有風人之遺。

倭寇既敗，重與君覯面於長沙，余固鬚髮皤然，而君亦首戴二毛，非復當時慘綠少年容態矣。浩劫之餘，重睹顏面，且喜且悲。回憶初見時，至此忽忽二十六七年，其間人事遷變之繁之劇，不啻如隔世。然君雖漸老，而志愈壯，詩亦益工。一日，訪余嶽麓山居，出其近著《澶洄集》者示余，則君由安化山中避寇漵浦後所爲詩也。傷國家之板蕩，哀民生之多艱，詩以窮愁而益工，又於君一驗之。

蓋君生於屈子遊居畢命之鄉，生後數十年，國家搶攘，外侮紛至迭乘，無異於屈子時。比復以外寇遊屈子昔所澶洄之地，心境殆不能不與屈子同。宜其文章之愁苦往覆亦無由與屈子異也。余居嘗謂大湖以南之民忠愛懇摯，得於屈子精神者爲多。是說也，人或不欲置信，而余獨常私念之。顧湘民雖多抱屈子之性情，近數十年來，殆人人處屈子之境地，而不能盡人爲屈子芬芳繾綣之文章。而邦式乃獨時時有之，然則雖欲不謂邦式爲豪傑之士，豈可得也！民國三十六年三月二十日長沙樹達書。

積微居金文說弁言

鐘鼎款識之學，萌芽於趙宋，中興於勝清。嘉慶間，錢獻之、阮雲臺以通學先後成書，一略一詳，後來居上。荷屋繼起，謬論特多。同光之際，潘（祖蔭）吳（式芬）代興，總合羣言，時窺真義。吳大澂、劉心源能辨形體，不瞭聲音。同時與吳劉方駕者，定遠方濬益也。孫仲容以治經之暇，理董古文，石破天驚，獨多眇論，以視餘人，夐乎卓矣。故僚友王君靜安，最精說史，別樹門庭，持論謹嚴，一言不苟，針砭前人，不肯闕疑，尤爲至論。金文之學，至此如日中天矣。

余治文字訓詁之學越四十年，二十年前，偶讀孫氏書，驚其奇闢，於古文未遑通習也。倭寇難作，避地辰谿，庚辰冬日，端居多暇，始治銘刻，地僻無書，雖時有私說，未欲示人也。乙酉秋，倭夷效順，余返駕長沙，頗購羣書，恣爲搜討，篤嗜不倦，人事都捐，偶窺一隙之明，便得終日之樂。平生私淑王氏，頗欲用聲音訓詁之術研討吉金，冀於文字古史之學有所裨補，奇文奧博，萬一未窺。去年秋跋《齊子仲姜鎛》，妄謂鞶叔即鮑叔牙，載北平輔仁大學《輔仁雜誌》十四卷一二合期，時賢謬贊，許爲定論，極知阿好，豈敢自承？同時碩彥著述夥頤，所居僻遠，未能徧讀。姑以得見者而論，郭君鼎堂神識敏鋭，創見獨多，顧其善者高出青雲，次者或下淪九地。此如慓悍之將，性喜陷陳，搴旗斬將，每建奇功，而覆車潰衆，時時不免。蓋建立統系，爲業至艱，而語語求通，不爲丘蓋，瑕瑜雜見，固其所也。余性樂求是，不肯苟從。昔校《漢書》、《淮南》，於高郵之說，多所糾擿，故於斯學雖私心敬服如孫王二君者，時有獻疑，未甘阿比。但切求真之念，略無競美之心，此則區區本懷，宜與當世君子共明之者也。三十六年四月二十六日記於嶽麓山齋。

日本史正名篇序

張君秀勤，余少時時務學堂同學友張君葆元之嗣君也。爲人敦篤而好學。學於日本，攻日本史。頃者以其所著《日本史正名篇》示余，考證詳密，論斷謹嚴，信傑作也。余昔學於倭京，嘗讀日本史，泛濫及之而已。無所得也。抑國人學於倭者，前後無慮數十萬人；而專治日本史者無聞焉。不可謂非一憾事也。今得君此編爲之先導，吾知此後必有聞風興起者。而君黽勉不懈，方將繼此而有作，尤至可喜之事也。君請以一言書其首，於是乎書。

民國三十七年八月三十日，長沙楊樹達。

頌齋文稿序

余與東莞容君希白，以文字論交二十餘年矣。始余與君同旅食北平，數數相見，時時相與商榷文藝。抗戰八年，狂寇敗衄，君返鄉里任教。而余亦以知好之請，暫游廣州，因得復與君聚首。余須髮皤然，而君亦年踰五十矣。君以余十年來頗留意彝器款識之學，命余校正君往者所爲《金文編》。余既已承命，抒其一得，獻疑於君以求教矣。頃者君復取其平生所爲文字示余，囑爲之序。

蓋君少問學於舅氏，繼而北遊。北都爲人文淵藪，君因得奉手於通人王靜安、羅叔言、沈兼士諸君。由是聞見日擴，學亦益進，博涉書史，於甲骨彝器書畫摹印之業，無所不通。著書若干編，累數十百萬言，流傳遍海內外，海內外學者莫不重之。立言矜慎不苟，於其所未達，丘蓋不言。凡悠謬之談，怪奇之説，於君所著書中窮搜力索，決無由得其蹤影。其示從學者之言曰："古文字之學，纂録其文，考釋其義，而參證於經史，乃爲盡之。"其持論之正，見道之篤如此，宜君之成就卓卓，非等輩所敢望也。

民國十餘年後，故都學者雲集，其人大都以學術爲性命，時時爲文酒之會，輒相與商討文藝，辨析疑義以爲樂。更倭寇之難，諸君或似老病，或以憂憤捐館舍，其幸存者，又頗散之四方，不復如嚮者聚合之盛，講論之樂，蓋少衰矣。余與君伏處海濱，其地冠蓋交錯，輪蹏輻輳，而其人大抵重貨財，輕文學，視吾輩日孳孳於學問者，莫不掩口而笑，訶爲大愚。余於此邂逅昔年講習之友如君者，有如逃空虛聞足音，涉大漠覩緑樹，歡喜蹈躍，不能已已。君而有命，余雖無似，言不足以重君，又安忍逡巡退讓默不一言也！民國三十八年二月十二日長沙楊樹達書。

劉天隱先生傳

劉先生善澤，字腴深，晚號天隱。先世由江西宜豐遷湖南瀏陽，逮先生十有九世。祖臺垣公，植品勵學，著有《南村素心野人集》。父煥瓊公，嘗從道州何紹基學，著有《四書章句補義》十九卷。叔子芳公早世，以先生爲嗣。

先生性穎慧，十歲能文。越四載，畢誦經史要籍。祁寒盛暑，讀書不輟。家人或勸少休，則曰："吾自樂此，不爲疲也。"於書無所不觀，自經傳子史，以及稗官小説，博覽多識。尤喜詩歌，自漢魏以迄唐宋元明清人所作，手録口吟，擷其精要，自爲風體。清光宣之際，常熟孫昭文師鄭稱東南名宿，纂道咸同光四朝詩史，貽書先生徵詩，謂先生詩"雄横兀傲，不可一世。"復有《同光十子詩選》之輯。十子者，恩施樊增祥、萍鄉文廷式、義寧陳三立、嘉應黃遵憲、桐廬袁昶、閩侯鄭孝胥、通州范當世、武陵陳鋭、封丘何家琪暨先生也，惟先生年最少。辛亥鼎革，先生與方外海印續修碧湖詩社，奉湘潭王闓運湘綺爲祭酒，一時詩流如曾重伯、袁緒欽、杜本崇、程頌萬、趙啟霖、黎承禮等，相與往還，皆推重之。先生欿然若不足，蓋不欲徒以文采自見也。既而漫遊四方，廣交海内方聞之士，學日益進。年登四十，遍覽内藏，凡九部三乘，龍宫之所韜秘，此土之所宣譯，諷誦受持，夜分忘寢。居恆澄心觀想，悟入無生，悲憫之心既切，渡救之願益弘。

辛亥以後，先生膺選爲湖南省議會議員，旋聞有以賄賂獲選者，立痛斥之，遂不相聞問。一九二一年，吴佩孚據五省之地，齎書走幣，再三以秘書長相畀，先生卻之，堅不就，世皆服先生之廉介。二三十年代，先生曾主編《湖南公報》，嘗任湖南官書局編纂。夙外榮利，淡泊自守。抗日軍興，狂寇内犯，先生避居長沙西鄉之雲蓋寺僧舍中，寇知之，極欲鈎致。先生聞訊，倉黄變服，改易姓名，由門人何澤翰、危克安扶持隱匿，始免於厄。光復前夕，先生第七子思濟年方弱冠，憤志國仇，爲寇所執，威脅利誘，不爲所屈，慘遭凌遲，罵不絕口。非幼承父訓，而能於生死之際堅貞若此者乎！可謂烈矣。

先生既精通内典，復持葷戒，創立湖南佛教居士林，任林長者二十年，宣薄所及，達十餘縣。先後任中國文學教授於湖南國學館、湖南大學等校，勤勤迪導，肅而能和。列其門者，歷久益親焉。又任湖南文獻委員會委員，主編《文物誌》。

夫人李行芳，爲同邑雨亭公之季女，佐先生有賢聲。雨亭公宦遊廣東，與番禺陳澧蘭甫稱莫逆，蘭甫贈詩有“才華湘上無雙士，慷慨天涯更幾人”之句，斯亦可見其爲人。

逮國是日非，苛政暴行，幾無寧宇。先生蒿目時艱，積憤於心，發爲吟詠。晚年坐閲塗炭，憂心如焚，夙患高血壓遂至加劇，神志僨興，張脈迸裂，七日無語，竟以不起，時一九四九年農曆已丑正月五日也。先生以一八八五年農曆乙酉二月二十一日生，春秋六十有四，葬於長沙河西之蓮花山。

先生精於經傳注疏之學，力除漢宋門户之見，藏書萬卷，用志既專，考訂周密。常與上虞羅振玉、益陽曾運乾、湘鄉譚戒甫及余商量舊學，互爲質證。且肆力於詩，與北京溥儒、長沙徐楨立、李肖聃、王嘯蘇等相唱和，篇什日多。所著書有《毛詩鄭箋釋例》十六卷、《穀梁稗鈔》四卷、《論語鄭注疏》十卷、《心經講義》二卷、《佛遺教經講義》二卷。未及刊行，於亂離中散失。現存《三禮注漢制疏證》十六卷、《天隱廬詩集》二十卷，先生長女壽彤、五子孝聿、少子孚永將董理保存。余與先生相交二十餘年，及余歸教長沙，往還日密，交亦益親，略次先生行事以傳於世，亦以塞余之悲云。

時務學堂弟子公祭新會梁先生文　一九二九年一月十五日

於維夫子，萬民之望。海嶠毓靈，積厚流光。清季失政，四維不張。國既自伐，海虜披猖。日蹙百里，危哉四疆。普天同憤，摧肝裂腸。爰有大師，南海之康。慨彼政陵，圖我國强。開門授徒，式建草堂。萬木森森，羣彥觥觥。中有夫子，抗首龍驤。如劍得礪，光斂益鋩。既冠學成，馳驅四方。設館黄浦，發爲文章。議政匡俗，奮厲慨慷。以我悲憫，覺彼聾盲。大地晦冥，萬類倀倀。如聞天鷄，鳴彼高崗。惟我楚士，聞風激揚。乃興黌舍，言儲棟梁。禮延我師，自滬而湘。濟濟多士，如飢獲糧。其誦維何？孟軻公羊。其教維何？革政救亡。士聞大義，心痛國創。拔劍擊柱，踴躍如狂。夫子詔我，攝汝光芒。救國在學，乃惟康莊。天禍中原，變起帷牆。清廷反汗，億兆駭惶。倉黄違難，托足扶桑。言從我師，先後來航。拳亂欻興，舉國彷徨。九天將裂，大難孰當？投袂誓師，實惟瀏陽。李田林蔡，先赴後僵。匹夫任重，爰有國殤。辛亥功成，斯是濫觴。爰暨丙辰，巨憝自王。松坡崛起，折彼鯨狼。溫溫范君，邦教是倡。民智之興，厥績煌煌。凡此諸彥，師教之倡。事在天壤，民其能忘，蔡范云殂，薄海所傷。如何不弔，復遘茲殃！士失厥宗，邦喪其良。黃金可成，此恨焉償？形軀雖暫，教澤則長。矧有遺書，名山是藏。感念平生，敬薦酒漿。靈而有知，來格來嘗。尚饗！

自爲像贊　一九四一年九月十二日

身居環堵之室，而心會乎先民製作之精；蔬食布衣，而時爲明日之無有兢兢。智乎愚乎！將以竢夫天下後世之公評。

題桐鄉遺愛圖　一九五三年十一月二十六日

爰有循吏，經生起家。曹部展翼，潁川下車。昔日富之，民足桑麻。即富而教，庠序無譁。父老歸誠，多士諮嗟。惟此賢士，悃愊無華。天不憖遺，《甘棠》失葩。迎喪負土，人盡傒芭。昔在扶桑，曾接光華。白頭頌德，我詞匪誇。

附録：

楊樹達學術活動簡表

周柳燕 編

清光緒十一年乙酉（1885） 一歲

楊樹達生於湖南長沙北門正街宗伯司臣坊側之賃居，時爲四月十九日。

光緒十五年己丑（1889） 五歲

父授徒，館於外。從大父炳南公識字。

光緒十六年庚寅（1890） 六歲

父安居於家，從父讀書。

光緒十七年辛卯（1891） 七歲

略識訓詁文義，欲取訓義相同之字聚集爲一編。

光緒二十一年乙未（1895） 十一歲

父督作論説。讀《春秋左氏傳》，以《左傳》事實命題。

光緒二十二年丙申（1896） 十二歲

兄樹穀從父命從人習算學，轉授於樹達。

光緒二十三年丁酉（1897） 十三歲

因頗解算學，免費入實學會習算學、地理、英文等。考取時務學堂，與李炳寰、蔡鍔等四十人成爲該學堂第一班學生，從梁啟超習《孟子》《公羊春秋》，受民權革命思想影響。

光緒二十四年戊戌（1898） 十四歲

在時務學堂學習，因病於春間輟學。

光緒二十六年庚子（1900） 十六歲

秋間，入求實書院習經史、算學、英文等。開始寫讀書日記。

光緒二十七年辛丑（1901） 十七歲

求學於求實書院。

光緒二十八年壬寅（1902） 十八歲

求學於求實書院。淡於科名，不願應鄉試。依阮氏《詩書古訓》體例輯成《周易古義》。

光緒二十九年癸卯（1903） 十九歲

求實書院改爲大學堂，去院家居。治經之志甚切，拜胡元儀爲師。應試觀風課題，名列第一，成爲校經堂肄業生。

光緒三十一年甲辰（1905） 二十一歲

考取官派留學生。六月，赴日本留學。九月，入東京弘文學院大塚分校，以日本語文爲主課。

光緒三十二年丙午（1906） 二十二歲

弘文學院教授英文之進度緩慢，別求教於若月岩吉，每週數時，持續兩年餘。

光緒三十三年丁未（1907） 二十三歲

十一月，於弘文學院普通中學畢業。

光緒三十四年戊申（1908） 二十四歲

一月，入學於正則英語學校。三月，考取東京第一高等學校。

宣統元年己酉（1909） 二十五歲

三月，於東京第一高等學校豫科畢業，被派入京都第三高等學校。

宣統二年庚戌（1910） 二十六歲

求學於京都第三高等學校。

宣統三年辛亥（1911） 二十七歲

因武昌革命軍起義，官費無著，別日本回國。就職於湖南教育司，任圖書科科長。

民國元年壬子（1912） 二十八歲

四月，改任湖南圖書編譯局編譯事，兼任楚怡工業學校英文教員。冬，任湖南高等師範學校教務長。

民國二年癸丑（1913） 二十九歲

九月，任湖南第四師範學校國文法教員，始治國文法。

民國三年甲寅（1914） 三十歲

春，湖南第四師範學校併入第一師範學校，去職。

民國四年乙卯（1915） 三十一歲

任省立第一師範學校國文教員，一學期後去職。

民國五年丙辰（1916） 三十二歲

二月，任省立第一女子師範國文教員。

民國六年丁巳（1917） 三十三歲

任省立第一女子師範國文教員。

民國七年戊午（1918） 三十四歲

任省立第一女子師範國文教員。三月，始輯《老子古義》，五十日而竟。初成《論衡校注》三卷，棄去。繼撰《韓詩外傳疏證》，未成。後治《鹽鐵論》，草稿初具，國難後失去。

民國八年己未（1919） 三十五歲

五月，與湖南教育界陳潤霖、朱劍凡等發起健學會。秋冬間，始撰《馬氏文通刊誤》；撰《中國語法綱要》。冬，被推舉爲驅張（敬堯）代表入京請願；去省立第一女子師範國文教員職。

民國九年庚申（1920） 三十六歲

譯作《兒童個性之研究》出版。九月，到教育部國語統一籌備會任職，爲國語辭典撰“編輯大例”及“採集方法大要”；兼任北京師範學校國語法、北京法政專門學校日文教員。十月，撰《論文字之省略》；任女子高等師範學校附屬女子補習學校國文教員。

民國十年辛酉（1921） 三十七歲

一月，應河南教育廳長李步青之約，赴開封國語講習所講授國語文法。二月，經錢玄同介紹，任北京高等師範學校國文法教員，始編《高等國文法》講義。三月，始撰《古書疑義舉例續補》。九月，始輯《説苑》《新序》疏證，二稿皆失。

民國十一年壬戌（1922） 三十八歲

四月，始撰《詞詮》。五月，參加思誤社（後改爲思辨社）第一次會集。六月，受湖南省教育會之請，爲暑期講習會學員講授國語法。八月，撰《名詞代名詞之詞性》。九月，與錢玄同、胡適《論詩經於以書》。十一月，撰《漢字聲統序例》等二篇；始撰《長沙方言考》。十二月，任教育部聘編審員；仍在國語會任審查書籍、編輯辭典事。

民國十二年癸亥（1923） 三十九歲

三月，校《鹽鐵論》；任北京高等農業專門學校教職。四月，加任高等師範學校作文課。六月，《國文法講義》初稿編訖。九月，被教育部改聘爲審定員。

民國十三年甲子（1924） 四十歲

一月，撰《讀劉叔雅淮南鴻烈集解》《鹽鐵論校注自序》。二月，校《鹽鐵論》。三月，任師範大學國文系主任；撰《漢書補注補正自序》。六月，撰《漢代老學者考》。七月，赴南京出席中華教育改進社年會。八月，撰《經學通論跋》。十月，孫楷第來問學，告以讀書法；取《荀子》“積微”二字名其居；排比《詞詮》。

民國十四年乙丑（1925） 四十一歲

一月，爲梁啟超《清代學術三百年史講稿》作勘誤。二月，任教育部編審處編審員。三月，婉辭北京女子師範大學校長楊蔭榆聘任國文系主任之請；爲劉武仲《助字辨略》作跋；《漢書補註補正》六卷由商務印書館出版。六月，《古書疑義舉例續補》二卷刻成。十月，撰《釋名新略序》等二篇。

民國十五年丙寅（1926） 四十二歲

一月，搜集國文中二字、三字成語例。九月，任教於清華大學。十一月，在清華訪王國維；跋王先謙《後漢書集解》。十二月，撰《孟子學説多本子思考》等二篇。

民國十六年丁卯（1927） 四十三歲

十一月，始撰《漢書釋例》。

民國十七年戊辰（1928） 四十四歲

一月，分《古書校讀法講義》爲三目：明句讀、校訛奪、辨真僞；《廿八部聲類表》填訖。三月，日本鹽穀節山溫博士贈《追悼録》，葉德輝弟子所撰《郎園先生學行記》删樹達名，記爲“長沙某某”；撰成《漢書釋例》。四月，撰《詩上入執公功説》。五月，撰《詞詮》敘例。七月，聘爲金陵大學國文系主任，後辭去。九月，任教於武漢大學。十月，返回清華大學任教；《詞詮》十卷由商務印書館出版。十一月，增補《老子古義》三卷由中華書局出版。十二月，撰《周易古義自序》；《古書之句讀》一卷由北平文化書社出版。

民國十八年己巳（1929） 四十五歲

一月，撰李慈銘《漢書劄記序》。二月，撰《時務學堂弟子公祭任公師文》。五月，撰梁啟雄《荀子約註序》。七月，請任中山大學教授，辭去。十月，撰《高等國文法序例》。十二月，削改《所字之詞性》；撰《馬氏文通刊誤序》。

民國十九年庚午（1930） 四十六歲

一月，撰《國文中之倒裝賓語》；《周易古義》七卷由中華書局出版；付刻皮錫瑞《師伏堂筆記》，且序之。二月，撰《讀漢書儒林傳》。七月，日本人用庚子賠款招學界同仁往其國旅行，偕張貽惠等四人抵大阪、奈良、東京、名古屋等地，參觀朝日新聞社、都島工業學校、女子高等師範學校、京都府立第一中學及同志社大學、大塚文理科大學、東京帝國大學等；《高等國文法》由商務印書館出版，成爲東京文理科大學教本。十二月，始校註《顔氏家訓》。

民國二十年辛未（1931） 四十七歲

一月，撰《郭耘桂先生讀騷大例跋》等二篇；校《顔氏家訓集註》。二月，《馬氏文通刊誤》由商務印書館出版。三月，編次《長沙方言考》；撰《讀顔氏家訓書後》；校《國策集解》清寫本訖。五月，撰《駁胡適之吾我篇》。六月，始撰《漢代婚喪禮俗考》，治金石之學實始於此。八月，撰《讀日本原田淑人樂浪書後》。十月，撰《漢西郎侯兄張君殘碑》等二跋。十一月，撰《漢劉伯平鎮墓券跋》等三篇。十二月，撰《後漢王堂世系考》等二篇；《積微居文録》三卷由商務印書館出版。

民國二十一年壬申（1932） 四十八歲

二月，撰《漢賈武仲夫人馬薑墓門石記跋》。三月，撰《説制篇》等二篇。四月，撰《漢書所據史料考》。六月，始寫《長沙方言續考》。八月，清華大學准休假半年。十二月，到湖南大學演講“形聲字聲類有假借”。

民國二十二年癸酉（1933） 四十九歲

一月，撰《中國修辭學序》。四月，改撰《釋慈篇》；撰《詩音有上聲説》等三篇；《中國修辭學》由上海世界書局出版。六月，《馬氏文通刊誤》再版本出版，初排因日軍侵滬被毁。八月，《高等國文法》編入大學叢書。十月，撰《之部古韻證》成。十一月，《漢代婚喪禮俗考》由商務印書館出版；撰《釋始篇》。十二月，撰《孟子臺無餽解》等三篇；始剪《經籍纂詁》，依古韻編改同一聲類字。

民國二十三年甲戌（1934） 五十歲

一月，編《經籍纂詁》；撰《形聲字聲中有義略證》成。二月，撰《釋贈篇》等二篇。三月，撰《釋嫁篇》；《古書句讀釋例》（《古書之句讀》增訂本）由商務印書館出版；《論語古義》二十卷由商務印書館出版。五月，《積微居文録》重版。六月，撰《爾雅鶅天龠釋名》等三篇。七月，撰《釋經篇》等七篇。八月，撰《釋謹篇》等三篇。九月，任文字學教科，始編寫此科講義。十月，撰《釋神祇篇》等四篇；撰改訂本《高等國文法序例》後記。十一月，撰《説云篇》等四篇。十二月，撰《釋官篇》等五篇。

民國二十四年乙亥（1935） 五十一歲

一月，撰羅焌《諸子學述序》。三月，撰《獸字段註駁》等二篇。四月，撰《説丨篇》等四篇。五月，録《説文》會意字；撰《釋奴篇》等三篇及《讀容庚君古石刻零拾》。六月，撰《釋獄篇》等三篇；《高等國文法》改訂本（大學叢書本）由商務印書館出版。七月，赴東方文化會，應日本人之招，講湖南文化史略；應日本服部博士七十年紀念論文集之徵，撰《字義同緣於語源同例證》。九月，撰《釋詩篇》等五篇。十月，撰《説發篇》等九篇；改訂《梁啓雄荀子約註序》；始撰《聲訓舉例》、《長沙方言續考》。十一月，撰《讀譚戒甫莊子天下篇校釋》。十二月，撰《讀吕氏春秋書後》；《吕氏春秋劄記》寫畢。

民國二十五年丙子（1936） 五十二歲

二月，跋成蓉鏡《史漢駢枝》等十篇。三月，撰《釋力劦篇》。四月，撰《釋雌雄篇》等四篇。五月，撰《詩於以采蘩解》等二篇；草《書》之《微子》"草竊姦宄"及《多方》"叨憒"二《解》。六月，撰《釋賢篇》等四篇；始寫《漢書窺管》。七月，撰《釋謹篇》等二篇；跋郝敬《後漢書瑣瑣》；《高等國文法》再版印行。八月，跋劉攽《東漢刊誤》等六篇；撰《釋吏篇》等二篇。九月，撰《王氏讀墨子雜誌書後》。十月，撰《釋牖篇》等八篇及《積微居小學金石論叢》序。十一月，撰《釋斷篇》等四篇。十二月，撰《鄒衍九州考》；校《淮南子》之《修務篇》。

民國二十六年丁丑（1937） 五十三歲

一月，撰《釋己篇》等四篇；校《淮南子》之《本經篇》、《齊俗篇》。二月，校《淮南子》之《詮言篇》、《泰族篇》；撰《偏旁多初文考》等二篇；《積微居小學金石論叢》由商務印書館出版；與胡適書論《詩經》言字。三月，辭商務印書館請編《中國儀禮史》；撰《釋呬篇》等二篇。四月，《淮南子證聞》撰訖；東京帝國大學畢業生永島一郎言，該校藤岡勝二博士授中國文法，以《馬氏文通》爲教本，以《馬氏文通刊誤》《高等國文法》爲輔本；撰《釋謌篇》等五篇。五月，撰《釋脽尻屍篇》

等四篇；皮皓白請任湖南大學教授。六月，撰《釋許篇》。八月，湖南大學送聘書，任中文系主任、文學院院長。十一月，撰《釋圖篇》等二篇。十二月，始增補《淮南子證聞》。

民國二十七年戊寅（1938）五十四歲

一月，撰《釋對篇》。三月，撰《釋晁篇》。六月，撰《詩謂山蓋卑解》；撰《漢書》劄記。八月，撰《釋開閉篇》。九月，辭清華大學任教請。十月，爲避戰火，隨湖南大學遷往湘西，至桃源。十一月，抵辰谿。十二月，撰《釋卩篇》等四篇，改《釋開閉篇》爲《釋開闢篇》。

民國二十八年己卯（1939）五十五歲

一月，撰《釋旱篇》等三篇。三月，撰《讀吳愙齋中丞字説後書》及《説篅篇》等十二篇。四月，撰《説驃篇》等八篇。五月，撰《釋名拾遺》等四篇。六月，撰《説胡篇》等二篇。七月，撰《莊子拾遺》訖；撰《溫故知新説》；憤於國難，治《公羊春秋》，始撰《春秋大義述》。十月，撰《易牙非齊人考》。十二月，撰《釋又𠂇篇》。

民國二十九年庚辰（1940）五十六歲

一月，題王闓運手書詩冊。二月，撰《春秋大義述自序》。三月，撰《造字時有通假證》。四月，撰《春秋再書狄人説》等三篇；中央大學校長羅家倫來書促行；參加五溪詩社第一、二次宴集。三月，參加五溪詩社第三、四次宴集；六月，參加五溪詩社第五、六次宴集；撰曹孟其《淩虛島小説序》。八月，撰《釋徹篇》等七篇。九月，撰《釋弅篇》等九篇。十月，撰《釋啟啓篇》等三篇；參加五溪詩社第七次宴集。十一月，撰《春秋大義述凡例》。十二月，撰《周君壽椿家傳》《文哲叢刊發刊詞》。

民國三十年辛巳（1941）五十七歲

一月，撰《釋曹篇》等五篇。二月，撰《頌鼎跋》等六篇；整理《漢書》劄記，定名爲《漢書窺管》。三月，撰《京師解》等四篇。五月，撰《秦漢坐次考》等五篇。六月，撰《釋蝀篇》等四篇。七月，撰《釋謙篇》《論小學流別》。八月，始撰《文字引申義述》；撰《釋戕篇》等四篇。十月，撰《釋姑篇》。十一月，撰《釋延篇》等四篇。十二月，撰《訓詁學小史》成；始撰《文法學小史》。

民國三十一年壬午（1942） 五十八歲

二月，撰《釋跟篇》等五篇。三月，撰《淮南子證聞自序》等七篇。四月，時患失眠，令兒豫代記日記；撰《釋蓄篇》；獲教育部學術審議會獎勵著作二等獎，名列二等獎第二名。五月，始自書日記；撰《釋獸篇》。七月，辭陳子展任復旦大學教授之請，推薦魯實先、張舜徽。八月，復電辭謝復旦大學校長吳南軒之請任；撰《釋反篇》等二篇；跋《夨令彝》等七篇；入選教育部聘教授名單。九月，跋《兮甲盤》等十篇，再跋《毛公鼎》；撰《詩克鹹闕功解》《肇爲語首詞證》。十月，撰《詩袞職有缺解》《讀逸周書》；跋《盂爵》等九篇；再跋《叔夷鐘》。十一月，跋《豆閉毀》等六篇。十二月，撰《研究金文計劃書》及《釋𦥑篇》等三篇；跋《女𡡉彝》等四篇；再跋《鼾攸從鼎》《洹子孟薑壺》。

民國三十二年癸未（1943） 五十九歲

一月，跋《留君簠》等五篇。二月，始著《論語疏證》。四月，教育部有公文致學校，因任教滿二十年，給獎金一千伍佰元。五月，辭謝廈門大學校長薩本棟之聘任；撰《詩天作篇解》。六月，跋《邾大宰簠》等十四篇，再跋《善夫克鼎》，撰《造字時有通假證》。七月，跋《易鼎》等二十三篇，再跋《甫人匜》；魯實先轉達復旦大學校長張益及陳子展聘任文學院長之意。八月，校《文字學講義》。九月，陳子展來書再致張益聘任之意。十月，校《文字學講義》名字會意章，分出主名與官名一類。十一月，校補《文字學講義》，將會意字分爲名、動、形、狀四類，每類又細分之。十二月，教育部下文准予爲之盡力的湖南大學外國文學系備案；校《論語疏證》石印本、《文字學義編》。

民國三十三年甲申（1944） 六十歲

一月，撰《文字形義學序例》。二月，《春秋大義述》由商務印書館出版。四月，撰《釋徵篇》；彭甥慧來書云桂林師範學院院長曾作忠及林礪儒希望前往執教。五月，《文字學》校畢；撰《文字學序例》。八月，侯堮來信轉達顧頡剛請任齊魯大學國學研究所長之意。十一月，撰《釋辱篇》等三篇；始寫《甲文蠡測》。十二月，撰《釋𤰈篇》。

民國三十四年乙酉（1945） 六十一歲

二月，録《殷墟文字類編》目録訖；《甲文蠡測擷要》講義印成，求教於諸友。三月，撰《甲骨文四方神名與風名》等三篇、《説羔篇》等五篇。四月，撰《犬方考》等六篇。撰《其牢茲用考》等六篇。六月，撰《説𢆶篇》等三篇；始撰《文孳》。七月，撰《説𠚤篇》等十九篇；爲編譯館草整理經籍計劃書：編異文假字考，編誤字考，編制度名物彙考，輯經義新鈔、集録新説。八月，湖南大學決議遷返長沙；撰《説萑篇》等二篇。九月，始釋林泰輔《龜甲獸骨文字》；撰《凡方考》等二篇。十月，撰《釋𠂤篇》等四篇；經辰谿、沅陵、桃源、常德返回長沙嶽麓山本校。十二月，撰《奏凱亭記》；始釋《書契前編》。

民國三十五年丙戌（1946） 六十二歲

二月，《書契前編》釋訖；始釋《書契後編》；撰《釋追逐篇》等五篇。三月，撰《書王靜安古本竹書紀年輯校後》；改撰《殷人尚白説》；《書契後編》釋訖；始釋《書契續編》；撰《釋兄篇》等六篇；因館長不甚了了，編譯館之整理經籍計劃未實行；始撰《形事意三書初字考》。四月，《書契續編》釋訖；應張舜徽之約，赴民國大學講演《孔子之真精神》；撰《讀方言後書》。五月，余季豫來書云陳援庵希望其北遊任教；再跋《録伯𢦚殷》，跋《叔家父簠》等四篇。六月，跋《中幾殷》等十四篇；改撰《公貿鼎跋》。七月，跋《叔具鼎》等十三篇。八月，校《淮南子證聞》；跋《曾子仲宣鼎》。九月，跋《小子䍙鼎》等五篇，再跋《叔家父簠》等二篇。十月，再跋《豆閉殷》等二篇；跋《曾子遡簠》等七篇；三跋《毛公鼎》等二篇。十一月，撰《叔夷鐘》、《曾侯簠》二跋《後記》；撰《説瞿篇》；始撰《説文讀若探源》。十二月，撰《詩對揚王休解》；記長沙方言六事；以教育部之請審查徐復《語言文字學論叢》、張震澤《許慎年譜》。

民國三十六年丁亥（1947） 六十三歲

一月，記長沙方言九事；王力書請赴粵任教。二月，《説文讀若探源》撰訖；跋《農卣》等三篇。三月，跋《記月中甗》等六篇；再跋《盂爵》；改撰《元年師兑殷跋》。四月，跋《競卣》等八篇；再跋《師望鼎》等四篇；三跋《善夫克鼎》；撰《孔子之精神》。五月，跋《圅皇父殷》等十二篇。六月，辭臺灣師範學院任教之請；跋《曾子△簠》；再跋《邾公牼鐘》；始草《聲訓學》；撰《釋似篇》。七月，名列教育部學術審議會議決部聘教授之續聘教授中。八月，湖南文獻會擬修省志，與譚戒甫、羅季光等商討調查全省方言事宜；草《聲訓學》之《月部》；王力邀往中山大學任教。九月，撰《釋稻篇》等二篇；以教育部之請審查劉詠溱《説文廢字輯略》；草《聲訓學》；始撰《文字孳乳之途徑》；名列中央研究院評議會推舉院士候選人（一百五十名）名單。十一月，聘撰湖南省志之《藝文志》。十二月，撰《詩東方之日履我即兮履我發兮解》等七篇。

民國三十七年戊子（1948） 六十四歲

一月，撰《説文籀文考證提要》等五篇。二月，撰《六書古微提要》等六篇。三月，撰蘇厚庵《晏子春秋校本提要》等二篇；撰《釋衢篇》等七篇；跋《𤔲䨻卣》等四篇；再跋《虢季子白盤》；四跋《毛公鼎》；名列中央研究院評議會選出的八十一位院士名單。四月，撰《釋𦬑贅篇》；赴中山大學講演；跋《饕餮蟬紋俎》等四篇；《淮南子證聞》由京華印書局出版；到嶺南大學爲國文系諸生講文字構造之通借。五月，撰《金文編改訂本讀後記》等三篇；跋《弓韋祖己爵》等十一篇。六月，跋《驫羌鐘》；撰王闓運《公羊傳箋提要》等四篇；《造字時通假證》撰訖。七月，跋《大豐𣪘》等四篇；撰皮錫瑞《師伏堂筆記提要》等四篇。八月，跋《剌鼎》等三篇；辭王力任教嶺南大學、孔肖雲任教中山大學之邀。九月，辭鄒謙任教臺灣大學之邀；以評詩非所長，毀去昔年所撰《湘人詩集提要》稿；赴南京參加中央研究院院士會議，選舉評議員，於歷史語言研究所所設茶會與人文組院士諸君相見。十月，跋《吳姬匜》等十二篇。十一月，任教於中山大學；改《釋㗊篇》爲《釋泗篇》，改《釋刑篇》，撰《釋𢻱篇》；跋《嬴德鼎》等四篇，再跋《師虎𣪘》；謝剛主邀往昆明五華學院任教。十二月，跋《△子每刅鼎》等十三篇；校《論語疏證》十七卷至廿卷；撰《書見士於周解》等二篇。

民國三十八年己丑（1949） 六十五歲

一月，撰方濬益《綴遺齋彝器款職考釋提要》等四篇；撰《釋服篇》等二篇；跋《喪叟鈚》等二篇。二月，跋《邑爵》等二篇；撰吳大澂《窓齋集古録提要》等三篇；始録彝銘中之通假字、《彝銘中之古人》。三月，撰《彝銘中之古人小序》；始録彝銘中之本字爲《説文》所未録者；跋《臣辰盉》。四月，應商錫永之請到小北珠海大學爲諸生講文字之構造；《彝銘中之古人》録訖。五月，辭中山大學教職回長沙；撰《詩造舟爲梁解》。六月，撰《先考府君家傳》等二篇；跋《中𠭯父盤》等二篇。七月，應諸生之請講文字之構造；鄒謙邀往臺灣大學任教。被教授會推舉爲代表謁主席陳明仁，促進和平；跋《王婦匜》等三篇。九月，跋《㠱公壺》等四篇；撰《古爵名無定稱説》；應《民主報》請撰《實事求是》紀念政協。十一月，撰《彝銘通用字敘説》；撰《釋各篇》等二篇。十二月，再跋《尹光鼎》；跋《楚王領鐘》等二篇；四跋《毛公鼎》，五跋《書夷鐘》；始整理舊撰金文跋，時有補訂。

農曆庚寅年（1950）　六十六歲

一月，撰《字義同源於構造同續證》；再跋《晉公盦》。二月，整理《金文説》粗訖；總結《金文説》成績：全文通讀者十四器，改字讀之者百文，新識之字四、五十文；再跋《弭仲簠》；跋《遲父鐘》。三月，以當受甲文，復理卜辭，撰《釋芍篇》等三篇。四月，始記所通讀甲文之字爲《卜辭探義》；撰《釋㒺篇》等三篇；撰《甲文中之帝嚳與契》；改撰《釋多介父》等二篇。五月，應教授會之請撰《五四後之長沙》記健學會事；撰《釋𠁁宗篇》等八篇。六月，撰《釋又正》等六篇；撰教師節文字，題爲《同學們對於我之啓發》；撰《竹書紀年所見殷先王名疏證》；始撰《文字初義屬後起字考》。七月，跋《晉大元磚》；撰《釋禦》等二篇。八月，撰《釋析》等六篇；始撰《尚書劄記》；撰《書典祀無豐於昵解》。九月，跋《全盂鼎》等二篇；始寫《積微翁回憶録》。十月，授諸生金文；被聘爲湖南省文物會委員、中央科學院語言文字組專門委員（職責爲學術顧問）。十一月，應中蘇友好協會之約，撰《我與阿理克君之文字因緣》紀念十月革命；《積微居字説》單印本以科學院名義出版；跋《趙孟疥壺》；應《人民湖大》請，撰抗美文字《倒行逆施的美國》。

農曆辛卯年（1951）　六十七歲

一月，六十六年回憶録寫訖；跋《散氏盤》；改撰《秦公毁再跋》；五跋《全盂鼎》。二月，補《彝銘通用字敘説》之《識字與通讀》一節；補弜等三字於《彝銘本字録》；跋《靜毁》等五篇；校《金文説》第六卷；補《左傳箋》一事；再跋《徐王擅鼎》；校《舊金跋》。三月，跋《旳白毁》等八篇；再跋《吕鼎》等三篇；三跋《不嬰毁》等二篇；撰《金文與周代社會》等二篇；《新識字之由來》寫訖。四月，跋《保侃母壺蓋》；再跋《番生毁》；三跋《矢令彝》；撰《金文説・自序》；編《甲骨文編·索引》；草《釋䕭篇》等二篇。五月，改《釋䕭篇》爲語體；《盤庚説》寫訖。六月，草《婚媾歸三字解》成；始據《卜辭通纂》録《卜辭疏義》；增補舊撰《方族考》；撰《釋覞篇》等五篇；寫《甲文説目録》；始校《甲文説》。七月，《甲文説》校訖；始寫《卜辭瑣記》；草《釋䖵篇》等二篇；草《積微居甲文説自序》；始釋《寧滬甲骨集》。八月，《金文説》由科學院考古研究所定爲《考古學專刊》第一種出版；增補《卜辭瑣記》《卜辭疏義》。九月，增補《卜辭瑣記》、《卜辭疏義》；始重訂補《文字形義學講義》；草《甲骨文中採礦的記載》。九月，整理《文字形義學講義》；校《論語疏證》五卷；改《洹子孟薑壺跋》。十一月，跋《叔向父𣪘》；再跋《𢾊𣪘》；改跋《魯伯俞父簠》等三篇；六跋《叔夷鐘》；改撰《新識字之由來》；《金文説》校訖。十二月，跋《𢆶父辛盉》等十六篇；再跋《淮伯鼎》。

農曆壬辰年（1952） 六十八歲

一月，跋《庚羸卣》等十篇；四跋《不娶𣪘》；再跋《記月中甗》；始整理二十五年以後古文字説，定名爲《積微居小學述林》。二月，到留芳嶺博物館看戰國古墓；箋《左傳》二條；草《釋梓篇》；跋《取盧子商盤》等三篇；再跋《師寰𣪘》等二篇；續寫《初義不屬初形屬後起字考》。三月，跋《郳𩰫尹鉦》等二篇；再跋《競卣》；校《甲文説》；草《釋𡍬囲》等四篇；改撰《離騷傳與離騷賦》。四月，草《陳猷釜跋》等二篇；草《釋乙篇》等三篇。五月，跋《鼄君編鐘》等九篇，六月，跋《㠱子父乙𣪘》等八篇；《中國語文》雜誌請爲特約撰稿人；草《論語久要不忘平生之言解》；七月，草《文字中的加旁字》等二篇。八月，三校《積微居金文説》訖。九月，草《釋從犬篇》等三篇；校《淮南子證聞》訖；始整理《漢書窺管》。十一月，《積微居金文説》由科學出版社出版。十二月，四跋《虢季子白盤》；寫《天文志窺管》等三篇；跋《涾司土𣪘》；取鄉日説《尚書》《左傳》《莊子》《吕覽》《鹽鐵論》《釋名》《後漢書》各種合併爲《積微居讀書記》。

農曆癸巳年（1953） 六十九歲

一月，《漢書窺管》增補材料訖；被湖南省政府聘爲湖南文史研究館館長，事務均由副館長方叔章負責；寫《李廣傳窺管》等二篇；跋《陳侯因戈》。二月，跋《史懋壺》等十一篇。三月，跋《白火父壺蓋》等四篇；校《漢書窺管》；撰《淮南子證聞提要》；四月，改甲文《釋登篇》等三篇；草《甲文釋祉篇後記》《淮南子證聞後序》《甲文説自序》；草《釋旨方》等三篇。五月，草《臨袁侯虎符跋》等二篇。六月，草《漢樊利家買地券跋》。八月，校《淮南子證聞》；補《漢書窺管》。九月，校《金文餘説》，草該書自序。十月，校《卜辭瑣記》《小學述林》。十一月，補《不我能慉解》等二篇。十二月，《淮南子證聞》已由中國科學院出版。

農曆甲午年（1954） 七十歲

一月，補《漢書窺管》；草《大豐毁再跋》等七篇；改《工師跋》等三篇；草《周代姬姓封國考》。二月，草《郳友父鬲再跋》等七篇；校理關涉周史彝銘《大豐》等五篇。三月，因病日記由家祓代寫；四月，記《四寸學》方言諸條、惠沈筆記涉語言者於手冊，始記語言雜録。五月，録《廣雅疏證》所記今語；記《古書句讀釋例》各例番號，以便檢查；檢書籍録《修辭學》補充材料。六月，《積微居甲文説》由科學出版社出版，録勘誤表；寫《甲文開礦文字後記》，以所録今語及嚮來《長沙方言考》歸納爲若干通則，作中國語言文字學試探工作；草《耐林廎甲文説自序》。七月，編録《今語》；始草《我所認識之孔子》；續寫《孔子文字社會個人説》訖；改《古書句讀釋例》二條。九月，校《高等國文法》。十月，録《直語補正》等；擬《耐林甲説》、《卜辭求義》兩書提要。十一月，録史夢蘭《燕語》等；建言政府速建圖書館；校《論語疏證》。十二月，補《古書疑義》；草《疏安自傳跋》；校《漢書窺管》；本年出版《積微居小學述林》（中國科學院）、《積微居甲文説》（中國科學院）、《耐林廎甲文説》和《卜辭求義》（群聯出版社）四部新著，重印《詞詮》《古書句讀釋例》《中國修辭學》。

農曆乙未年（1955） 七十一歲

一月，因病請王啟湘代校《漢書窺管》三至七卷；檢出彝銘《古人》《本字》《假字》三文，合爲彝銘三録。二月，當選湖南省人民委員會委員。三月，寫《彝銘叢話》二則；易《高等國文法》例句；草《長天盉跋》；《論語疏證》由科學出版社出版。五月，改《漢書窺管自序》；被聘爲學部委員，因病未出席學部成立大會。續寫《説文口語疏證》；録彭澤陶《平江方言》。七月，録《廣新方言》《長沙方言》訖；續録

《補正俗字編》《南通方言》；《漢書窺管》由科學出版社出版。八月，始録《醴陵志·方言》等；高等教育出版社請任特約編審。九月，寄《積微居小學述林》《漢書窺管》《高等國文法》《中國修辭學》給社會學部，請推薦請獎；赴京，至科學院出席義大利訪華代表團接待會。十月，出席國慶典禮，會諸學友；校《管子集校箋注》。十二月，清理《積微居讀書記》；寫《吕氏春秋劄記》。

農曆丙申年（1956） 七十二歲

一月，校《吕覽》等；箋《鹽鐵論要釋》。二月，箋《鹽鐵論要釋》初稿訖；十四日因病逝世。

圖書在版編目(CIP)數據

楊樹達輯 / 周柳燕編 . — 北京 : 民主與建設出版社,
2014.12

ISBN 978-7-5139-0508-4

Ⅰ. ①楊… Ⅱ. ①周… Ⅲ. ①漢語—語言學—文集
Ⅳ. ① H1-53

中國版本圖書館 CIP 數據核字 (2014) 第 256535 號

楊樹達輯

出 版 人：許久文

編　　校：周柳燕

責任編輯：韓振宇　劉芳

設計製作：嘉偉文化 JARLY CULTURE

出版發行：民主與建設出版社有限責任公司

電　　話：(010)59419778　59417745

社　　址：北京市朝陽區曙光西里甲六號院時間國際 8 號樓北樓 306 室

郵　　編：100028

印　　刷：長沙湘誠印刷有限公司

版　　次：2014 年 12 月第 1 版第 1 次印刷

開　　本：710×1000　1/16

印　　張：29.25

書　　號：ISBN 978-7-5139-0508-4

定　　價：69.00 元

注：如有印、裝品質問題，請與出版社聯繫。